人工智能与刑事司法

学术顾问　高铭暄　赵秉志
主　　编　王秀梅
副 主 编　张　磊　王燕玲

中国人民公安大学出版社
·北　京·

图书在版编目（CIP）数据

人工智能与刑事司法 / 王秀梅主编 . --北京：中国人民公安大学出版社，2022. 7
ISBN 978-7-5653-4122-9

Ⅰ.①人… Ⅱ.①王… Ⅲ.①人工智能—科学技术管理法规—研究—中国②刑事诉讼—司法制度—研究—中国 Ⅳ.①D922.174②D925.204

中国版本图书馆 CIP 数据核字（2022）第 108224 号

人工智能与刑事司法

学术顾问 高铭暄 赵秉志
主　　编 王秀梅
副 主 编 张　磊 王燕玲

出版发行：中国人民公安大学出版社
地　　址：北京市西城区木樨地南里
邮政编码：100038
经　　销：新华书店
印　　刷：涿州市新华印刷有限公司

版　　次：2022 年 7 月第 1 版
印　　次：2022 年 7 月第 1 次
印　　张：17. 75
开　　本：787 毫米×1092 毫米 1/16
字　　数：379 千字

书　　号：ISBN 978-7-5653-4122-9
定　　价：65. 00 元

网　　址：www.cppsup.com.cn www.porclub.com.cn
电子邮箱：zbs@cppsup.com zbs@cppsu.edu.cn

营销中心电话：010-83903991
读者服务部电话（门市）：010-83903257
警官读者俱乐部电话（网购、邮购）：010-83901775
法律图书分社电话：010-83905745

前 言

当前，人工智能时代已经来临。人工智能技术日益影响到人们的生活，为民众带来诸多便利。但与此同时，人工智能也带来了许多潜在的危险，甚至在犯罪中起到越来越重要的作用。为了应对人工智能带来的挑战，刑法亟须针对由人工智能、通过人工智能或针对人工智能所实施的犯罪进行惩治和预防。在此背景下，将于2024年举办的第二十一届国际刑法学大会的议题设定为“人工智能与刑事司法”。

为了配合此次大会的召开，2020年11月20日国际刑法学协会中国分会在北京师范大学主办了“人工智能与刑事司法学术研讨会”，此次会议由小包公智能法律平台协办。会议分为“人工智能的刑事责任问题”“人工智能时代的刑法应对”和“人工智能的主体地位及人工智能犯罪”三个单元，每个单元分别设主持人、发言人和点评人，会议共收到论文20余篇。来自最高人民法院、最高人民检察院、司法部、国际刑法学协会中国分会、中国法学会案例法学研究会等政法部门和研究会的领导专家，来自中国社会科学院、华东政法大学、北京大学、中国人民大学、北京师范大学、吉林大学、中南财经政法大学、东南大学、四川大学、浙江大学、西南政法大学、武汉大学、中国政法大学、南京师范大学、上海政法学院、华南师范大学和安徽大学等高校的专家学者，以及来自《法治日报》《人民法院报》和《河南警察学院学报》等报社与杂志社的编辑编审，共计100余人以线下或线上形式出席了本次学术研讨会。此次会议的召开对于推动我国人工智能与刑事司法问题的研究，对于配合第二十一届国际刑法学大会的召开并向该次大会贡献中国智慧具有重要意义。

为了充分展示此次会议的研讨成果，国际刑法学协会中国分会决定选取优秀的参会论文编辑出版《人工智能与刑事司法》一书。本书由高铭暄教授（国际刑法学协会名誉副主席暨中国分会名誉主席，北京师范大学刑事法律科学研究院名誉院长）和赵秉志教授（国际刑法学协会中国分会主席，北京师范大学刑事法律科学研究院教授）担任学术顾问，由王秀梅教授（国际刑法学协会副主席暨中国分会秘书长，北京师范大学刑事法律科学研究院副院长）担任主编，由张磊教授（北京师范大学刑事法律科学研究院国际刑法研究所所长）和王燕玲副教授（华南师范大学人工智能法律应用研究中心主任，小包公智能法律平台创始人）担任副主编。在内容上，本书分为“人工智能的刑事责任问题”“人工智能时代的刑法应对”和“人工智能的主体地位及人工智能犯罪”三编。同时，我们在附录中还收录了此次会议的综述。

需要注意的是，为了准确展现会议当时作者们的学术观点，我们除了对个别论文的字句、段落进行文字调整以外，绝大多数论文都保持了论文的原貌。

本书的出版得到了中国人民公安大学出版社的大力支持，他们为本书的编辑出版付出了辛勤的劳动，对此我们深表敬意。

王秀梅教授
国际刑法学协会副主席暨中国分会秘书长
北京师范大学刑事法律科学研究院副院长

目录

第一编
人工智能的刑事责任问题

第二编
人工智能时代的刑法应对

第三编
人工智能的主体地位及人工智能犯罪

附　录

第一编
人工智能的刑事责任问题

人工智能时代刑事责任的演变

刘宪权*

无论人们是欢欣还是踟蹰，人工智能时代正悄悄向我们走来，人类即将甚至已经开始进入一个全新的时代。时下，智能机器人被广泛应用于社会生活，并且在某种程度上扮演着替代人类工作乃至超越人类能力的“人”的角色。

一、人工智能时代的阶段划分

根据智能机器人的“智能”程度，我们可以将人工智能时代划分为三个阶段——普通智能机器人时代、弱人工智能机器人时代和强人工智能机器人时代。普通智能机器人、弱人工智能机器人和强人工智能机器人都可以在一定程度上实现对人类大脑功能的替代。其中，普通智能机器人与弱人工智能机器人的区别在于是否具有深度学习能力，弱人工智能机器人与强人工智能机器人的区别在于是否具有独立的辨认能力和控制能力，即是否能够在自主意识和意志的支配下实施行为。简言之，从普通智能机器人到弱人工智能机器人再到强人工智能机器人的“进化”史其实就是一部机器人的辨认能力与控制能力逐渐增强的历史，是机器人中“机器”的因素逐渐减少而“人”的因素逐渐增多的历史，是机器人从“机器”向“类人”乃至“超人”进化的历史，也是机器的“智能”逐渐增强并对自己的行为达到自控的历史。随着智能机器人的不断进化，人与智能机器人在对“行为”的控制与决定能力上存在此消彼长的关系。

二、人工智能时代的刑事风险

人工智能技术在为人类带来福祉的同时，也为人类带来了诸多刑事风险，如危害国家安全和公共安全、侵犯公民人身权利和财产权利、破坏经济秩序和社会秩序等。不同类型的智能机器人为人类社会带来的刑事风险存在本质区别。就普通智能机器人而言，普通智能机器人作为犯罪工具时，与一般工具无异；普通智能机器人作为犯罪对象时，可能会因普通智能机器人的特性而影响犯罪的性质。就弱人工智能机器人而言，弱人工智能机器人仍然只能在人类设计和编制的程序范围内实施行

---

* 刘宪权，华东政法大学刑事法学研究院院长、教授。

为，其行为本质上是智能机器人的研发者或者使用者行为的延伸，实现的是研发者或使用者的意志，行为所产生的后果也应全部归责于研发者或使用者。对于其中的绝大部分刑事风险所涉及的犯罪行为，刑法及相关司法解释可以进行有效的规制。但是，我们也应看到人工智能技术的井喷式发展和法律的滞后性也形成了不和谐的局面，“无法可依”的危害在某些领域已初显端倪。应为弱人工智能机器人的研发者和使用者设定相应义务，并明晰二者的刑事责任承担路径。就强人工智能机器人而言，当强人工智能机器人超出设计和编制的程序，在自主意识和意志的支配下实施行为时，其已经完全超出工具的范畴。因为此时的强人工智能机器人已具有独立的意识和意志，其行为不再是研发者或使用者行为的延伸，甚至从根本上违背研发者或使用者的目的，行为所产生的后果也不能当然地归责于研发者或使用者。在此状态下，强人工智能机器人完全可能在自主意识和意志的支配下独立作出决策并实施人类无法控制的严重危害社会的行为。尽管现行刑法尚未有规制，但是在应然层面应将其作为刑事责任主体，并针对其特点设立特殊的刑罚处罚方式。

三、人工智能时代刑事风险的刑法规制策略

对于人工智能时代不同阶段的刑事风险应采取不同的刑法规制策略。

在认定涉普通智能机器人犯罪的刑事责任时，需明确其与传统工具的不同，即人的意志通过程序在普通智能机器人身上得以体现，普通智能机器人所体现的意志就是人的意志，因此普通智能机器人可以成为诈骗类犯罪的对象。以 ATM 机为例，ATM 机与真正意义上的业务人员相比，除了能完成一些简单的业务操作外，并不具有人脑的其他思维、辨别能力。就此而言，如果 ATM 机出现了机械故障，我们最多只能说这类似于人的精神出了问题，而绝不能将此理解为人的认识或理解错误。此观点主要解决的是如果行为人利用 ATM 机等普通智能机器人被电脑赋予的识别功能获取钱财，则应构成诈骗类犯罪，人的意志通过程序在普通智能机器人身上得以体现，普通智能机器人所体现的意志就是人的意志，因此普通智能机器人可以成为诈骗类犯罪的对象。而行为人如果利用普通智能机器人本身所具有的机械故障获取钱财，就相当于从精神病人处获取钱财，则应构成盗窃类犯罪。

对于弱人工智能机器人而言，一方面，要为弱人工智能机器人的研发者和使用者设立相应的风险防范义务。相关人员违反了相应的法律规范并对社会造成严重危害的，可以追究其刑事责任；另一方面，在将弱人工智能机器人当成犯罪工具，利用弱人工智能机器人进行犯罪的情况下，如果研发者与使用者并非同一人，且研发者与使用者之间没有通谋时，需要细分不同情况来明晰研发者与使用者之间的刑事责任分担方式。具体而言，其一，研发者故意设计并制造出专门实施犯罪行为的弱人工智能机器人。在这种情况下，如果使用者明知该弱人工智能机器人只能被用于实施犯罪行为而仍然使用，则可以认为使用者也有利用该弱人工智能机器人实施犯罪的故意，也即应分别追究研发者和使用者利用弱人工智能机器人故意犯罪的刑事责任。如果使用者误以为该弱人工智能机器人是实施合法行为的工具而使用，则使

用者对该弱人工智能机器人造成的损害不具有故意，不能追究使用者故意犯罪的刑事责任，而应根据使用者是否有预见到该弱人工智能机器人可能造成损害的义务，将使用者的行为认定为过失犯罪或意外事件。其二，研发者设计弱人工智能机器人时仅具有让智能机器人实施合法行为的目的。在这种情况下，如果由于使用者的不当使用，使得弱人工智能机器人造成对社会或个人的严重损害，则应根据使用者是否存在造成损害的主观故意，追究使用者的故意或过失的刑事责任。如果研发者在设计过程中由于过失使得指导弱人工智能机器人实施行为的算法或编程存在缺陷，使用者明知这种缺陷的存在仍然故意利用弱人工智能机器人实施犯罪行为，可能构成间接正犯，研发者则构成过失犯罪。如果使用者在使用中也存在过失而使得弱人工智能机器人致损，应当分别追究研发者和使用者过失犯罪的刑事责任。其三，受制于技术发展和难以预见的原因，出现了弱人工智能机器人致损的情况，研发者和使用者不应承担任何刑事责任。这种情况应被认定为意外事件。

对于强人工智能机器人而言，将在设计和编制的程序范围外实施行为的强人工智能机器人作为行为主体与社会成员来看待，对其实施的严重危害社会的行为予以刑罚处罚是强人工智能机器人时代规制强人工智能机器人行为的必由之路。既然强人工智能机器人可能在自主意识和意志的支配下实施行为，就应该用刑法理论重新“审视”强人工智能机器人的本质，如果其具备刑事责任主体相关的各种必备要件，就应赋予其刑事责任主体的地位。应当看到，“智能”只有自然人才具有，其他任何动物和物品均不具有“智能”，智能机器人与一般机器的区别就在于其具有自然人才具有的“智能”，也即人工智能实际上就是自然人创造了只有自然人才具有的“智能”。而建立在“智能”基础之上的“自由意志”又决定了独立的辨认能力和控制能力的存在，那么智能机器人的“智能”一旦全面达到甚至超过自然人的智能，其具有自由意志似乎就是一个不言而喻的结论。强人工智能机器人具有自由意志，也就具有了独立的辨认能力和控制能力，应当被认定为刑事责任主体。

应当看到，在人工智能时代，需要完善对涉人工智能犯罪的刑法规制策略并逐渐重构刑法理论体系，而刑法理论的完善可以说是“任重而道远”。在促进人工智能技术发展，当好技术的“护航者”的同时，又时刻警惕人工智能技术可能对人类社会带来的威胁，从源头上遏制技术风险，是刑法在人工智能这个“最好的时代”也是“最坏的时代”的应有之义，是发挥技术的最大效用、促进人类文明进步的必由之路。

谁之责任与何种责任：人工智能的责任模式配置慎思*

姜 涛** 柏雪淳***

一、问题与思路

新事物的出现以及社会观念的改变往往会对现有的法律体系产生影响，从动物权利主体的获得到法人主体地位的获得，再到机器人作为权利主体的提倡，可以说是一个观念不断革新的过程。近年来，随着人工智能及其相关产品的诞生和发展，法学研究的敏锐触角延伸到人工智能领域，所探讨的内容也由最初的“机器人权利”发展到“机器人责任”，相较于权利，责任是一个更为复杂的问题。

人工智能是否涉及刑法问题，有一个认识过程。探讨人工智能产品是否能够成为刑事责任主体，乍一看是一个“不需要”讨论的问题。因为在目前人类的认识体系中，人工智能产品仅仅是人类发明创造出来的工具，对“工具”进行惩罚实在滑稽可笑。可在2016年欧盟法律事务委员会提交的一项关于人工智能的立法动议公布后，① 人们逐渐意识到，人工智能技术与产品发展之迅速，其“智慧”的独立性与自主学习的可能性越来越靠近人类的“智能”，这让人们不得不重新认识这个自己发明的“工具”，重新思考其定位。此建议提出后，中外学者围绕人工智能是否具有法律主体资格展开了激烈的讨论，但主要集中在民法领域，最为集中地表现在智能机器人著作权的归属与保护上，少有涉及刑法问题。

实践总能带来问题思考方向的转变，对人工智能之刑事责任模式的思考就是实

* 本文系国家社会科学基金重点项目“刑法体系的合宪性控制研究”（17AFX018）、马克思主义理论研究和建设工程重大项目兼国家社会科学基金重大项目“全面推进依法治国重大现实问题研究”（2015MZD042）的阶段性成果，并得到江苏高校优势学科建设工程资助项目（PAPD）的经费支持。

** 姜涛，南京师范大学法学院教授、博士生导师、副院长，国家“2011计划”·司法文明协同创新中心、江苏高校区域法治发展协同创新中心、中国法治现代化研究院、江苏省教育厅校外研究基地司法现代化研究中心兼职研究员。

*** 柏雪淳，南京师范大学法学院刑法学研究生。

① 在这项立法动议中，建议欧盟委员会把正在不断增长的最先进的自动化的智能机器“工人”的身份定位为“电子人”（electronic persons），并赋予这些人工智能机器人依法享有劳动权、著作权等特定的权利与义务。胡裕岭：《欧盟率先提出人工智能立法动议》，载《检察风云》2016年第18期。

践发展落下的“种子”。无论是2014年的“欧盟机器人研发计划”，还是2016年美国的“国家人工智能研究和发展战略计划”，抑或是英国发布的《机器人技术和人工智能报告》和2016年联合国发布的《人工智能报告》，均有专门的部分来讨论人工智能所带来的伦理和法律问题，且其中都着重阐述的一点便是人工智能时代的“归责制度与责任承担”问题。[①] 无人驾驶汽车交通肇事、作业机器人“杀人”等犯罪也令人担忧。例如，1981年发生在日本川崎的机器人致人死亡事件，机器人误把人类工程师当作障碍物，用液压臂将其夹起砸向加工台，导致其死亡。再如，2018年3月，美国一辆自动驾驶汽车撞到一位手推自行车穿越斑马线的女子，由于车速较快，女子在送往医院后不治身亡，事发时车辆正处于自动驾驶模式。[②]

这些损害是否应当由人工智能本身担责？抑或是其他？以及这是一种什么性质的刑事责任？这些问题的解决关键在于人工智能归责配置模式的选择。学界对此倾注了极大热情，但并没有达成共识。笔者认为，在讨论人工智能的责任承担问题前，首先需要明确人工智能产品的性质，分析人工智能产品能够进行类似于人类的“决策”这一特征，因为正是这种独立作出决策的行为给传统的归责模式带来了重大挑战。然后，需要以此为基础，分析与论证人工智能发展所带来的责任模式配置问题。

二、人工智能给责任模式带来的挑战

人工智能作为一项重大的科技创新，能够给人们的生产、生活方式带来重大改变。而“虚拟人”与“科技工具”的多重身份，具有独立决策能力的属性，都使其引发的法益侵害的责任认定与承担成为刑法学研究无法回避的时代主题。因此，也呈现出一些新的挑战。

（一）人工智能给责任模式带来的双重挑战

在刑法体系中，责任理论贯穿始终且内容繁杂。冯军教授认为：“责任问题，是刑法的根本问题，也是刑法学的核心问题。”并且指出，“责任具有三大功能，第一，责任是动用刑罚的根据；第二，责任确定了刑罚的程度；第三，责任指示了刑法的方向”[③]。近代以来，责任主义的盛行加之结果责任的消弭，在一定程度上抑制了归责的恣意性，体现了刑法的人权保障精神。责任观念的演变沿着结果责任论→心理责任论→规范责任论→功能责任论的路径发展，“无非难可能性则无刑罚”的责任主义原则成为现代刑法理论中的基本原则之一。日本学者从日本宪法第13条、第31条中寻找根据，将责任原则进一步理解为宪法原则，从而在刑法、行政法等更

---

① 腾讯研究院、中国信通院互联网法律研究中心、腾讯AL Lab、腾讯开放平台主编：《人工智能——国家人工智能战略行动抓手》，中国人民大学出版社2017年版，第410-456页。

② 目前对自动驾驶汽车的要求是，尽管是自动驾驶模式，仍然需要具备驾驶能力的驾驶员坐在驾驶座位上，当自动驾驶汽车失灵时可通过人类驾驶员控制车辆。

③ 冯军：《刑法中的责任原则——兼与张明楷教授商榷》，载《中外法学》2012年第1期。

广泛的范畴内都适用责任主义原则。[①] 可见责任主义的精神已深入现代刑法的骨髓。

在我国，学理上认可并赋予责任主义的刑法基本原则的地位，同时从立法中找寻其存在的依据，[②] 学术研究与司法实务中也逐渐重视对责任主义原则的援引与应用。在刑法中，刑事归责的责任主义要求“犯罪的判定，必须以行为人具有以主观责任与能力责任为基础、以非难可能性为本质的责任为必要条件”[③]。在此基础上，行为主体与责任主体是合一的，不法与答责的主体是一致的，即相关单位或个人若造成重要法益的侵害或侵害危险，就要对此危害结果负责。

然而，人工智能具备的独立决策的能力致使传统的归责方式变得困难，使责任模式产生变动，具体来看主要表现在两个方面：一是行为主体与责任主体的分离；二是“法益侵害结果”的归责困境。

1. 行为主体与责任主体的分离

行为主体与责任主体的分离意味着难以将法益侵害结果归责于直接造成该结果的主体，而是需要其他主体担责。就原因而论，人工智能的行为主体与责任主体的分离体现在两个方面。

首先，人工智能产品的逐渐非工具化所带来的主体边界模糊。“工具”意味着即便具有再高的智力与能力也完全处于“被支配”“被利用”的地位，其不具备自主性，如计算机。因此，当被认定是工具时，责任的界限是清晰的，工具的利用者将对后果承担责任。但人工智能的发展有突破“工具”边界的趋势与可能，当人工智能产品能够独立“作决策”时，或当其可以实质性地根据环境“调整”自身反应时，尽管从日常生活意义上看它还是辅助人类的工具，但其法律意义上的工具地位已经松动，这种变化正如法律事务委员会所阐述的，“机器人的自主性越强，就越难将其当成其他主体（如制造商、所有人、使用者等）手中的简单工具，这反过来使得既有的责任规则开始变得不足，因而需要新的规则”[④]。这就会带来法律责任主体的边界模糊，人工智能能否成为法律责任主体就容易引发争议。

其次，人工智能产品具有一定程度的意思自由。就人工智能目前的发展阶段而言，还处于“弱人工智能时代”，[⑤] 弱人工智能时代的人工智能产品依托于一定的程

---

① ［日］佐伯仁志：《制裁论》，丁胜明译，北京大学出版社 2019 年版，第 17–18 页。

② 有观点认为，我国刑法第 5 条规定的罪责刑相适应原则就暗含了刑事责任认定之必要性的强调。

③ 梁根林：《责任主义原则及其例外——立足于客观处罚条件的考察》，载《清华法学》2009 年第 2 期。

④ 腾讯研究院、中国信通院互联网法律研究中心、腾讯 AL Lab、腾讯开放平台主编：《人工智能——国家人工智能战略行动抓手》，中国人民大学出版社 2017 年版，第 229 页。

⑤ 人工智能领域的研究者根据人工智能是否能真正实现推理、思考和解决问题，将人工智能分为弱人工智能和强人工智能。弱人工智能只是针对某一特殊领域的智能，又被称为“工具型人工智能”；强人工智能能够达到类似于人类的思维和意识，具有整体感知应对复杂环境的能力，也被称为“通用型人工智能”。从目前来看，距强人工智能的实现还有一段未知的距离，因此现有的研发技术都集中在弱人工智能。

序设计，且均是针对某一特定领域或某一特定功能的，如无人驾驶汽车、专业领域的作业机器人等，尽管人工智能产品可以在一定程度上“作决策”，但并不具备完整意义上的意思自由，无法做到像人类一样综合性思考问题，在进行智能化的决策时，尽管会因为环境的变化脱离设计者的预设，但绝不等同于拥有完整意义上的意思自由。同时，即便是步入强人工智能时代，彼时人工智能产品的意思自由也与人类主体存在本质区别，不符合真正完整的意思自由，不具有刑事责任能力与刑罚适应能力。因此，就会出现“直接损害主体不负责，设计者和生产者负责”的情况。

2. “法益侵害结果”的归责困境

如果行为主体与责任主体的分离是归责模式变动的外在表现，那么“法益侵害结果”的归责困境便是责任模式变动的主要后果。

在目前的法律框架下，人工智能还无法对因其行为或者疏忽而给第三方造成的损害承担刑事责任，即法益侵害结果没有直接可以依照现行刑法体系追责的主体。因此，就目前的规范层面而言，可能会出现没有人对法益侵害结果存在过错的局面，但从规范社会的需要出发，又不能将其看作意外事件，因此就需要明确责任主体。具体来看，目前最典型的困境或许体现在无人驾驶汽车领域，当无人驾驶汽车根据事先的程序设置，对驾驶过程中的路况进行自主判断并决定驾驶进程的过程中造成无过错第三方的损害，如何确定“肇事者”成为一大难题。尽管无人驾驶汽车的安全程度还没有达到人们期待的可以走进日常生活的标准，但在特定的工作环境，如小区物流车、长途运输物流车等都可以使用无人驾驶技术了。[①] 这就使“法益侵害结果”的归责困境问题更加被重视。

人们对人工智能的特殊性带来的责任模式的松动没有坐视不理，如何构建一个结构合理的责任体系变得十分重要，其中最关键的是对包括人工智能项目的设计者、生产者、销售者以及使用者等在内的主体责任义务进行清楚的界定。[②] 明确可责性的要求体现了人们对人工智能安全问题的长远思虑，具有前瞻性与预防性。面对责任松动带来的归责困境，目前研究成果有两条截然不同的解决路径：一是寻找新的责任主体以契合现有的责任体系；二是在现有的法律主体中寻找合适的责任主体，必要时需要适当调整法律责任模式来适应这种变动。[③] 不论采用何种路径，都是为了明确人工智能的责任模式。

（二）独立完成决策性：人工智能带来挑战的原因

人工智能之所以会给责任模式带来挑战，是由人工智能可以独立完成决策性的

---

① 李晓慧：《专家解读：多安全的无人车，才能上路?》，https://xw.qq.com/amphtml/20180706A1HZR100，最后访问时间：2018 年 8 月 30 日。

② 腾讯研究院、中国信通院互联网法律研究中心、腾讯 AL Lab、腾讯开放平台主编：《人工智能——国家人工智能战略行动抓手》，中国人民大学出版社 2017 年版，第 304-306 页。

③ 储陈城：《人工智能时代刑法归责的走向——以过失的归责间隙为中心的讨论》，载《东方法学》2018 年第 3 期。

本质属性决定的。人工智能作为近些年爆发式增长的新事物引起了各个学科的重视，不同的学科视角对人工智能特征、产品的关注侧重点会存在差异。当论及法律、伦理等相关问题时，人工智能最重要的一个特征便是“可以独立作出决策”，“独立决策”就有可能意味着“意志自由”，这就同“智能工具”产生本质的区别。

一般而言，人工智能并不特指某一产品，而是指一门研究、开发用于模拟、延伸和扩展人的智能的理论、方法、技术及应用系统的新的技术科学。“模拟、延伸和扩展人的智能”就意味着人工智能产品的发展目标不是单纯制造出辅助人类的操作工具，而是试图设计出具备类似于人类反应、思维、智力甚至情感等特征的产品，用于在更高层次给人类生活带来便利。因此，人工智能并不止步于大数据的积累和人类经验的输入，更多在于它可以进行深度学习以及被训练，能够像人类一样具有创造力和直觉，表现出类似于人类的判断力和决定力，这才是“智”的真正体现。故而，不能把人工智能产品简单地理解为“智能的机器”。

人工智能正因为存在这一特点，使其具备了可以独立作出决策的能力，当各式各样的人工智能产品进入人类生活时，便会对现有的法律责任模式产生挑战。当人工智能被设计完成后，便可在原有的数据设置上进行自主化的运行，且不再需要任何人对其进行控制和指挥。因此，即便是设计者本人也不能完全预料到人工智能产品会独自作出何种决策，从而导致生产者同样具有技术盲点，因而不能提前预知和规避某一产品可能带来的社会风险。客观地说，人工智能产品能够独立于人类作出决策是开发者的追求，也是科技进步的体现。但是，这种决策主体的变化的确动摇了传统责任模式的建构，会导致“有法益侵害结果，但没有责任人的局面”。例如，无人驾驶汽车作为目前最为接近人类生活的人工智能产品，其在使用阶段已经具备了代替“人类”决策的能力。尽管目前世界各国对无人驾驶汽车均采取谨慎态度，要求无人驾驶汽车在运行时仍需要人类驾驶员坐在驾驶座位上，以防汽车突然失控时可以进行人工控制,① 但这并不妨碍汽车“自动”选择的能力，自动驾驶汽车仍然存在由于“决策失误”导致交通肇事的可能。人工智能能够实现无人类干预的决策，这是它给责任模式带来挑战的主要原因。

可无论是现在处于的“弱人工智能时代”，还是未来可能达到的“强人工智能时代”，可独立决策都是人工智能的重要特征。只不过在强人工智能时代这种决策的能力进一步被强化，甚至发展出独立的完全的类似人类的意志能力，强人工智能时代目前还存在于科幻作品中，而弱人工智能时代已经到来并有进入社会生活的趋势。虽然弱人工智能无法做到像强人工智能那样具有独立的意志与意识，但其业已具备深度学习的能力，并且能够在自己的专业领域内进行独立于人类控制的决策，它们独立完成的工作部分是可以超过本身的程序与设计的，虽然在很长一段时间内不会对人类生存构成威胁，但会对社会伦理以及法律形成冲击，这就需要在立法上

---

① 沈玲：《美欧无人驾驶汽车相关立法的最新进展及对我国的启示建议》，载《现代电信科技》2017 年第 3 期。

提前考虑责任分配问题。

面对上述挑战，我们尚需慎重思考：是人工智能产品发展到一定程度时可以作为独立的刑事责任主体来承担责任，还是人工智能产品不可以作为独立的刑事责任主体，对于法益侵害结果仍应在现有的主体范围内寻找责任者。

三、人工智能能否成为刑事责任主体

在刑法领域，人工智能能否成为刑事责任主体的讨论事关其责任模式配置，就人工智能产品的发展现状来看，在未来涉及刑事案件的可能性越来越大。① 因此，分析未来可能出现的刑事归责问题，就必须回答人工智能是否具有刑事责任能力与刑罚适用能力。

（一）学界现有的观点及评析

人工智能能否成为刑事责任主体，学界目前存在分歧，这一问题的讨论事关人工智能的责任模式的正确定位，有从理论上再次给予讨论的必要。目前学者仅有的关于人工智能与刑事法律的讨论分析中，对于人工智能产品是否具有刑事责任能力，可以大致梳理出肯定说与否定说两种观点。

1. 肯定说

在持肯定说学者的观点中，有的从权利角度出发，通过分析人类社会中权利主体的演变过程，得出权利主体并不限于生物学的意义，也不限于物种的结论，以此说明人工智能机器人成为法律上的权利主体不无不可。② 从这个角度来看，这并不是完全肯定其责任主体地位，而是对于未来的发展角度保留了这种可能性，这也是学者对新事物发展持有严谨态度的体现。有的从解决实践难题的角度出发，认为人工智能体是介于人与物之间特殊的刑事责任主体，有对其适用刑法的可能，并且提出比照自然人的刑事责任年龄按照人工智能体的智能化程度来确定其刑事责任能力。③ 也有学者对目前人工智能产品的刑事主体资格持否定态度，但对未来（强人工智能时代）的人工智能产品的刑事主体资格持肯定态度，如刘宪权教授认为强人工智能产品具有类似于人类甚至是超过人类的辨认控制能力，因而具备刑事主体资

---

① 2018 年 3 月 19 日美国亚利桑那州坦贝市一辆自动驾驶汽车在以自动驾驶模式行驶时，撞上一位推自行车过马路的女子，被撞女子在被送往医院后不治身亡；2018 年 6 月 27 日召开的第 29 届 IEEE 国际智能车大会上有学者指出无人驾驶汽车达到 SAE 分级的 4 级水平，还需要 5 至 10 年时间，但在特定的领域，如城市快速公交、小区物流车等已经开始使用无人驾驶技术了。

② 张玉洁：《论人工智能时代的机器人权利及其风险规制》，载《东方法学》2017 年第 6 期。

③ 马治国、田小楚：《论人工智能体刑法适用之可能性》，载《华中科技大学学报》（社会科学版）2018 年第 2 期。

格。[①] 同时有学者提出，“将人工智能体设定为特殊的刑事主体，当发生侵权行为时，人工智能体通过独立承担刑事责任的特殊刑罚体系对其施以惩罚，则可有效达到预防人工智能体犯罪的刑罚目的”。并建议“人工智能体可借鉴‘单位’这一主体设定的理念，将现阶段刑法中刑事责任主体增加为自然人、单位和人工智能体”[②]。

2. 否定说

否定说认为人工智能本身并不具有承担刑事责任的能力，这在国内外学界均有支持者。国内有学者认为：“人工智能仅享有有限的法律人格，其自身承担有限的法律责任，其造成的侵权损害赔偿或刑事责任依据实际情况由其设计者、开发者、制造者或使用者承担。”[③] 在国外的研究中，瑞士学者格雷斯与德国学者魏特根也认为：“在可预见的将来，肯定智能代理的可罚性还只能是一种设想。智能代理既不具备——可以让人类感知到的——感受刑罚的能力，也无法理解与惩罚相联系的伦理指责，因此针对它们‘本人’动用刑法是没有意义的。”[④]

3. 观点评析

笔者认为，肯定说与否定说的论证都有不足之处。首先，尽管持肯定说的学者多用一种开放宽容的态度审视人工智能，但肯定人工智能成为刑事责任主体既要从实质上分析其是否具备条件，也要从后果上考察增设责任主体的后果，而不能简单地以单位主体的设置思路来推导人工智能。其次，肯定论者在进一步论证人工智能的“刑事责任能力”时，对于“人工智能”本身及“刑事责任能力”本身的分析往往过于形式化，没有深入分析自然人与人工智能的相同或者异同的本质究竟是什么，对刑事责任能力的判断也过于表面。在笔者看来，对于人工智能能否成为刑事责任主体的判断与厘清自然人为什么能够承担刑事责任关系密切，需要深入地去分析。高于人类的智力、类似于人类独立决策的能力是否就意味着具有承担刑事责任的能力？具有决策能力能否直接等同于具有辨认控制能力？对于这些问题在肯定论者的论述中较为缺乏。最后，从整体上而言，否定说是具有说服力的，即人工智能不能成为刑事责任主体进而承担刑事责任，但否定说目前的论证也有缺陷，否定说否定了人工智能成为刑事责任主体的主张，但是论证的过程或者仅基于本质特征分析却没有具体深入，也没有具体阐述自然人和单位为何应当承担责任以及如何承担责任，还有进一步讨论的空间。基于此，下文在现有观点的基础上，将对人工智能为何不能成为刑事责任主体做进一步较为详细的论证，并进一步探讨具体的责任

① 刘宪权：《人工智能时代的“内忧”“外患”与刑事责任》，载《东方法学》2018 年第 1 期。

② 马治国、田小楚：《论人工智能体刑法适用之可能性》，载《华中科技大学学报》（社会科学版）2018 年第 2 期。

③ 袁曾：《人工智能有限法律人格审视》，载《东方法学》2017 年第 5 期。

④ ［瑞士］萨比娜·格雷斯、［德］托马斯·魏特根：《智能代理与刑法》，赵阳译，载陈泽宪主编：《刑事法前沿》（第十卷），社会科学文献出版社 2017 年版。

划分。

（二）人工智能产品不具有刑事责任能力

探讨人工智能是否具有刑事责任能力，需要进一步探究刑事责任能力在刑法中的意义，不能仅通过外在条件的形式化符合，即断定人工智能可以具备刑事责任能力，而要从刑事责任能力的本质入手，判断人工智能产品能否成为刑事责任主体。首先需要明确人工智能不具有辨认和控制能力，其次需要论证人工智能不具有刑罚适应能力。

1. 人工智能不具有辨认和控制能力

有法理学者指出，“法律责任要求人们能够理解被适用规则的理由、规则的命令以及违反规则的后果”①。这是对行为人之责任能力的解读。一般认为辨认和控制能力是衡量人工智能是否具备刑事责任能力的本质，因为“责任的成立，必在行为人能认识（识别）其行为的违法性，以及在可识别违法性之时能依其认识而改变主意放弃该不法行为。故非难之基础有二：一为认识能力；二为控制能力”②。辨认和控制能力要求行为人对自己行为的社会性质及其意义或者刑事违法性具有一定认识，且能依此来控制和支配自己的行为。③ 判断人工智能是否属于刑事责任主体，则需要立足于人工智能的属性，分析其有无辨认和控制能力。

首先，人工智能不具有真正的意识，故其不具备刑法意义上的辨认能力。众所周知，人工智能主要依托于数据与程序进行工作。以无人驾驶汽车为例，其对路况的判断、对危险的识别以及对车速的判断等都依托于先前数据网络的建设，在精确的网络下，无人驾驶汽车才能进行类似于人类驾驶员依靠经验的判断。从表面来看，依托于处理分析数据的运行与人类亲自运行并无差别；但从实质来看，却完全不同。对于人类而言，通过学习与经验能够从认知上理解周围的事物，因此这种意识是真实而具体的，但对于人工智能而言，即使能超越大部分普通人类“认识”全部的物种、准确无误地熟知法律法规，但这种认识更多的是一种知识的数据堆积，背后缺乏深刻的理解和体验，在面对复杂的外界环境时，它们能迅速作出辨别与判断，但无法真正理解其意义，并不具有真正的类似人类的意识。刑事责任能力中的辨认能力，是指行为人具备对自己的行为在刑法上的意义、性质、后果的分辨认识能力。由于人工智能缺乏像人类那样不但知道违法，更知道为什么违法，即法律背后的目的和道理，因此它对“合法与违法”的选择无法结合情理作出判断，而仅能停留在认知的层面。因而在生活中情理无限的环境下，它的判断显得是那么浮躁、脆弱和不稳定。因此，人工智能并不具备这样的能力。

其次，人工智能不具有真正的控制能力。刑事责任中的控制能力，是指行为人

---

① 郭春镇、王凌皞：《认知神经科学在法学中的应用》，法律出版社 2018 年版，第 202 页。

② 黄丁全：《刑事责任能力的构造与判断》，法律出版社 2010 年版，第 42 页。

③ 王韬：《论刑法上的责任》，中国社会科学出版社 2013 年版，第 116-117 页。

具备决定自己是否以行为触犯刑法的能力。[①] 人工智能产品不可能从刑法的意义上认识和理解自己的行为，以弱人工智能为例，尽管其具有决策能力，但这种决策能力间接地来源于当初设计时的程序，虽然程序设定本身没有直接让其作出决策，但是它间接地"指导"了在何种情景作出何种反应。从这个角度来看，此时人工智能机器人作出的决策并不等同于刑法上的控制能力，与责任本质不相符。从表面上看，人工智能可以"控制"和"决定"自己的行为，但这种"控制"和"决定"只是形式上的类人行为，不具有社会及法律意义。刑法意义上的控制能力强调的是行为人对"是否触犯刑法"的控制力和决定力，这不仅仅是"机械地"利弊权衡后选择的结果，它依托于对自己行为社会性质的评估，心理学中的社会适应（social adaptation）理论可以很好地帮助我们区分人类的控制能力与人工智能的控制能力，社会中的自然人个体会为了生存而使自己的行为符合社会要求的适应和努力改变环境以使自己能够获得更好发展的适应，[②] 这是理性人在面对社会规则时所作出的正常反应，而人工智能产品的"控制能力"则不会具备社会意义上的适应与改变，更无从谈起法律意义上的"选择"。

最后，从本质上分析，具有独立决策的能力并不等同于具有辨认控制能力。"决策"可以是非常机械化、程序化且标准化的过程，而辨认控制能力中却夹杂了许多道德的、理解的成分，它复杂而深刻。因此，仅从形式上理解作为刑事责任能力基础的辨认控制能力的观点是浅显片面的，也偏离了刑法中责任主体的本质。

2. 人工智能不具有刑罚适应能力

除了辨认控制能力外，刑罚适应能力是刑事责任能力的另一体现，[③] 刑罚适应能力，是指"行为人对自己的犯罪行为应当接受刑罚处罚有理解能力，对其判处刑罚可以发挥惩戒的效果，并存在通过刑罚接受教育改造的可能性"[④]。刑罚适应能力与刑法目的的实现密切相关，不具有刑法适应能力的主体，将无法在其身上实现特殊预防的目的，对于类似主体行为也无法实现社会的一般预防。刑罚适应能力的背后与行为人对法律后果的理解、法律中道德因素的理解以及刑罚本身意义的理解均有关联。

作为必要的重复，刑罚的适应能力决定于刑罚的目的能否实现，如果对该主体施加刑罚但无法实现预期的目的，那么刑罚是没有意义的。近代学派阐述的刑罚适应能力与犯罪预防紧密相联，随着犯罪预防成为刑罚目的之内容，刑罚适应能力虽少有提及但一直蕴含于当代责任主体理论之中。如今学界大多认同刑罚的目的包括

---

① 高铭暄、马克昌主编：《刑法学》（第七版），北京大学出版社、高等教育出版社 2016 年版，第 85 页。

② 杨彦平：《社会适应心理学》，上海社会科学院出版社 2010 年版，第 5 页。

③ 学界曾对刑事责任能力是犯罪能力还是刑罚适应能力的问题产生过激烈讨论，并且也产生过将二者相统一都并入刑事责任能力之中的折中观点。参见冯军：《刑事责任论》（修订版），社会科学文献出版社 2017 年版，第 109–110 页。

④ 周珏：《责任能力与刑罚适应能力的关系》，载《人民司法》1993 年第 10 期。

报应目的和预防目的两种，正如有学者所指出，“报应作为刑罚的目的，是指对犯罪人适用刑罚，是因为他犯了罪，通过惩治犯罪表达正义观念，恢复社会心理秩序。刑罚的预防目的，是指通过对犯罪人适用刑罚，实现防止犯罪发生的社会功利效果”①。而不论是报应目的还是预防目的的实现都离不开刑罚适应能力的支撑。它不同于刑事责任能力中对自己行为的辨识与控制，而是以惩罚是否有效作为衡量标准，也是判断责任主体的关键。那么，人工智能是否具有刑罚适应能力呢？

笔者认为，人工智能产品也不具有刑罚适应能力，人工智能产品虽然具有高于一般人类的智能，并且在今后的发展中，很有可能通过学习和自主发展智能作出脱离人类控制的决策和行为，甚至在未来能够发展成通用型的智能体（强人工智能），拥有人类的情感可以同人类互动交流，拥有独立的思想可以综合作出决策判断。但是，它们仍然无法适应人类社会的法律，这是因为：人工智能产品与人类最关键的区别是对刑罚处罚的感受理解能力，它们不具有其间的道德基础。从个体心理发展角度来看，道德发展（moral development）是个体社会化的核心内容之一，它使个体由“自然的”人发展成“社会的”人，形成道德认知、道德情感和道德行为的过程。而通常心理学理论都认为，人类的道德并非与生俱来，它具有一个在社会学系中“发展”的过程，如皮亚杰、科尔伯格的道德认知发展理论，分别揭示了从儿童到成年人不同年龄发展阶段所拥有的道德水平。② 法律规范同社会道德类似，都是一种外在的社会规则系统，其功能在于指导人的社会行为，但是要发挥指导个体行为的作用，必须被内化为个体的规则准则，因此需要个体对此有一个认知和接纳的过程，强调“过程性”。

人类个体在出生后慢慢开始学习人类社会中的生活经验、道德价值以及法律规则，人的是非观、价值观是在漫长的成长过程中形成的，故而人类能够理解刑罚对自己意味着什么，这种观念除了在理性上促使其趋利避害，同样也在道德情感上给予其负面的评价，绝大多数人能够体验到这样的评价，因而会有悔罪、忏悔或者羞耻感。所以，刑罚所带来的荣辱和惩罚能够对人类个体产生效果，在监狱的改造中这种作用也会有所体现，这正是刑罚在社会中发挥预防作用的道理基础。但是，对于人工智能产品而言，即便通过数据“教育”它不可违背法律，告知其利害关系，以及可能会受到惩罚，但因其认知的形成仅仅是数据的累积，不具备社会的教化和自身的体验，即使智商很高，它们也无法理解人类社会复杂而深刻的道德与情感，故无法真切地理解与体验这种刑罚的意义，更无法构建出类似于人类社会形成的法律观和价值观。换言之，它们或许能够“计算”出最有利于自己的决断和选择，或许能“学习”是非观念，但并不具备理解刑罚的能力，更不具备体验人类社会中对于犯罪负面评价的羞耻感的能力，所以从这个角度来看，让人工智能产品承担刑事

① 李希慧：《论刑罚的目的及其实现》，载《法治研究》2011 年第 2 期。

② 俞国良、辛自强：《社会性发展》（第二版），中国人民大学出版社 2013 年版，第 203-210 页。

责任是没有意义的。

综上所述，人工智能产品不具有承担刑事责任的能力，也不具有刑罚适应能力。既然不可追责于人工智能，那么当涉及法律相关问题时，固有的归责模式会受到冲击，明确责任归属则是下文将要讨论的内容。

四、人工智能时代责任模式的设置设想

尽管人工智能产品不具备刑事责任能力，不能成为刑事责任主体，但是，刑法对其造成的法益侵害结果又不能坐视不理。如果仅从表面形式的判断就将人工智能纳入刑事责任主体，其实是一种将风险制造者的责任转移到第三者处的思路，这并不是一个可取的思路，正确的选择是追究研发者与生产者的责任。

（一）责任模式设置背后的价值理念

人工智能时代责任模式的设置并不是单纯地解决责任不明所带来的归责困难问题，也不是单纯地对责任进行公平的分配，其背后需要蕴含一定的价值选择及社会行为导向。在面对人工智能产品的归责难题时，不能仅仅从微观的视角具体地分析所谓“机器人”的行为是否是由其自己意思支配进而得出结论，还应当从宏观的视角考虑责任设置背后的社会影响。具体而言，人工智能时代责任模式设置的背后应当遵循以下两个价值理念。

1. 法律面对新技术应当保持中立且谨慎

对于新科技的研发，社会或者商业领域总是持有积极促进的态度，但从法律角度出发，应当尽量保持中立并且谨慎，提前预见可能发生的风险。风险社会理论提示我们，社会发展的今天面对许多新兴技术，人们在享受便利的同时也面临着未知风险，并且这类风险一旦发生，其所带来的危害性是普遍且广泛的，因此，“刑法体系向安全刑法的转移有其现实的社会基础，预防的走向代表着刑法对社会需求所作出的一种自我调整”①。人工智能作为近几年再次被热议的一项技术，其所带来的安全隐忧也被频繁地讨论，尽管科研及商业领域对人工智能领域的投入越来越多，不论是科学研究还是产品研发，不论是科研价值还是经济价值，都是一种正面积极的追求，但法律尤其是刑法作为社会保障的最后一道防线，面对新技术时不能同科研领域和商业领域一样积极追求与“保护”，而应当保持谨慎采取中立的态度进行预防与规制，甚至表现出较为保守的姿态。

当刑法面对新技术保持警惕时，就会提前一步对风险发生的可能进行约束，对人工智能产品而言，其约束便是从研发开始就有比较“严苛”的要求，也间接引导研发者与生产者在获利的过程中主动考虑风险，而不是等危害发生后以“无法预见”为由推诿免责。梁根林教授认为“现代社会的刑法既要恪守刑事责任基本原则，以保障国民自由与安全，又要根据控制风险的需要，合目的、有节制地对刑事

① 劳东燕：《风险社会与变动中的刑法理论》，载《中外法学》2014 年第 1 期。

责任基本原则创设诸如客观处罚条件等必要的例外”[①]。对风险进行刑法控制的根据在于：“风险是以一项决策（进而一个决策者）为预设的，并在下面两种人之间制造了一种极端的不对称：一是那些制造风险、定义风险并从风险中获益的人；二是那些作为风险目标的人，他们在无力参与决策进程的前提下，不得不直接成为他人决策的‘看不见的副作用’，甚至还要为此付出自己的生命。”[②] 人工智能产品正符合此种情形，因此设置看似“严苛”的责任制度，其实是在事后对先前不平衡的一种“修正”，这也是法律面对新技术保持中立谨慎态度的体现。

2. 科技领域应尽可能避免“黑箱”现象

所谓“黑箱”，是指只能看到结果但不知其内部是如何运作的，即“不知结果是从何而来”的情形。提倡科技领域应尽可能避免“黑箱”现象，并不是提倡科技曝光或者共享，也不是要求科技向所有人透明，而是针对有可能带来较大社会危害或者不稳定因素的科技领域，其研发者及生产者在正式将其投放市场之前需要清楚产品是如何运作的，包括其可能产生的结果，为什么会这样做决策等，不至于出现自己研发的产品脱离掌控和预期的情况。科学技术领域离法学似乎比较遥远，但可以达成共识的是，在产品研发的过程中要避免“不知其如何运作”的情况，即需要尽量使内部的程序“透明化”。

避免“黑箱”的本质是强调“可控制性”，同时要求对可能带来的风险有一定的把握。之所以在科技领域倡导这样的价值观念，是因为现代以来人类在科技领域的突飞猛进，往往注重研发与效益，在后果考察上显得略有不足，这在转基因技术及转基因食品上体现得尤为深刻，人类对科技的热情以及对利益的追求往往会带来非理性，很多产品在还未被全面认识的情况下就被急切地投入市场而广泛使用，当发现其缺陷时才开始禁止，于是先前的那批“使用者”便是这种非理性的“受害者”。尽可能避免并不意味着完全透明，而是说在科技领域，人们应当避免急功近利，将安全因素更多地纳入测试环节，一方面对其内部运作有所把握，不能以“技术不足，无法预见”来解释所有的法益侵害结果；另一方面对产品本身的认识也应有足够的深度和广度，在技术研究、产品研发阶段需要审慎负责、眼光长远的价值理念。

（二）人工智能领域的责任分配原则

面对人工智能带来的风险行为，对于人工智能本身也许通过“断电”即可解决，但对于人工智能的研发者与生产者即这种风险行为的制造者，他们并不能游离在刑事责任之外，我们要坚决反对将风险制造者的责任转移给第三者，再通过责任

---

① 梁根林：《责任主义原则及其例外——立足于客观处罚条件的考察》，载《清华法学》2009年第2期。

② 姜涛：《风险刑法的理论逻辑——兼及转型中国的路径选择》，载《当代法学》2014年第1期。

理论进一步消解其应当担负的责任的思路或者理念，而应当在人工智能领域建立起一种类似于美国刑法中严格责任的模式，对涉及其中的研发者与生产者追责。

1. 对研发者采取过错责任原则

不同于之前普通的科学技术，人工智能在短短十年间爆发式兴起，绝不是依靠个人的智慧单枪匹马式地发展，而是主要依托国际间的科技竞争大背景和国家的支持。2018 年 3 月 5 日，李克强总理在政府工作报告中四次提及“智能”，并提出要“加强新一代人工智能研发应用”，无论是国家层面的积极战略部署还是资源的集中与倾斜，抑或是民间企业竞争背景下的商业化开发都是人工智能发展的强有力推手。因此，一项技术的研发，一个产品的推出，往往不再是“独立个体”的发明，更多的是“一个团队”的创造。这就为人工智能领域责任分配奠定了基调——人工智能本身在责任主体之外，但人工智能的研发者则“难辞其咎”。

如果将一个新型产品的产生过程看作一个链条，那么研发者就是链条的起点，接着是将产品投入市场的生产商，最后是产品的使用者。现阶段国内人工智能领域的积极研发一方面依托大学及国家科研机构，如 2018 年 3 月南京大学设立的人工智能学院；另一方面依托民间企业自主投资组建的科研团队及实验室。不同于单纯的“学院派”研究，人工智能的研究似乎为应用而生，有着极大的市场导向性。

人工智能领域的研发者的刑事责任需要在主观上有所要求，即出于故意或过失导致了法益侵害结果，简称过错责任原则。笔者认为，应以过失为主，由于在研发过程中出现的疏漏，如没有完成符合标准的测试，由于疏忽大意遗漏了技术或产品的缺陷，或者由于研发者对自己的研究成果过于自信，以至于没有及时完善和修正等直接或间接造成法益侵害结果的发生，这时需要研发者承担相关刑事责任，比如过失以危险方法危害公共安全罪。反之，若其在研发过程中尽到了全部的注意义务，且所有的测试过程及结果符合当下的程序要求与质量要求，那么后续出现的危害结果是研发人员无法预见的，这时则不应追究其刑事责任。当然，这里的“研发者”不单纯指具体的个人，在更多情况下需要整个科研机构作为承担责任的主体。

2. 对生产者采取严格责任原则

将成熟的人工智能技术应用于产品研发及生产，以实现与相关行业的衔接，进而走进大众生活是人工智能的发展目标，如制造、家居、金融、交通、医疗等行业领域。智能机器人、智能运载工具、一体机 VR 等都是人工智能领域的典型产品，并在现阶段已有开发的成品，也有小范围的初步投入使用。产品生产者主要受商业利益驱动，也是人工智能技术主要的获利者之一，如谷歌、百度等大企业都已推出自己生产的无人驾驶汽车。那么，人工智能的生产者对人工智能带来的损害承担何种责任呢？

对此，学界鲜有学者讨论。从技术到产品是一个过程，技术的研发在投入生产进入市场前，只是躺在实验室中安静的“成果”，并不会对社会生活产生太大影响。就如同当年克隆羊“多莉”的诞生，人们的恐慌都来自其不慎应用后可能对人类造成的危害，但作为实验室中的科研成果，它几乎是无害的。因此，“应用”才是一项技术真正的生命的开始。正因为如此，人们对于科研的态度多为开放性的，科学家可以纯粹地进行研究和尝试，但对于产品化与市场化却存有警惕，这又与企业对于商业利益的追求所带来的积极态度产生矛盾。在人工智能产品可能带来的严重损害事件中，如前文所述的自动驾驶汽车因自身原因发生交通肇事、智能机器人在作业时出现“杀死”人类的情况，以及其他严重的危害公共安全和人类人身安全的情形，其危害性与危险性使其不可能划归民事领域，刑法的介入是不可或缺的。问题的关键是，人工智能的生产者应该承担何种责任，这需要有前瞻性的思考。在美国刑法中，严格责任犯罪并不常见，最主要的类型是“公共利益犯罪”，但其刑罚通常较轻，以罚款或短期监禁为主。① 笔者认为，人工智能领域的生产者责任应当是一种严格责任，美国刑法中作为处理危害公共福利案件的严格责任具有引入的必要，② 理由如下：

其一，人工智能领域辐射范围广，可能带来的危害性大。小至每个个体，大至社会公共安全都在其影响范围之内，在行为主体（人工智能）无法成为刑事责任主体，而被追溯者缺乏主观罪责，且对于危害结果又必须追溯的情况下，严格责任是最合适的选择。

其二，企业的巨大利润与责任的承担之间应当有所平衡。严格责任的最大反对声音主要在于对被告人的不公平。从理论上看，严格责任对没有罪责之人给予惩罚，这既不符合刑法的原理和理念，也有过于严苛之嫌，但若站在宏观的角度并结合主体的特殊性来看严格责任的设置，同时结合利润与危险的关系来看，严格责任背后的逻辑其实是对公平的一种修正，商家在巨大利润与竞争驱使下的开发与产出与造成的危害结果之间并不是毫无关联的，尽管主观上缺乏故意与过失，事后责任的承担也可以理解为对先前获利的衡平。

其三，在人工智能领域选择严格责任，并不是为了减少证据证明难度、提高办案效率，也不是为了预防犯罪，而是为了权衡公平：一方面，严格责任的设置意味着对产品生产者而言，需要在“无过错”的情况下为法益侵害结果负责，具体的责任分配需要具体考察其中的因果关系所处的环节，并在具体案件中分析，责任的设计仅仅明确在这类案件中能够承担责任的主体，并在刑罚上主要考虑罚金刑；另一方面，严格责任在产品商业化的环节设置对于科技研发的阻碍较小，其所换来的相对安全与降低的风险对于整个社会的秩序与发展也是不可或缺的。

---

① ［美］约书亚·德雷勒斯：《美国刑法纲要》，姜敏译，中国法制出版社 2016 年版，第 154-156 页。

② 赖早兴：《美国刑法中的严格责任犯罪：争议、解决方案及其启示》，载《环球法律评论》2018 年第 3 期。

五、结语

人工智能时代带来的种种法律与伦理危机可以说是人类社会发展趋势的缩影，理论上化解责任松动问题的方法似乎没有绝对的对与错，只是不同的方式总会带来不同的社会后果，彰显不同的价值取向，归根结底是一个“选择”的问题。不可否认的是，刑法的最后手段性是为了保障最大的自由，给科技发展最大的空间。与此同时，当面对巨大的不确定性时，它的保守性、警惕性也要求对责任归属选择的慎重，将人们控制在一个“人人尽责、人人负责”的安全国度。正如当作为主体的人明白自己负有何种责任时，每前进一步便会有多一分的认真与谨慎，而不至于被名利所驱而不计后果。

弱人工智能的刑事责任问题研究

王利宾*

引　言

人工智能一般是在两种意义上使用，一种指对人的意识、思维的信息模拟和应用，另一种指承载这种功能的物质性工具，法律意义上的人工智能基本上指的是后一种，即能够对人的意识、思维进行模拟使用的物质性工具。理论上一般把人工智能分为强人工智能和弱人工智能。强人工智能是指有知觉、有自我意识的机器，弱人工智能则是指受人支配的、不具有自我意识的机器。当前，纳入法律视野进行考察的人工智能主要是弱人工智能而非强人工智能，本文也是在弱人工智能的背景下来讨论问题。

“人工智能不仅使计算机信息系统升级为人工智能系统，成为智能计算机，还凭借其三大技术支撑（大数据、新算法、超级计算能力）和六大主要应用（自然语言处理、语音识别、计算机视觉、图像识别、机器人、无人驾驶汽车）将在传统互联网与工业物联网之间架构‘类互联网大脑’模型。总之，人工智能技术在互联网‘网络化’‘数字化’的滋养下逐渐走向成熟，同时又反哺推动着互联网进一步向‘智能化’迈进。”① 人工智能时代的来临给法理学和部门法学都带来了挑战。从刑法学的角度考虑，至少以下问题需要我们反思：第一，人工智能对社会造成的危害究竟应当归咎为人还是单纯的机器？第二，如果归咎的对象是机器而非人，如何从法律评判的角度解决刑法传统理论的主体归责和刑事责任承担问题？第三，如果归咎的对象是人，如何确定犯罪化的尺度，在多大范围内对人进行追究，归责的比例、范围又是什么，行为人的罪名又该如何确定？第四，对人工智能的“行为”又该如何进行刑法类型化立法和制度重整？笔者认为，明确人工智能的主体性问题是研究其刑法意义的前提和基础，只有在能够把人工智能确定为犯罪主体之后，才能进一步考量其行为性质和刑事责任。

---

* 王利宾，法学教授，河南警察学院科研处处长，郑州大学刑法学硕士研究生导师，刑法学博士，政治学博士后、理论经济学博士后。

① 高铭暄、王红：《互联网+人工智能全新时代的刑事风险与犯罪类型化分析》，载《暨南学报》（哲学社会科学版）2018年第9期。

一、人工智能的主体性问题

刑法中的犯罪表现为具有严重社会危害性的行为，但行为是人的行为。所以，在我国传统的构成要件即四要件说中，对行为人的考察是必要的内容。也就是说，只有具备犯罪主体特征的人，才能实施犯罪行为并承担相应的刑事责任。刑法视域下的自然人必须具备辨认和控制能力，才能对其进行刑事责任能力上的考察、评价。从哲学的视角看，能够被刑法评价的人必须具备主体的本质特征，即行为必须具备实践性和社会性。实践性体现为对现实世界有意识的改造、利用，社会性表现为对特定社会关系的影响以及和其他人的互动。这种主体性在现实中主要表现为自觉性、能动性和改造性。

可以发现，无论是用刑法上的犯罪主体理论进行评价，还是从哲学视角审视，人工智能的犯罪主体地位都很难被认定。首先，人工智能无法被定位为具有生理功能的自然人，也无法被认定为犯罪主体中的单位。因为人工智能本质上是受人类行为控制和支配的生产或生活工具，本身只是人类行为的延伸或者辅助，不具备自然人的生理性，不能像自然人主体那样产生罪错，并在自我罪错的条件下有意识地展现自己对人类世界的改造。事实上，即便是单位犯罪，也无非是自然人个体的结合，是自然人能力的延伸和扩展，其依存的基础仍然是自然人而非物质化的、机械化的设施。既然人工智能无法被评价为自然人，它就无法跨越自然人的联系纽带被直接确定为能够从事犯罪的单位。

其次，哲学对人的考察和界定也使得无法将人工智能确定为犯罪主体。第一，从本质上讲，人工智能虽然在一定意义上能够对现实世界进行加工和改造，但这些动作却不是有意识的实践，也不能建立起自身与他人的社会关系，这就在人的本质规定性上出现了缺失，故其无法被认定成具有社会评价意义的人。第二，从行为属性上看，“人的主体性主要表现为自觉性、能动性、创造性，机器人虽然也表现出了一定的这些特征，但表现出来的是被规定的自觉性、受限制的能动性、程式化的创造性”①。人工智能与人明显不同的情况在于：它是按照人设定的程序进行机械式操作的，即便人工智能能够在一定范围内根据特定情况选择自己的行为模式，也并不意味着其获取了人的行动能力，这种按照特定情况进行对应性反应的能力也是人事先赋予而不是自己主动“思考”的结果。所以，在人和人工智能的关系上，要牢记：“人是机器的尺度。(因为）人工智能在思维能力上无法超越人类思维和意识的整体性，对于感官和人脑的模拟仍处于机械化阶段，更不能产生人类主体性所依赖的社会关系和实践基础。因此人工智能无法复制、模拟和超越人类主体性。”②

再次，如果将人工智能当作犯罪主体看待，刑法将会面临非常尴尬的境况。第

---

① 王戴娜：《机器人主体性问题研究》，成都理工大学 2018 年硕士论文，第 19 页。

② 张劲松：《人是机器的尺度——论人工智能的人类主体性》，载《自然辩证法研究》2017 年第 1 期。

一，从类比的角度看，如果人工智能的行为能够视作刑法意义上的危害行为，那么又怎能将人的无意识行为、受控制行为等不视作刑法上的行为呢？毕竟，人类的这些行为从自然属性上看更贴近刑法上的“社会危害行为”，其行为与人工智能行为相比更像是“行为”。所以，一旦将人工智能的行为当作刑法中的危害行为进行理解，就必然会颠覆传统的理论见解，这对传统刑法中的危害行为理论的打击将会是致命的。第二，将人工智能作为犯罪主体而非犯罪对象进行评价对刑法理论的挑战非常巨大。因为刑法审视、评判的对象是行为和行为人两重因素，刑法中的理论都是围绕这两种因素展开的。既然理论评价的基点都变得虚化和变动不居，又怎能保持理论研究的稳定性、科学性和学科的持续发展呢？有学者认为，“类人型人工智能实体与自然人的相似程度比动物、单位更高，包含法律设定主体的本质要素——理性，并具备侵犯法益的可能性，从而增强了赋予其刑事责任主体地位的必要性；从刑法内部构成的教义学层面分析，类人型人工智能实际具备刑法上的认知控制能力及受刑能力，能够成为刑事责任主体”①。但这样一来，必将带来一系列的刑法问题。例如，如何判定人工智能的主观罪错，严格责任又该如何引入和适用，在何种情况下将人工智能认定为犯罪主体，又该在何种情况下认定为犯罪对象。这些都是难以解决、难以自洽的问题。其结果是必将使刑法丧失伦理基础，使刑法学理论产生混乱。

最后，将人工智能确定为犯罪主体也不符合制度经济、效率的目标。第一，如果人工智能可视为犯罪主体，从罪刑法定、罪责自负的立场看，就意味着承担刑事责任和其他法律后果的主体是人工智能本身而非其他人。但将机器视为责任主体，一来无法发挥刑罚功能、实现刑罚目的；二来也使法律资源的配置变得浩大而无必要。试想，国家得投入多大的资源才能实现对人工智能行为的全过程、全领域覆盖？第二，人工智能法律责任的泛化不仅对刑事司法资源构成了威胁，也必然会使法律规制的成本无节制地上升。因为随着科技的发展，人工智能的应用必然变得广泛而普遍，这使法律调整必须日益细密，也意味着国家必须投入大量的资源来监控和规制各类非法人工智能行为。第三，无论从公正还是从效率的视角看，对人工智能本身进行规制都不应是目的，真正需要关注的是生产、销售、管理、使用人工智能的人。事实上，只要对这些“人”能够实现有效规制和管理，人工智能的问题便会迎刃而解。第四，将人工智能定位为法律客体而非法律主体更有助于实现对人工智能的管理和利用。“在法律中只要将人工智能定义为‘对人类智能进行模拟的工具’，那么其就不会对现有法律体系中的法律主体产生任何影响，也能够避免人工智能对法律体系的冲击。”② 事实上，面对人工智能的高度发展，我们不必陷入恐惧和没有事实根据的臆想，从现有的情况看，人工智能远远没有脱离人类的现实控制。现实

① 王耀彬：《类人型人工智能实体的刑事责任主体资格审视》，载《西安交通大学学报》(社会科学版) 2019 年第 1 期。

② 倪楠：《人工智能发展过程中的法律规制问题研究》，载《人文杂志》2018 年第 4 期。

的问题只是我们并未明确规定人工智能检测、评估的标准，对其研发、生产的行政监控仍然存在盲区，更没有系统的法律法规进行全面的调控。我们真正要做的是对上述各个方面进行完善并强化监管，这样人工智能的问题便会顺理成章地得到解决。

二、犯罪主体的归责条件

（一）行为导致的风险是社会风险而非单纯的技术风险

“作为纯粹知识探寻的人工智能研究，无法以任何理由来加以限制；然而，作为知识运用的人工智能实践，却因为会制造新的社会问题而需要法律应对，甚至因为引发了严重的危险，而成为被限制的对象。”① 虽然如此，也并非意味着一旦人工智能引发技术风险，法律就要对它全面禁止，这涉及科技伦理、法律与科技风险防控等一系列问题。历史和现实一再证明，科技发展从某种意义上说就是把“双刃剑”，科技在增加人类福祉的同时也会带来一些负面影响。这些影响，要么是科技本身引发的，要么是科技管理不善引起的。纳入法律视野进行考察的首先必须是因人的不当行为引发的社会风险而非单纯的技术风险。其次，社会风险也并非都要纳入刑法进行调整。毕竟，“风险不等于危险，更不等于危害。在风险社会背景下分析人工智能的技术风险，最终还是为了回归到刑法的视域下讨论究竟哪些可能的风险才是具有刑法规范意义上的危险和危害。只有当这些风险现实地造成了损害或者具有造成损害的现实紧迫性，人工智能的刑事风险才正式拉开帷幕”②。

（二）必须有现实损害的发生

1. 人工智能必须引起现实的损害或者危险。也就是说，要正确对待社会风险对刑法的影响，以法益受损原则和谦抑主义限缩抽象危险犯成立的范围。确立以结果犯为主、以具体危险犯为辅的人工智能犯罪既遂成立模式，以实现社会安全和个人自由之间的价值平衡。

2. 人工智能引起的损害或危险必须能够归结到具体的自然人或者单位。也就是说，人工智能所造成的损害或危险必须能够归结到人的刑事违法性上。之所以做此限定，是因为“人工智能不具备独立于人类的权利和价值，在善恶观和伦理观上不具备与人类相当的认知水平，将人工智能拟制为犯罪主体的设想不具有合理性，且将加剧有组织的不负责任”③。也就是说，我们必须对人工智能犯罪的入罪限度作出抉择。一方面，要避免无视人工智能犯罪的危害，将实际的危害归结为技术风险从

---

① 陈景辉：《人工智能的法律挑战：应该从哪里开始?》，载《比较法研究》2018 年第 5 期。

② 高铭暄、王红：《互联网+人工智能全新时代的刑事风险与犯罪类型化分析》，载《暨南学报》（哲学社会科学版）2018 年第 9 期。

③ 叶良芳、马路瑶：《风险社会视阈下人工智能犯罪的刑法应对》，载《浙江学刊》2018 年第 6 期。

而对人工智能背后的操作者做无罪化处理；另一方面，要避免将人工智能作为犯罪主体来看待从而进一步放纵人类的行为。不将人工智能作为犯罪主体来看待一方面摆脱了责任推脱的窘况，另一方面使人工智能的创造者、管理者、适用者的责任得到进一步强化。

3. 犯罪客体必须能被刑法所涵括。人工智能犯罪属于犯罪中的新现象，但从犯罪客体的角度把握，它却不是新类型。因为它并没有在刑法分则的十种同类客体中创设新客体。而只是被涵括在这些同类客体之中，或者说是同类客体进一步细分的结果。比如，刘宪权教授主张在刑法中增设滥用人工智能罪和人工智能事故罪，[①]在这两种犯罪中，前者可以被妨害社会管理秩序罪吸纳，后者可以被危害公共安全罪统摄。之所以强调人工智能犯罪的犯罪客体必须在实定法规定的范围内消解，也是为了从刑法谦抑的立场出发进一步限制犯罪成立的范围。毕竟，人工智能犯罪只是外在的表现形式，其本质仍然是自然人或单位的犯罪。不管他们是有意利用人工智能获取利益，还是因过失给社会造成了损害，其侵害的利益都是传统的犯罪客体。

（三）归责必须有社会意义

也就是说，对罪犯定罪处罚必须能在人与人之间形成的社会中产生积极的预防、改造效果。如果对人工智能犯罪的惩戒收不到这种效果，对犯罪主体的惩戒就没有现实意义。有学者在讲到自动驾驶汽车能否构成交通肇事罪时认为，“自动驾驶汽车本身所引发的交通事故，能够构成交通肇事罪，对它的刑事处罚应设计为修改程序、永久销毁‘两阶层’惩治体系，并且二者的适用无顺序性，视自动驾驶汽车实际对公共道路交通安全所造成的法益侵害之大小择一适用”[②]。笔者认为，即便把自动驾驶汽车定位为强人工智能，学者的这种见解也值得商榷。首先，当前的自动驾驶汽车既没有独立的辨认和控制能力，也未曾产生自我意识，其远未达到强人工智能的要求，将其作为独立的犯罪主体进行刑事归责并不符合社会现实。其一，刑法制度可以有适当的超前性，但仍然以客观事物已经出现、其客观危害已经显现为前提，很明显对自动驾驶汽车进行刑事超前立法并不符合上述要求。其二，刑法与其他部门法的明显不同之处即在于其保守性，这是由刑法谦抑主义和刑罚的最为严厉性决定的。所以，在其他部门法都没有对强人工智能时代的自动驾驶汽车的“行为”规范予以明确和细化的条件下，径直在刑法中对其规定并不符合立法精神。其三，人工智能犯罪鲜明的法定犯特征也使刑法调整变得不可能。因为人工智能犯罪是二次违法，在初始违法就无法认定的情况下径直动用刑法很明显失去了论证的正当基础。其次，时至今日，很少有国家的法律将自然人和单位之外的物质设施作为法律主体一体对待。强人工智能能否被视为法律主体、其能否动摇传统刑法理论是

---

① 刘宪权：《人工智能时代的刑事风险与刑法应对》，载《紫光阁》2018 年第 5 期。

② 卢有学、窦泽正：《论刑法如何对自动驾驶进行规制——以交通肇事罪为视角》，载《学术交流》2018 年第 4 期。

值得怀疑的问题。毕竟，科技永远是服务于人的发展的工具而非主体性存在，将科技视作与人类并列或竞争的“存在”违背了基本的科技伦理。例如，2018 年 11 月 26 日，贺建奎团队对外宣布，一对基因编辑婴儿诞生。随即广东省对“基因编辑婴儿事件”展开调查。调查组认为，贺建奎团队的行为严重违背伦理道德和科研诚信，严重违反国家有关规定，在国内外造成恶劣影响。调查组对贺建奎及涉事人员和机构将依法依规严肃处理，涉嫌犯罪的将移交公安机关处理。该事件进一步说明，即便是对人类自身的基因改良因其后续的消极影响巨大都面临着伦理拷问和行为处罚，更不用说创造新的社会主体来与人类竞争了。再次，定罪处罚的最终目的是实现对犯罪的特殊预防和一般预防。对自动驾驶汽车定罪处罚却未必能实现上述目的、收到预期效果。如果自动驾驶汽车已经具有了人类的意识，就意味着其完全有可能比人类更加聪明，其犯罪更能被发现，其遭受刑罚制裁的概率更低。既然行为成本较低、收益无比巨大，且被查缉的可能性逐步降低，人工智能又怎么会不再次铤而走险，又怎么在人工智能间形成禁止效应呢？最后，一旦将人工智能作为犯罪主体对待就意味着传统的以人为本的刑法理论和刑法规范必须被彻底颠覆，这必将使制度的正当性和确定性面临挑战。大到谁来刑事立法、司法、执法，如何界定部门法的界限；小到如何对自动驾驶汽车进行刑事处罚，对其进行修改程序、永久销毁等措施能否被视为刑罚种类都需要重新研究、确定。

三、犯罪主体刑事责任的承担

（一）犯罪主体的犯罪类型

1. 故意犯罪类型。首先，单纯将人工智能作为犯罪工具的刑事责任承担。在人工智能的设计者、生产者、销售者、所有者、管理者、使用者将人工智能作为自己犯罪的工具使用时，人工智能无非是罪犯行为能力的延伸，操控人工智能的人无疑就是真正的犯罪主体。人工智能造成的损害或制造的危险就是犯罪主体行动的后果。其次，滥用职权类犯罪刑事责任的承担。人工智能犯罪的本质是运用大数据等先进科学技术对人类世界进行危害。所以，一方面，要加大对利用人工智能实施犯罪的主体的惩罚；另一方面，也要进一步强化对人工智能的研发管控和数据保护，对研发、管理人工智能各环节中涉及故意犯罪的行为进行刑法调整。

需要注意的是，第一，在共同犯罪的情况下，如果共犯的各自行为无法界定但产生了实际的损害或危险，那么，可径直根据共同犯罪“部分实行，全部责任”的原则对共犯定罪量刑。第二，人工智能的技术性和前刑法制度对技术性规范的明确规定进一步体现了人工智能犯罪鲜明的法定犯特征，所以，与人身犯罪和财产犯罪中的自然犯明显不同，在人工智能犯罪中要突出和强调单位这一犯罪主体的存在意义。例如，随着自动驾驶汽车的普及和应用的日益明朗化，从危害结果预见可能性的角度进一步强化汽车制造者和使用者应负的刑事责任就显得非常合理。虽然汽车制造者作为单位犯罪的主体可能只承受一定的罚金刑，作为单位犯罪的主管人员和直接责任人员仍要承担罚金刑或者自由刑，但这与犯罪被明确为单位犯罪并不矛盾。因为“交通肇事罪本是过失犯罪而非过失单位犯罪，但在自动驾驶汽车造成交通事故的情形下，随着风险控制义务的转移，该罪由自然人犯罪过渡到了单位犯罪，而对制造商又不能适用原本惩罚自然人驾驶者的自由刑，故以罚金刑代替自由刑是落实主管人员和直接责任人员刑事责任的合理途径”①。

2. 过失犯罪类型。首先，因研发者、管理者的业务过失和所有者、使用者的普通过失所导致的犯罪。其次，负有监管职能的国家机关工作人员的玩忽职守类犯罪。需要强调的是：第一，由于我国刑法中并未规定共同过失犯，所以，在行为人各自过失行为产生叠加的情况下可以根据各行为人的不同行为和危害结果分别追究刑事责任。第二，与故意型人工智能犯罪不同，过失类犯罪所占比例要大得多。所以，要高度重视对过失类人工智能犯罪的预防和惩治。事实上，这类犯罪都是对人工智能设计、生产、监管、使用不当所致，故如何强化这类犯罪主体的义务观念和规范意识就显得非常重要。事实上，只要细化前刑法制度中的行为规范并对其违法行为明确惩戒，就基本上牵住了这类犯罪的“牛鼻子”。

有学者以自动驾驶汽车为例对过失型人工智能犯罪的责任承担进行了论证。该学者认为，“辅助驾驶型自动驾驶汽车的行为主体是辅助驾驶人，完全自动型自动驾驶汽车的行为主体是汽车生产商。在认定辅助驾驶型自动驾驶汽车造成的犯罪时，如果辅助驾驶人对自动驾驶汽车造成的他人伤亡、数额较大的财物毁坏存在直接故意或间接故意，其驾驶行为分别构成故意伤害罪、故意杀人罪、故意毁坏财物罪；如果他对自动驾驶汽车造成的他人伤亡具备轻率大意或过于自信的过失，其驾驶行为分别构成过失致人重伤罪、过失致人死亡罪。在认定完全自动型自动驾驶汽车造成的犯罪时，汽车生产商的行为只能构成过失致人死亡罪或过失致人重伤罪。”② 笔者赞同对辅助驾驶人刑事责任承担的分析，但在完全自动型自动驾驶汽车造成犯罪时让汽车生产商承担过失致人死亡罪或过失致人重伤罪刑事责任的见解则值得商榷。因为：第一，完全自动型自动驾驶汽车之所以造成犯罪，可能是一种原因所致，也可能是多方面原因促成。这种犯罪不排除是因研发者、生产者、零件提供者、政府监管者行为的叠加导致的。在这种“多因一果”的犯罪中，刑法因果关系的认定是一项富有挑战性的工作。毕竟人工智能造成的重大损害并非都能等量地归结在相关主体上，哪些行为能够被认定为与犯罪结果具有刑法上的因果关系更是难以确定，所以，简单地将汽车生产商确定为犯罪主体未必合适。第二，即便能够将汽车生产商确定为犯罪主体，定罪量刑仍然会面临不少问题。因为在汽车生产商普遍是单位的情况下，很难将它们与自然人才能实行的过失致人死亡罪或过失致人重伤罪产生

---

① 卢有学、窦泽正：《论刑法如何对自动驾驶进行规制——以交通肇事罪为视角》，载《学术交流》2018 年第 4 期。

② 王德政：《人工智能时代的刑法关切：自动驾驶汽车造成的犯罪及其认定》，载《重庆大学学报》（社会科学版）2020 年第 3 期。

联结。

（二）罪名体系

由于人工智能犯罪的犯罪主体仍是自然人和单位，其对应的犯罪客体、犯罪行为和主观罪错都能够在传统刑法理论中得到解释，其与传统犯罪的不同之处仅仅在于犯罪手段、犯罪方式出现了新变化。所以，没有必要对现有的罪名体系进行根本性变革。“人工智能犯罪是与人工智能系统研发、提供、应用和管理相关的犯罪，刑法应当对其进行全过程、全面惩治，不仅应惩治侵害人工智能系统安全犯罪和智能化的传统犯罪，还应惩治利用人工智能侵犯个人信息的犯罪、独立的外围人工智能犯罪和违反人工智能安全管理义务的犯罪。”① 具体而言，刑法应当围绕下列方面作出努力：

1. 增设针对人工智能本身的罪名。在危害公共安全犯罪中增设危害人工智能安全罪和人工智能事故罪。需要明确的是，第一，危害人工智能安全罪是故意犯罪，人工智能事故罪则是过失犯罪。第二，虽然危害人工智能安全罪与妨害社会管理秩序罪中的非法侵入计算机信息系统罪、破坏计算机信息系统罪等罪名有可能交叉，但并不完全重合。随着科技的发展和人工智能时代的来临，危害人工智能安全犯罪的对象必然会突破计算机这一单一的范畴，其侵害的犯罪客体也并非社会管理秩序所能包容。

2. 增设利用人工智能、以人工智能为犯罪工具的犯罪。主要是在妨害社会管理秩序罪中增加滥用人工智能罪。之所以在妨害社会管理秩序罪而不是在危害公共安全罪中规定滥用人工智能罪，是因为这类犯罪对公共安全的威胁不大，其侵犯的法益是国家进行社会管理时所要求的秩序状态。需要明确的是，由于此罪中人是犯罪主体，所以有可能会出现犯罪主体既构成滥用人工智能罪又构成传统犯罪的情况，这时就应按照想象竞合犯的处遇原则，从一重处理而非数罪并罚。

3. 在刑法分则第九章渎职罪中的滥用职权罪、玩忽职守罪中明确规定人工智能监管渎职的犯罪行为，以加强国家机关中监管人员的责任意识。因为“未来人工智能将普及社会化应用，防范滥用人工智能、维护人工智能安全管理秩序将成为智慧社会治理的重要内容。未来需要成立专门的国家管理部门监督管理人工智能系统的应用活动，调查、惩治人工智能违法犯罪活动。但是，由于人工智能系统数量大、种类多、技术性强、自主性程度差异大，相关部门难以直接管理所有人工智能系统，必须采用类似于网络社会治理的政府、相关服务提供者和用户共同治理的模式”②。需要强调的是，由于产品、服务提供者和用户的责任都能够在其他罪名中得到解决。所以，这里的渎职犯罪仅仅指国家机关工作人员违背监管

① 皮勇：《人工智能刑事法治的基本问题》，载《比较法研究》2018年第5期。

② 谢永江：《共同治理是网络空间治理的关键和基础》，http://theory.gmw.cn/2016-11/16/content_22994351.htm,2019-02-01。

义务需要承担刑事责任的情况。

（三）刑事责任的完善

1. 增加资格刑种类和能力罚方式。刘宪权教授在把人工智能视作犯罪主体的前提下探讨了对人工智能的刑罚处罚。其建议，“增设能够适用于智能机器人的删除数据、修改程序、永久销毁等刑罚处罚方式，并在条件成熟时增设适用于智能机器人的财产刑或者权利刑等刑罚处罚方式”①。笔者认为，这种主张面临着不小的障碍。因为即便把人工智能作为犯罪主体，对于修改程序、销毁等处罚方式，行刑人员也未必执行得了。因为人工智能既然已经得到了高度发展，对其规制和处理就必须委之于技术水平高到足以掌控人工智能的设计者、开发者或技术人员。知识的专业性决定了法官和行刑人员无法胜任此项工作。另外，人工智能的普及使得其工作领域越来越广，也意味着其越轨行为会越来越多，人工智能的差异性也使得行刑人员掌握技术的难度加大。所以，与其将程序修改、销毁等确立为独立的刑罚种类，倒不如将这些措施规定为对自然人或单位的能力罚方式。这种处理方式一方面维持了自然人或单位作为犯罪主体的地位，保持了理论自洽；另一方面则扩展了单位单纯遭受罚金刑处罚的尴尬局面，增加了单位犯罪行为惩戒的科学性。

推而广之，面对未来的人工智能犯罪，没收财产这一财产刑和资格刑都需要检讨和完善。首先，有必要在单位犯罪中增加没收财产，以严格责任的方式确保单位全面履行义务，以最大限度地减少因之而起的人工智能犯罪。其次，在剥夺政治权利之外进一步增加资格刑种类，通过营业限制、行为禁止等方式强化单位和其工作人员的责任。

2. 增加保安处分措施，丰富禁止令内容。实践证明，在法治的前提下，完善保安处分，确保其与刑罚并行能够提升刑法的实施效果。当前，需要检讨的是：第一，要突破只能在管制、缓刑中适用禁止令的情况，将禁止令的范围扩大。第二，刑法第 37 条之一规定，因利用职业便利实施犯罪，或者实施违背职业要求的特定义务的犯罪被判处刑罚的，人民法院可以根据犯罪情况和预防再犯罪的需要，禁止其自刑罚执行完毕之日或者假释之日起从事相关职业，期限为 3 年至 5 年。有必要对这一禁业规定进行改革。一方面，对其义务来源进行扩展，将义务扩展到不作为犯罪所要求的所有义务；另一方面，将禁业限制的期限进行扩展，不再局限为 3 年至 5 年。第三，要为人工智能犯罪预留保安处分的接口，进一步拓展保安处分的种类和适用范围。

---

① 刘宪权：《人工智能时代我国刑罚体系重构的法理基础》，载《法律科学》2018 年第 4 期。

涉弱人工智能犯罪刑事责任的认定与实现

张　磊[*]　梁　田[**]

一、引言

随着机器学习算法、超级计算和互联网大数据技术等方面的进步，人工智能的基础核心领域、技术和应用都取得了长足进步，人工智能时代已然到来，相应的法律保障也应当及时跟进。2020 年《新一代人工智能白皮书（2020 年）——产业智能化升级》正式发布，指出了人工智能对于引领新一轮科技革命和产业变革的战略意义。人工智能在加快发展推动生产力整体跃升的同时，带来的法律争议和安全风险也如影随形，比如人工智能生成内容的著作权归属争议、算法歧视、信息安全、人工智能犯罪等，人工智能发展的相关法律体系亟待完善。2017 年国务院印发的我国首个人工智能系统性战略《新一代人工智能发展规划》明确提出，“要制定促进人工智能发展的法律法规……开展与人工智能应用相关的民事与刑事责任确认……法律问题研究，建立追溯和问责制度……”①

在人工智能法律保障体系的建立健全中，相关刑法规定的完善和适用居于关键地位。刑法作为我国法治的最后一道防线，作为人工智能法律体系中的后盾法，对其他相关法律法规的实施具有保障作用。我国当前新一代人工智能技术高速发展，深度应用广泛，产生的刑法风险也日益显著。例如，在 2017 年绍兴市告破的利用人工智能侵犯公民个人信息案中，行为人利用人工智能技术的深度学习自主操作，识别破解验证码，为下游网络诈骗等黑产行业提供“技术支持”，涉及的仅绍兴地区的姓名、手机号码等个人信息就有 60 多万组。② 人工智能深度学习的卓越能力和与产业各领域、各行业的深度融合，使得其行为的不确定性不断攀升，相关犯罪的手段升级、范围扩大、认知失范等刑事风险也随之而来，传统刑法的理论和实践受到了挑战，应当予以及时应对。

---

* 张磊，北京师范大学法学院（刑事法律科学研究院）教授、博士生导师。

** 梁田，北京师范大学法学院（刑事法律科学研究院）博士研究生。

① 国务院《关于印发新一代人工智能发展规划的通知》（国发〔2017〕35 号）。

② 胡安娜：《绍兴：警方破获全国首例人工智能犯罪大案》，http：//zj. people. com. cn/n2/2017/0923/c186938-30767452. html，最后访问时间：2020 年 10 月 27 日。

刑事责任作为联系犯罪和刑罚的桥梁和纽带，与犯罪之间具有质和量的一致性，其大小决定了刑罚的轻重，而刑罚又具有一般预防和特殊预防的功能。因此，在我国刑法应对人工智能的过程中，研究涉人工智能犯罪中各行为主体刑事责任的划分和承担，对于刑法规制人工智能的实效发挥具有重要意义，既有助于倒逼人工智能刑事立法的完善，也能对人工智能行业的健康发展起到指引作用。在我国司法实践通用的犯罪构成中，没有大陆法系刑法理论中“有责性”或“责任”的概念，因此我国刑事责任的划分与大陆法系的“归责可能性”也有所区别。刑事责任在我国刑法中是一个独立的概念，与犯罪共同规定在总则第二章中。然而刑法在条文中直接应用了刑事责任这一概念，并没有对其内涵进行界定。学者们对刑事责任的概念有着不同的见解，但大多以刑事义务和法律后果为落脚点。① 如在高铭暄教授看来，“刑事责任就是指行为人对违反刑事法律义务的行为所引起的刑事法律后果能提供衡量标准的、体现国家对行为人否定的道德政治评价的刑事实体性义务”。② 因此，所谓人工智能时代的刑事责任，即在涉人工智能犯罪中，各行为主体因其实施的与人工智能有关的危害行为而应当承担的刑法规定或应当规定的刑事义务。

对于涉人工智能犯罪相应主体刑事责任的确定，应当根据人工智能的不同发展阶段区分不同的划分标准。学界对于人工智能的发展阶段的界分有不同的观点。有学者根据人工智能的实力与人类的对比，将其分为弱、强、超三个阶段，其中弱人工智能（Artificial Narrow Intelligence，ANI）只专长于围棋、驾驶等某一领域；强人工智能（Artificial General Intelligence，AGI）在各个领域的能力都可与人类相比，具有通用性；而超人工智能（Artificial Superintelligence，ASI）在大多数领域实力强于人类，并认为人类目前正处于弱人工智能向强人工智能过渡的时代。③ 有学者依据是否具有独立意识和意志，以及是否能够在设计和编制的程序范围外自主决策并实施相应行为，将人工智能机器分为弱人工智能机器和强人工智能机器，前者只能通过深度学习，在设计和编制的程序范围内自主决策，而后者具有独立意志，行为有可能超出设计和编制的程序范围，我国目前存在的人工智能机器都属于前者。④ 在进行刑事责任的探析时，刑事责任能力的相应判断非常重要，而其中独立意识和意志的有无相较于实力范围更具刑法意义，因此本文在研究中选取后一种标准对人工智能进行划分。另外，我国乃至世界的人工智能技术当前仍处在弱人工智能的发展阶段，超出编程范围、具有独立意识和意志的人工智能体尚未出现，且不知何时能够出现，因此出于研究的现实性和实用性，本文仅针对弱人工智能时代刑事责任的相关问题进行探析。

---

① 刘彦辉、张莉：《刑事责任归责解构》，载《北方论坛》2010年第5期。

② 高铭暄：《刑法专论》，高等教育出版社2002年版，第475页。

③ 王耀彬：《类人型人工智能实体的刑事责任主体资格审视》，载《西安交通大学学报》（社会科学版）2019年第1期。

④ 刘宪权：《人工智能时代的刑法观》，上海人民出版社2019年版，第5页。

二、弱人工智能体的刑事责任主体之否定

在弱人工智能时代，涉人工智能的犯罪分为两种，一种是针对人工智能实施的犯罪，如黑客侵入某地人工智能精细化养殖系统进行破坏，阻碍农业智能系统的正常运行，造成作物的巨额损失，此时人工智能是犯罪对象，可能作为定罪量刑的因素影响犯罪主体刑事责任的划分，但不参与刑事责任的承担；另一种是利用人工智能实施的犯罪，以及人工智能因为编程和算法错漏“实施”“犯罪”，这两者的形式表现都是人工智能“犯罪”，即人工智能在深度学习后“实施”一个行为，这个行为在外观上与其他犯罪主体的危害行为具有一致性，这时人工智能体的深度学习过程和作出的行为似乎形式上符合主客观要件。

就目前我国人工智能技术的发展而言，现有的人工智能的侵害行为全部在设计编制的程序范围之中，即属于弱人工智能的行为，即使危害行为没有按照设计和编制的程序，也是程序和算法自身的漏洞或错误造成的，人工智能体并没有产生超越程序的意识和意志。但是，在弱人工智能“犯罪”中，就行为外观而言，“危害行为”确实是人工智能体“实施”的。从某种角度上说，即使是编设好的程序，在运行时也可视为人工智能的“主观意识”，此时弱人工智能能否成为刑事责任的主体值得商榷。人工智能机器人应否具有刑事责任主体地位是我国人工智能刑法研究中的重点问题，学界观点不一。根据我国现行刑法规范，归责要素虽然包含了危害行为、因果关系、罪过、客体等诸方面，但合格的刑事责任主体只有符合刑法规定的自然人及法律明文规定可以构成单位犯罪的单位。这两者具有的本质特点，一是具有辨认和控制自己行为的能力即刑事责任能力；二是能够具有统一的主客观要件，并能够适应刑罚达到预防犯罪的目的。基于此，本文认为只有当弱人工智能体满足上述特点时，才具有承担刑事责任、成为刑事责任主体的可能。

（一）辨认能力和控制能力的有无

刑事责任能力是犯罪主体的核心要件，因此弱人工智能体能否成为刑事责任主体的关键标准之一是其是否具有辨认和控制自己行为的能力，其本质在于人工智能“实施”刑法所禁止的严重危害社会的行为时是否具有相对的自由意志能力，即有条件的认识和抉择行为的能力。[①]

在进行判断之前，应当对弱人工智能本身进行探究。所谓弱人工智能，是指集合了当前先进的环境感知、行为控制、命令执行等交互设备，而且与现代化互联网通信技术相融合，使弱人工智能在大数据信息的基础之上能够进行复杂决策、辅助控制等，达到了安全和高效双重目标，并且最终可以实现可替代人类来操作的新时

---

① 赵秉志主编：《刑法总论》（第三版），中国人民大学出版社 2016 年版，第 118-119 页。

代人工智能产品。[①] 弱人工智能与自然人相比不具有生物学意义上的生命体，与强人工智能相比不具有超越预设编程的能力，与传统工具相比有着深度学习的本领，目前在医疗、农业、金融、教育等各个领域都有着广泛的应用。简言之，在预先设计和编制的运算程序的范围内，弱人工智能有能力实现独立识别和作出独立的决策，能够逐步替代自然人实现自主控制，但是这并不等同于其具有刑法意义上的辨认和控制自己行为的能力。

一方面，就辨认能力来说，在设计和编制的程序运行范围内，弱人工智能具有认识自己行为的刑法意义的可能。有学者认为基于社会生活的复杂变化，只有结合自身的社会经验才能掌握法律规范的真正含义，人工智能依靠其单纯记忆程序不具有规范习得的意识和可能性。[②] 然而，即使是处于非通用阶段的弱人工智能，也掌握着机器学习的深度学习方法，使用着包含复杂结构或由多重非线性变换构成的多个处理层（神经网络）对数据进行高度抽象的算法。换言之，在植入相关算法后，弱人工智能不仅可以对法律规范进行精确记忆，还可以通过学习和分析及时更新对条文的理解，从而对自己的行为作出合法性的判断。虽然这种算法较为复杂，目前尚未推广，但是结合弱人工智能的编程原理，具有实现的可能性。

另一方面，就控制能力而言，弱人工智能只能在设计和编制的程序范围之内控制自己的行为。如 AlphaGo、AlphaGo Master 和 AlphaGo Zero 作为围棋人工智能程序，通过策略迭代、蒙特卡洛方法等计算方法编排的程序在围棋方面可以屡屡获胜，但是无法自主跳到另一程序中进行艺术创作，或进入自动驾驶程序驾驶汽车。进言之，弱人工智能是人类创造的客体，其程序运行也始终受控于人类，即使程序失控造成了危害结果，也是由人类的设计失误、适用欠妥等不当行为导致的。归根结底，人工智能不具有自主的控制能力，即使其能够在编程范围内选择自己的行为模式，也不是根据价值倾向或自主判断作出的独立行为，而是人类事先赋予了其选择可能的结果。

总而言之，刑事责任能力是辨认能力和控制能力的统一，其中前者是基础，后者是关键。弱人工智能体在发展的过程中有具备辨认能力的可能，却难以有自主控制自己行为的能力。因此，弱人工智能体难以脱离工具性，没有独立的自由意识和意志，不具备构成犯罪和承担刑事责任所必需的刑事责任能力。

（二）罪过形式符合可能性的检视

根据我国的罪刑法定原则的形式要求，刑事责任的划分必须主客观相一致。我国犯罪构成中的主观方面是故意或过失的罪过，这是责任归责要素中的一环，也是进行具体评判的必要条件之一。[③] 罪过是一种基于自由意思支配实施危害社会行为

---

① 王利宾：《弱人工智能的刑事责任问题研究》，载《湖南社会科学》2019 年第 4 期。

② 白海娟：《人工智能“犯罪”之否定》，载《兰州学刊》2020 年第 8 期。

③ 刘彦辉、张莉：《刑事责任归责解构》，载《北方论坛》2010 年第 5 期。

的主观心理态度，体现了行为人的主观恶性，一般可以分为故意和过失，是构成犯罪不可或缺的主观要件。英美刑法中的“严格责任”不符合我国刑法规定以及理论通说，因此弱人工智能想要成为刑事责任的主体，应当同时满足具有主观罪过和客观危害行为的要求。例如，2015 年德国大众汽车制造厂的机器人杀人案件，如果发生在我国并运用我国传统犯罪构成理论对这个机器人进行评判，[①] 除了界定机器人突然的抓举和重压行为，还应对其是否存在符合故意或过失的罪过形式的可能性进行检视。

犯罪故意和犯罪过失都是罪过心理，分别包含了认识因素和意志因素。如上文所述，弱人工智能可以通过算法的植入产生犯罪认识，能够认识到自己行为的性质和后果，起码能产生违法性认识。但是，弱人工智能的学习和运行过程基于预先设定的程序和指定的数据库，自主深度学习的范围也囿于设计者的编程范围，不会构建自我思维，没有自己的自由意志和价值评判，即没有产生意志因素的生理或科学基础。例如，被设计用来杀人的人工智能体，即使被植入法律评价的相关算法，它通过自主学习认识到自己启动后接下来的行为会产生剥夺人生命的危害结果，也无法像人类一样自动终止杀人行为，它杀人的行为不是出于积极进取或听之任之的心理态度，只是单纯被设计者的程序所支配。除非它同时被植入了一个发现违反指令后自动终止行为的程序，但这也并非它的自主意志觉醒，仍旧是设计者的意志体现。总之，弱人工智能即使具有了罪过的认识因素，其运行逻辑和载体基础也决定了这种认识因素无法得到进一步的发展，弱人工智能的意志完全从属于人类，不具有符合罪过形式的可能。当人工智能不具有故意或过失等主观恶性时，就失去了对其追究刑事责任的道义基础，也不符合我国定罪量刑的主客观相一致原则。

（三）是否具备刑罚适用性的判断

刑事责任和刑罚之间具有内在的联系，刑事责任的大小决定了刑法的轻重，刑罚是刑事责任的主要实现方式，因此刑事责任的体现与承担对刑罚有很大的依赖。因此，刑事责任主体应当能够适用刑罚，刑罚应当能够对刑事责任主体起到报应、惩罚、矫正、教育、预防等作用。然而，人工智能作为机器或者程序，感受不到悲伤和欢乐等情绪，传统的死刑、无期徒刑等主刑和剥夺政治权利终身等附加刑都不会给它带来痛苦或剥夺感，没收财产、罚金刑等财产刑更是难以适用在没有任何财产权利的人工智能上，刑罚的一般预防和特殊预防功能都难以在人工智能身上有所发挥。有学者在强人工智能的刑事责任研究中，为其设计了三种独特的刑罚，分别是通过技术措施删除人工智能负面数据、修正运行程序数据以维持安全和永久销毁

① 《人工智能惹的祸？德国大众发生机器人杀人案》，http://www.oushinet.com/news/europe/germany/20150703/198315.html，最后访问时间：2020 年 10 月 28 日。

人工智能。[①] 但是这三种刑罚在强人工智能中尚存在“先承认‘技术设计失败’又承认‘技术设计可靠’的悖论”。[②] 在没有自由意志的弱人工智能身上更是起不到报应和预防再犯罪的作用。

综上所述，弱人工智能没有控制自己行为的能力和意志，不具备刑事责任能力，没有符合罪过形式的可能性，并且无法适用刑罚，不契合刑事责任主体的本质属性，不是合格的刑事责任主体。将其确定为刑事责任的主体不但不利于经济司法，还会导致刑法理论的混乱。

三、涉弱人工智能犯罪刑事责任的承担主体

在弱人工智能时代，人工智能的发展和应用加剧了刑法不确定性的风险，犯罪危害的广度有扩大的危险，犯罪手段更趋于多样性和隐蔽性，危害程度深化。在前文提到的利用人工智能侵犯公民个人信息案中，牵涉的黑客团伙、利用AI技术识别图片验证码团伙、数据买卖团伙、网络诈骗团伙等有43个，被抓获的犯罪嫌疑人有193人，该人工智能平台被打掉的前三个月，为下游犯罪提供验证码识别服务258亿次。[③] 人工智能以其深度学习的能力和能与其他黑灰产业快速融合的特点，使得相关犯罪的社会危害性有加重的可能，还会衍生出利用大数据或人工智能漏洞犯罪、人工智能失控时实施的危害行为等新型风险。因此，加强对涉人工智能犯罪的刑法规制势在必行，其中刑事责任的划分和确认具有重要意义，这是我国《新一代人工智能发展规划》在“保障措施”章节中明确强调需要开展研究的内容，不但有助于人工智能追溯和问责制度的建立健全，还涉及规制效果的落实和人工智能法律保障中公平正义的实现。就行为方式而言，涉弱人工智能犯罪可以分为以弱人工智能为工具型犯罪、弱人工智能失控型犯罪和以弱人工智能为对象型犯罪。在这些犯罪中，正如前文所述，弱人工智能体不能成为刑事责任的主体，产生的刑事责任应当根据案件的不同情形，分别由弱人工智能的设计者、使用者等相关主体承担，各个犯罪主体根据其涉弱人工智能的危害行为、相应罪过形式或主观态度的不同和成立犯罪的不同情形承担不同的刑事责任。除此之外，还有可能出现行为人不具备故意或者过失，但仍发生损害结果的情形，出于主客观相一致的原则，不应将此类行为认定为犯罪，但仍要对此加以关注，并制定相应的法律应对制度。

（一）弱人工智能设计者的刑事责任

人工智能的发展虽然经历了长足的进步，目前已经实现计算智能、感知智能和

---

① 刘宪权：《人工智能时代我国刑罚体系重构的法理基础》，载《法律科学》2018年第4期。

② 冀洋：《人工智能时代的刑事责任体系不必重构》，载《比较法研究》2019年第4期。

③ 王春：《绍兴警方实行全链条打击，破获全国首例利用AI人工智能犯罪大案》，http://www.legaldaily.com.cn/locality/content/2017-09/22/content_7327574.htm? node=32012，最后访问时间：2020年11月1日。

认知智能，但是仍旧难以脱离设计者的编程意图具有自己独立的思维方式，因此设计者或者说研发者在设计和编制人工智能的程序过程中保持正当性和严谨态度对于涉人工智能犯罪的防治具有重要意义。反言之，设计者在研发阶段如果不遵守科技伦理，基于故意或过失的心态使其人工智能的设计行为成为危害行为，并造成了现实的损害或危险，就可能构成犯罪，并需要承担刑事责任。

1. 承担故意犯罪的刑事责任的可能性

在人工智能致害案件中，弱人工智能的设计者可能构成故意犯罪并承担刑事责任。因为人工智能的致害行为很可能是设计者在设计和编制程序时就刻意或者在明知的情况下设计的，在编程完成后，设计者自己操作人工智能实现其功能，或者将人工智能贩卖、出租、借用、赠予他人，最后人工智能造成了现实的紧迫威胁或危害结果。在这种情形下，设计者具有基于故意的刑事可罚性。① 例如，在前文所述的利用人工智能侵犯公民个人信息案中，行为人杨某设计能运用人工智能深度学习进行技术训练的程序，就是为了拿到黑客团伙非法获取的数据，智能识别后卖给网络诈骗等下游犯罪的团伙。此时无论这个人工智能打码平台有多么智能，完成“犯罪”的过程有多么自动和自主，其实质都是杨某等人的犯罪工具，因此追究设计者的刑事责任并无不妥。

然而，正是基于弱人工智能的工具性，基于主客观相一致原则，以及为了人工智能相关科技的发展，不将设计者所有设计具有犯罪功能的人工智能的研发行为都认定为犯罪，即使这个人工智能的唯一用途就是实施犯罪行为，如 Kargu2 自杀式无人机，或专门用于偷窃的人工智能，应当基于设计者的设计意图分别认定。如果设计者是为了实施犯罪或为了向他人提供犯罪工具而进行研发，如研发前后联络过生产商、犯罪团伙等要出售、使用这个人工智能的人，那么其设计时的主观态度不具有正当性，应当为其设计的人工智能造成的社会危害承担刑事责任。反之，如果设计者只是为了单纯的科学研究，或者是为了相应损害的预防进行的研发，在成果出现前后都未产生应用意图，并将这个人工智能谨慎地置于安全防护下，采取了安全措施，尽到了避免其他人接触或取得这个人工智能的义务。那么即使有人通过窃取或其他非法方式获得了这个人工智能并实施了犯罪行为，追究设计者的刑事责任也是不适当的。当然，如果设计者完全不采取任何措施避免这种犯罪型人工智能的外泄，就有可能构成不作为的间接故意犯罪或过失犯罪。

当前刑法学界有思潮认为，人类已经进入充满不确定性的风险社会，法益保护前置等预防性立法是刑法对社会变化的积极应对。② 事实上人工智能的发展和应用正是世界范围内不确定性的一部分。但是，人工智能科技的发展本身就充满不确定性，同样的研发行为，有的可能是为了实施犯罪，也有的可能是为了研究出相应原

---

① 张金刚：《人工智能时代的刑事风险和责任分配》，载刘宪权主编：《人工智能：刑法的时代挑战》，上海人民出版社 2018 年版，第 45-46 页。

② 劳东燕：《风险刑法理论的反思》，载《社会科学文摘》2020 年第 1 期。

理后预防犯罪。因此，在人工智能犯罪的归责中，应当遵循法益受损原则和刑法的谦抑精神，以现实具体的危害发生为归责的必要条件。[①] 即只应当在人工智能造成了刑法意义上的损害结果和具体危险时才应当追究相应主体如设计者的行为责任，不宜在入罪时以抽象危险为标准。

2. 承担过失犯罪的刑事责任的可能性

出于公民的法治观念和设计者的科研伦理，弱人工智能的设计者故意设计用于犯罪的人工智能并实施犯罪的情况虽然存在，但不是人工智能时代最大和最不可控的安全风险。与之相比，更为常见和更令人担忧的风险是那些本来被设计用于正当用途的人工智能，可能因为技术缺陷、程序失控、操作不当或者其他原因，没有按照设计者的设计构想运行，造成设计者和其他人并不希望的损害，如美国亚利桑那州的自动驾驶汽车“杀人”案件。在这种情况下，设计者可能因为其过失行为承担刑事责任。

在涉人工智能犯罪中，设计者主要可能在以下两种情形中构成过失犯罪并承担刑事责任。

其一，人工智能的“犯罪”是由于设计者的设计失误造成的，而这种设计失误本身是设计者应当注意到并可以避免的。比如在设计安保型人工智能时，没有采取限制行为的预防措施，导致具有暴力防卫性的安保应急装置被错误触发，造成无辜的路人受伤或者死亡，此时设计者对于人工智能的“杀伤”行为有着疏忽大意的过失；如果设计者已经认识到有这种可能性，但认为可以通过人工智能的自我学习进行避免，其罪过形式便是过于自信的过失。值得注意的是，只有当设计者对其设计失误具有预见可能性时，才可能构成过失犯罪。这种预见以模糊的预见为最低限度，即当人工智能的设计者根据设计当时的科技发展水平、人工智能领域的发展程度和自己的研究能力，预见到自己的设计可能存在失误，这种失误有造成某种危害结果的可能时，就应当认为设计者具有了预见可能性。对于这种可能性会在何时何地转化为现实性的预见可能则不做要求。即使是弱人工智能，其行为能力和学习能力也是惊人的，造成损害的可能性必然存在，所以设计者在编程时必须进行谨慎的研发和足够的测试。同时，为了人工智能的发展，应当为设计者预留足够的风险行为出罪空间。

其二，人工智能的“犯罪”是由于使用者的使用不当造成的，而设计者没有对使用者尽到应有的提醒义务。还以前述的安保型人工智能为例，如果设计者履行了预见义务并设计了拦截程序，但是在使用说明或者其他提示性材料中没有说明相关的操作流程和控制方法，导致使用者在使用时有不当行为，进而使人工智能失控，发生危害结果，此时设计者应当承担过失犯罪的刑事责任。因为人工智能是非常精密复杂的，使用者没有相关的知识背景，难以全面认识其运行中的风险和应对方式。当设计者将其交给使用者时，应当能够预见到没有相应的提示，很容易发生使用不

---

① 王利宾：《弱人工智能的刑事责任问题研究》，载《湖南社会科学》2019 年第 4 期。

当的情形，进而造成危害。

另外，虽然根据弱人工智能的原理和我国的犯罪构成理论，设计者在上述情形下可能构成过失犯罪。但是我国刑法以惩罚故意犯罪为原则，以惩罚过失犯罪为例外。因此，基于罪刑法定原则，对人工智能设计者因为上述行为可能承担的过失犯罪的刑事责任的认定要以我国刑法有关过失犯罪的相关规定为依据。

（二）弱人工智能使用者的刑事责任

根据前文的论述，弱人工智能体的设计生产者可能出于故意或者过失设计生产出具有缺陷的人工智能产品，从而构成犯罪，须承担相应的刑事责任。但在人工智能的使用阶段，仍然可能有犯罪行为的发生。这类犯罪的主体限定为人工智能的使用者。使用者既可能在设计生产者不构成犯罪的情况下构成涉人工智能犯罪，也有可能在设计生产者构成犯罪的前提下构成犯罪；可能构成故意犯罪，也可能构成过失犯罪。

1. 使用者单独构成犯罪

在此类情形中，设计生产者所设计生产的人工智能体属于符合法律、法规和行业规定的产品，产品在交付给使用者之时也尽到了相关提醒义务，但使用者本人由于其自身的故意或过失实施了符合刑法构成要件的犯罪行为。在这种情况下，人工智能体所造成的危害社会的结果应当归结于使用者自身。因为设计生产者已经完成自身的任务，并在明确告知产品使用方法和安全隐患的情况下将其交付给使用者使用，与此同时转移的应当是对于人工智能体的合法控制和监管责任，其自身不应当再承担刑事责任。如果使用者在使用人工智能产品过程中，故意通过程序设置、自主学习引导、代码输入等方式，使人工智能体代替自己实施相关犯罪行为，则应当根据刑法分则的规定，分别以其故意触犯的罪名让其承担刑事责任。至于实施犯罪的行为类型，既可以是作为，也可以是不作为。前者一般是使用者基于人工智能体本身的特征和功能，积极加以控制和引导，从而构成犯罪；后者是行为人在收悉设计生产者、销售者明确的产品使用规范和安全提醒的情况下，明知不进行一项或数项操作可能发生危害社会的结果，仍然不实施必要的安全保障行为。

在故意犯罪之外，使用者由于疏忽大意没有预见到人工智能产品在使用过程中可能会出现的危险，或者已经预见但凭借并不可靠的理由轻信可以避免，最终导致危险性转化为现实性。在这种情况下，使用者就应当为自身的过失行为承担相应的刑事责任。

2. 使用者与设计生产者均承担刑事责任

在设计生产者已经构成刑事犯罪的情况下，人工智能使用者在使用过程中也可能单独或与前者共同构成犯罪从而承担刑事责任。具体包括以下几种情形：

其一，使用者与设计生产者为同一主体的情况。在实践中，存在行为人设计生产可以用于犯罪的人工智能产品，并利用这种产品实施犯罪行为的现象。在这类案件中，行为人具有双重身份，其既是弱人工智能体的设计生产者，又是其使用者。

其设计生产人工智能产品的目的即利用其实施犯罪。因而设计生产行为是手段行为，具体实施犯罪的行为是目的行为。在这种情况下，宜适用牵连犯理论进行刑法上的评价，仅就使用行为定一罪。对于那些设计生产用于犯罪活动的人工智能产品之后，既自己使用又销售、赠予他人使用的情况，应当根据其使用产品行为所符合的犯罪构成进行犯罪认定，同时对其设计生产和销售、赠予的行为按照前述人工智能设计生产者的处罚方案另行处理。

其二，使用者与设计生产者构成共同犯罪的情况。如果设计生产者与使用者具有意思联络，由设计生产者生产出具备犯罪功能的人工智能产品后交付使用者使用进行犯罪活动，就构成了共同犯罪，应当按照其所触犯的具体刑法分则罪名和总则关于共同犯罪的规定以共同犯罪论处。

其三，使用者与设计生产者均成立犯罪但不构成共犯的情形。这种情况下，设计生产者和使用者之间缺乏意思联络，不能成立共同犯罪，但其本身的行为根据刑法的规定均单独构成犯罪。具体包括设计生产者故意设计生产足以用于犯罪的人工智能产品，使用者在与其没有意思联络的情况下使用该产品进行犯罪；设计生产者过失设计生产出具有缺陷或者漏洞的产品，使用者利用其缺陷漏洞进行故意犯罪；设计生产者和使用者均不存在犯罪故意，但其各自的过失行为共同造成了危害结果。上述几种情况均不能认定为共同犯罪，应当以行为人自身的行为为依据，使其各自承担刑事责任。

此外，在涉人工智能犯罪中，还存在以弱人工智能为犯罪对象的情形。工具型故意犯罪有时会和以人工智能为对象型犯罪产生交织，如行为人利用代码侵入他人的自动驾驶系统并篡改运行程序，让自动驾驶汽车在应该刹车时加速行驶，以达到危害公共安全的目的。有时以人工智能为对象型犯罪会单独存在，如行为人对某一健康穿戴智能设备公司研发的能够监测用户身体情况的智能系统进行破坏，让检测分析系统不能正常运行，给该公司造成巨大的经济损失。在这两种情况下，对危害结果负刑事责任的不应当是人工智能的设计者和使用者，而是破坏、非法侵入或者非法控制人工智能的人，他们在故意的主观心态下实施了上述行为，应当追究其故意犯罪的刑事责任。

四、涉弱人工智能犯罪刑事责任的实现

如前所述，弱人工智能体由于不具备刑法意义上的控制能力，因而无法成为刑事责任的承担主体。弱人工智能体所造成的危害社会的结果应当分别由人工智能体的设计生产者、使用者、篡改破坏者等主体承担。我国现行刑法对于刑事责任的实现方式有着明确的规定，既包括以刑罚处罚措施的方式实现，又包括以非刑罚处罚措施的方式实现，还包括单纯宣告有罪而不判处刑罚及刑罚外的处罚措施。应该针对涉弱人工智能犯罪的具体情形，有针对性地适用不同的刑事责任承担方式。

（一）定罪处刑方式

定罪处刑是刑事责任实现最主要最常见的方式，在弱人工智能体致害的案件中同样如此。刑罚不仅是对行为人危害行为的法律报应，同时也承担着预防犯罪的任务。在风险社会背景下，刑法预防犯罪的功能受到越来越多的重视。

首先，自由刑的设置和运用可以对人工智能相关从业者及使用者以及通过入侵、篡改人工智能系统实现犯罪目标的行为人起到较为充分的震慑作用，实现刑罚的一般预防功能。但是，目前我国尚未明确将非法利用、破坏、非法侵入和非法控制人工智能系统等行为纳入犯罪圈，虽然当前已有对破坏计算机信息系统罪等信息系统犯罪的相关规定，但是能否将人工智能的程序和系统认定为计算机信息系统目前学界仍有争论。因此，我国应当建立健全人工智能刑事立法，为自由刑在涉人工智能危害行为的刑法规制中的作用提供法律依据。

其次，财产刑在涉人工智能犯罪中兼具一般预防与特殊预防的作用。因为一方面，有相当比例的涉人工智能犯罪以谋取非法利益为目的，设置并运用财产刑可以较为精准地对此类犯罪人进行事前与事后威慑，使其因自身的相关犯罪行为而感受到被限制、剥夺财产的痛苦，在理性衡量收益与成本的基础上选择放弃相关犯罪。另一方面，涉人工智能犯罪作为一种新型的高科技犯罪，往往需要依靠充足的技术资源与资金来源，对此类犯罪人施加财产刑可以斩断其再次犯罪所需的资金来源，达到预防再犯的目的。

最后，资格刑的运用可以起到良好的特殊预防目的。人工智能领域的犯罪具有高度的技术性特征，行为人往往是人工智能产业的从业人员，具有较高的专业技术水平。如果在其犯罪之后仅从人身自由和经济利益方面对其进行刑罚惩罚，虽然在一定程度上能够减少其再次犯罪的可能性，但效果仍然有限。因此对于此类犯罪应当尤其注重资格刑的运用。目前我国刑法规定有剥夺政治权利和对外国人驱逐出境两种资格刑，此外还规定了从业禁止，规定因利用职业便利实施犯罪，或者实施违背职业要求的特定义务的犯罪被判处刑罚的，可以根据犯罪情况和预防再犯罪的需要，禁止其自刑罚执行完毕之日或者假释之日起从事相关职业，期限为 3 年至 5 年。从业禁止可以较为有效地防止人工智能从业人员在犯罪后重操旧业继续犯罪，因而应当根据犯罪预防的需要在司法实践中依法积极适用。

（二）非刑罚处罚方式

我国刑法在刑罚之外还规定了多种非刑罚处罚措施。那些已经构成犯罪，但是犯罪情节轻微可以免予刑事处罚的涉弱人工智能案件可以适用非刑罚处罚措施。具体而言，非刑罚处罚措施包括训诫、责令具结悔过、赔礼道歉、判处赔偿损失、责令赔偿损失、由主管部门予以行政处罚或者行政处分。上述多种措施不是具体的刑种，但是在维护刑法权威、重申法律秩序、警醒震慑犯罪人、填平被损害利益等方面同样起着非常重要的作用。在一些较为轻微的案件中甚至比刑罚更为有效。因为犯罪情节较为轻微，判处刑罚显得过于严苛，但如果不采取其他方式进行处理，又有轻纵之嫌。在这种情况下依法适用非刑罚处罚措施可以达到轻重适当、宽严相济的法律效果。

（三）定罪免刑方式

刑罚是刑事责任的主要承担方式，但并非唯一方式。在弱人工智能时代，人工智能作为较为新兴的技术和领域，发展进化的过程是剧烈而又迅速的，相关的刑事法制建设难以及时跟进，因此如果研发人员和从业人员基于研发和应用愿望有一些不当的行为，即使有触犯刑法的可能，也要发挥刑法的宽宥，避免过分挤压人工智能领域的发展空间。因此，对于一些犯罪情节轻微，不必要判处刑罚，同时也不适宜采取非刑罚处罚措施的案件，采取定罪免刑的方式是较为适当的。定罪免刑，一方面以司法判决的方式郑重昭告社会行为人的行为是一种犯罪行为，其对于社会整体的法秩序是具有破坏性的，是不值得效仿的。这种宣告对于行为人本人及社会公众均具备引导和晓谕的功能，有助于人工智能从业人员行为守则和科研伦理的建设。另一方面，可避免刑罚锋芒的过度显露造成负面的社会影响，适应我国人工智能相关问责与追溯制度初建的现状。这种定罪免刑的方式虽然不对行为人施加具体的刑罚，但仅仅是有罪宣告本身就体现出了国家最高程度的非难与否定态度。无论是对于个人还是单位，均是一种严厉的法律上的负向评价，也会对其社会评价起到降低的效果，因而同样可以达到预防犯罪的目的。

五、余论

人工智能产业的发展需要在刑法的规制与引导下有序进行。弱人工智能体致害事件，归根结底是由人类行为所导致的。因此在排除弱人工智能体刑事责任能力的基础上划分不同主体的刑事责任并明确其责任实现方式，有助于人工智能发展的法治化与规范化，其所具有的理论和现实意义不言而喻。然而我们不应将其视为制度探索的终点，因为在现实中存在另一种情形，即虽然发生了人工智能体致害现象，但无论是设计生产者还是使用者均不承担刑事责任，如何解决这一问题，是我们无法回避的来自实践的拷问。人工智能产业虽然已经获得深度的发展，但远未成熟。人工智能仍然是一个充满探索与尝试的具有活力的新兴领域。现有的法律法规及行业规范不可能也没有必要达到完全规避损害发生的程度。对于那些因人类知识和技术局限性而造成的损害，我们应当以何种方式加以应对，这是我国人工智能行业发展面临的疑问之一。

刑法理论界和实务界存在一种不理性的行为倾向，即在出现损害结果时，必须找到应当为之承担责任的主体。这种倾向如果在人工智能刑法领域蔓延，造成的直接后果便是阻碍甚至窒息技术的更新与发展。事实上，对于那些遵守法律法规及行业规范后仍然出现的损害现象，不应视为一种法益侵害的行为，而应将其视为一种风险。这种风险是人类知识进步与科技发展所不可避免的，因而是一种需要由作为一个整体的社会所必须承担的代价。如果拒绝承担这种代价，也就同时拒绝了进步本身。然而这种代价不应由不幸遭遇损害的个人或集体独自承担。本文认为，应当借鉴医学领域的相关做法，建立一种行业保险制度，由行业及社会共同承担保障资金。在人工智能体致害行为发生后，如果确实能够证明相关从业人员对于危害的发生不具有故意或者过失，则不能要求其承担刑事责任，而是就此启动保险制度。用前述所提到的保险资金对受害方进行损害补偿，这样不仅可以使人工智能行业消除顾虑、充分进行技术研发与应用，而且可以在风险转化为实害之后使被害方得到相应的补偿，兼顾了社会发展的自由价值与公平价值，促进人工智能行业快速、健康发展。

人工智能时代的刑事责任体系不必重构

冀　洋*

问题的提出

自然科学的发展不断影响着社会科学的思考对象与思考方式，促使人们世界观的改变，如互联网法学、医事法学、交通法学的勃兴为日常交往提供了诸多新规则。哲学大师维特根斯坦指出，只有“自然科学的命题”才能成为哲学的谈论对象，“凡是不能说的事情，就应该沉默”。[①] 理论法学家认为法学研究应该从哲学立场再后退一步：“法律发展和法学研究首先应当以当下现实生活及其可能性共识为前提，对于科学技术领域的远期预测性命题则应保持适当距离，以避免对法律的稳定性造成不必要的冲击、与法律的保守性形成不必要的紧张关系。”[②] 若法律学者关注现代自然科学领域的“人工智能（体）”乃法学观照社会现实的当然体现，如该怎样认定人工智能产品致人损害的民事责任、如何分配人工智能创造物的知识产权、如何建构对人工智能技术开发如自动驾驶的行政管理制度等，那么作为“保障法”“最后法”的刑法在观照社会现实时更应在其他部门法之后慎重表态。然而，当前我国刑法学者比其他学科学者更加热衷于人工智能，以“将机器人纳入刑事责任主体”为代表的主题文献在2018年呈现井喷式增长。[③] 在当前置法对人工智能的法律主体

---

* 冀洋，东南大学法学院讲师，法学博士。

① Daniel D. Hutto, Ludwig Wittgenstein's Tractatus Logico-Philosophicus. *Topoi: An International Review of Philosophy*, 2016 (35):618.

② 齐延平：《论人工智能时代法律场景的变迁》，载《法律科学》2018年第4期。

③ 笔者于2020年11月1日以“主题：人工智能”“文献分类：刑法”在中国知网数据库进行检索，共检索到391篇论文，1995年至2016年每年仅有0至2篇，2017年有8篇，2018年则激增至75篇，2019年为189篇，2020年为111篇，刑法学近不满3年的成果量是以前20余年之和的23倍。

资格毫无定论、人工智能涉及的权利义务内容模糊不清的情况下,[①] 肯定人工智能的刑事责任主体地位、断言人工智能可以与自然人一样接受独立的刑罚处罚（如删除数据、修改程序、永久销毁等刑种）,[②] 未免走向了令人匪夷所思的一端（以下称为肯定论）。这种肯定论是刑法学研究的“最前沿”，还是法学面对科技发展的一种“急不可耐”，抑或仅仅是学者不甘寂寞地寻找参与流行话题的“存在感”、抢占“高端话语权”？当人工智能致人损害时，果真存在既有刑法体系上的归责障碍？什么才是人工智能对刑法的真正挑战？这些都值得继续追问。

与肯定论相比，我国人工智能刑事责任否定论虽然已经提供了不少值得称赞的有益论证，但尚处于相当劣势，主要有如下困境：其一，否定论总体数量极少、声音微弱，且未对日益更新的肯定论进行系统跟进，以致可能造成批评滞后的局面；其二，否定论并未结合前置法学者的研究成果，没有在整体法秩序内考察肯定论的刑法后果，因而相关论述过于孤立；其三，否定论的讨论聚焦不足，仍然置于刑事法治的宏观架构中与其他论题一并讨论，因而论证力有不逮；[③] 其四，有否定论仍然将讨论范围局限于弱人工智能阶段，而肯定论从来不认为弱人工智能可以成为犯罪主体，这造成了“误把共识当分歧”“批评无对象”的方法论弊端。[④] 有鉴于此，本文以“人工智能时代的刑事责任体系”（包括责任主体和刑罚类型）为省思对象，及时梳理回应最近一年多来肯定论的观点并有针对性地提出新的具体的商榷意见，尤其是在整体法秩序内确立刑法之于人工智能技术的应然立场。

一、人与人工智能：整体法秩序内“主客体关系”的确证

从观念起源上看，“只有当电力进入人们的日常应用、电子计算机被发明之后，‘人工智能’的想法才可能被验证”。[⑤] 20 世纪 50 年代，“机器—机器”交互模式在很多领域被确立，机器之间因而实现了相互沟通，同时“人—机器”之间也能够通

---

① 理论法学、民法学等存在很多对人工智能法律主体资格持保守甚至反对态度的强有力声音，这使得该学科内的讨论相对趋于理性化、慢热化。韩大元：《当代科技发展的宪法界限》，载《法治与社会发展》2018 年第 5 期；郝铁川：《为什么坚信人工智能不可能取代人》，载《解放日报》2018 年 1 月 23 日第 13 版；陈景辉：《人工智能的法律挑战：应该从哪里开始?》，载《比较法研究》2018 年第 5 期；吴汉东：《人工智能时代的制度安排与法律规制》，载《法律科学》2018 年第 5 期；杨立新：《人工类人格：智能机器人的民法地位》，载《求是学刊》2018 年第 4 期；房绍坤、林广会：《人工智能民事主体适格性之辨思》，载《苏州大学学报》（哲学社会科学版）2018 年第 5 期；刘艳红：《人工智能法学研究的反智化批判》，载《东方法学》2019 年第 4 期。

② 刘宪权：《人工智能时代刑事责任与刑罚体系的重构》，载《政治与法律》2018 年第 3 期。其他肯定论将在下文予以分析，本处不再列举。

③ 时方：《人工智能刑事主体地位之否定》，载《法律科学》2018 年第 6 期。

④ 皮勇：《人工智能刑事法治的基本问题》，载《比较法研究》2018 年第 5 期。

⑤ Gabriel Hallevy, *Liability for Crimes Involving Artificial Intelligence Systems*, 2015, p. 3.

过人类操作电脑指令实现彼此对话，越来越多属于人类的能力自此时起被电子机器设备所施展，这种进步促进了人工智能的研发。“在人工智能中，与人类进行对抗性游戏是最典型的应用。”① 例如，1996 年“深蓝”首次击败世界象棋冠军，2011 年人工智能程序 Watson 在电视节目中击败两位智力纪录保持者，2017 年 DeepStack 程序战胜了世界顶级职业扑克玩家；再如，“围棋被认为是人类在游戏上保持优势的最后堡垒”，② 但人类最优秀的棋手却被 AlphaGo 接连击败。仅仅这几起标志性事件就让“智能机器人将取代人类、我们作为一个物种将面临灭绝”③ 这一看法再次流行起来，不断刺激着各路专家的神经。

究竟什么是人工智能？在自然科学领域，不少科学家都曾对它下过定义。例如，贝尔曼（Richard E. Bellman）认为，人工智能涉及的是“与人类思维联系在一起的自动化活动，如作出决策、问题求解、自主学习”；郝格兰德（John Haugeland）指出，人工智能“从完全的字面意义上说就是‘会思考的机器’”；库兹韦尔（Ray Kurzweil）认为，人工智能是“能够执行（本来）需要人类来执行的智能功能的机器”。从这些定义可以看出，人工智能的两个定义成分是：“像人一样行动、像人一样思考”以及“机器”。④ 可以说，人工智能体的外观是机器设备、内核是电子程序，即便它们与人类玩家“一起对弈”甚至比人类更聪明，人们充其量也只能将其视为“机器人”而非“人”。有学者认为，“像人一样思考”与“机器”是互相矛盾的两个要素，不可能出现在同一个事物中，因为人类与动物的核心区别不在于“肉身”而在于“是否会思考”，既然人工智能也可以“像人一样思考”，那么怎么能说人工智能不是“人”？上述矛盾的定义难道不是足球运动员踢了一脚“进了自家球门的乌龙球”？⑤ 其实，人与人工智能体的区别、人与动物的区别是不尽相同的。确实，人类与动物的首要区别不是“肉身”而是“思考能力”，但人类与人工智能的区别既在于肉身也在于思考能力。无论多么精致的人工智能体，都不可能是人类生物学意义上在妇产科分娩的物体，它在肉身或者物种上绝对不能与人类具有相同的肉体、器官、肢体运动力，人类可以一次性（终局性）地制作一个高智商的机器人，机器人也根本不需要像人类那样从婴儿成长为年满 18 周岁的成年人，“肉体”上的区别绝对是核心指标之一。而且，“像人一样思考”是人类制作人工智能的出发点，所以我们才称它们为“人工的智能”，“像人一样思考”不等于“与人的

---

① Lazaros Iliadis/ Ilias Maglogiannis/ Vassilis Plagianakos (Eds.), *Artificial Intelligence Applications and Innovations*, 2018, p. 3.

② Hanno Hildmann, Computer Games and Artificial Intelligence. In: N. Lee (Eds.), *Encyclopedia of Computer Graphics and Games*, 2018, p. 4.

③ Ugo Pagallo, What Robots Want: Autonomous Machines, Codes and New Frontiers of Legal Responsibility. In: Mireille Hildebrandt/Jeanne Gaakeer (Eds.), *Human Law and Computer Law: Comparative Perspectives*, 2013, p. 50.

④ Gabriel Hallevy, *Liability for Crimes Involving Artificial Intelligence Systems*, 2015, pp. 6-7.

⑤ 刘宪权：《对人工智能法学研究“伪批判”的回应》，载《法学》2020 年第 1 期。

思考完全一致"，这本身就是一种拟人化的方法。因此，"像人一样思考的机器"这种定义本身就表明了人工智能区别于人类，这不是靠文字游戏可以改变的。

既然"人工智能"不是"天然的"（natural）智能而是"人造的"（artificial）智能，那么二者之间就如同"真牛皮与人造牛皮""真鸡蛋与人造鸡蛋"的关系一般直白，后两者彼此始终是两个异质体。这几乎没有什么疑问，"真人"与"人造人"（如机器人、玩具人、变形金刚等）亦如此。但是，当在语言上将"人造人""机器人"套上"人工智能"之后，有人便遗忘了"人工智能"的本体仍然是"人造体"，这就是由汉语言文字的华丽性产生的麻痹性。如果将问题转换成"一堆铜铁锡制成的'机器'是否可以像人那样接受法院审判、被法院判处刑罚"，或者将机器人的外形替换为一只狗、一只机械手臂即"机器狗、机器手是否是'人'"，那么我们可能会像对待古代名吏张汤审判老鼠、西方主教法庭审判象鼻虫那样一笑置之。将机器与人等而视之，本就具有比喻、拟人的意义，这种生动的修辞是人文社会科学家的惯常手法，在这一点上他们远比自然科学家更具浪漫情怀。或许由于看到人类自己在前述智力游戏的比拼上连连受挫，或许忧虑于人工智能技术在生活中引起的很多灾难（如自动驾驶技术故障引起的交通事故），法学家开始接受这种修辞，为"将人工智能评价为'法律主体'"跃跃欲试。但在运用这种修辞技艺时，需要特别注意使用的前提及语境，否则无论如何言说，其既难以被证成也难以被证伪。

毫无疑问，当前的人工智能及其应用尚停留在"弱人工智能"阶段，甚至弱到只有"大脑"而无"形体"，① 此时人类与弱人工智能是"人与工具""主体与客体"的关系，这种关系模型在人类起源的远古时代就已形成。例如，早在人类诞生之初人们就开始寻找各种工具以让日常生活变得更为便捷，石器时代以石头为工具、后来以金属为工具，莫不如此；再如，视力障碍者使用人工智能眼镜辅助行走、驾驶甚至观察天象，这与近视者佩戴普通近视眼镜没有什么区别。"弱人工智能"的这种工具性在整体法律体系上有两个方面的表现：一方面，正是由于人工智能的工具有用性，这种工具本身便成为人的一种"财产"或"利益"。在法律体系上，宪法确立了公民合法财产权不受侵犯（宪法第 13 条）、民法规定公民依法享有物权（民法典第 114 条）、治安管理处罚法与刑法对侵犯财产权利的行为分别设定了行政处罚和刑罚（如盗窃、诈骗、故意毁坏财物等）。另一方面，工具性人工智能对他人人身财产权利的侵犯并不会引发对工具本身的处罚，而是由其"主人"即所有权人或使用管理人承担责任。例如，民法典规定了因产品缺陷造成损害的，被侵权人可以向生产者或销售者请求赔偿（第 1203 条）；机动车交通事故致人损害的，由交强险保险公司以及过错方承担责任（第 1213 条）；医疗器械致患者损害的，可以向生产者或医疗机构请求赔偿（第 1223 条）等。所以，当前的人工智能体如人工智

① 当前的智能机器能够实现甚至超越人类的高级推理智能，却在感知、运动等"低级能力"上连个 3 岁小孩都不如。

能机器人、人工智能汽车或巡航设备、人工智能医疗设施等“人之工具”致人损伤的，一律由人类主体承担责任。

在“强人工智能”（Strong AI）阶段，人类创造人工智能的初衷也永远是制造有利于人类的“工具”而不是创造“新生命体”，更不会情愿被人工智能所主宰。弱人工智能“对输入刺激表现得十分迟钝而无趣，没有自己的想法，它们只能产生常备反应……未来的一些机器是‘超临界’的（super-critical），它们有自己的思想……如果将来超级智能（super intelligence）在技术上获得实现，人们还会选择发展它吗？毫无疑问，答案是肯定的。……人们需要更好的电脑和更智能的软件，希望强人工智能机器能够帮助他们产生更多利益：更好的医疗药品、从无聊或危险的工作中解放人类的劳动力”。[①] 强人工智能之所以被认为具有所谓的“思想”，首先是因为它们能够从“深度学习”中获得答案或给出自己的行动方案。[②] 例如，AlphaGo“使用了与所有传统人类思想流派相悖的战术”，即借助深度学习发明了超越人类的全新打法，[③] 如今“人类选手已经开始学习 AlphaGo 发明的打法”。[④] 尽管如此，计算机科学界对“强人工智能”能否实现以及何时实现始终存在明显的学派对立，[⑤] 肯定论者又何必急于对此盖棺论定呢？或许强人工智能百年之后会到来，甚至永远不会到来。当然，此方面的探究并非笔者所及，本文只是要揭示“人工智能”的工具本质，“强人工智能”也是人们为了证明人的智能、为了方便人类的生活、为了丰富人类的娱乐活动而研发的一件“机器”或“玩具”。无论人工智能具有何种等级的智慧，它都不等于“人的兄弟姐妹”，也不是“人的集合”。正如有些人类的宠物可能比某些人更聪明、更善于自我获取一些技能、更懂得知恩图报，但它们始终是“牲畜”、是人的“玩偶”罢了，对于它们的损害行为，对其饲养者、管理者适用的是“饲养动物致人损害责任”而非独立的“动物责任主体论”。

如果对“人之工具”赋予法律主体地位，将造成法秩序的混乱。如上所述，对于强人工智能是否可以实现，很多人持怀疑态度，[⑥] 本文难以作出这样的判断，为了建立讨论的前提，不妨承认超级智慧体可能存在，问题之关键仅仅在于整体法秩序应如何认识与评价这种所谓的“强人工智能”。在赋予人工智能刑事责任主体地位之前必须考虑前置法上的“人机”关系，为此我们可以在整体法秩序内提出无数个疑问：(1) 以民法这部“市民法”为例，人们对未来强人工智能体享有什么权利？(2) 研发者、购买者享有的是知识产权或所有权，那么当强人工智能成为法律主体，它能否成为物权的客体？人们如何对它行使支配、处分的权利？(3) 当人工

---

① Ray Kurzweil, *The Singularity Is Near*: *When Humans Transcend Biology*, 2006, p. 204.

② Vgl. Christoph Wick, Deep Learning. *Information Spektrum*, 2017 (40): 103.

③ Jacob Turner, Robot Rule: Regulating Artificial Intelligence, 2019, p. 30.

④ Martin Davis, Sailing Routes in the World of Computation, 2018, p. 153.

⑤ Spyros G. Tzafestas, Roboethics: A Navigating Overview, 2016, p. 25.

⑥ Jerome C. Wakefield, The Chinese Room Argument Reconsidered: Essentialism, Indeterminacy, and Strong AI. Minds and Machines, 2003 (13): 285.

智能致人损害而被科以刑事责任时，研发者、使用者将其拆解、断电、销毁、赠予他人是否需要征求人工智能体的同意？如果在生产时研发者就设定了“默认的同意程序”即取消了人工智能的意志，那么承认这种独立主体的意义又何在？如果没有事先设置此种程序，当人工智能不同意人类对之进行处分，这岂不是会产生人类对人工智能体的民事侵权甚至犯罪？（4）人们是否需要为了人工智能的健康运转而为其寻找“医生”诊治？（5）随之而来的问题是，具备何种知识或者取得何种证书才会拥有这种“行医资格”？（6）人工智能的使用者擅自使用工具给人工智能体进行维修，是否属于“非法行医”？（7）在行政法上，行政机关应当如何建构针对人工智能的“研发—销售—维修（医治）—报废”的行业准入制度？这种针对人工智能的“医疗事业”是否属于政府公共服务的一部分？（8）人们因维修成本过高或者因系统过时而放弃对其的修理或升级，是否构成“遗弃”、故意或过失“杀害”机器？当人们为人形机器人换上一个狗头，这是否构成对该机器人的侮辱？（9）作为法律主体的人工智能受损时，谁才是向法院提起诉讼的适格原告或适格代理者？（10）当人工智能被“断电”时，它究竟是“休克”“睡眠”还是“死亡”了？当恢复电力或动力时，它是“复活”还是“苏醒”了？断电期间是否还有主体资格，断电期间还受法律保护吗？这些因“法律主体”所引发的一系列看似荒唐的问题，其实都是整体法秩序内（包括刑法与其他法、实体法与程序法等）正常的、不可回避的连锁逻辑，肯定论对此显然没有做好准备。

所以，颠覆人与人工智能之间“主客体”“人与物”关系的前提是，在整体法秩序内系统理解人类对它究竟有什么权利、人们可如何对之行使这种权利，否则就会产生种种关系混乱的情况。本来是为了日常生活的便利化或者娱乐化而研制人工智能，但赋予人工智能一定的法律主体地位就等于必须承认拥有一定的权利空间，那么对人类权利的行使提出更多的前所未有的限制，导致研发者、使用者随时需要注意保障人工智能、为人工智能的健康运转而服务，结局就是为了方便生活而加重个人生活成本和社会整体负担，最终抵消了这种便捷性。当“肯定论者”将简单问题复杂化之后，进而引起无数个更为复杂的法秩序难题，如果没有彻底解决（如通过基本法）或者至少没有在前置法上（如通过民法、行政法等）解决这些问题，那么直接承认人工智能的刑事责任主体地位未免操之过急。

二、人工智能的罪责能力之阙如

人类的惩罚法发展至今，被广为接受的一条经验是“不法（unrecht）与罪责（schuld）是构筑刑法体系的基本材料”，[①] 无论德日犯罪论体系还是传统主客观相统一原理均如此。[②]“罪责”是指对某一主体造成社会危害行为的谴责，“人工智能的刑事责任”之讨论系由科技风险所引发，因而问题之关键不在于客观不法损害而

① Vgl. Dennis Bock, *Strafrecht Allgemeiner Teil*, 2018, S. 105ff.

② 张明楷：《以违法与责任为支柱构建犯罪论体系》，载《现代法学》2009年第6期。

在于其罪责能力的判断。

（一）义务与权利分离：机器人“法律人格”的否认

罪责内含着“非难”的特殊意义，而能够为“非难”奠定基础是“他行为可能性”：能够回避符合构成要件且违法的行为，但仍然实施该行为。[①]“既然说责任就是非难，那么以‘他行为可能性’为内容的意思自由就一定要被承认。而这种意义上的自由恰好和刑法上的责任之间是表里关系（没有自由，就没有责任）。”[②] 可以说，“责任—自由”这种思考模式代表了一种平衡定律，正如“法哲学通常用义务来定义权利”，[③] 凡是主张对某一物体如人、动物以及人工智能适用法律责任，就不能突破“责任—自由”“义务—权利”这对关系前提。于是，人工智能是否具有承担责任的“能力”（责任），其转换的问题表述其实是：人工智能是否享有对应的“权利”（自由）。

其实，人工智能并不能获得法律人格，义务与权利的分离彻底排除了人工智能的罪责能力。人的尊严是人之为人的固有属性，就现代法律而言，“对人的尊严的普遍承认，通过法律上的‘人格’而得以彰显”。[④] 美国学者在近百年前曾指出，“成为法律上的人就是成为权利和义务的主体，赋予法律权利或者承担法律义务，就是赋予‘法律人格’（legal personality）。如果通过有效的制裁，社会或其代理组织强制 A 作出行为或支持 B 的行为，那么 B 就拥有权利、A 就负有义务。因此……权利和义务决定了法律人格”。[⑤] 时至今日，人在法律上依然是根据权利和义务来定义的，一个被法律承认的“人”受法律权利和义务约束，赋予法律人格与设立法律权利、承担法律义务有着内在的联系，“享受权利和履行义务的能力是衡量法律人格的唯一标准”。[⑥] 人工智能若能成为法律责任的主体，其在法律体系内就是权利义务的统一体，如此才能达到成为法律上的主体适格性。

自然人是无可争议的天然法律人格主体，[⑦] 在与自然人比较之后即可看出所谓人工智能体的“法律人格”的虚假性。当人工智能被赋予法律人格之后，它与人类的关系将变得非常棘手。前文提出了十大疑问作为例证，除此之外，更值得反思的

---

① ［日］山口厚：《刑法》，有斐阁 2011 年版，第 99-100 页。

② ［日］曾根威彦：《刑法的重要问题》，成文堂 2005 年版，第 31 页。

③ B. C Postow, Rights and Obligations. *Philosophical Studies*, 1977 (32): 217.

④ 胡玉鸿：《人的尊严的法律属性辨析》，载《中国社会科学》2016 年第 5 期。

⑤ Bryant Smith, Legal Personality. *Yale Law Journal*, 1928 (37): 283.

⑥ S. M. Solaiman, Legal Personality of Robots, Corporations, Idols and Chimpanzees: a Quest for Legitimacy. *Artificial Intelligence and Law*, 2017 (25): 158.

⑦ 自然人的法律人格只有在极端时期才可能被重新定义，如纳粹时期的拉伦茨就曾从解释论角度将民法上的“人”定义为“民族同志”，而犹太人等不享有民法上的民事权利。［德］马丁内克：《卡尔·拉伦茨（1903-1993 年）》，田士永译，载郑永流主编：《法哲学与法社会学论丛》（第 19 卷），法律出版社 2015 年版，第 283 页。

是，人类是否可以沦为人工智能的法律客体。若主张智能机器人应负刑事责任，那么这些义务是通过对等权利换取的，即自然人（以及其他人工智能体）也不得侵害它的利益，人类此时就成为人工智能的法律客体。可是，自然人拥有生命、身体、财产、名誉、隐私、个人信息等各种法益，人工智能体是否拥有人类的全部法益？如果双方的法益范围不对等，那么在"自然人—人工智能"的权利义务交换中必然会存在某些缺位，造成权利义务不统一。

以人工智能是否拥有财产为例，肯定论在此存在如下虚伪性：一方面，主张人工智能是法律主体，却仍然称之为"产品"，用对待非智能机器设备的"安全标准"来规制它的生产、制造、运行，[①] 这显然仍将其视为"工具"，它是所有权的客体而非具有法律人格的"主体"，那么它拥有财产的能力存疑。"人工智能拥有财产的能力与它的人格以及它偿还债务或支付赔偿的能力有明确的联系"，[②] 财产权利能力缺失注定其失去了承担责任的一个重要基础。另一方面，不少肯定论者主张建构强制保险制度、建立赔偿基金等以弥补机器人造成的损害，[③] 可如果人工智能是法律主体，那么为何需要另一个主体（人类）为其缴纳保险费或基金？智能机器人连独立的财产权都没有，其在致人损害时如何承担义务？还有学者提出，"用机器人收入的一定比例作为资金，以保证任何损失或损害的赔偿"。[④] 但是，谁来为机器人保存这些收入？如果它们具有完全的法律行为能力，为何需要别人管理其财产？机器人是否总是有收入？谁来为那些根本不具备收入能力的机器人承担这种义务？到头来，这些责任还是要被推到人类身上，这与当下的产品致损责任并无不同，何必兜一个圈子、多此一举？

可见，肯定论漠视了法律人格要求的权利义务统一性，对人工智能附加法律义务的同时并未同等注意其权利问题，没有意识到在他们的逻辑中人类也是人工智能的法律客体。当这种所谓具有独立责任能力的法律主体致人损害时，由其他主体为之承担损害赔偿，这种株连责任完全违反责任主义。肯定论实际上并没有承认机器人的法律人格，或者他们所言的"人格"只是一种没有法律意义的、纯粹拟人修辞

---

① 刘宪权：《人工智能时代刑事责任与刑罚体系的重构》，载《政治与法律》2018 年第 3 期。

② Jacob Tuener, *Robot Rules: Regulating Artificial Intelligence*, 2019, p. 194.

③ 王肃之：《人工智能犯罪的理论与立法问题初探》，载《大连理工大学学报》（社会科学版）2018 年第 4 期。

④ Marcelo Corrales/ Mark Fenwick/ Nikolaus Forgó, *Robots, AI and the Future of Law*, Springer Nature Singapore Pte Ltd. 2018, p. 53.

而已。正如有民法学者所言，这种所谓的人格“仍然是物的范畴”。[①] 因此，人工智能在法律体系上没有主体地位，既缺少权利能力又不具备义务能力，“机器人”只是机器而不是人，断言它能够承担刑事责任更是虚妄。

(二) 人工智能与法人的不可比性

在当前的法律体系中，具有法律人格的主体只有自然人与法人。如上所述，肯定论经常将人工智能体与人类相比，但实际上并不可能实现人与机器人的平等，主客体关系仍然是不可颠覆的，但考虑到法人“既没有灵魂也没有肉体，但自中世纪以来法人的刑事责任便已存在”[②]“单位犯罪使得生命体不再是刑事主体的必要条件”,[③] 那么人工智能也可以像公司一样被赋予法律人格，论证重点便转向了法人(公司)。

例如，肯定论指出，“智能机器人能否成为刑事责任主体，与法人能否成为刑事责任主体具有几乎相同的理论逻辑”,[④] 赋予“法人”鲜活生命的“法律拟制”将成为立法者解决机器人权利来源的技术性措施。[⑤] 甚至主张与单位相比，智能机器人的意志“自由的程度更强”,“如果法律能够尊重单位的自由意志，那么便没有理由否认智能机器人的自由意志。智能机器人是介于普通机器人与人之间且是由人所创造出的‘人工人’，从法律属性上看，智能机器人比单位更接近法律意义上的人”。[⑥] 国外也有学者坚持这种观点：“直到1635年，英国法院才敢对一家公司追究刑事责任……但公司既没有实体也没有灵魂……刑事责任的概念在法律上没有实质

---

① 杨立新：《人工类人格：智能机器人的民法地位》，载《求是学刊》2018年第4期。不过，笔者对该文的如下看法不予认同：“智能机器人确实存在某些人格的要素，将其民法地位概括为人工类人格，有助于划清智能机器人与其他物的区别。……如果只将其民法地位简单地界定为物，就会抹杀其特征，将其等同于一般的物，不能对其采取科学的态度加以保护、利用和限制，最终将使人类自己受到损害。”笔者认为：(1) 如下所述，法人的人格其实也是一种非自然的、人工类人格 (Artificial Legal Person)，机器人与法人并不相似，因而作为“物”的智能机器人不能享有人工类人格。(2) 该文存在自相矛盾之处：既然断言“人工智能”与其他“产品”一样都是“物”，那么在民法上甚至在法律评价上就没有任何本质区别，人们对之享有的是物权。所谓的“人工智能具有不同于一般物的特征”没有任何法律上的意义，正如一部智能手机具有区别于非智能手机的特殊性、一块手表也具有区别于一只猫的特殊性，二者在法律评价的属性上没有任何不同，将二者都只称为“物”也不会抹杀它们各自的特征。

② Jacob Turner, *Robot Rule*: *Regulating Artificial Intelligence*, 2019, p. 202.

③ 卢勤忠、何鑫：《强人工智能时代的刑事责任与刑罚理论》，载《华南师范大学学报》(社会科学版) 2018年第6期。

④ 吴波、俞小海：《人工智能时代刑事责任认定思路的挑战与更新》，载《上海政法学院学报》(《法治论丛》) 2018年第5期。

⑤ 张玉洁：《论人工智能时代的机器人权利及其风险规制》，载《东方法学》2017年第6期。

⑥ 刘宪权、胡荷佳：《论人工智能时代智能机器人的刑事责任能力》，载《法学》2018年第1期。

性区别地适用于公司和人工智能实体，不让人工智能像公司那样受制于法律是离谱的。”① 本文认为，这些看法值得商榷，因为法人承担法律责任的原理仍以自然人为中心，人工智能对此不能企及。

法人的法律人格原理有三：其一，拟制论（Fiction Theory）或“唯名论”（Nominalist），认为法人不是物理性存在，它只不过是一个“法律建构”（legal construct）即抽象概念、人工创造，它的人格纯粹是为了促进商业贸易而被法律强制赋予的。② 其二，集合论（Agrregate Theory），认为法人不是一个拟制的实体或法律本身的创造，而是一个由自然人组成的组织或协会，除人类成员之外，法人本身不能真正地“行动”“决定”或“谋算”，没有他们就没有法人自己的特征或实现其目标的能力。也即“公司的法律行为都应理解为其全体成员的行为”。③ 其三，真实存在论（Real Entity Theory），认为法人人格是真实的而不是虚构的，国家只是承认了存在的事实而不是创造了它。据此，法人与其内部个人是不同的、分离的，员工的来去不会影响组织本身的连续性或身份。④ 拟制论的地位在 19 世纪中期发生了变化，因为它给人的印象是法人的注册设立只是一种形式而已，将法人人格的基础推给法律本身，这并未提供实质的支持内容。19 世纪后期出现的集合论能够揭示法人意志的来源，但它消除了法人（如有限责任公司）与其组成人员在权利、义务方面的区别，“若法人组织能够完全通过其组成人员来予以描述的话，这种法人就不应存在了”。⑤ 真实存在论有助于说明法人的有限责任，但法人成员违反有关规则而需要“刺破法人面纱”、让自然人承担连带责任时，该理论又不能为之提供依据；且既然法人与自然人一样都是在法律之前真实存在的，那么为何它们享有的权利差别如此之大，这也是不清楚的。本文之目的不是重述这些争议，而是要说明法人人格之真相的探究有赖于分析者的视角。当面对不同情形时，法人的下属情形都可能存在：法人根据法律（如公司法）注册成立、法人的活动需要自然人的决策与执行、法人的责任既可能独立于自然人也可能与自然人共同承担。所以，法人是多维的，我们很难采用某一单个理论作为法人人格的基础；就刑事责任而言，需要根据单位犯罪的刑法教义予以确定刑法领域究竟采用哪种理论。

我国刑法第 30 条、第 31 条规定了单位犯罪及其刑事责任，这两条的核心问题是：如何确立单位的犯罪意思、如何理解单位犯罪的双罚制。其一，单位意思是区

---

① Gabriel Hallevy, The Criminal Liability of Artificial Intelligence Entities, *Akron Intellectual Property Journal*, 2010 (4): 200–201.

② Mark Pieth/ Radha Ivory, *Corparat Criminal Liability*, 2011, p. 6.

③ Mireille Hildebrandt/ Jeanne Gaakeer (eds), *Human Law and Computer Law: Comparative Perspectives*, 2013, p. 38.

④ Susanna K. Ripken, Corporations Are People Too: A Multi-Dimensional Approach to the Corporate Personhood Puzzle, *Fordham Journal of Corporate & Financial Law*, 2009 (15): 106–117.

⑤ Michael J. Phillips, Reappraising the Real Entity Theory of the Corporation, *Florida State University Law Review*, 1994 (21): 1067.

分单位犯罪与单位内部自然人犯罪的重要标准，单位意思之本质仍是作出决策之自然人的意志体现，其执行者也是自然人。单位犯罪是公司、企事业等单位为本单位谋取非法利益或以单位名义为本单位全体成员或多数成员谋取非法利益，由单位的决策机构按照单位决策程序决定，由直接责任人实施的，且刑法有明文规定的犯罪。[①] 换言之，单位意思是单位决策机构成员如董事、股东等按照决策程序讨论研究后作出的整体意志，它仍然不能超脱于自然人的意志，单位的犯罪故意是自然人的故意，这反映了上述集合论的逻辑。其二，我国刑法规定了对单位与自然人双罚制，如果法人与自然人一样是一个完全独立的、真实的、前法律的存在，那么在单位与其主管人员不构成共同犯罪的情况下，为何要额外处罚自然人？按照责任主义原理，某一犯罪主体只对自己实施的行为负责，真实存在论在此并不能说明单位的相关责任人何以对其他主体（单位）负责。按照责任主义，单位犯罪双罚制的根据并不能脱离自然人本身，即单位犯罪对自然人的处罚是基于单位犯罪本质中包含了自然人的不法与罪责，这是单位犯罪的基本特征。所以，无论从单位犯罪意志还是单位犯罪责任承担方式看，我国刑法对单位法律人格更加侧重集合论：单位犯罪的背后是单位内部自然人集体研究决定，即自然人的集合意志，这种意志的自由程度与自然人一样高，不存在肯定论所言的“人工智能的意志自由度比单位高”；单位构成犯罪时，对单位只适用罚金刑、对单位主管人员或直接责任人适用自由刑，这种双罚制表明单位的刑事责任不是独立的而是与部分自然人共同分担的，即此时不是采用“真实独立论”，否则两个真实主体在不是共犯的场合承担连带责任违背责任主义。

总之，我国刑法中的单位犯罪之禁令指向的是单位背后的个人，单位不是没有“灵魂”而是“灵魂”时刻归于自然人、单位不是没有“鲜活的生命”而是“生命力”通过自然人予以体现，它比机器人更智能（因为单位的大脑就是人脑），这与人工智能通过自己的程序进行计算决定是根本不同的。肯定论者的前述论断——“肯定法人犯罪就应当肯定人工智能犯罪”——根本不是一个正确的“当然解释”，而是对法人犯罪性质的严重误解，从法人刑事责任原理中完全得不出人工智能犯罪主体资格之结论，恰恰相反，它直接加剧了对人工智能承担刑事责任的正当性疑问。

（三）如何看待机器之“思考”：辨认、控制能力的否认

如何认定某个人或某个机器“会思考”，这涉及“如何认识思考（思想）”这一问题。早在1950年图灵（Alan M. Turing）就提出，“机器能思考吗？这应该从定义‘机器’和‘思考’（thinking）的含义开始”。[②] 在“深蓝”战胜人类冠军时，也有学者提出了“智力（intelligence）究竟是什么”的疑问：“‘深蓝’可以被称作‘有智力’或‘有创造力’吗？它在思考些什么？我们是否需要对上述词汇的意思

---

① 刘艳红主编：《刑法学（上）》，北京大学出版社2017年版，第145页。

② A. M. Turing, Computing Machinery and Intelligence. *Mind*, 1950 (236): 433.

达成共识？人们应当如何定义‘智力’‘创造力’以及‘思考’（thinking）？”[①] 对此，不同的语境会产生不同的答案（如动漫中的小猪佩奇都会“思考”），断言某一物体是否会思考，这本身不是事实科学问题而是评价问题，即它是需要“被定义的”。

在刑法学视域，与“思考”相联系的是“辨认和控制自己行为的能力”，这是认定某一主体具有责任能力、能够承担刑事责任的前提。肯定论主张，能够在设计和编制的程序范围外实施行为的智能机器人不需要像单位那样以其他主体（自然人）作为表达媒介，其本身就拥有辨认能力和控制能力，因而更接近于“人”，更有理由成为刑事责任主体。[②] 这至少存在以下问题：其一，无法从正面直接论证机器人的辨认控制能力，而总是千篇一律地借由与单位（法人）的类比来证成机器人的独立性，这暴露了肯定论说理上极不充分的软肋。其二，单位犯罪故意本身就来源于“人类智能”、本质仍是“人的犯罪”，而不是单位主体借助于其他主体，如前所述，人工智能的认识控制能力不能与之相比。所以，肯定论以这种类比为前提而推出的结论也是靠不住的。其三，从罪责能力本质上看，断言人工智能具有辨认和控制能力也难言妥当。辨认能力是认识自己行为的内容、社会意义与结果的能力，因而也可称为认识能力；控制能力是支配自己实施或者不实施特定行为的能力，因而也可称为意志能力。以故意犯罪为例，犯罪主体之所以要承担故意的罪责，是因为其明知自己的行为会发生危害社会的结果，并且希望或者放任这种结果发生。这里的“明知”代表的是一种实质故意概念，即不是认识到行为与结果的单纯事实，还必须认识到行为的社会意义和危害性质（实质违法性）。[③] 所以，罪责能力的本质是“正确认识社会要求并以该认识而行为之一般能力”即一种社会行为能力，“如果缺乏社会适应能力，完全不具备符合义务的动机构成，不能期望其符合规范的行为，提出行为的罪责问题也就没有多大意义”。[④] 若人工智能能在特定场景下对外界的情状作出“辨认”，如认为车间工人会对其产生威胁并进而作出伤害该工人的行动“控制”，这一流程也仅仅是一种单纯的、机械的排除妨害之反应，这种“智能”只是由人类特定指令、符号组成的算法程序所引发的决定，它无法理解自己行为的外部意义或社会价值。

当我们以“图灵测试”来肯定机器具有“智能”时，也绝不能忘记与此相对的“中文房间论证”（China Room Argument），心智与语言哲学家赛尔（John Searle）因

---

① Monty Newborn, Deep Blue’s Contribution to AI. *Annals of Mathematics and Artificial Intelligence*, 2000 (28): 27-28.

② 刘宪权、林雨佳：《人工智能时代刑事责任主体的重新解构》，载《人民检察》2018 年第 3 期。

③ 张明楷：《刑法学》（上），法律出版社 2016 年版。

④ ［德］李斯特：《德国刑法教科书》，徐久生译，法律出版社 2003 年版，第 270 页。

提出该思想实验而被认为是“最伟大的人工智能批评家”①。由于对“思想”的定义并不是纯粹的自然科学问题，从哲学的角度论证“何为智能”“何为‘思考’”更贴近问题的本质。通过“中文房间”，赛尔认为一个完全不会说中文的A借助语言手册（类比计算机代码）用中文成功回答他人（程序员或其他外部存在）输入的中文问题，并不能证明A（类比计算机）理解了中文的含义而是证明了回答者（计算机输出）并不具有中文相关的认知、思考能力，所谓的“智慧”仅仅是向人们展示的一种表象。②“中文房间”向我们展示了一种情况，即一个系统有我们理解但系统不理解的符号，“这样一个系统就不能理解它自己的话语，因而它就不能理解它自己的认知状态……也就不可能是智能的。……如果我们发现表面上的智能行为实际上是通过欺骗或某种条件反射实现的，我们就会放弃系统是智能的这一信念”。③“智能”一词本来就是专属于人类的一种能力，“人工智能”仅仅是一种比喻、一种语言上的修辞，人工智能“在人类情感和意志等方面的模拟将难以实现根本的突破”。④人工智能要么不能理解行为的实质违法性，要么其对一些刑法规范甚至人类伦理的知晓也是源于人类专家输入、设定的运行程序，“即使一个自治系统通过了图灵测试，它本身也不会产生任何法律责任”，⑤当它缺少对行为意义的认知时，便不能被称为“有思想”，缺少故意犯罪的要素。

其实，人工智能的那种所谓辨认、控制能力，一些动物也具备，但不能被评价为有刑法意义。以人类近亲黑猩猩为例，在美国纽约最高法院的一起“为黑猩猩申请人身保护令”诉讼中，法院收到了一项重要的科学专家证据：人类和黑猩猩的DNA几乎有99%是相同的；它们和人类在大脑结构和认知发展方面有相似之处，包括交流技能的平行发展；黑猩猩也表现出自我意识，能在镜子、照片和电视上认出自己，并有能力对自己的行为进行反思；它们表现出同情他人的能力，与他人的经历和情感相协调，并模仿他人；它们的行为方式反映了道德倾向，当它们的社区或家庭成员去世时，它们表现出同情和沮丧；它们有合作的生活，从事想象的游戏、表现出幽默感。⑥可见，在自然意义上的辨认外界环境以及控制自身行动上，黑猩猩表现出了十足的“类人性”，其认知能力、意志能力甚至比某些状态下的人类还

---

① Martin Davis, Turing's Vision and Deep Learning. In: Manea F. / Miller R. / Nowotka D. (eds) *Sailing Routes in the World of Computation*, 2018, p. 149.

② Wakefield J C. The Chinese Room Argument Reconsidered: Essentialism, Indeterminacy, and Strong AI. In: *Minds & Machines*, 2003 (13): 285-287.

③ Terry Dartnall, Why (a kind of) AI Can't Be Done. In: Antoniou G. / Slaney J. (eds) *Advanced Topics in Artificial Intelligence*, 1998, p. 12.

④ 李国山：《人工智能与人类智能：两套概念，两种语言游戏》，载《上海师范大学学报》（哲学社会科学版）2018年第4期。

⑤ Jan Romportl / Eva Zackova/ Jozef Kelemen (eds), *Beyond Artificial Intelligence*, 2015, p. 50.

⑥ S. M. Solaiman, Legal Personality of Robots, Corporations, Idols and Chimpanzees: a Quest for Legitimacy. *Artificial Intelligence and Law*, 2017 (25): 170.

要强。但是，法院最终否认了黑猩猩的法律人格即不承认其是权利主体或责任主体，这正是因为它还不能像人类那样理解行为的规范意义，它表现出来的辨认和控制性不是源于社会意识，对之赋予权利或科处责任没有规范意义。① 人类成为法律责任主体并不仅仅因为计算能力，还在于其谋算能力（包括情感、灵性、精神等因素），黑猩猩、人工智能均不能与人类同日而语。

总之，责任能力、规范意识是哲学、法学等语境下的判断而不是自然科学的判断，人工智能即便能够取得物理或仿生学上的辨认和控制之能力，也不能说它在法律上具有认识、意志力，“人工智能的‘犯罪行为’很难同刑法中关于犯罪一方必须有犯罪意图的一般要求相协调”,② 其罪责能力根本阙如。

三、人工智能承担刑事责任的刑罚悖论

面对人工智能，计算机科学家的态度是“现在应当发起有益的讨论，以使机构和个人对人工智能的影响做好准备”;③ 以此相比，法学家的一项有益讨论应当是为“肯定人工智能成为刑事责任主体”的影响做好准备。本文以这种后果论考察为指导，发现“赋予人工智能刑事责任主体地位”并不可行，肯定论在若干命题上经常陷入顾此失彼、自我矛盾、自我否定的悖论之中。

第一，“技术失控—技术可控”之间的悖论。肯定论认为，“当智能机器人在设计和编制的程序范围外实施行为时，其行为已超出研发者或使用者的控制范围……此时的智能机器人已经具有独立的辨认能力和控制能力，其实施的行为并非根据程序的指令，其实现的意志也不是研发者或使用者的意志。在这种状态下，智能机器人实施的是自主决策且为了实现自身意志的行为”。④ 可见，论者之所以要赋予人工智能独立的犯罪主体地位，是因为这种机器人不再受研发者的制约，它已经取得超脱于人类的独立意志。换言之，此时的人工智能已经不再受研发者的技术控制，通过事先的设计对此类人工智能的安全运行进行程序设计被认为是失败的，人类无法通过技术手段完全掌控人工智能，人工智能存在设计和编制程序外的完全独立意志和独立行为，人类也无法知晓人工智能在“黑箱”下将要如何行动。然而，肯定论又提出了针对人工智能的专有刑罚种类，这些刑罚措施均是技术性措施，这旋即产生了从“技术不可控不可靠”到“技术可控可靠”的悖论。

肯定论者针对人工智能主要提出了三个刑种，即删除数据（通过技术措施删除人工智能负面数据）、修改程序（修正运行程序数据以维持在安全范围内）、永久销

---

① 这进一步证实，除具有权利义务能力之外，任何事物的外表、任何类人属性（如上述科学证据）都不是某一实体的法人资格的决定性因素。

② Jacob Turner, *Robot Rule: Regulating Artificial Intelligence*, 2019, p. 202.

③ Robert Epstein/ Gary Roberts/ Grace Beber, *Parsing Turing Test*, 2009, p. 487. b.

④ 刘宪权：《人工智能时代我国刑罚体系重构的法理基础》，载《法律科学》2018 年第 4 期。

毁（类比死刑，最后、最少使用的）。[①] 除了永久销毁可以通过蛮力、暴力完成之外，其余两种刑罚均只能借助高超的计算机技术以改造人工智能的“大脑”。那么，这里的龃龉就很明显了：既然人类的技术能够对人工智能的犯罪能力作出有效的限制、能够通过这种先进的技术刑罚方式将其框定在安全轨道，为何还会存在人工智能超脱类人控制的情形？上述技术刑罚不正表明人类的人工智能技术可以实现对人工智能的控制吗？那么，也就永远不会存在人工智能脱离人类管制而产生“自我行动”的情况。既然上述刑罚所体现的技术能够从数据程序上消灭人工智能的犯罪能力，为何人类不在研发阶段就作出这种设计或干预？所以，肯定论以人工智能脱离人类技术管制为讨论前提、以技术手段组建刑罚措施为最终结论，一方面断言存在人工智能不可控的情况，另一方面又在刑罚上追求并主张“人工智能的数据和程序是能够被操作”[②]，这存在先承认“技术设计失败”又承认“技术设计可靠”的悖论。如果通过删除数据、修改程序等方式能够保证人工智能不犯罪，那么肯定论所提出的“人工智能可以超越人类而获得意志自由”之情形其实就是不存在的，他们所有的论证都会沦为一场虚无。

第二，“特殊预防无效—特殊预防有效”之间的悖论。肯定论主张赋予人工智能犯罪主体身份，是为了给予其一定的刑罚处罚如上述删除数据等，这种刑罚处罚有自身之目的。肯定论为了强化结论的正当性，将所有刑罚目的如报应论、一般预防论、特殊预防论等汇集一身，但这种论证基本苍白无力，因为任何所谓的刑罚都可以借助既有的刑罚目的论被重新表述一番，从而相关论述仅仅是套用了一个叙述模板而已。例如，国家性的报应（retribution）是阻止复仇行为（revenge）的一种宽大量刑措施，它与“复仇的量”（犯罪的损害）之间保持着一定比例而非完全等同，复仇被认为比官方报应给犯罪人带来更多的痛苦。当机器人将人类伤害至重伤时，如何根据“伤害强度”设计一定比例的“痛苦强度”即报应刑？“由于机器没有经历痛苦，所以对它们在复仇和报应之间进行选择毫无意义。”[③] 至于一般预防论，对单个机器人施加删除数据等刑罚何以对其他所有机器人产生威吓预防效果？删除数据、修改程序等更何以会对机器人发生以训练规范忠诚为导向的积极一般预防？这些根本问题肯定论也避而不谈。从前述三种刑罚种类可以看出，肯定论其实无心设计报应刑、一般预防刑，而仅执着于针对特定“犯罪机器人”的特殊预防刑——“矫正”：通过删除数据、修改程序等技术手段“剥夺其实施犯罪行为的可能性”；[④] 如果人工智能无法被矫正，那么就可以直接永久消灭之。这就是针对人类

---

① 刘宪权：《人工智能时代刑事责任与刑罚体系的重构》，载《政治与法律》2018 年第 3 期。

② 卢勤忠、何鑫：《强人工智能时代的刑事责任与刑罚理论》，载《华南师范大学学报》（社会科学版）2018 年第 6 期。

③ Gabriel Hallevy, *Liability for Crimes Involving Artificial Intelligence Systems*, 2015, p. 210.

④ 刘宪权：《人工智能时代刑事责任与刑罚体系的重构》，载《政治与法律》2018 年第 3 期。

的传统特殊预防论调的翻版：矫正可以矫正的罪犯，不能矫正的罪犯不使为害。

但是，人工智能机器的运行不像人类那样具有先天的、自然的行动力，它是通过精密的程序计算来实现的，这一点毋庸置疑。于是，一个可能的技术操作便是在设计时直接在人工智能的“大脑”中预设危险避免措施、消除犯罪条件。这种计算方式的精准性恰恰是人类在评估自然人人身危险性时所期望达到而永远难以企及的，因而在犯罪的特殊预防中，人类何不发扬人工智能设计、运行的巨大优势？如果通过数据编程能够实现特殊预防，何不在研发时直接添加消除这种犯罪能力的程序规则？为何要等到犯罪之后再介入？质言之，如果设计编程可以实现特殊预防，那么在研发过程中植入这样的控制程序才是最可靠的；如果人类没有这种编程，那么犯罪之后的修改数据也同样是不可实现的。因此，在“技术失控—技术可控”的悖论之后，肯定论在刑罚目的及其实现路径上面临又一悖论：以消除犯罪能力为目的、在能够采取特殊预防措施的情况下，故意不采取措施而坐等犯罪之后才大谈矫治之道。

第三，“刑罚设计—非刑罚性”之间的悖论。何种惩罚措施才能被称为一种“刑罚”？如上所述，刑罚具有报应与预防的功能，人工智能刑罚尤其注重特殊预防，但上述功能却并非刑罚所专属，即不是具有上述功能的处罚措施都可以称为刑罚，其他法律的行政处分、民事赔偿等措施也分担着这些功能。例如，我国食品安全法中的吊销营业许可证、责令停产停业，道路交通安全法中的暂扣驾驶证、吊销驾驶证、终生不得重新取得驾驶证以及《民法典》中的损害赔偿、惩罚性赔偿等。但刑罚、行政处分、赔偿损失在本质上是完全不同的：“刑罚的本质是从国家立场出发对犯罪进行非难的体现即是一种报应，而行政处分是行政取缔上的保安处置，损失赔偿则是损失的公平分担。”① 所以，吊销证照、损害赔偿等都不是刑罚种类，即便这些措施被规定在刑法中，它们也只能被称为“非刑罚措施”。例如，《刑法修正案（九）》在刑法第 37 条“训诫或者责令具结悔过、赔礼道歉、赔偿损失”之后设立了“禁止自刑罚执行完毕之日或假释之日起从事相关职业”，这便是基于再犯危险性考量（特殊预防）所作出的“非刑罚措施”。

如上所述，刑罚的本质是从国家立场出发对犯罪进行报应，但“只要惩罚是建立在受苦的基础上，报应就不会和惩罚机器人有很大关系，这对于传统和现代的报应论来说都是正确的”，正如有些人在汽车突然抛锚时，他们基于愤怒会踢汽车，“通过所谓的‘报应’惩罚机器人（从汽车到高度精密的人工智能机器人），就像踢汽车一样，这可能会减轻一些人的愤怒，但仅此而已”。② 肯定论设计的删除数据、修改程序、永久销毁等所谓“刑罚种类”，根本不需要以“人工智能是犯罪主体”为前提，即便在当前阶段甚至几百年前，只要机器设备（无论蒸汽机还是电子计算机）甚至木偶玩具出现故障，通过删除拆解某些部件（硬件、软件）、修改某项设

① ［日］西原春夫：《刑法的根基与哲学》，成文堂 2003 年版，第 61 页。

② Gabriel Hallevy, Liability for Crimes Involving Artificial Intelligence Systems, 2015, p. 210.

计甚至直接将其报废，都名正言顺地存在，这些措施的实施根本不需要什么刑法学上的正当化根据，更无须大费周章地通过司法判决程序予以实施。当机器（如汽车）出错，修理抑或是销毁从来都是一个天然选项、人之常识。如果将上述措施提升到国家权力层面，那么这些由国家机关决定是否予以实施的删除数据、修改程序、永久销毁等充其量也只是一种行政上基于人工智能的特殊管理目的而实施的技术管理手段，这与上述“赔偿损失”“从业禁止”以及刑法第18条中的“责令家属严加看管”“政府强制医疗”等非刑罚措施在性质上并无二致，根本不具有刑罚属性。正如皮勇教授所指出的，“处罚人工智能系统的规定在本质上不是刑法，而是人工智能系统处置法”。[①] 将简单问题复杂化之后，肯定论由此自我制造了“刑罚—非刑罚”的悖论：以设计新刑罚为目标，而最终提出的所谓“刑种”只是人们设备养护上的三项常见操作而已，不具有丝毫的刑罚实质；以刑法为出发点，最终将刑法变为技术管理法甚至“机器维修手册”（能修就修，不能修就报废）。

第四，“AI主体性—AI工具性”之间的悖论。肯定论将人工智能作为刑事责任主体，将其与自然人、单位并列，这意味着承认了三者均为权利义务统一体，那么与自然人、单位一样，人工智能既可作为被告人，还可成为被害人。在被告人层面，肯定论将之作为承担义务的法律主体看待，但不承认“法律面前‘人机’平等”，这明显存在矛盾。例如，学者一方面指出，“法律的功能是将社会现实中纷繁不同、各具特点的人，以统一的标准人、制度人的方式抽象构建”，“机器人在各方面均能够媲美甚至超过人类，其不仅可能获得主体地位，甚至可能会成为人类的‘主人’”；[②] 另一方面又认为，“即便未来有一天机器人真的能够成为‘其他人’，法谚‘法律面前人人平等’也不应适用于自然人与机器人之间”。[③] 在现实中，各类主体因身份不等、贫富不均等原因存在客观上的不平等性，但法律的强大之处就在于将这些主体抽象化为“法律人格”，这种规范性拟制保证了法律主体在法律框架（司法程序）内的规范平等性，强行弥合了事实上的不平等，这就是平等原则的基本法意义之所在。如果两个刑法主体在法律上都不平等，那么二者在任何时空都不会平等，二者就不可能并存于某一法律主体系统内。所以，肯定论面临着尴尬：若坚持AI刑事责任主体性，则要求人类与AI在法律面前平等，但人类一旦仁慈地赋予其平等主体地位，这实际上“给自己树立了一个争夺利益的对手”；[④] 若认为二者在法律上不平等，那么他们就不可能成为并列的刑事责任主体，只能区分为“一个主体+一个工具”，这种表面上承认“AI主体性”的观点实际上仍然固守着“AI工

---

① 皮勇：《人工智能刑事法治的基本问题》，载《比较法研究》2018年第5期。

② 刘宪权：《人工智能时代机器人道德伦理与刑法规制》，载《比较法研究》2018年第4期。

③ 刘宪权：《人工智能时代机器人道德伦理与刑法规制》，载《比较法研究》2018年第4期。

④ 房绍坤、林广会：《人工智能民事主体适格性之辨思》，载《苏州大学学报》（哲学社会科学版）2018年第5期。

具性”，无法动摇以人类主体为中心的刑事责任体系。

在被害人层面，肯定论将侵害人工智能的行为作为财产犯罪处理，这也与其宣称的“法律主体性”相冲突。肯定论认为，“侵害单位财产权利的，则可以构成相应的财产犯罪……对于破坏智能机器人的机器躯体或者程序的行为，可以按照刑法中相关的财产犯罪加以处理。……但由于智能机器人没有肉体也没有生命权、人身自由权等人身权利，所以抢劫智能机器人财产的行为不应构成抢劫罪，而仍属于抢夺罪或者盗窃罪的范畴”。[①] （1）若破坏机器人躯体构成财产犯罪，那么就存在“机器人是谁的财产”之疑问。既然机器人是独立承担责任的主体，那么机器人的躯体或程序就是该主体之所以存在的组成部分，机器人的身体构成（如躯体、元件、信息、名誉）等就不是其自身的动产而是属于自身“人格”范畴；即便其拥有一定的财产权，这种财产权对象也是机器人主体之外的动产或不动产，而非其自己的身体，正如自然人的肢体不是其财产权客体。盗窃自然人的银行存款，其被害法益主体是自然人；破坏单位的生产机床，被害法益主体是单位；破坏机器人躯体构成故意毁坏财产罪，那么这里的财产主体仍然是“人类”——机器人是人类的财产，那么最终机器人又变成了人类的客体与工具。（2）抢劫罪是以暴力、胁迫或其他方法强取公私财物的行为，其犯罪核心在于“压制被害人反抗”，如通过殴打、恐吓、麻醉等，这种压制的强度“不要求事实上压制了对方反抗，更不要求具有危害人身安全的性质”。[②] 既然肯定论反复强调人工智能具有意志自由、具有独立行为能力、感知被恐吓的能力（如感知威慑预防）等，那么对人工智能实施抢劫，当然可以实现对人工智能“意志”的压制并使其丧失反抗能力，为何反而主张不构成抢劫罪？如果这种抢劫只构成盗窃或抢夺，那么肯定论实际上又把抢劫人工智能与抢劫儿童、精神病患者等无行为能力人一同看待了。如此，人工智能的责任主体性又荡然无存。

第五，“消减风险（追求责任体系严密化）—加剧风险（转移人类责任）”之间的悖论。美剧《西部世界》展现了外表形象、肢体行动、语言交流等与人类毫无差别的人工智能机器人，当它们因内部自我意识觉醒而超脱人类掌控之时，恰是人类遭遇屠杀之时。因此，肯定论心系人类安危的立场的确值得称道：“冀望在未出现‘机器人犯罪’的现阶段，做好一定的风险防控，防患于未然，让人工智能技术

---

① 刘宪权：《人工智能时代机器人道德伦理与刑法规制》，载《比较法研究》2018 年第 4 期。

② 张明楷：《刑法学》，法律出版社 2011 年版，第 850 页。

真正造福于人类而不至于危害社会。"① 人工智能致人损害的传统情形是人类利用机器人实施犯罪，如若故意设计一个机器人杀手并在某项指令下实现了杀人，研发者此时就要承担杀人罪相关责任。如果人类在制造这些机器人时设定的是"与人无害"模式，以使之成为人类得心应手、事半功倍的工具，但在后期运行中机器人超越了人类控制、在设计编制的程序范围外实施法益侵害行为，这难道不正表明人类的技术依然是不成熟的吗？人类为机器人设定的框架很容易被突破，继而在失控之后发生法益侵害，被非难对象难道不是人类自己？如果我们把机器人的失控看作传统的产品缺陷或管理过失，即将责任归于研发者、使用者，则更有助于实现肯定论孜孜以求的"风险防控"。

例如，《民法典》第1202条"因产品存在缺陷造成他人损害的，生产者应当承担侵权责任"规定的是无过错责任原则，即受害人无须就产品设计者的过错进行举证，后者也不得以没有过错为由主张免责或者减轻责任，民法正是以此升级对产品生产设计者的责任、降低产品缺陷及其损害风险。再如，刑法分则第三章规定了多种产品刑事责任如第146条生产不符合安全标准的产品罪，虽然刑事责任以过错为原则，但只要该类产品责任的主体仍然是人类（自然人）或人类之组合（单位），那么就表明刑法始终对人类生产设计人工智能产品存在规制，人类在设计人工智能产品过程中仍然会受到刑罚威慑效果的影响，刑法在人工智能风险应对方面仍是有所作为的。然而，当人工智能致人损害而由其自负刑事责任时，人类的上述产品责任便被转移（如自由刑等被删除数据等轻松替代），为机器人研发者推卸责任提供了绝佳的突破口。机器人由人类设计生产，而设计者、生产者、销售者以"机器人已经有自我意识，其法益侵害行为与我无关"作为挡箭牌成功推卸刑事责任、民事责任之后，如何期望他们严格控制人工智能风险？只有将机器人失控之情形仍然作为产品缺陷范畴，才能够促进人类谨慎研制人工智能、不断提升人工智能技术，主动减少技术造福人类时的风险。所以肯定论存在如此悖论：以风险防范、促进AI技术发展为由造就的"人工智能刑事责任主体"实际上加剧了源头风险；刑事责任体系表面上因新犯罪主体的加入而更加严密，事实上这恰恰宽纵了人类之义务，得不偿失。

有学者认为，当强智能机器人在自主意识支配下实施了严重危害社会的行为时，如果研发者或使用者对于强智能机器人的"失控"存在故意或过失，则应承担相应

---

① 刘宪权、林雨佳：《人工智能时代刑事责任主体的重新解构》，载《人民检察》2018年第3期。肯定论认为，不承认智能机器人的刑事责任主体地位"与刑法中有关罪责自负原则相悖"。但是，这是一个彻底的方法论错误。罪责自负是行为主体自我答责，它的成立前提是该主体具有刑事责任能力，A是刑事责任的主体，不由A而是由他人为之承担刑事责任，则违背罪责自负。本来，"机器人是刑事责任主体"是需要证明的对象、非展开论证的前提，而肯定论的逻辑是"若机器人不是刑事责任主体，则违背罪责自负原则，所以机器人是刑事责任主体"，这变成一个"果—因—果"的循环论证。

的刑事责任；如果研发者或使用者既无故意也无过失，则属于意外事件。[①] 可以说，上述责任的划分模式十分简单明确，但“模型”的清楚并不等于司法操作上的清楚，而且它本身就蕴含着内在的矛盾。既然研发者、使用者对机器人失控存在故意，则意味着他们明知自己的制作操作行为会导致机器人失控并侵害他人，而希望或者放任失控结果的发生，这说明机器人的意志是受人类直接控制或者间接影响的，这要么属于间接正犯，要么属于胁从犯、教唆犯，在追究研发者、使用者的责任时，就需要将这种具有独立主体地位的人工智能体作为证人或者共犯（被教唆者、被胁从者）予以对待。如此一来，对研发者、使用者追究刑事责任的过程中需要机器人的证人证言或者同案犯的供述，需要询问、讯问机器人，那立即就会面临更复杂的困境：既然人类可以制作出具有独立意志的机器人，难道研发者不会事先在制作中加入有利于研发者的程序以为机器人与司法人员的沟通设置障碍？如果机器人是失控的、上述限定司法沟通程序也失灵，那么如何证明机器人的证言或供述是可采信的？既然机器人是具有独立意志的“与人类相同的人”，谁应当承担“A 控制了 B 的意志”的举证责任？证明“A 控制了 B 的意志”与证明“A 使用了没有独立意志的机器”相比，后者显然难度更低，因为后者就是一个传统的自然人使用某个无意志工具的犯罪。换言之，在研发者、使用者的故意责任方面，一旦承认机器人具有独立意志、可以独立承担刑事责任，那么对研发者、使用者的责任追究难度将大幅提升，它涉及的不再是独立犯罪而是在刑法理论和证据规则上更加复杂化的共同犯罪认定及其责任分担；如果通过严格责任等举证责任方式的改变来降低追究难度和复杂性，则仍退回到了《民法典》侵权责任编的责任追究方式。因此，承认去机器人的独立性，就不可能再像“人类—机器（工具）”之间的关系那样简单地根据自然人的支配性去认定故意、过失、意外事件，它颠覆的是整个刑事法的责任追求原理和追究程序。为解决这一问题，需要重新制定一套刑事法，可既然承认独立意志的机器人果真会产生、人类需要承认机器人的法律主体地位，最终面对的可能是“机器人可否进入立法机关与人类平等参与制定法律”这种不可想象的“人机对抗”，否则，“独立主体地位论”代表的就是人类法律的虚伪。假设强人工智能技术终会实现，如果人类想清楚了一切，那么“是否允许创造出具有独立意志的机器人”会成为一个比“是否承认机器人的独立主体地位”更早的法律前提；如果人类尚未全盘性地衡量一切，那么当强人工智能到来，我们任何对机器人地位的承认、对机器人法律责任承担方式的规划，最终都将重新洗牌：“人类为机器人立法”抑或是“机器人为人类立法”还是未定之天。

结　语

科学技术的发展确实导致了不同类型的风险，很多人主张现代社会的刑法需要有所改变——“威胁”不再是一种“不幸”（Unglück）而是一种“不法”（Unrecht），

① 刘宪权：《对人工智能法学研究“伪批判”的回应》，载《法学》2020 年第 1 期。

因而“越来越多的生活领域受到了刑法的管制……但需要指出的是，用刑法解决棘手的社会问题和冲突是值得怀疑的”。[①] 当计算机科学家对人工智能的发展前景尚有迟疑，当哲学家对人工智能与人类的关系尚在冥想，当理论法学家、民法学家对人工智能的权利义务尚无定论，刑法学者却率先赋予人工智能罪责能力、试图引入新的犯罪主体成员，这确实“展开得过于迅速，以至于盲目和凌乱”[②]。刑法不是社会管理法，更不是人工智能技术发展的指导手册，以如此高昂且有限的资源应对人工智能时代的问题，应首先明确我们是否真正需要刑法的介入、既有刑法体系是否已经存在运用障碍。由此，在人工智能技术与刑法学的互动中有必要作出两种努力。

其一，认清修辞。人工智能之所以会被认为具备独立意志，是因为人类为之设计了算法，若技术果真成熟，即便其外形不是“人”而是一条狗、一头猪、一个机械手臂甚至单单一台没有形体的计算机主机，这种所谓的“思考能力”也不受影响，而人类若只有大脑、无身体则不能存活，但人们只愿将它们称为“机器人”，总是追问“机器人（而非机器狗、机器猪）是否需要承担刑事责任”。这种拟人修辞是成功的，如肯定论指出，“‘人’也不过是一台有灵魂的机器而已，为什么我们认为自然人具有认知功能，而智能机器就不能呢”。[③] 当祭出这样的修辞时，还有什么值得反驳？修辞的魅力之一就是通过无比强大的语言让人难以断言其“错”，谁能证明“有些人死了但他还活着”“死亡就是对生命的肯定”是不正确的呢？[④] 机器人之所以被认为需要负刑事责任，是因为人们认为它们“像自己”，就像 1266 年法国丰特奈玫瑰县（Fontenay aux Roses）的法官在审判一头猪时先给它穿上了人类的衣服。[⑤] 若将问题转换成“一堆铜铁锡制成的机器是否可以接受刑事审判”，或者将机器的外形替换为动物甚至一枝能够思考的金属麦穗，那么是否还会如此热衷于将其纳入犯罪主体？我们可能会像对待古代张汤审判老鼠、西方主教法庭审判象鼻虫、法国法官审判猪那样一笑置之。

其二，告别想象。当代著名人类学家拉图尔（Bruno Latour）的告诫值得深思：“人工智能的背后恰恰都是人，人们总是喜欢自己吓唬自己，但同时又看不到真正的危险在哪里。我们目前的人类社会确实已经非常危险，但我们的危险绝对不是来

---

① Beatrice Brunhöber, Functionswandel des Strafrecht in der Sicherheitsgesellschaft. In: Jens Puschke/ Tobias Singelnstein (Hrsg.), *Der Staat und die Sicherheitsgesellschaft*, 2018, S. 201ff.

② 陈景辉：《人工智能的法律挑战：应该从哪里开始?》，载《比较法研究》2018 年第 5 期。

③ 王耀彬：《类人型人工智能实体的刑事责任主体资格审视》，载《西安交通大学学报》（社会科学版）2019 年第 1 期。

④ Barbara Maier/ Warren A. Shibles, *The Philosophy and Practice of Medicine and Bioethics*, 2011, p. 499.

⑤ Marcelo Corrales/ Mark Fenwick/ Nikolaus Forgó, *Robots, AI and the Future of Law*, Springer Nature Singapore Pte Ltd. 2018, p. 35.

自 AI。”[①] 几乎所有肯定论都对当前人工智能制造的事故（如第一宗机器人杀人事件、自动驾驶汽车致人死亡事件等）表现出很大的恐慌，认为人工智能时代充满风险与挑战，但这些弱人工智能伤人行为完全可以在既有刑事责任体系内得到解决，上述事件与传统生产领域过失犯罪的处理并无二致，因而扩散此种忧患尚不足以支撑肯定论的“问题之提出”。或许“像人类一样思考与行动的强人工智能”如何为祸人间更让人害怕，但这种“问题意识”完全借助于对超远未来的想象，而非当前或者不久的将来所要面临的情境。所谓的 AI 换脸传播淫秽物品、无人机抢劫等都只是弱人工智能环境中的侵权或犯罪风险，它们的背后仍然都是“人类的责任”，强人工智能所引发的风险仍然是一种想象。通过梳理肯定论的逻辑，本文证明了人工智能不具有权利与义务统一性、与单位犯罪原理无法类比、其所谓的“辨认控制能力”不具有刑法意义、肯定 AI 犯罪主体地位会引起很多悖论。所以，“人类的主体性是任何技术都代替不了的”，[②]“人工智能是否应当承担刑事责任”属于一种“伪风险”“伪挑战”“伪问题”。肯定论的“未雨绸缪”无比超前，甚至他们比科学家走得还要远：科学家想到的，他们想到了；科学家没有想到的，他们也想到了，并且做到了。

① 《人们喜欢自己吓唬自己，但又看不清真正的危险何在——专访布鲁诺 · 拉图尔》，载《三联生活周刊》2017 年第 21 期。

② 韩大元：《当代科技发展的宪法界限》，载《法治与社会发展》2018 年第 5 期。

第二编
人工智能时代的刑法应对

现实挑战与未来展望：关于人工智能的刑法学思考

赵秉志[*]　詹奇玮[**]

一、前言

近年来，随着神经网络算法的不断改进和计算机硬件运算处理能力的大幅提高，人工智能技术开始在许多领域推广应用。互联网全面普及产生的海量数据，使基于大规模数据集和大规模计算设备的技术方法日渐成熟，在语音识别、图像识别、语义理解等数据丰富的应用场景下，人工智能技术已经达到甚至超过人类水平。新一代人工智能技术及其应用所引发的将是各国经济结构的重大变革、人类生活方式和思维模式的深刻改变。许多行业人士认为，人工智能将引领继蒸汽革命、规模化生产革命以及电子革命之后的第四次工业革命。面对这一新的机遇，西方发达国家纷纷出台支持性规划，在国家层面对人工智能产业进行战略布局，以在未来的竞争中抢占技术制高点。① 在人工智能席卷全球的浪潮中，我国政府也表明了积极参与的态度与决心。2017 年 7 月 20 日，国务院发布了《新一代人工智能发展规划》，从战略态势、总体要求、重点任务、资源配置、保障措施和组织实施六个方面对我国人工智能的发展作出了总体规划和战略部署。

需要注意的是，科技进步带来的社会效应体现为一个硬币的两面，人类在享受

---

* 赵秉志，北京师范大学刑事法律科学研究院教授。

** 詹奇玮，中国政法大学刑事司法学院师资博士后，法学博士。

① 2016 年 10 月，美国白宫发布了《为人工智能的未来做好准备》和《国家人工智能研究与发展战略规划》两份报告，将人工智能上升到国家战略高度，为国家资助的人工智能研究和发展划定策略，确定了七项长期战略。英国在 2013 年宣布要力争成为第四次工业革命的全球领导者，并于 2017 年 1 月宣布了“现代工业战略”，增加的 47 亿英镑的研发资金将用在人工智能、“智能”能源技术、机器人技术和 5G 无线等领域。德国政府的“工业 4.0”战略对人工智能、智能机器人作出了全面布局，涉及的机器感知、规划、决策以及人机交互等领域都是人工智能技术的重点研究方向。日本政府在 2016 年 1 月发布的第五个科学与技术基础五年计划中提出名为“超级智能社会”的未来社会构想，发展信息技术、人工智能以及机器人技术，并于 2017 年制定了人工智能产业化路线图，计划分三个阶段推进利用人工智能技术，大幅提高制造业、物流、医疗和护理行业效率。参见赵刚：《人工智能大国战略》，载《环球》2017 年第 6 期。

科技发展提供的极大便利的同时也必然直面伴随而来的风险挑战。人工智能将为人类世界带来新的发展机遇，这种影响是广泛而深刻的，但是人工智能发展的不确定性也会对社会安全构成新的威胁。作为一种影响广泛的颠覆性技术，人工智能可能带来改变就业结构、冲击法律与社会伦理、侵犯个人隐私、挑战国际关系准则等问题，将对政府管理、经济安全和社会稳定乃至全球治理产生深远影响。因此，在大力发展人工智能的同时，也须高度重视可能伴随而来的安全风险挑战，确保人工智能安全、可靠、可控地发展。

历史经验无数次表明，刑法乃至法律整体从来都不是引领社会发展的“急先锋”，刑法在社会发展进程中往往扮演着社会底线守护者的角色，通过刑法规范将危害行为予以类型化来为人们提供行动指引，通过刑罚的威慑和实施来实现对危害行为的有力防控，这种制度性安排体现了人类社会和现代国家趋利避害的理性本能，在很大程度上能够抵消科技发展引起的社会风险，并尽量降低潜在风险向现实危害转化的可能性。然而，刑法作用发挥的同时也受保障人权的理念、立法技术的水平和人类认识的历史局限性等因素的制约。刑法作为正常社会的最后一道防线，虽在惩治犯罪、抵御风险方面具有不可替代的重要作用，但同时也有其自身固有的局限性。只有明确了这种认识，刑法才能以正确的态度来迎接人工智能带来的挑战，妥善发挥其保护公民权益、维护社会稳定的积极功能。

在此背景和认识基础上，本文拟通过简要梳理人工智能发展进程来分别明确我们对专用人工智能与通用人工智能的应有态度，进而分析刑法应如何应对围绕专用人工智能产生的社会风险，并对通用人工智能对刑法可能带来的挑战进行展望性探讨，以期对人工智能的法律制度建设有所裨益。

二、总体态度：基于专用人工智能与通用人工智能的二分视角

由于人工智能是涉及多领域的交叉学科，这种复杂性使得人们对其概念存在不同认识。《人工智能标准化白皮书（2018 版）》认为，人工智能是利用数字计算机或者数字计算机控制的机器模拟、延伸和扩展人的智能，感知环境、获取知识并使用知识获得最佳结果的理论、方法、技术及其应用系统。① 根据应用范围的不同，人工智能可以分为专用人工智能、通用人工智能、超级人工智能三类。同时，这三个类别也对应于人工智能的不同发展层次。其中，专用人工智能又被称为弱人工智能，指的是通过感知以及记忆存储来实现特定领域或者以功能为主的人工智能。这种人工智能技术正处于高速发展阶段，并已经取得较为丰富的成果。② 而通用人工智能又称为强人工智能，是基于认知学习与决策执行的能力可实现多领域的综合智能。虽然已有或尚在研究的人工智能技术远未达到这种水平，但是人工智能的未来

---

① 中国电子技术标准化研究院编写：《人工智能标准化白皮书（2018 版）》，第 5 页。

② 《关注人工智能，必须先得聚焦这些新型计算!》，载搜狐网，http://www.sohu.com/a/156770563_505803，发布时间：2017 年 7 月 13 日。

发展方向。超级人工智能会在行动能力、思维能力和创造能力等方面全方位超越人类，但这还只是人类遥远的幻想。

专用人工智能与通用人工智能在技术性质和技术能力等方面有着本质上的不同。当下备受关注和发展迅猛的人工智能属于专用人工智能的范畴，它是建立在大数据基础上的，受脑科学启发的类脑智能机理综合起来的理论、技术、方法形成的智能系统。[①] 这种人工智能可以在特定事项中具有接近甚至超过人类水平的功能，但由于其无法产生人类特有的自主意识，所以并不拥有真正的“智能”。而且，就专用人工智能的发展路径而言，即使拥有更高性能的计算平台和更大规模的大数据助力，这种提升仍然还只是量变而非质变，因而在人类真正理解自身智能机理之前，通用的人工智能仍然还只是一种遥远的设想。事实上，围绕人工智能开展的刑法学研究本就具有相当的前瞻性，然而当下的刑法学界乃至整个法学界在讨论涉人工智能法学问题的时候存在一种过于超前的倾向，这种倾向的具体体现就是将专用人工智能的现实风险与通用人工智能的未来挑战置于同一层面进行探讨，导致对人工智能关注存在一定的错位。形成这种倾向的根本原因在于讨论者未从技术层面对人工智能的发展现状与趋势予以准确把握，过于注重对设想性问题的探讨。

以史为鉴，可以知兴替。[②] 了解人工智能的历史演变和发展趋势也有助于我们在关注人工智能法律问题过程中秉持客观、理性的态度。“人工智能”一词出自1956年的达特茅斯会议，从而标志着其作为一个研究领域的正式诞生。1959年，亚瑟·塞缪尔（Arthur Samuel）提出了机器学习，推动人工智能进入第一次繁荣期。到了20世纪70年代初，人们渐渐发现仅具有逻辑推理能力远远不够实现人工智能，很多系统一直停留在玩具阶段。之前过于乐观使人们期望过高，又缺乏有效的进展，人工智能遭遇了第一次低谷。[③] 80年代中期，随着美国和日本的立项支持以及机器学习方法的改进，出现了具有更强可视化效果的决策树模型和突破早期感知机局限的多层人工神经网络，人工智能又迎来第二次繁荣期。但是，由于当时的计算机存在难以模拟高复杂度和大规模神经网络的局限性，导致专家系统存在的应用领域狭窄、知识获取困难、维护费用昂贵等问题逐渐暴露，人工智能也随之进入了第二次低谷期。2006年以来，以深度学习为代表的机器学习算法在机器视觉、语音识别等领域取得了极大的成功，而云计算、大数据等技术在提升运算速度、降低计算成本的同时也为人工智能发展提供了丰富的数据资源，协助训练出更加智能化的算法模型。人工智能的发展模式逐步转向以机器与人结合而成的增强型混合智能系统，用机器、人、网络结合成新的群智系统，以及用机器、人、网络和物结合成的更加复

---

① 《关注人工智能，必须先得聚焦这些新型计算!》，载搜狐网，http://www.sohu.com/a/156770563_505803，发布时间：2017年7月13日。

② 《旧唐书·魏征传》。

③ 张文斌：《深扒人工智能——历史篇》，载知乎网，https://zhuanlan.zhihu.com/p/25774614，发布时间：2017年4月12日。

杂的智能系统。①

半个多世纪的发展历程表明，受算法、计算速度、存储水平等因素的影响，人工智能历经两起两落，直至今天又迎来了第三次发展高潮。如今人类似乎从来没有如此接近“真正的”人工智能，但其实在人工智能之前的繁荣时期也出现过机器即将完全取代人类的论调，最后都因种种原因而惨淡收场。这需要人们尤其是刑法学者引以为戒，对人工智能保持理性、克制的态度。我们在此并非要“唱衰”人工智能的现实影响与未来前景，因为新一代人工智能技术带来的巨大变化有目共睹，这是谁也无法否认的。但是，正是因为人工智能技术在当下如日中天，所以也应避免过分的夸大和不当的渲染。针对人工智能的刑法学研究，在当前应将重点放在作为技术工具的专用人工智能方面，结合其运行机制和功能特点进行全面深入的分析。对于人工智能潜藏的刑事风险，在维护现行刑法稳定性的基础上予以适当回应。与此同时，考虑到当前的技术水平和未来的发展趋势，通用人工智能和超人工智能可能带来的挑战并非刑法亟须回应的问题，更何况技术水平的突破并不能代表价值藩篱的逾越，对于通用智能机器人的有关探讨应坚持谨慎的立场。

三、现实挑战及其应对：关于专用人工智能的刑法学思考

（一）现实的影响

就专用人工智能而言，其为人类社会可能带来的最具变革性影响在于使网络空间与现实空间实现真正意义上的全面融合与深度互动。在网络 1.0 时代，网络只是把所有的终端联结到一起，无论是网民之间还是网民与网络之间，只能实现较为简单的信息交换。到了网络 2.0 时代，网民之间、网民与网络之间的“点对点”互动交流是此阶段的基本特征。及至网络 3.0 时代，以社交为中心的网络平台的出现，使得“网络”成为具有相对独立意义的空间范畴。依托于网络空间而形成的网络社会，与现实社会共同形成了“双层社会”的新型社会结构。② 在此阶段，网络平台不仅能够实现即时通信和信息分享，还可以提供支付、金融等其他种类的服务，这表明网络的触角已经逐渐向现实社会方方面面进行延伸。在此基础上，专用人工智能的日渐成熟及其广泛应用，不论是在广度上还是深度上，都会加速推进这种由网络到现实进行全方位覆盖的趋势。具体而言，人工智能系统在借助传感器等器件对外界环境的感知能力采集数据之后，在网络空间依靠大数据技术和人工神经网络算法，加工、处理、分析这些丰富、海量的数据，从而最大限度地挖掘出数据的信息价值，进而通过先进算法模型的学习能力和适应能力，使其能够作出更具类人化、实质化的反应，在现实中为人类提供多领域、精准化的服务功能。也就是说，智能终端在为人类提供服务的同时也可以接收各种各样的信息，而人工智能技术利用这

① 中国电子技术标准化研究院编写：《人工智能标准化白皮书（2018 版）》，第 3-4 页。

② 于志刚：《网络思维的演变与网络犯罪的制裁思路》，载《中外法学》2014 年第 4 期。

些信息进行深度学习之后，可以根据新的现实情况调节相应参数、优化算法模型，进而以更加合理的方式反馈于现实当中。如此循环往复，由云端至终端再到人和物，相互之间逐步建立广泛而深入的数字化连接，人与机器的关系呈现出“互为镜像”“互为嵌入”和“互为信息”的趋势，最终在网络与现实之间实现高度的融合和交互。[①] 可以预见，在不久的将来，如果人工智能从专业性较强的领域逐步拓展到社会生活的各个方面，人类未来会在“万物皆互联、无处不计算”的环境下精准生活。[②] 以数据为媒介，人工智能终端可以大量采集和上传现实中的信息，通过智能算法的分析和处理，从而提出更加科学的解决方案、作出更加合理的现实反应。现实世界中的更多情况将会同步反映在网络空间之中，而人们在网络世界的所作所为也会在现实世界中产生更大的影响。

基于上述分析，由于专用人工智能没有形成类似于人类的自主意识，所以将智能机器人纳入刑法规制的行为主体范围没有现实必要性，因而也就无须对以自然人为中心建立的犯罪论体系和刑罚体系进行彻底改造。但是，这并不意味着当下的刑法体系与刑法学理论可以无动于衷。事实上，既然人工智能的广泛应用会实现网络空间与现实空间的全面交融，那么未来无论在网络空间还是现实空间中，人工智能技术潜藏的刑事风险就既有可能会广泛触及并冲击我国刑法分则的罪刑规范，也有可能会产生目前刑法难以规制的严重危害行为。有论者认为，刑事法律在人工智能时代将面临“内忧”与“外患”，即在弱人工智能时代，刑法面临的“外患”在于设计者或使用者对人工智能产品进行不当利用，甚至将其作为实现犯罪意图的工具；而在强人工智能时代，刑法面临的“内忧”在于人工智能产品本身在设计和编制的程序范围外产生了犯罪意图，进而实施严重危害社会的行为，给人类社会带来极大威胁。[③] 对此，我们认为，强人工智能时代的“内忧”并非迫在眉睫，这不是刑法规范与刑法学理论面临的现实挑战。而且，基于专用人工智能的技术特点和具体应用，刑法既要关注其引发的“外忧”，也要关注人工智能系统内部潜藏的安全风险。

（二）面临的风险

1. 专用人工智能的内部风险

近年来，人工智能之所以取得迅猛发展，在很大程度上得益于大数据、智能算法和硬件算力等基础性支撑技术的突破。正是上述三者相结合产生了“化学反应”，赋予人工智能更加强大、丰富的功能为人类提供服务。因此，人工智能系统内部的刑事风险极有可能是围绕海量数据与智能算法而产生的。

一方面，人工智能系统遭受非法攻击或者人工智能服务提供者的违规操作，可

---

① 毕宏音：《人工智能发展的社会影响新态势及其应对》，载《重庆社会科学》2017年第12期。

② 吴汉东：《人工智能时代的制度安排与法律规制》，载《法律科学》2017年第5期。

③ 刘宪权：《人工智能时代的“内忧”“外患”与刑事责任》，载《东方法学》2018年第1期。

能导致大量数据泄露甚至被非法利用，进而使各种重要信息遭受侵犯。所谓数据，是指所有能输入计算机并被计算机程序处理的符号的介质的总称。数据是信息的表现形式和载体，而信息则是数据的内涵。在人工智能时代，网络空间与现实空间高度融合的重要表现就是越来越多的信息以数据形式被记录并存在于网络空间之中，人工智能系统分析和处理的海量数据正源于此。人工智能各种应用功能的实现都是基于对海量用户数据的收集和大数据技术的挖掘、分析。因此，人工智能时代的数据高度集中，既有可能使人类享受更加便利、精准的服务，也有可能发生更大规模的数据泄露事件。而且，少量数据所承载的信息虽然只能从侧面反映局部内容，但是经过大数据技术的交叉分析甚至简单分析，就可以描绘出完整、精确的实质内容，一旦人工智能系统遭到不法分子的入侵，其内部数据就可能面临大规模泄露，从而对公民、公司和政府的信息安全构成极大威胁。另外，人工智能服务提供者对系统内部海量数据的保护不力，或者对收集的数据进行不当使用（如现实中一些互联网企业利用大数据“杀熟”的现象），也会侵犯网络用户的个人信息和其他合法权益。正如有论者指出，大数据时代的数据犯罪的指向已经演变为以大数据对象为中心，纵向侵害技术与现实双层法益，形成的一个多行为方式，危害后果横向跨越个人、社会、国家各层面与政治、军事、财产、人身和民主权利各领域的大犯罪体系。[①] 所以，面对人工智能应用在未来对数据的大量收集与深度处理可能引发的社会风险，刑法必须给予更全面、更有力的保护。

另一方面，人工智能系统内部算法的漏洞与偏差可能导致人工智能系统对数据分析之后形成错误决策，作出人类意料不到的行为并引发外部风险。算法、数据和计算能力是人工智能的三大要素，而算法在其中发挥着主导作用，可称为人工智能的“大脑”。也就是说，人工智能之所以能够作出自动智能化决定，在很大程度上是基于智能算法对训练数据进行深度分析和“学习”，然后具备了预测和推断的能力。但是，人工智能并非完美无缺，它会一直朝着达到甚至超越人类智能的方向不断改进，如果人工智能的内部算法存在缺陷，就可能忽视或者歪曲数据反映的现实情况，然后借助自动化决定机制对外界作出不合理的反应。更何况智能算法分析的海量数据并非价值中立，这些数据在承载信息的同时必然也夹带着人类社会既存的价值偏差和观念歧视。因此，如果在智能算法模型的设计中忽视了纠正机制的构建，那么机器学习可能会在重复累计的运算过程中恶化这些偏差，从而导致人工智能系统作出与伦理道德存在偏差的决策。此外，以深度学习算法为例，它并不是一个数据输入、特征提取、预测的过程，而是由计算机直接从训练数据集的原始特征出发，自动学习并提取出深层特征或者规律，从而形成高级的认知能力。在人工智能输入的数据和其输出的答案之间存在着我们无法洞悉的“隐层”（hidden layer），它被称

① 于志刚、李源粒：《大数据时代数据犯罪的制裁思路》，载《中国社会科学》2014 年第 10 期。

为“黑箱”（black box）。[①] 在通常情况下，人工智能系统的开发者出于维护自身商业利益的考虑，并不会公开其算法具体实现细节，这就大大增加了第三方对其采取监管的难度，进而出现一些不可预见的问题。因此，对这种内部算法存在缺陷、漏洞以及缺乏透明性的情况，如果刑法在必要时予以介入，不仅可以保证正常良好的研发、设计秩序，还能够避免由内部风险引起的外部刑事风险和归责困境。

2. 专用人工智能的外部风险

在内部风险的基础上进一步分析，专用人工智能外部的刑事风险挑战大体上会表现为以下两种：其一，滥用人工智能的刑事风险；其二，由人工智能内部风险转化为现实危害的刑事风险。

（1）滥用人工智能的刑事风险。科学技术固然可以推动人类文明的发展进步，但技术本身是中立的，它为社会服务的同时也可能产生人类难以把控的风险。就此意义而言，人工智能技术是一把极为锋利的“双刃剑”：如果将其运用于正当途径，可以提高人类的生产效率和生活质量，帮助人们摆脱枯燥乏味和高度危险的工作；如果这种技术被不法分子利用于犯罪活动，那么在其加功作用的助力下产生的危害后果亦会呈现“放大效应”。而且，与传统的公共安全（如核技术）需要强大的基础设施作为支撑不同，人工智能以计算机和互联网为依托，无须昂贵的基础设施就能构成安全威胁。掌握相关技术的人员可以在任何时间、任何地点且没有昂贵基础设施的情况下作出人工智能产品。[②] 就此情形而言，利用人工智能技术作为辅助犯罪实施的工具和手段，虽然不会使传统犯罪的性质发生“质变”，但可能发生显著“量变”。例如，在2017年破获的国内首例利用AI技术打码案中，犯罪分子运用机器深度学习技术训练机器，使其能够自主操作并有效识别图片验证码，轻松绕过互联网公司设置账户登录安全策略。将这种技术提供给网络平台之后，网络平台就可以轻易对黑客窃取的账号和密码进行“洗号”，进而获得更为精准的公民个人信息，然后出售给个人信息产业链下游的诈骗集团、广告商。[③] 相对于传统的人工“打码”，利用人工智能技术进行“打码”的效率提高了2000倍，而且识别正确率极高。因此，如果不法分子将人工智能技术作为犯罪的工具和手段，不仅可以大大减少犯罪成本、降低犯罪门槛，还会使一些犯罪行为的社会危害性显著提升。对此，刑法也需引起高度关注。

（2）由人工智能内部风险转化为现实危害的风险。专用人工智能的技术特点决定了其能够实现无人类干预，基于知识能够自我修正地自动化运行，即在特定领域实现自主判断、自主决定甚至自主反应，这就意味着人工智能可以在某种程度上全

---

① 许可：《人工智能的算法黑箱与数据正义》，载《中国社会科学报》2018年3月29日第6版。

② 中国电子技术标准化研究院编写：《人工智能标准化白皮书（2018版）》，第32页。

③ 刘甦：《人工智能涉罪细节首次披露：你的个人信息是这样被破解的》，载财经网，http://yuanchuang.caijing.com.cn/2017/1108/4356782.shtml，发布时间：2017年11月8日。

面替代人类的操作行为。[1] 因此，如果人工智能系统存在设计缺陷或技术漏洞，而且在投入现实应用之前没有避免和消除，那么人工智能内部风险将会在现实应用过程中引发外部风险。例如，人工智能与交通工具相结合产生的无人驾驶技术，其本质正是在大数据的支撑下使用算法计算出最佳驾驶策略。智能驾驶系统可以让人类摆脱驾驶的辛苦劳累，而且其在人工智能领域内的发展较为成熟，在不久的将来很有可能实现大规模应用。在人类驾驶汽车发生交通事故的情况下，其所造成的危害后果不会超过汽车自身及其周围环境，然而如果无人驾驶系统本身存在技术缺陷，那么在其推广应用之后，所有使用此项技术的汽车都会存在这种安全隐患，从而对大范围的交通秩序和公共安全构成巨大威胁。又如，人工智能与医疗行业相结合产生的智能医疗技术在辅助诊疗、疾病预测、医疗影像辅助诊断、药物开发等方面发挥了重要作用。如果医生基于智能医疗系统的错误诊断而作出了错误的治疗决定，或者智能医疗系统因内部缺陷，在独立诊断治疗的情况下造成就诊人死亡或者严重损害其身体健康，也将面临如何追究医疗事故相关责任的问题。

（三）刑法的应对

针对现阶段的专用人工智能可能产生的刑事风险，应从以下三个方面予以应对。

1. 刑法应坚持罪刑法定的总体底线与谦抑性的内在品质

面对人工智能对刑法提出的挑战，我们不仅需要思考如何通过改变予以应对，还需要明确应当坚守的刑法理念与刑法原则。这其中最为重要的就是罪刑法定原则。保障人权作为现代刑法的价值基石，是各国刑法学人在启蒙思想影响下努力灌溉而收获的宝贵果实。如今，以保障人权为内在意蕴的罪刑法定原则仍然是现代刑法不可逾越的底线，也是刑法理论研究奉行的金科玉律。有论者认为，滥用人工智能行为的客观表现形式多种多样，未来还可能出现囿于人工智能技术发展状况而无法全面考虑到的情况，因此可以考虑直接将滥用人工智能技术行为作为规制的对象并规定相应兜底条款。[2] 但是，在一个罪名中将所有滥用人工智能的行为方式进行具体列举难度较大，直接将滥用人工智能行为作为一种概括性的兜底条款也可能会使其成为“口袋罪名”，进而引发司法实务的操作困惑；而且，滥用人工智能行为既有可能侵犯公民的合法权益，也有可能危害公共秩序甚至是国家安全，设立这种极具包容性的罪名会泛化其保护的法益，由此角度来看也缺乏合理性和可行性。事实上，现阶段的人工智能技术仍然可以作为一种实施犯罪的工具和手段予以评价，利用人工智能技术实施犯罪的情形对现行刑法罪名体系并不会产生显著影响，我国现行刑法也绝非对严重危害社会的滥用人工智能行为完全束手无策。基于此，即使在社会上出现了涉及人工智能技术的新型犯罪，如果不能为现行刑法和司法解释所评价，也不能通过类推解释进行定罪处刑。

---

① 中国电子技术标准化研究院编写：《人工智能标准化白皮书（2018 版）》，第 32 页。

② 刘宪权：《人工智能时代的刑事风险与刑法应对》，载《法商研究》2018 年第 1 期。

另外，刑法还需坚守自身的谦抑性，围绕人工智能的刑法调控应注重与相关领域的其他部门法相结合。例如，人工智能生成的内容只要由机器人独立完成，即成为受著作权保护的作品，但由于机器人并不能像自然人作者或法人作者那样去行使权利，因此该项著作权应归属于机器人的创造人或所有人，在这种情况下可参照著作权法关于职务作品或雇佣作品的规定，由创制机器的“人”而不是机器人去享有和行使权利。[①] 由此可见，在著作权法及其理论对人工智能生成作品的权属和权能作出界定的情况下，侵犯人工智能生成作品的著作权犯罪才能进行具体认定。此外，刑法对人工智能犯罪的规制也应注意与民法、行政法相衔接。有论者主张，只有刑法的规制才能真正减少滥用人工智能行为的发生，刑法以外法律法规的规制不足以威慑人工智能产品的研发者和使用者。[②] 我们认为，这种看法存在一定的偏差。刑法在整个法律体系内具有“保护法”和“后盾法”的地位，在民事制裁和行政制裁不能或者不足以规制危害行为的时候应当使用刑事制裁。对人工智能的风险防控主要应依靠强制性的技术标准和具体操作的使用规则，而这些内容往往依托于大量的行政法律法规。此外，民商法中的民事责任也能起到一定程度的惩罚和补偿作用。所以，在对人工智能技术及其应用进行规制的过程中，应尽量避免“刑法万能”的错误倾向，让各部门法都能充分发挥其应有作用。而且首先应当由非刑事法律去发挥作用。

2. 刑法应加大对公民个人信息和数据安全的保护力度

在人工智能时代，公民、公司和政府等社会主体的信息安全都将面临前所未有的挑战。一方面，人工智能系统及其使用的大数据技术可以通过终端采集更大范围和更多数量的数据，这些海量数据的集聚既会产生更具实质性的信息价值，同时也会形成巨大的安全风险。另一方面，人工智能技术的进步与普及也为实施侵犯信息安全的犯罪提供了更加便利的条件，前文提到的利用人工智能打码的情形即为典型示例。对于侵犯信息和数据的犯罪行为，可通过刑法第 253 条之一的侵犯公民个人信息罪和第 285 条的非法获取计算机信息系统数据罪予以规制。

具体而言，侵犯公民个人信息罪以“公民个人信息”为保护对象，并且设定了“非法获取”“提供”和“出售”三种行为方式。就保护对象而言，最高人民法院、最高人民检察院《关于办理侵犯公民个人信息刑事案件适用法律若干问题的解释》将“公民个人信息”进一步明确为“以电子或者其他方式记录的能够单独或者与其他信息结合识别特定自然人身份或者反映特定自然人活动情况的各种信息”，从而划定了较为广泛的保护范围，可将记载上述信息的电子数据囊括其中。此外，上述三种行为方式实际上是从公民个人信息的“来源”和“去向”两个方面对侵犯行为进行类型化界定，这种保护路径显然立足于信息的横向流动过程，在一定情况下难以触及信息的纵向使用过程。另外，同样涉及公民个人信息保护的拒不履行信息网

① 吴汉东：《人工智能时代的制度安排与法律规制》，载《法律科学》2017 年第 12 期。

② 刘宪权：《人工智能时代的刑事风险与刑法应对》，载《法商研究》2018 年第 1 期。

络安全管理义务罪也在一定程度上体现了这种保护路径。然而，对数据的广泛采集和深度分析正是人工智能技术及其应用不可缺少的重要一环。在人工智能对包含个人信息的数据进行分析和处理过程中，个人信息的合理使用问题就会凸显出来。而且，公民在强大的网络公司面前处于极为不利的弱势地位，其个人信息一旦被采集，之后就难以再进行有效的自主控制。因此，面对即将在社会上实现广泛应用的人工智能，侵犯公民个人信息罪在行为方式方面的结构性缺失亟须弥补。与之相对应，刑法针对数据安全的保护则显得“静态有余，动态不足”。“大数据时代的海量数据具有动态价值，对一系列的数据收集、存储、挖掘和应用能体现出巨大的政治、经济、军事、生活价值。这种数据在处理过程中可能侵害到宏观的整体数据环境与微观的个人数据权利，也可能侵害到主观与客观方面的个人法益。”[①] 然而，非法获取计算机信息系统数据罪只是将数据作为行为对象，其最终保护立足于计算机信息系统功能和通信安全，这种模式使得刑法难以对围绕数据产生的风险进行全程调控，这种局面在我国刑法中也需尽快改善。

3. 刑法应针对人工智能进行全方位调控

考虑到人工智能的技术复杂性、功能强大性和影响不确定性，刑法应介入对其技术研发、生产制造、系统运营、现实使用等环节的调控。

首先，应对人工智能的技术研发行为和生产制造行为进行规制。将来人工智能产品的设计者和制造者可能会受到巨大的经济利益诱惑，将不成熟的技术和产品投入市场，而人工智能技术及其应用如果存在技术漏洞或者设计、制造缺陷，不仅会使系统自身易受攻击而遭受损失，而且会将这种内部风险转化为现实危害。对此，可按照刑法第 140 条的生产、销售伪劣产品罪和第 146 条的生产、销售不符合安全标准的产品罪定罪处罚。除此之外，还可以考虑在建立人工智能技术标准体系（如制定相关规则约束算法设计者遵守设计标准和保证算法的透明性和可解释性以及限定人工智能应用的功能设计范围等）的基础上，对人工智能技术研发者违反国家规定或者强制性标准的行为增设专罪予以规制。

其次，应对人工智能系统运营者的行为进行重点调控。人工智能的服务提供者在人工智能系统运营过程中扮演了关键角色，它既要负责相关基础性技术的整合与协调，也要在提供服务的同时负责系统的日常维护。人工智能的系统运营者在广义上也属于网络服务提供者的范畴，因此对于符合法定情形的犯罪行为，可按照《刑法修正案（九）》增设的拒不履行信息网络安全管理义务罪进行处理。但是，由于前罪的成立要求“经监管部门责令采取改正措施而拒不改正”，这可能会导致该罪难以对有关违规行为及时发现并予以处罚；而且，法律法规规定的信息网络安全管理义务与人工智能系统服务提供者的技术能力往往存在一定的落差，而该罪目前的立法模式不能促使其主动积极履行相关义务；此外，由于该罪的法定刑标准总体较

① 于志刚、李源粒：《大数据时代数据犯罪的类型化与制裁思路》，载《政治与法律》2016 年第 9 期。

轻且缺乏相应的区分档次，对一些具有严重情节情形的处理可能难以实现罪责刑相适应。对上述这些立法欠缺，应根据需要予以立法修正。

最后，应对利用人工智能技术实施犯罪行为的情形予以坚决惩处。对此情形，总体应根据具体的行为方式和侵害的法益，按照相应的普通犯罪罪名和网络犯罪罪名予以规制。在此基础上，还可结合人工智能的技术运行原理和作用模式，对其中的犯罪对象、工具、场域等要素进行扩张解释，摆脱对构成要件内容的物化理解。[①]必要时，还可考虑对利用人工智能实施犯罪的情形从重处罚。

四、未来展望及其探讨：关于通用人工智能的刑法学思考

对于专用人工智能所带来的现实危害，刑法规定与刑法学理论应及时作出合理回应。但是，对于未来通用人工智能可能造成的法律风险，刑法学者应当客观看待并审慎应对。通用人工智能与现阶段的专用人工智能在本质上有着根本差别。在通用人工智能时代，我们将从所有大脑区域的逆向工程中学习到人类智能的实现原理，并将这些理论应用到具有大脑智力的计算平台。人工智能的应用将有更广阔的领域，并且它们的表现会更加灵活，这将极大地丰富不断发展基础的工具集。[②] 如果人工智能在未来的确能够达到甚至超过人类智能，这的确可能会对整个法律体系的有效运行提出巨大挑战。而且，“由于法律具有滞后性，现有的法律体系并不能很好地预测和解释人工智能以及机器拟人化后可能出现的法律现象，可以说，在人工智能的冲击下，法律体系可能需要全面重塑”[③]。在这种情况下，应否以及如何评价通用智能机器人的行为，就可能成为刑法领域最为棘手的理论与实践问题。但是，就当前人类的科技水平而言，通用人工智能时代依然遥不可及。“人工智能的一些领域似乎特别具有挑战性，如语言、创造力和情感。如果人工智能不能模拟它们，要实现强人工智能就好似做白日梦。”[④] 目前，刑法学界出现了肯定智能机器人拥有独立刑事责任主体资格的观点。例如，有论者提出，“在程序设计和编制范围内智能机器人实施犯罪行为是按照人类的意识和意志，应当将智能机器人看作人类实施犯罪行为的‘工具’，而发展到一定阶段的智能机器人可能超越程序的设计和编制范围，按照自主的意识和意志实施犯罪行为，因而完全可能成为行为主体而承担刑事责

---

① 庄永廉：《人工智能时代互联网刑事法律的发展方向》，载搜狐网，http://www.sohu.com/a/218315164_741570，发布时间：2018 年 1 月 22 日。

② ［美］雷·库兹韦尔：《奇点临近》，李庆诚、董振华、田源译，机械工业出版社 2017 年版，第 177 页。

③ 高奇琦、张鹏：《论人工智能对未来法律的多方位挑战》，载《华中科技大学学报》（社会科学版）2018 年第 1 期。

④ ［英］玛格丽特·博登：《AI：人工智能的本质与未来》，孙诗惠译，中国人民大学出版社 2017 年版，第 66-69 页。

任”。[①] 还有论者认为，人工智能体应当是介于人与物之间的特殊刑事责任主体，并提出将人工智能体的智能化程度比拟自然人的刑事责任年龄，进而判定人工智能体的刑事责任能力。[②] 对此我们认为，智能机器人难以成为与自然人相并列的刑事责任主体，对通用人工智能机器人实施犯罪应否承担刑事责任的问题应持审慎态度。

（一）通用智能机器人不具有相对的自由意志

人的存在具有自在价值，追求自由与幸福是人类的本性。人类由必然王国走向自由王国的进程体现为真正认识并依照自然规律自觉支配自己的社会行动。[③] 从马克思主义刑法学观点来看，对犯罪人追究刑事责任的哲学根据在于行为人具有相对的意志自由，或者说自由选择能力，即行为人能选择非犯罪行为却选择了犯罪行为，因而才追究其刑事责任。[④] 因此，拥有相对自由的意志是行为人承担刑事责任的重要前提。然而，通用智能机器人存在的根本目的是为人类服务，其存在的终极意义仍然是一种工具价值，不会也不应有追求自在价值的自由意志。无论智能机器人发展到何种高级的程度，从来源上看它还是人类的创造物。人类发明人工智能无疑是为了使其更好地服务于人类，使人们的生活与工作更加舒适、便利。基于此，智能机器人似乎难以完全摆脱人类的控制，更不应有追求实现自我的自在价值。更何况从当前的科技发展水平来看，通用人工智能时代依然遥遥无期，因此很难想象智能机器人会具有相对的自由意志。

（二）通用智能机器人实施犯罪难以与刑法学中的行为理论相兼容

刑法学中的行为理论学说众多，各种观点对如何界定刑法中的“行为”见仁见智。归根结底，是由于不同时期、不同国家的刑法学者基于不同现实对犯罪行为形成的本质认识有所不同。而关于行为理论的观点分歧也表明，没有一种行为理论可以在一国乃至一个学者的逻辑体系内实现完全自洽。但是，从行为理论的发展历史可以看出，各学说均是以具有生命体征的自然人为核心来对行为作出探讨的。例如，根据德国刑法学者韦尔策尔于20世纪30年代提出的目的行为论，应当把人的行为本质作为有目的的追求活动来把握，而所谓行为，是指通过有目的的意思对包括外部的举动在内的因果进行支配、操控。[⑤] 又如，由日本著名刑法学家团藤重光提出

---

① 刘宪权、胡荷佳：《论人工智能时代智能机器人的刑事责任能力》，载《法学》2018年第1期。

② 马治国、田小楚：《论人工智能体刑法适用之可能性》，载《华中科技大学学报》（社会科学版）2018年第2期。

③ 《马克思恩格斯选集》（第3卷），人民出版社2012年版，第759页。

④ 高铭暄、马克昌主编：《刑法学》，北京大学出版社、高等教育出版社2017年版，第208-209页。

⑤ 马克昌、卢建平主编：《外国刑法学总论（大陆法系）》，中国人民大学出版社2016年版，第81页。

的人格行为论认为，行为是行为者人格的主体的实现化的身体举动。① 可见，无论是目的行为论还是人格行为论，都将行为的主体界定为具有生命特征的自然人。而作为“人造人”的智能机器人是不具有这种生命属性的，因此不符合目的行为论与人格行为论的要求。总而言之，通用智能机器人的非生命体征使其与各种行为理论难以兼容。

（三）承认通用智能机器人的主体地位会面临一系列判断难题

在刑法领域承认一种全新的犯罪主体，并非仅仅涉及法条文字的改动以及相关理论的变化。即使在观念上认可智能机器人刑事责任的主体资格，司法实践中也会遇到一些棘手的甚至无法解决的现实问题。其中，首要问题是如何判断智能机器人是基于自己独立的意志而作出的行为。有学者认为，应当以是否在设计程序与编制范围之内来判定智能机器人是否具有意志自由。② 智能机器人终究出自人类之手，而人类对智能机器人所设定的程序很难不对智能机器人的行为产生影响。因此，以设计程序与编制范围作为判断智能机器人有无独立的辨认与控制自己行为的能力，排除了一部分受人类控制的行为，具有一定的合理性。然而，如何准确判断其行为是否在此范围之内将会面临许多实际困难。从客观上来讲，人们很难事先全面而准确地对智能机器人的行为作出预设。换言之，由于智能机器人具有独立的意志，因此人们很难对智能机器人的行为是否超出预设作出精准的判断。又如，有学者通过将人工智能的智能化程度比拟刑事责任年龄而对智能机器人的刑事责任能力作出了划分。③ 从整体上来看，这种制度设计将智能机器人做了拟人化的处理，具有一定的合理性。但是，与单纯以年龄作为刑事责任能力的判断依据相比，这种判断方式也面临更多的不确定性。因为年龄在自然人出生之时就被确定下来了，但是智能化程度却不是以出厂时间为基准计算出来的。在具体认定过程中，对智能化程度的判断将会更为复杂与困难。以上仅以两个方面的问题作为可能性事例，但是在实践中必然会遇到更多的技术难题。所以，承认智能机器人独立的刑事责任主体资格不仅仅是观念与制度层面的问题，而且还涉及司法实践中的诸多现实难题。

---

① 赵秉志主编：《刑法总论》，中国人民大学出版社 2016 年版，第 170 页。

② 刘宪权：《人工智能时代刑事责任与刑罚体系的重构》，载《政治与法律》2018 年第 3 期。

③ 该学者以机器人的智能化程度来比拟自然人的刑事责任年龄，认为智能化程度较低的智能机器人处在相当于完全无刑事责任年龄阶段，智能化程度较高的智能机器人处在相当于相对有刑事责任年龄阶段，智能化程度很高的智能机器人处在相当于完全有刑事责任年龄阶段，而间歇性系统异常与中病毒相当于具有特殊人员的刑事责任能力，这种智能机器人相当于间歇性精神病人与醉酒的人。参见马治国、田小楚：《论人工智能体刑法适用之可能性》，载《华中科技大学学报》（社会科学版）2018 年第 2 期。

（四）技术水平上的突破并不等于观念的逾越

或许在未来某一天，科学技术的发展将会突破人工智能在刑事责任认定上的技术难题，但是这并不意味着刑法规范与刑法理论一定要立刻随之发生根本性改变。正如近年来一度成为热议话题的风险刑法理论，试图对刑法理论作出伤及筋骨的改变。风险刑法是基于对风险社会的考量而产生的对刑法理论的变革，对此有学者认为："现代风险的特性决定风险社会中公共政策的基调，既不是要根除或被动防止风险，也非简单考虑风险的最小化，而是设法控制不可欲的、会导致不合理的类型化危险的风险，并尽量公正地分配风险。对这项规制任务，刑法显然有些力不从心。现代刑法形成于绝对主义国家背景下，以国家与个体的二元对立为逻辑基础。其价值取向在于对个体权利的保障，法益概念主要围绕个体权利构建；在责任形式上，它强调规范意义的主观责任与个人责任，认为责任的本质是行为人基于自由意志选择违法行为，他应当承担受谴责的责任。这种以权利保障为导向的刑法在解决风险问题时容易遭遇挫败，无法识别和容纳现代风险。"① 诚然，风险刑法具有不可否认的理论价值，但是其理论本身也具有一定的风险，因此受到了诸多学者的理性批判。② 当然，学界并不是全盘否定风险刑法的理论价值，而是应当客观看待与理性借鉴。当我们可能面临风险社会的到来之时，能够理性地对风险刑法理论作出判断，这说明人类社会的不断发展虽然对刑法理论造成了冲击，但是并不意味着以往的刑事责任体系就应当作出根本性的改变。与风险刑法的情况相类似，在人工智能时代出现的新情况超出了现有刑法理论的能力范围，但是这并不意味着应当立即建立一个全新的规则体系来进行回应，也并不意味着现有理论完全无法作出应对。因此，在这种情况下，刑法学者首先应当考虑如何对现有的刑法理论作出完善，而不是仓促推翻现有的观念与理论。

（五）对通用智能机器人适用刑罚的合理性还需进一步探讨

即使承认智能机器人能够独立承担刑事责任，但是对于智能机器人适用刑罚的合理性问题仍需进一步探讨。就目前而言，刑事责任的主要实现形式是刑罚。对于智能机器人而言，如果承认其具有独立的刑事责任主体资格，从逻辑上讲也应适用现有的刑罚类型。因为如果在观念上承认智能机器人具有控制与辨认自己行为的能力，则意味着将智能机器人当作一个真正的人来看待。实际上，也正是因为把智能机器人等同于具有生命体征的自然人，在逻辑上才能够承认其独立承担刑事责任的主体资格。然而，这种理念似乎又难以被人们所接受。正如有些赞同智能机器人独

---

① 劳东燕：《公共政策与风险社会的刑法》，载《中国社会科学》2007 年第 3 期。

② 陈兴良：《风险刑法理论的法教义学批判》，载《中外法学》2014 年第 1 期；黎宏：《对风险刑法观的反思》，载《人民检察》2011 年第 3 期；刘艳红：《"风险刑法"理论不能动摇刑法谦抑主义》，载《法商研究》2011 年第 4 期；于志刚：《"风险刑法"不可行》，载《法商研究》2011 年第 4 期；刘明祥：《"风险刑法"的风险及其控制》，载《法商研究》2011 年第 4 期。

立承担刑事责任的学者，同时建议针对智能机器人增设删除数据、修改程序、永久销毁等刑罚种类。[①] 但是，这实际上是对智能机器人作出了区别性的对待。在判定其是否具有刑事责任主体资格时，承认智能机器人具有对行为的控制与辨认能力，因此这事实上是将智能机器人等同于活生生的自然人。但是，在确定其刑事责任的实现形式时，却又承认了其作为机器的本质属性，因此相当于又否定了其作为人的资格。从根本上讲，即使智能机器人达到甚至超越人类智能的水平，也似乎无法被界定为“人”。因此，对于智能机器人判处刑罚的合理性还需进一步探讨。

五、结语

本文对人工智能的发展历程与未来趋势进行了梳理和分析，并提出区别对待专用人工智能与通用人工智能的基本立场。当前面对即将大规模应用的专用人工智能，刑法应当重点防控其可能引发的内部风险和外部风险；而通用人工智能仍是一种较为遥远的设想，刑法对此讨论应保持谨慎克制的立场。刑法需要坚持罪刑法定的总体底线和谦抑的内在品质。与此同时，立足于现阶段人工智能的技术原理和功能特点，应充分发掘传统罪名的适用潜力，在刑法解释论上更新视角，必要时可增设专罪予以规制。对此，刑法学理论还需进一步深入研究。就通用智能机器人应否成为刑事责任主体的问题而言，在技术水平、价值观念、具体认定等方面尚存在较大困难，刑法对此应坚持克制、理性的态度，不可贸然将机器人纳入刑法规制的行为主体范围。总体而言，我们应谨慎对待人工智能引发社会风险的可能，并在此基础上积极迎接人工智能时代的全面到来。

---

① 刘宪权：《人工智能时代的“内忧”“外患”与刑事责任》，载《东方法学》2018 年第 1 期。

人工智能在防范刑事错案中的应用与制度设计

王秀梅[*] 唐 玲[**]

要把现代科技创新与司法体制改革融合起来，通过大数据的深度应用，减少司法的随意性，从而在提高审判效率的同时促进司法公正。[①] 刑事错案作为一种司法现象，它并不是某一时代或某个国家的特定产物，而是一直存在于各国法治发展进程中的疑难问题。[②] 长期以来，各国司法机关都在努力探寻刑事错案形成的根源及制度性因素，力图建立一种良性司法机制，以实现刑事司法的公平与公正的价值追求。党的十八大以来，人民法院依法陆续纠正了多起重大刑事错案，且这些错案被改判的重要原因都是案件事实不清、未达到证据确凿。因此，严把“证据关”、运用证据准确认定案件事实才是防范刑事错案的核心和最终落脚点。

我们认为，除了依靠相关的法律文件、坚持以审判为中心的诉讼外，还可依靠人工智能规避刑事错案的发生，通过先进的科学技术融合刑事司法制度以促使司法办案方式的变化，实现司法的公正与理性。国务院于2017年发布的《新一代人工智能发展规划》中就曾明确提出，要将人工智能上升至国家战略层面，推进人工智能在案件的证据收集、证据分析及法律文件阅读中的应用，实现法院审判体系的智能化。同时，“两高”也相继发文表示将加快人工智能在司法领域的建设，全国各地司法机关也陆续推出了自己的人工智能办案系统。人工智能介入刑事错案防范领域的功能主要体现在两个方面：一是能解决刑事案件中办案程序不规范、证据适用标准不统一等问题；二是能及时发现证据中的矛盾与瑕疵，并及时提醒司法办案人员补正或者作出解释，以确保提请案件符合法律规定的标准，实现防止冤假错案、提升司法公信力的改革目标。[③] 本文拟从刑事司法智能化的视域，通过分析证据裁判语境下刑事错案的防范难题及其破解路径，聚焦人工智能在刑事错案防范领域的应

---

* 王秀梅，北京师范大学刑事法律科学研究院教授，法学博士，博士生导师，G20反腐败追逃追赃研究中心主任，中国廉政法制研究会副会长，国际刑法学协会副主席暨中国分会秘书长。

** 唐玲，中国计量大学法学院讲师，法学博士。

① 汤瑜：《“人工智能办案”，防范错诉错判——上海首个刑事案件智能辅助办案系统成功运行》，载《民主与法制时报》2017年7月16日第5版。

② 陈敏：《证据裁判视角下刑事冤案的生成与防治》，载《法学家》2017年第6期。

③ 严剑漪：《揭秘“206工程”：法院未来的人工智能图景》，载《上海人大》2017年第8期。

用现状，研究分析人工智能嵌入刑事错案防范机制的积极效应与潜在风险，在基础上从实体与程序两个方面规范防范刑事错案智能化决策模型的制度设计，为人工智能应用于刑事司法实践提供理论上的参考。

一、防范刑事错案的难题与破解路径

（一）证据裁判视域下防范刑事错案面临的挑战

“证据裁判主义是证据规定的帝王条款之一。”① 坚持证据裁判主义是树立司法权威及坚守司法公正必不可少的保障，也是有效防范刑事错案发生的重要路径。从近年来平反的刑事错案发生的根源来看，几乎均与证据问题密不可分，② 我们认为，刑事错案的证据问题主要体现在以下三个方面：

首先，证据收集不规范，刑事错案的源头防范机制弱化。在刑事诉讼活动过程中，证据收集是刑事侦查阶段的主要任务，从某种意义上说，侦查阶段证据收集的优劣决定了刑事案件办理质量的高低。正如有学者所言：“中外刑事诉讼的历史已经反复证明，错误的审判之恶果从来都是结在错误的侦查之病枝上的。”③ 在我国，证据收集不规范问题一直是司法实践的难题，从近年来平反的刑事错案来看，皆存在严重的由供到证、刑讯逼供以及片面取证等问题。详言之：一是以侦查为中心的刑事司法理念造成侦查机关在侦查过程中只注重犯罪嫌疑人口供的收集，并以犯罪嫌疑人口供为依据进一步收集证明其有罪的证据链条，从而强化侦查人员的主观判断，忽视了案件的疑点。④ 二是屡禁不止的刑讯逼供现象。大量的实证研究发现，几乎每一起刑事错案的发生都与刑讯逼供密切相关。“尽管刑讯逼供并非百分之百地导致错判，但几乎百分之百的错案都是刑讯逼供所致。”⑤ 三是基于有罪推定的取证观造成侦查机关片面选取犯罪嫌疑人的有罪证据，而忽视辩方的无罪证据，这就造成侦查人员在办案过程中，很容易基于案件事实的分析判断或通过接触犯罪嫌疑人而形成一定的司法潜见，然后根据这些司法潜见片面收集有罪证据，对于辩护方收集或提供的无罪证据视而不见，造成侦查人员收集的证据皆为证明犯罪嫌疑人有罪的证据。⑥

其次，证据审查不规范，非法证据难以排除。刑事错案防范的核心是证据的审查与把关，通过非法证据的排除来规范调查取证行为。早在 2012 年刑事诉讼法就从

---

① 林钰雄：《刑事诉讼法》（上册・总论编），中国人民大学出版社 2005 年版，第 344 页。

② 何家弘、何然：《刑事错案中的证据问题——实证研究与经济分析》，载《政法论坛》2008 年第 2 期。

③ 李心鉴：《刑事诉讼构造论》，中国政法大学出版社 1992 年版，第 179 页。

④ 穆书芹：《侦查阶段刑事错案防范之侦查理念、行为与制度构建》，载《中国刑事法杂志》2016 年第 1 期。

⑤ 陈兴良：《错案何以形成》，载《公安学刊》2005 年第 5 期。

⑥ 何家弘：《当今我国刑事司法的十大误区》，载《清华法学》2014 年第 2 期。

立法层面正式确立了非法证据排除规则，但至今非法证据最终能成功排除的案例却寥寥无几。① 从司法实践来看，非法证据的排除在侦查、起诉与审判环节运行举步维艰，事实上，审判环节作为刑事司法的最后一道关口，理应守住刑事证据质量审查的最后防线。然而，在庭审阶段作出非法证据的排除可能会面临着一些案件不得不作出罪轻甚至是无罪的判决。在这种情况下，法官将会陷入两难境地，因此法官一般不愿意启动非法证据排除程序。反之，他们会对证据中的疑点进行拾遗补阙，以迁就侦查结论。② 如李怀亮故意杀人案，李怀亮曾在庭审中多次声称其作出的有罪供述系公安机关刑讯逼供下的无奈之举，并在法庭上多次展示自己脚上的伤疤，但法官依然根据村民看到李怀亮在案发现场的证言及其有罪供述与犯罪现场相吻合，而否定了被告人的非法证据排除请求。③

最后，证据判断不规范，证据裁判规则难以遵循。在司法实践中，由于法官在证据标准上并没有遵循“排除合理怀疑”这一最高标准，由此导致证据判断上的失误，损害司法公正和权威的形象。“排除合理怀疑”实质上是法官的一种内心心证，在面对存疑案件时，一国司法均必须从无罪或有罪两者中作出价值选择。但在实践过程中法官很难把握或精准运用这一标准，一旦出现既不能证明其无罪，也不能证明其有罪的情况，法官往往会作出“疑罪从无”或“留有余地”的判决，而这恰恰就是很多冤假错案发生的根源所在。比较典型的一个案例是陈某琴故意杀人案，法官在无法“排除合理怀疑”的情况下仍判决被告人陈某琴死刑，但根据“本案的具体情节”，对其作出可不立即执行死刑的判决。④

（二）人工智能助力刑事错案防范难题的破解

如上所述，刑事错案生成的主要原因在于证据，它们均或多或少地违背了证据裁判的规则。⑤ 因此，落实证据裁判规则，规范证据的收集、审查与判断等环节始终是刑事错案防范的重点与难点。而证据裁判规则的落实，离不开证据基础理论的支撑，但证据基础理论本身的发展又与科技信息技术的发展密切相关。从某种意义上讲，信息技术的发展推动了证据理论的不断完善，随着人工智能时代的到来，人类获取、传递与利用科技信息的能力将进一步提升，智能技术将为破解刑事错案难题带来了新的机遇。事实上，人工智能技术已经在裁判预测方面、法律信息检索方面、证据判断方面取得了显著的效果，并不断有新的技术达到刑事司法信息化建设

---

① 孙长永、王彪：《审判阶段非法证据排除问题实证考察》，载《现代法学》2014 年第 1 期。

② 吴洪琪：《证据排除抑或证据把关：审查起诉阶段非法证据排除的实证研究》，载《法制与社会发展》2016 年第 5 期。

③ 邓红阳、赵红旗：《李怀亮涉嫌杀人案：12 年悬案压垮两个家庭》，载搜狐网，http://news.sohu.com/20130503/n374690436.shtml，最后访问日期：2019 年 9 月 20 日。

④ 参见甘肃省定西市中级人民法院（2012）定中刑一初字第 18 号刑事判决书。

⑤ 陈敏：《证据裁判视角下刑事冤案的生成与防治》，载《法学家》2017 年第 6 期。

的不断改造升级。[①] 人工智能在刑事错案防范领域也发挥着重要的功能作用，通过人工智能技术，解决侦查、起诉与审判环节的证据标准不统一的问题，及时发现证据中的瑕疵及证据链之间的矛盾等问题，以达到刑事错案防范的目的。[②] 通常而言，人工智能介入刑事错案防范领域包含三个阶段，即数据编码阶段、建立文本—数据链接阶段、标准化司法产品输出阶段。

1. 数据编码阶段。就该阶段而言，人工智能需要以原始大数据作为“材料”支撑，无论是人工符号代码模式，还是神经网络模式，都需要对大量的数据材料进行采集并完成数据的识别与编码的过程。以法院系统为例，目前最高人民法院已经构建起全国法院互联互通的大数据管理信息平台系统，充分实现了全国各级法院网络信息系统的全覆盖，目前全国已有3519个法院及9279个人民法庭通过网络实现了即时传讯的联网服务，全国各地法院正以每5分钟1次的频率向智慧法院信息平台自动汇集新收集的各类案件数据信息，现智慧法院信息管理平台已收集了1亿多件案例数据和2900多万份裁判文书。[③] 在具备海量的原始材料数据库的基础上，人工智能具备了可以进行深度学习的条件，亦能发挥有效的作用，即人工智能可以将浩繁、复杂无序的原始材料进行自动排列并深度提取其中的关键、有效信息以防止人工操作的遗漏和疏忽，并按照“指示”对相关联的原始材料按照一定的逻辑规则进行深度排列、比对和解码。

2. 建立文本—数据链接阶段。人工智能在进行全面深入学习之后，根据既定语法和规则自动建立“文本—数据”的逻辑转换过程，即进入智能链接阶段。在该阶段，法律语言符号为人工智能的识别提供了一个“框架”，在这个“框架”内，人工智能完成了刑事司法的想象及推理过程。法律语言作为一种由国家强制力推动的符号系统，在阐释及适用的过程中，法律语言本身不是“适用法律”的最终目的，而是法律模块“嵌入”公众思维的运行结果而已，即国家通过建构法律符号系统再赋予其法律结构表征性，而后赋予其强制力以推动国家机器得以流畅运转并赋予其意义的过程。从这个角度来看，人工智能介入刑事错案防范的逻辑过程就是人工智能与法律裁判语言在“同一个框架结构”内运作的结果，在这个“框架”内法律文本为人工智能提供语言符号上的指引，要求人工智能遵循人类的法律逻辑、法律图谱、法律习惯等结构框架去运行，让人工智能像人类一样去对法律进行思索。

3. 标准化司法产品输出阶段。在该阶段，人工智能在基于由语法、结构、逻辑等构成的语言结构与刑事司法过程的逻辑性契合之基础上，进入抽象化基础上的具

---

① 以人民法院为例，我国法院的信息化建设经历了以“数字化”为核心的1.0版、以“网络化”为核心的2.0版，并在2015年进入以“智能化”为核心的3.0版。智能技术在法院信息化2.0版末期就有所应用，大规模应用则是进入3.0版时期。具体参见周佑勇：《智能技术驱动下的诉讼服务问题及其应对之策》，载《东方法学》，https://doi.org/10.19404/j.cnki.dffx.20190808.003。

② 吴怡：《智能办案防冤假错案》，载《云南法制报》2018年1月5日第1版。

③ 倪寿明：《充分挖掘司法大数据的超凡价值》，载《人民司法》2017年第19期。

体决策和判断阶段。具体而言，人工智能技术一方面以抽象的语言框架为基础，另一方面需要从一个个具体的案件要素中进行知识积累，也即人工智能所追求的具体化决策是刑事司法过程的高度标准化、类型化后的具体化。[①] 申言之，就是人工智能技术依据大量原始数据、法律文本和刑事司法逻辑思维深入学习的结果，然后不断进行自我层级建构，将一个个案例解构成不同的层级要素，从而形成类型化的神经网络结构模型，最终实现规范化、标准化和体系化的刑事司法产品输出。

二、人工智能应用于防范刑事错案的现实境况

2017 年国务院发布的《新一代人工智能发展规划》[②] 提出建设国家战略层面的人工智能，“两高”也相继发文表示将加快人工智能在司法领域的建设，提出“智慧检务”与“智慧法院”建设的行动规划，公安部与司法部也相继提出“智慧警务”“智慧司法”等人工智能与司法改革的建设指南，全国各地也陆续推出了人工智能司法办案系统。目前，人工智能在刑事错案防范领域中的运用，主要有贯穿公检法三阶段的“一体式系统”(如贵州、上海的刑事办案辅助系统)，也有仅用于单个诉讼阶段的“独立式系统”(如浙江、江苏等地的智能办案系统)。[③] 无论是“一体式系统”还是“独立式系统”，均是为了确保办案机关取证程序以及证据审查、判断的统一与规范，以割裂非法取证行为与案件处理结果之间的关联。具体而言，当前人工智能技术在刑事错案防范领域中发挥的功能，主要从证据标准和规则指引、单一证据的校验与审查、证据链和全案证据审查判断三个功能模块进行分析。[④]

1. 证据标准和规则指引模块。通过该模块可以使办案人员按照统一的证据标准、证据规格以及取证程序来固定证据。[⑤] 具体来说，该模块主要包含两个方面的任务：一是完成证据标准上的指引。该模块基于全国不同刑事案件证据标准的大数据学习，自动生成不同刑事类案及不同刑事诉讼阶段的证据标准指引，以克服办案人员在取证认知上的局限性，为其提供统一适用的标准化办案指引。二是完成证据

---

① 高翔：《人工智能民事司法应用的法律知识图谱构建——以要件事实型民事裁判论为基础》，载《法制与社会发展》2018 年第 6 期。

② 该规划提出，要建设集审判、人员、数据应用、司法公开和动态监控于一体的智慧法庭数据平台，促进人工智能在证据收集、案例分析、法律文件阅读与分析中的应用，实现法院审判体系和审判能力智能化。具体参见国务院《关于印发新一代人工智能发展规划的通知》，http://www.gov.cn/zhengce/content/2017-07/20/content_5211996.htm，2019 年 7 月 5 日访问。

③ 陈宗睿：《智慧警务背景下的侦查信息化研究——以浙江“云上公安、智能防控”为视角》，载《北京警察学院学报》2017 年第 6 期；卢志坚、管莹、张旭：《江苏人工智能与检察办案深度“碰撞”》，载《江苏法制报》2018 年 3 月 2 日第 1 版。

④ 崔亚东：《司法科技梦：上海刑事案件智能辅助办案系统的实践与思考》，载《人民法治(法律实施)》2018 年第 18 期。

⑤ 汤瑜：《“人工智能办案”，防范错诉错判——上海首个刑事案件智能辅助办案系统成功运行》，载《民主与法制时报》2017 年 7 月 16 日第 5 版。

规则上的指引。该模块通过对全国大数据的深度学习，对不同类案的证据收集程序、内容要件及审查判断要点进行详细列明，为办案人员的证据收集、保存及运用均提供操作规则上的指引，以防止其办案时因取证规则上的疏忽或遗漏，导致证据收集偏离正确的方向。

2. 单一证据的校检与审查模块。在触目惊心的刑事错案中，几乎每一起错案的发生都与刑讯逼供及非法证据排除难问题息息相关。[①] 为此，智能技术应用于刑事错案防范的另一个重要方面就是借助该模块实现证据的审查与校验功能，即利用智能技术有效地对证据的合法性、真实性、关联性及取证程序的合规性一并进行审查。具体而言，该模块通过对全国司法案例库、裁判文书库、法律法规、司法解释以及办案业务文件库进行数据比对，再通过信息挖掘，然后对具体刑事个案卷宗中的证据合法性及采集的程序进行比对审查，及时提示进入平台案件中存在的证据标准不合法、办案程序不规范等问题，[②] 将非法证据、不可靠证据、瑕疵证据进行类型化处理，然后将智能审查结果一键推送给证据审查部门，实现对刑事证据采集全过程的智能动态审查，以及时排除非法的证据，并倒逼侦查机关自我规范取证行为，有效确保办案质量，杜绝刑事错案的发生。

3. 证据链和全案证据审查判断模块。根据刑事诉讼法第 55 条的相关规定，证据确实、充分应当符合定罪量刑的事实都有证据证明、据以定案的证据均经法定程序查证属实且“排除合理怀疑”。该模块通过对证据链的把关、校验及对全案证据的审查判断，确保每一起案件的证据都经得起法律的检验。首先，该模块通过对具体个案的证据深入分析，对证据链之间的关系及其与待证事实之间的关联进行深度剖析，为办案机关对全案证据的判断提供了数据信息上的支持。其次，该模块也对具体个案中证据材料的证据能力、证明力进行“分层比对”分析，形成对每一项证据能力、证明力的多维度分析专项报告，以帮助办案人员分析案件中的证据是否达到排除合理怀疑的标准。最后，该模块将证据的事后审查转为事前的指引与事中的动态指导，使刑事诉讼全程留痕与全程监督，减少刑事司法上的任意性，使犯罪嫌疑人、被告人的人权得到了保障。[③]

综上，人工智能技术应用于刑事错案防范领域最大的优势就是运用大数据技术为办案人员提供高效便捷与统一适用的证据裁判标准。通过刑事错案防范智能化平台，运用结构化的数据对不同刑事类案的证据标准进行归纳与总结，然后根据具体的刑事个案匹配结构化的类案证据指引标准，可以帮助办案人员快速厘清思路，罗列出办案过程中的瑕疵，找出办案过程中的关键点，并且全程留痕，大大提高了办案效率、提升了司法的公平正义、落实了司法责任制。因此，从某种程度上看，人

① 陈敏：《证据裁判视角下刑事冤案的生成与防治》，载《法学家》2017 年第 6 期。

② 吴怡：《全省智慧法院建设基本格局形成智能办案防冤假错案》，载《云南法制报》2018 年 1 月 5 日第 1 版。

③ 崔亚东：《司法科技梦：上海刑事案件智能辅助办案系统的实践与思考》，载《人民法治（法律实施）》2018 年第 18 期。

工智能技术与刑事错案防范的有效融合将给刑事司法制度带来革命性的变化。①

三、防范刑事错案智能化功能的审视

防范刑事错案的智能化是当代科技发展在刑事司法领域中应用的必然产物，且已经展现出令人期待的发展前景。但是，我们仍应当理性看待人工智能在防范刑事错案领域中的技术优势与潜在的司法风险。

（一）防范刑事错案智能化探索的积极效应

目前，司法机关对防范刑事错案领域智能化的探索，不仅昭示着司法机关从源头上防范刑事错案的决心，同时还体现出司法体制改革的进一步推进。一方面，人工智能助力证据裁判规则的落实，筑牢防范刑事错案的程序防线。证据裁判规则强调有证据才有事实，无证据则无事实。② 通过整理分析发现大多数刑事错案的产生皆存在有罪推定、口供中心主义、先供后证及忽视犯罪嫌疑人无罪的证据等问题，其背后的根源是办案机关在办理案件时遵循“有罪推定、填充有罪证据与形成证据链条”的错误逻辑。③ 而依赖于大数据的人工智能通过规范的证据标准指引、单一的证据审查及证据链的综合审查判断等具体功能，将统一的证据标准嵌入公检法的办案系统之中，联通了刑事诉讼过程中各机关的办案平台，倒逼各公检法机关在各个诉讼环节严格贯彻证据裁判规则，确保每一起刑事案件的证据都经得起法律的检验。④ 另一方面，人工智能助力疑罪从无原则的贯彻，通过规范运用“排除合理怀疑”，预防刑事错案的发生。疑罪从无原则源于“有利于被告人”原则，该原则要求控诉方在无法“排除合理怀疑”的情况下，必须严格实行“宁可错放，也不可错判”的审判理念。然而，就媒体披露的刑事错案而言，裁判人员在作出有罪裁判时远未达到证据确实充分、排除合理怀疑的程度。而刑事办案智能辅助系统以贴标签的方式自动抓取证据核心要素，并根据相应规则进行比对，完成对单个证据的评价、对证据链及全案证据的综合审查判断，及时发现证据之间的矛盾，同步给裁判人员推送案情中的证据分析过程与结果，并在全国范围内的数据库中匹配相似案例，为办案人员提供证据判断上的参考。⑤

---

① 严剑漪：《揭秘“206 工程”：法院未来的人工智能图景》，载《上海人大》2017 年第 8 期。

② 封安波：《人工智能图的证据裁判主义审视》，载《法律科学》2017 年第 4 期。

③ 谢澎：《认真对待证据裁判——以张辉、张高平案为样本的分析》，载《东方法学》2013 年第 3 期。

④ 叶青：《人工智能、司法实践深度融合前景广阔》，载《解放日报》2017 年 7 月 10 日第 5 版。

⑤ 潘庸鲁：《人工智能介入司法领域的价值与定位》，载《探索与争鸣》2017 年第 10 期。

（二）人工智能嵌入防范刑事错案领域的风险

人工智能与证据裁判规则的交互融合为防范刑事错案带来了一定的积极效应，但也应理性看待“技术异化”给司法领域带来的潜在风险。正如德国学者乌尔里希·贝克所言：“任何科技技术的应用在给人们带来便利之时，也会带来风险与挑战。”①

首先，智能算法运行效率低下，难以真正解决证据标准统一共享问题。人工智能的核心是依赖以数据为基础的算法进行的深度学习。从司法实践来看，目前人工智能应用于刑事错案防范的主流算法是“知识图谱+深度学习”，所谓知识图谱就是显示知识发展进程与知识结构关系的一系列知识集合体，人工智能将用可视化的图谱形象地把复杂的专业知识通过信息处理与知识计量呈现出来。② 其运作原理是基于证据的八种法定种类规格标准及收集程序等，构建数据类案证据模型，再将该证据模型嵌入计算机系统中，实现公检法三机关互联互通的统一证据办案标准。③ 然而，当前刑事办案系统还只是处于简单的对类案证据种类与形式的统一阶段，缺乏将证据要件事实推论链条与人工智能的深度融合。以酒驾类案件为例，尽管此类案件案由较为简单，数量庞大，但是这类案件的犯罪构成要件证据类型仍然纷繁复杂，将其转化为计算机可识别的知识图谱颗粒化程度要求较高，需要考虑的实际因素也相当之多，如果忽略这一点，以颗粒化程度较低的知识图谱进行证据方面的裁判与预测可能无法获得预期的效果。因此，现有的智能辅助系统对案件的具象化证据标准之内涵与理论掌握不多，离真正意义上的“统一证据标准”还存在很大的距离。④

其次，智能算法运行数据偏差，致使证据裁判结果存在“失正”问题。智能技术介入刑事证据裁判的过程能否有效实现错案防范的效果，取决于采用“何种”算法以及由谁来编制和执行该算法。尤瓦尔·赫拉利在其著作《未来简史》中描述了未来之法的状况：我们的法律成为数字符号与规则的代码，人工智能将获得统治地位。⑤ 不可否认，“人工智能证据裁判”较之于“人类智能证据裁判”来说更为精细化、迅速化和规范化，能最大限度弥补证据收集、审查及判断证据裁判过程中的漏洞，以保证证据裁判的客观性和全面性。正因为如此，在未来可预知的时刻司法人员会将大量的证据裁判工作交给人工智能执行。然而，人工智能算法决策的准确性依赖于原材料数据的“真实性”及算法程序设计的“精准性”，如果数据本身存

---

① ［德］乌尔里希·贝克：《风险社会学》，何博闻译，译林出版社 2004 年版，第 39 页。

② 秦长江、侯汉倩：《知识图谱——信息管理与知识管理的新领域》，载《大学图书馆学报》2009 年第 1 期。

③ 严剑漪：《揭秘“206”：法院未来的人工智能图景——上海刑事案件智能辅助办案系统 164 天研发实录》，载《人民法治》2018 年第 2 期。

④ 熊晓彪：《刑事证据标准与证明标准之异同》，载《法学研究》2019 年第 4 期。

⑤ ［以］尤瓦尔·赫拉利：《未来简史》，林俊宏译，中信出版社 2017 年版，第 281-285 页。

在错误与偏差，则会进一步引发裁判结果的不平等。数据来源于社会的运作方式与生活状态，大数据就是社会的一种镜像。[①] 如果社会对某个族群或地域存在歧视或偏见，基于此收集的数据必然也存在偏差，算法进一步将该偏差传导至运算过程中，由此所产生的“错误决策”将会加大证据裁判过程“失正”的风险。

最后，智能算法论证程序隐秘，致使证据裁判结果存在“失真”问题。人工智能介入刑事司法过程虽带来了证据裁判效能的提升，规范了证据采集、审查与判断的流程，从证据统一到证据决策，这些智能“决策”为办案人员提供了全面的技术支持。但是人工智能的“决策”需要强大的“引擎”—“算法”作为支撑。人工智能算法通过卷积神经网络和递归神经网络进行深度学习，在可实现算力范围内完成相关计算任务。[②] 然而，人工智能的深度算法论证程序目前仍处于一种“云山雾罩”的状态，智能科技公司很难将智能算法的论证逻辑、程序代码充分转化成法律语言直接向诉讼当事人公开。此外，因涉及商业机密或国家机密的保护问题，智能科技公司也不愿意对外公开与解释智能算法的论证程序。[③] 这就造成了司法机关及诉讼参与人只能看到智能算法的论证结果，却无从知晓智能算法的论证程序，导致智能算法的论证程序难以得到有效监管，倘若智能算法程序出现偏误或产生歧视现象，人工几乎无法识别与判断。[④] 据此，人工智能介入刑事司法证据裁判的过程就是一个“黑箱”，司法人员与诉讼参与人只能获取智能算法的论证结果，却无法了解整个算法过程。然而，刑事司法证据裁判的过程不仅仅是单纯给出结论的过程，更需要通过一系列的援引材料、法源及与之匹配的司法论证过程，否则难以“服众”。因此，办案人员倘若过于偏重运用人工智能生成证据裁判结果，以此实现错案防范的目的，将形成软件工程师、数据运营商及司法机关共持司法的局面，造成证据裁判结果的“失真”。

四、防范刑事错案智能化决策模型的制度规范

“这是最好的时代，也是最坏的时代。”[⑤] 如前所言，人工智能一边给我们带来美好的未来，一边也给我们社会带来巨大的风险隐患。[⑥] 但这并不意味着让人们去放弃人工智能的使用和发展，而是需要用理性的眼光去看待科学技术的利与弊，规范人工智能在刑事司法领域的应用。

---

① 崔靖梓：《算法歧视挑战下平等权保护的危机与应对》，载《法律科学》2019 年第 3 期。

② 王蕴韬：《人工智能算法梳理及解析》，载《信息通讯技术》2018 年第 2 期。

③ 崔靖梓：《算法歧视挑战下平等权保护的危机与应对》，载《法律科学》2019 年第 3 期。

④ 仇筠茜、陈昌凤：《基于人工智能与算法新闻透明度的“黑箱”打开方式选择》，载《郑州大学学报》（哲学社会科学版）2018 年第 5 期。

⑤ 转引自吴汉东：《人工智能时代的制度安排与法律规制》，载《法律科学》2017 年第 5 期。

⑥ 潘庸鲁：《人工智能介入司法领域路径分析》，载《东方法学》2018 年第 3 期。

（一）防范刑事错案智能化决策模型的实体规范

人们在赋予人工智能的功能预设时，就应该考虑到其融合刑事司法体制改革的前提条件，只有理性对待人工智能融合刑事司法的功能预期和前提条件，让其在遵循预定的原则之上发挥“科技红利”效应，才能更好地发挥其防范错案的功能。目前，对于防范刑事错案智能化决策模型而言，其定位是：为公检法相互配合、相互制约提供技术支持，为线下办案活动规范化提供助推器，为司法人员依法独立判断提供好助手。意即防范刑事错案智能化决策模型不会替代线下刑事诉讼活动和司法人员的独立判断。

1. 明确防范刑事错案智能化决策模型的辅助功能。前文已述，司法人员过于偏重运用人工智能自动生成刑事证据裁判的结果，以达到错案防范的效果，会在一定程度上挤占司法裁量的空间，有违司法权之本质。因此，将人工智能应用于刑事证据裁判的过程中，应明确人工智能在证据裁判中的辅助功能，合理限定人工智能的应用空间。之所以如此要求，是因为人工智能与人类智能仍有相当大的差距。具言之：一是智能技术不具备人类的自由裁量思维，智能技术介入刑事证据裁判过程中的目的就是使司法机关能依照全面及统一的证据标准去收集、审查及判断证据。[①]正因为人工智能强调证据裁判标准的统一性，而忽视了证据裁判所需的经验法则、自由心证、内心确信、辩论全旨等思辨性要素，因此，证据裁判完全依靠智能技术势必会走入另一个极端，即进入法定证据制度的误区而无法实现实质意义上的司法公正。二是智能技术不具备人类决策思维所需的经验知识要素。对证据的收集、审查及判断过程，人类的日常经验性知识参与和应用是必不可少的环节，智能技术本质上是计算机程序，因此其不可能天生具备人类的经验知识，即使将人类的经验全部输入计算机，智能技术也不可能具备人类的全部经验数据和知识，而且人类知识经验也不可能都能转化为信息数据，并且从人类经验中提取信息数据也面临技术上的难题，因此需要应用人类经验知识的证据裁判思维是智能技术难以胜任的。三是智能技术难以模拟人类的非逻辑思维。在刑事证据裁判过程中，办案人员除了应用系统的逻辑思维之外，还需要引入自由心证原则，因为证据裁判规律具有不确定性及零散性，尤其是那些需要引入经验、灵感、顿悟、假设及创造性等非逻辑性思维进行证据判断的案件中，智能技术只能发挥部分辅助作用，其他证据判断、校验、对案件事实的认定及对证据形成内心确信必须由办案人员自己完成。[②]

2. 限定防范刑事错案智能化决策模型的应用范围。人工智能不可能完成所有刑事案件的证据裁判工作，一般而言，人工智能只能根据以往的案例库、法律文本等进行大数据分析，然后将具有普适性的证据裁判规则及标准嵌入计算机程序之中，

---

① 程凡卿：《我国司法人工智能建设的问题与应对》，载《东方法学》2018 年第 3 期。

② 赵艳红：《人工智能在刑事证明标准判断中的应用问题探讨》，载《上海交通大学学报》（哲学社会科学版）2018 年第 1 期。

并引导办案人员依法统一及全面地收集、审查及判断证据，这既不会导致证据的疏漏，也防止了人为恣意的证据采集和判断。相对而言，对交通肇事等常见多发轻罪类案件，可以用数据模型使刑事证据裁判过程标准化，从而简化司法裁决过程。然而，对贪污受贿罪、故意杀人罪等复杂重罪类案件，这类案件的背景因素、案发情况以及犯罪行为模式都千差万别，证据裁判标准的过分强调可能会导致案件特殊性与复杂性被忽略，引发司法不公平与不正义。因此，对于此类案件证据的收集、审查及判断等工作需要办案人员的人类思维进行把关。此外，对于犯罪嫌疑人翻供的案件，对犯罪嫌疑人口供的判断和采纳，都需要其他证据链条来相互进行印证，这时也必须由办案人员进行“人工”过滤、筛选及重新组合证据进行逻辑判断，而这些工作人工智能无法做到。

（二）防范刑事错案智能化决策模型的程序规范

智能算法介入刑事错案防范领域可以在一定程度上防止司法人员的恣意性，增加刑事证据判断的统一性而减少偏见。然而，智能算法的不透明性使得诉讼当事人难以理解证据裁判的规则，从而在办案人员与诉讼当事人之间形成了“数字鸿沟”。因此，设立决策模型的论证程序是完善防范刑事错案智能化决策模型的最佳路径选择。

1. 启动方式。知情权与抗辩权是公民对抗司法权运行的基本权利，也是保障程序正义的当然之义。如前所述，目前人工智能介入刑事司法的过程主要依靠系统的算法作出决策结果，而算法过程的本身存在不公开、不透明的弊端，极易导致强势一方的“数字权威”，使得算法决策演变为数字时代的精英统治。因此，赋予诉讼当事人启动“算法解释”的论证程序，有利于让受算法决策影响的诉讼当事人在知情的情形下主张自己的权利，从而维护司法公平与公正。其基本设想是：犯罪嫌疑人及其辩护律师、被害人等诉讼当事人如果对智能化决策的结果存疑时，有权申请启动智能化决策模型的论证程序，但最终是否进行论证程序仍由司法机关根据具体案件情况决定。如果司法机关决定不启动论证程序，应将不启动论证程序的决定书与理由一并告知申请者。

2. 算法解释路径。即便采取最先进的计算机程序代码也有可能在某些情况下失灵，或者与某些具体的刑事个案不匹配。因此，应当确立智能算法的解释权规则，赋予诉讼当事人的算法解释请求权，以化解刑事诉讼过程中双方力量不对等的状态，限制算法解释路径，以实现司法的公平、自由与正义。因此，在刑事诉讼过程中，使用人工智能系统辅助证据裁判时应明确告知犯罪嫌疑人、被告人及其辩护人，让他们充分了解智能系统辅助证据裁判的相关事宜，并有权提出相应抗辩。同时，司法机关在使用防范刑事错案智能化决策模型时还必须载明该系统的实际开发商，如果诉讼当事人对智能决策结果存疑，司法机关有义务与智能系统开发商一起对智能辅助系统的工作原理、算法模型与系统逻辑提供解释与证明，以保证智能系统的科学运用，维护诉讼当事人的合法权利。[①]

3. 算法评估与验证。为保证防范刑事错案智能化决策模型的科学性与有效性，有必要对算法进行评估与验证。一方面，关于算法的评估方面。有必要设立算法评估委员会，可由计算机专家、法学家、司法实务人员与社会公众等人员组成，以确保算法评估规则的透明性与合理性；评估的内容主要包含大数据的来源、算法的模型架构、各种数据被赋予的权重及标准等，通过对上述评估内容的反复论证与检验，可确保算法决策尽量不受无意识偏见的影响。[②] 另一方面，关于算法的验证方面。目前对智能化决策模型验证的路径主要分为静态验证与动态验证两种方式，静态验证是指通过回顾算法模型，查询算法程序中的不足或漏洞，而动态验证是指通过抽样测试，以验证算法程序的运作状况，并根据验证结果公布算法风险报告，确保诉讼当事人与公众了解算法可能产生的负面影响，实现算法的透明化。[③]

4. 救济程序。救济权是诉讼当事人的重要权利。人工智能辅助刑事证据裁判的结果势必影响到犯罪嫌疑人、被告人的定罪与量刑结果，赋予犯罪嫌疑人、被告人全面可行的救济权利才是实现智能化决策模型实质价值的理性路径。具体设想是：如果犯罪嫌疑人或辩护律师对司法机关作出不启动论证程序的决定不服，可以通过申诉权来实现救济权。之所以定义为申诉权而不是上诉权，是因为智能化决策模型论证程序是一种程序性裁判活动，因此我们可以将其审查决定看作一种司法裁定，通过申诉权来对裁定予以救济。申诉权的行使有可能引起智能化决策模型的重新启动，基于再次审查决定权与审查权相分离的原则，犯罪嫌疑人、被告人或辩护律师应该向作出决定的上一级司法机关提出，上一级司法机关接到申诉后应该在 10 个工作日内予以答复。

总之，在以人工智能为标志的新一轮司法改革中，人工智能与刑事司法程序将实现深度融合，不仅可以有效地介入刑事证据裁判过程以达到防范刑事错案的效果，而且也可为审判中心主义的诉讼制度提供技术上的支持。在目前条件下，我国仍处于弱人工智能时代，人工智能融合刑事司法程序也只能从技术层面对证据的收集、审查及判断提供参考性建议，其并不能完全取代人工办案。但不可否认的是，人工智能与证据收集、审查及判断等司法裁判过程的深度融合将为我国在新一轮科技革命视野下的刑事错案防范中形成制度优势，从而开拓我国刑事法的崭新发展阶段。相信随着人工智能的不断发展，强人工智能时代乃至超强人工智能时代的到来，人工智能融合刑事司法程序的功能将日益增强，我们应积极面对并大胆尝试司法体制改革的这一趋势，并充分利用人工智能的便利来有效发展和完善我国的法治建设。

---

① 朱体正：《人工智能辅助刑事裁判的不确定性风险及其防范——美国威斯康星州诉卢米斯案的启示》，载《浙江社会科学》2018 年第 6 期。

② 马靖云：《智慧司法的难题及其破解》，载《华东政法大学学报》2019 年第 4 期。

③ 林洹民：《自动决策算法的法律规制：以数据活动顾问为核心的二元监管路径》，载《法律科学》2019 年第 3 期。

论人工智能时代刑事风险的刑法应对*

王志祥**　张圆国***

人工智能是研究、开发用于模拟、延伸和扩展人类的智能的理论、方法、技术及应用系统的一门新的技术科学，该领域的研究包括机器人、图像识别、语音识别、专家系统等。人工智能目前已经能够实现自动驾驶航空器、自动驾驶汽车、完成高考试卷。① 2017 年 7 月 20 日，国务院《关于印发新一代人工智能发展规划的通知》提出将人工智能发展放在国家战略层面进行系统布局。由此看见，人工智能这一人类的伟大发明对于社会发展具有重要的战略作用。然而，正如有关学者所指出的，人工智能既是人类社会的伟大发明，同时也会给法律秩序带来巨大的风险。② 而人工智能所带来的巨大刑事风险也的确不容忽视。1978 年日本广岛的摩托车制造厂机器人转身将其背后的工人抓住并切割；1989 年苏联国际象棋冠军尼古拉·古德科夫在与人工智能机器人对战时连胜三局，被“恼羞成怒”的对手自主释放强电流电死；2015 年德国大众汽车工厂内发生机器人杀人事件。近年来，人工智能技术日新月异，发展很快，人工智能也被人类赋予了更多的独立自主能力，而智能机器人依据这种日渐强大的独立自主能力实施的危害社会的行为也将越来越不可预测，由此给社会带来的刑事风险也会进一步加大。人工智能会给人类社会带来哪些刑事风险？智能机器人是否应当对自己实施的行为承担刑事责任并接受刑事处罚？刑法应当按照怎样的路径对人工智能犯罪进行规制以适应人工智能的快速发展？这些问题都亟待刑法学界作出回应。凡事预则立，不预则废。只有对人工智能领域的刑法问题进行具有前瞻性的分析并探索出合乎法理、行之有效的解决途径，才能在不久的将来游刃有余地处理人工智能领域可能出现的问题。在本文中，笔者在对人工智能时代的刑事风险和犯罪主体问题进行探析的基础上对人工智能时代刑法的完善途径提出建议，以求对人工智能领域刑法问题的解决有所裨益。

---

* 本文系国家社科基金重大项目“我国刑法修正的理论模型与制度实践研究”（16ZDA061）的阶段性研究成果。

** 王志祥，北京师范大学刑事法律科学研究院外国刑法与比较刑法研究所所长，教授，博士生导师。

*** 张圆国，北京师范大学刑事法律科学研究院刑法学专业博士研究生。

① 张保生：《人工智能法律系统的法理学思考》，载《法学评论》2001 年第 5 期。

② 吴汉东：《人工智能时代的制度安排与法律规制》，载《法律科学》2017 年第 5 期。

一、人工智能时代的刑事风险

由于人工智能实质上是以机器做需要人的智能来做的事情，机器根据程序的设定自主进行分析判断并采取行动。所以，机器实施的犯罪行为显然不同于传统的由自然人实施的犯罪行为，因此其带来的刑事风险与后者也不可同日而语。人工智能时代的刑事风险具有以下两方面的显著特征：一方面，具有更大的社会危害性；另一方面，具有更显著的时代特征。

（一）具有更大的社会危害性

科技的发展在给人类社会带来便利的同时也给人类社会带来了更大的风险。每次科技的进步都伴随着人类社会生产力的极大解放，同时也使得犯罪的工具更加先进。伴随着两次工业革命的进行，人类发明了汽车、飞机等新型交通工具，同时也使犯罪的工具得到了扩展，给人类社会带来了更大的风险。犯罪分子能够利用这些新型交通工具给社会带来更大的危害，他们可以利用汽车等新型交通工具作为故意杀人和危害公共安全的工具，这比利用马车等传统交通工具给社会带来的危害更大。而随着民航飞机的出现，犯罪分子为实现其犯罪意图而劫持飞机作为犯罪工具的行为给社会带来的危害之大，使利用其他传统交通工具作为犯罪工具的犯罪行为黯然失色。伴随着新时代网络科技的发展，以网络作为犯罪工具给社会带来严重危害的犯罪行为更是层出不穷。这些新兴科技在给人类社会带来便利的同时，犯罪分子以其为工具所实施的犯罪给人类社会所带来的社会危害性也呈现出不断强化的趋势。而人工智能技术是现代社会技术进步的突出代表，犯罪分子以人工智能技术为工具所实施的犯罪往往比以传统技术为工具所实施的犯罪具有更大的社会危害性，这主要体现在人工智能时代的刑事犯罪给社会带来的危害更广更深。从广度上来讲，现今人工智能技术被广泛应用于工业生产、医疗救治、智能驾驶、应急事件处置等众多领域，而且在这些领域起到至关重要的作用。可以预见在不久的将来，人工智能技术还将应用于农业、金融、商务、军事等重要领域。人工智能技术的应用范围非常广阔，且有逐步扩大的趋势，这在给人们带来更多便利的同时，也给以人工智能为犯罪工具的犯罪行为提供了更为广阔的施展空间，犯罪分子很可能利用人工智能技术在更广的范围内实施犯罪行为。从深度上来讲，人工智能技术被应用在医疗救治、金融、军事等重要领域。犯罪分子在这些重点领域利用人工智能技术所实施的犯罪行为会给人类社会带来难以估量的危害，造成更加深重、难以估量的损失。由此可见，人工智能技术会使犯罪行为的影响更广更深，使刑事犯罪具有更大的社会危害性。

（二）具有更显著的时代特征

人工智能时代的刑事风险具有更为显著的时代特征。这一方面体现在随着人工智能技术的进一步发展，其表现形式也会有所变化，逐步呈现出以弱人工智能向强人工智能的转化，刑事犯罪的主要表现形式也会随之变化；另一方面体现在随着人工智能技术的发展，人工智能时代的刑事犯罪可能会产生新的形式。为了更好地打击这些新形式的犯罪行为，刑法需要创设新的犯罪类型。

依据美国加利福尼亚大学约翰·塞尔教授的观点，可以把人工智能分为弱人工智能和强人工智能。弱人工智能是指计算机在心灵研究中的主要价值，只为我们提供一个强有力的工具。强人工智能是指计算机不仅是我们研究心灵的工具，而且按照正常程序运行的计算机确实可被认为具有理解和其他认知状态，恰当编程的计算机其实就是一个心灵。在强人工智能中，由于编程的计算机具有认知状态，这些程序不仅是我们用来检验心理解释的工具，而且其本身就是一种解释。[①] 由此可见，弱人工智能并不具有自己的独立意志，只是在编程的范围内实施相关的行为，是人类为实现自己的目的而制造的工具；而强人工智能则拥有自己独立的意志，具有认识能力和控制能力，能够在编程的范围外实施行为。毋庸置疑，弱人工智能是当前人工智能技术的主要表现形式，利用弱人工智能实施故意犯罪或者涉及弱人工智能的过失犯罪也是当前人工智能犯罪的主流形态。然而，随着人工智能技术的不断发展，其由弱人工智能向强人工智能转变的技术也会在不久的将来变为可能。

在将来制造强人工智能机器人具有技术可行性的条件下，人类是否应当制造强人工智能机器人，这在刑法学界引发了热烈讨论。大多数学者认为我们应当鼓励强人工智能技术的发展，允许制造强人工智能机器人，并指出人工智能技术是当下我们重点发展的技术，所以刑法对涉人工智能技术犯罪的规制应保持适当的限度，不能阻滞甚至扼杀人工智能技术的创新和发展。[②] 但是也有学者对此表示质疑，认为当强人工智能机器人的利益与人类利益发生冲突时，未来远比人类智慧强大的、具有自主意识的强人工智能机器人必然会全面碾压人类的反抗，使人类处于被奴役甚至灭绝的境地。[③] 笔者认为，鉴于人工智能技术已经给人类社会在生产生活、文化教育、医疗活动等方面带来的有益成果，将来随着强人工智能技术的发展有可能给人类社会带来更多方面的便利，强人工智能机器人的研发成为时代趋势，我们应当顺应这种趋势，使强人工智能机器人更好地为人类服务。但是，正如相关学者所指出的，安全是人工智能时代的核心法价值，安全价值是对整个社会秩序稳定的维护。[④] 我们必须对强人工智能机器人的出现给人类社会安全所带来的巨大风险加以警惕，并采取行之有效的方法对强人工智能所带来的风险进行防范和控制，从而把强人工智能的社会风险降到最低。笔者认为，综合考虑强人工智能可能给人类社会带来的风险，发展强人工智能技术必须符合以下三个前提条件：第一，为了维护整个社会的安全，强人工智能机器人的应用范围必须受到严格限制。我们不能将强人

---

① ［英］玛格丽特·A. 博登：《人工智能哲学》，刘西瑞、王汉琦译，上海译文出版社 2001 年版，第 92 页。

② 刘宪权主编：《人工智能：刑法的时代挑战》，上海人民出版社 2018 年版，第 108 页。

③ 皮勇：《人工智能刑事法治的基本问题》，载《比较法研究》2018 年第 5 期。

④ 吴汉东：《人工智能时代的制度安排与法律规制》，载《法律科学》2017 年第 5 期。

工智能机器人应用于武器系统管理、人类基因图谱等关乎人类安全的重要领域，否则必将给整个社会的安全带来更大的风险和挑战。第二，强人工智能机器人必须受到有效控制，关于怎样对强人工智能机器人进行有效控制，笔者将在下文强人工智能机器人犯罪的刑法应对措施部分进行详细讨论。第三，应当建立一系列针对强人工智能机器人的民事和行政方面的法律法规，使强人工智能技术的应用在法的框架下运行。

随着强人工智能技术的发展，拥有强人工智能的机器人依据自己产生的独立意志实施的犯罪也极有可能随着人工智能技术的不断发展而得以出现。强人工智能机器人不具有自然人所具有的生命权、身体权，却具有自然人的独立意志。假如其实施犯罪行为，应当由其自身承担刑事责任还是由其背后的研发者、使用者承担责任？可以说，如何确定强人工智能机器人实施犯罪的刑事责任的归属成为现今刑法学领域亟待解决的重要问题。

科学技术的发展会使犯罪呈现出新形式，而为了惩治这些新形式的犯罪，刑法往往会针对这些犯罪的特点规定新的犯罪类型。比如，机动车的出现导致大量交通事故的出现。为了更好地预防刑事风险、惩治犯罪，刑法设立了交通肇事罪、危险驾驶罪等犯罪类型。飞机的出现给犯罪分子提供了新的犯罪工具。为此，刑法规定了劫持航空器罪等犯罪类型。信息网络技术的发展为一些别有用心的人提供了实施危害社会行为的“温床”。为了更好地规制这些行为，刑法规定了非法侵入计算机信息系统罪、破坏计算机信息系统罪等犯罪类型。同样，随着人工智能技术的不断发展，利用人工智能实施犯罪的情况也会大量出现，其中涉及许多新形式的犯罪行为，如窃取人工智能技术所产生的数据库里的数据并进行传播的性质恶劣的行为，攻击人工智能技术系统从而使自己的违法犯罪行为逃脱应有处罚的行为等。这些利用人工智能技术而实施的新形式的危害行为具有很强的社会危害性，而现有的刑事法律并不能有效地惩治此类行为，这在客观上要求刑法有针对性地增设犯罪类型，以更好地惩罚这些利用人工智能技术实施的新形式的犯罪行为。

二、人工智能时代犯罪主体的范围问题

人工智能时代的到来给人类社会带来了巨大风险，我们应当怎样从刑法的角度出发应对这些风险？要很好地回答这个问题，就必须对人工智能犯罪主体的范围进行讨论。假如人工智能机器人能够作为犯罪主体并为其所造成的侵害后果承担刑事责任，这个问题显然能够迎刃而解。但是，无论从刑法理论还是从实践出发，人工智能机器人都不能成为犯罪主体。让其作为犯罪主体为其所造成的侵害后果承担刑事责任不具有可行性。

我国传统刑法理论认为，犯罪主体是指实施危害社会的行为并依法应负刑事责任的自然人和单位。① 自然人犯罪主体应当具备两个方面的条件：第一，犯罪主体

① 高铭暄、马克昌主编：《刑法学》（第5版），北京大学出版社2011年版，第82页。

必须具有自然人人格；第二，犯罪主体必须具备刑事责任能力。单位犯罪的主体应当具备两个方面的条件：第一，单位犯罪的主体包括公司、企业、事业单位、机关、团体；第二，只有法律明文规定单位可以成为犯罪主体的犯罪，才存在单位犯罪及单位承担刑事责任的问题。[①] 依据我国传统的刑法理论，人工智能机器人显然不能成为犯罪主体。既然人工智能机器人并非我国刑法明文规定的犯罪主体，目前将其作为犯罪主体进行处罚就明显违反了罪刑法定原则。

而就人工智能时代犯罪主体的范围应否扩展至智能机器人的问题而言，有观点认为，随着人工智能技术的不断发展，智能机器人的能力也越来越强，智能机器人脑可以像人脑一样进化，产生自主意识和意志，并通过深度学习机制与嵌入成长经历，达到甚至超越人类的思维水平，有可能以“人工人”的方式成为人类社会中新的一员。智能机器人在设计和编制程序范围内实施行为时不承担刑事责任；在设计和编制程序外实施行为时，智能机器人需要承担刑事责任。[②] 有的观点主张，智能机器人一旦拥有属于自己的独立的辨认能力和控制能力，即拥有了刑事责任能力。在这种情况下，如果智能机器人实施了严重危害社会的犯罪行为，完全可以成为独立的刑事责任主体。[③] 笔者认为，上述赋予智能机器人犯罪主体地位的观点是值得商榷的。弱人工智能机器人不能成为犯罪主体，不承担刑事责任；强人工智能机器人虽然拥有独立的意志以及辨认能力、控制能力，但同样也不能成为犯罪主体，不承担刑事责任。

（一）弱人工智能机器人不能成为犯罪主体，不承担刑事责任

如前所述，弱人工智能机器人并不具有自己的独立意志，只是在编程的范围内实施行为，是人类为实现自己的目的而制造的工具。其并不能成为犯罪主体并承担刑事责任。一方面，弱人工智能机器人只是犯罪分子实施犯罪时所使用的工具，并不具有自己独立的意识和意志。众所周知，犯罪分子为实现犯罪目的所采用的工具和手段五花八门。犯罪分子为实现剥夺他人生命权的犯罪目的，会使用刀具、枪械、交通工具、动物等作为犯罪工具。在犯罪行为实施过程中，刀具、枪械、交通工具、动物等没有独立意志，当然不可能成为犯罪主体。同样，自然人可以通过对弱人工智能机器人的编程系统进行特定设置或者修改从而以智能机器人为媒介达到自己不可告人的犯罪目的。在这种情况下，借助弱人工智能机器人实施的犯罪行为所造成的危害虽然有可能比使用一般犯罪工具实施犯罪行为所造成的危害更为恶劣，但是其并没有自己的独立意志，其本质是犯罪分子为实现犯罪目的而使用的工具，与上文所述的没有自己独立意志的刀具、枪械、交通工具、宠物等并无二致。在这种情

---

① 高铭暄、马克昌主编：《刑法学》（第5版），北京大学出版社2011年版，第82、101页。

② 刘宪权、胡荷佳：《论人工智能时代智能机器人的刑事责任能力》，载《法学》2018年第1期。

③ 刘宪权、朱彦：《人工智能时代对传统刑法理论的挑战》，载《上海政法学院学报》2018年第2期。

况下，智能机器人当然不能成为犯罪主体，也不能承担刑事责任。另一方面，弱人工智能机器人没有刑法意义上的辨认和控制自己行为的能力。只有具有刑法意义上的辨认能力和控制能力的人才具有刑事责任能力。刑事责任能力与辨认能力和控制能力之间也存在有机联系，辨认能力是刑事责任能力的基础，控制能力是刑事责任能力的关键。弱人工智能机器人受编程程序的控制，没有自己的独立意志，更谈不上具有自然人所拥有的刑法意义上的辨认能力和控制能力，其只能根据编程来实施编程人员希望其实施的行为，其辨认能力和控制能力受到自然人的操纵，是依附于自然人的辨认能力和控制能力的。只有操纵弱人工智能机器人实施犯罪的自然人才具有刑法意义上的控制能力和辨认能力，才是刑事责任的真正承担者。

由此可见，弱人工智能机器人不能成为犯罪主体。对于弱人工智能机器人所实施的故意犯罪行为，应由设定或改变弱人工智能机器人程序而控制弱人工智能机器人的自然人作为犯罪主体，承担相应的刑事责任。值得注意的是，弱人工智能机器人有可能因为研发者或使用者的失误而过失地实施犯罪，这里的过失包括研发者或使用者因为疏忽大意没有预见到弱人工智能机器人可能造成损害的疏忽大意的过失和研发者或使用者已经预见到弱人工智能机器人可能造成损害，但轻信这种情况能够避免而产生的过于自信的过失。在这种情况下，如果弱人工智能机器人实施了过失犯罪的行为并确实造成了危害结果，对于相关研发者或使用者应以相应的过失犯罪追究刑事责任。有观点认为，由于一定地域内社会历史发展阶段与水平的限制，人类所掌握的人工智能技术可能无法完全彻底消除人工智能的安全风险，亦即人工智能的安全系数与标准的提高还有赖于人工智能技术的进一步成熟。在此情况下，我们不应追究研发者和使用者的责任。对于最终导致的危害结果，可以按刑法中的意外事件处理。[①] 笔者对这种观点表示赞同。智能机器人作为人类社会发展到一定阶段的产物，其发展必然会带来一定的风险。研发者和使用者在当前认知条件下尽到了注意义务，且在现有条件下没有可能对人工智能的刑事风险进行认知，也就谈不上具有疏忽大意或者过于自信的过失，且如果对这种行为进行处罚，会阻碍人工智能技术的发展，不符合刑事政策的要求。因此，在这种情况下不应当追究人工智能机器人研发者和使用者的刑事责任。

（二）强人工智能机器人也不能成为犯罪主体，不承担刑事责任

如上所述，与弱人工智能机器人相比，强人工智能机器人拥有独立的意志，能够在编制的程序的范围外实施相应的行为。对于这种强人工智能机器人所实施的犯罪行为，可否以人工智能机器人为犯罪主体，并由人工智能机器人承担刑事责任，是一个亟待解决的问题。有观点认为，人工智能时代的到来使得我们不得不警惕人类设计和编制的程序无法完全控制住“头脑”越来越发达的智能机器人的行为，机器人完全可以按照自主意识和意志实施严重危害社会的犯罪行为。在这种情况下，

① 刘宪权：《人工智能时代的刑事风险与刑法应对》，载《法商研究》2018 年第 1 期。

智能机器人完全具有独立的辨认能力和控制能力，可以成为刑事责任主体并需要承担刑事责任。[①] 笔者认为，这种观点从根本上动摇和改变了传统刑法学关于犯罪主体的规定，其合理性有待商榷。

支持将强人工智能机器人作为犯罪主体的观点认为强人工智能机器人能够成为犯罪主体的理由如下：第一，在设计和编制的程序范围外实施行为时，智能机器人的行为实现的是自主意志而非他人意志。第二，智能机器人在设计和编制的程序范围外的行为相对于传统理论关于"行为"的定义，除了不满足主体是具有生命体的"人"之要素之外，其他的要素似乎均符合行为理论要求。智能机器人在设计和编制的程序范围外的行为可以成为刑法学意义上的"行为"。第三，对智能机器人完全可以科处刑罚，这符合刑罚的目的，且有利于降低社会治理成本。[②] 支持这一观点的理由还包括在设计和编制的程序外实施行为的智能机器人具有辨认能力和控制能力，而我们完全可以将刑事责任能力直接理解为辨认能力和控制能力，所以也应当认为此类智能机器人具有刑事责任能力。[③] 笔者认为，将强人工智能机器人作为犯罪主体的观点具有一定的道理，但是其忽视了自然人与智能机器人的本质区别，同时也有悖刑法法理，是很难成立的。这种观点的缺陷主要包括以下几个方面：

首先，将强人工智能机器人作为犯罪主体的观点忽视了自然人与智能机器人的区别，是形而上学的观点。具有刑事责任能力必须具备辨认能力和控制能力，对此无须多论。然而，认为强人工智能机器人具备了依靠自我意识而具有辨认能力和控制能力，便具有刑事责任能力，能够成为犯罪主体的观点过于肤浅，对自然人和强人工智能机器人之间的本质区别缺乏由表及里的审视。这种观点实质上是将强人工智能机器人作为法律拟制主体，将强人工智能机器人过度地考虑为自然人的抽象概念，而忽略了智能机器人和自然人的本质区别，犯了形式主义的错误。自然人作为有血有肉的社会活动主体，其与智能机器人具有天壤之别，这体现在自然人在社会中有多重身份、自然人作为社会中的人受到伦理道德规范的约束、自然人的本质是一切社会关系的总和，而这些都是机器人所不具备的特性。自然人的这些特性决定了即使出现了具有辨认能力和控制能力的强人工智能机器人，将其作为犯罪主体的观点也大大超出了预测可能性的范围，容易造成"道德危机"，很难被社会大众所接受。正如相关观点所指出的，在理解法律主体概念的时候，必须考虑人的其他面相，以更多地区别于智能机器人。如果仍然仅仅把人视为理性的过于抽象的法律主体，那么，作为人的其他面相就消失了。应该回到人的本质，更多地参考人的其他面相，构建法律主体的理论基础。人不仅仅是具有身体的一个实体存在，同时也是

---

① 刘宪权、胡荷佳：《论人工智能时代智能机器人的刑事责任能力》，载《法学》2018 年第 1 期。

② 刘宪权、胡荷佳：《论人工智能时代智能机器人的刑事责任能力》，载《法学》2018 年第 1 期。

③ 刘宪权、朱彦：《人工智能时代对传统刑法理论的挑战》，载《上海政法学院学报》2018 年第 2 期。

向他者、与他者共性的存在。显然，承认智能机器人的公法主体地位是十分困难的。[①] 还应当注意的是，自然人的独立意志是通过自然人在人类社会中受到伦理道德和社会规则约束的情况下形成的独立意志，而强人工智能机器人的独立意志并不受到人类社会伦理道德和社会规则的约束。因此，自然人的独立意志与强人工智能机器人的独立意志不具有对等性，很难将智能机器人的自由意志拟制为自然人的自由意志。由此可见，将强人工智能机器人作为犯罪主体的观点超出了刑法对犯罪主体的“人”的概念可能具有的含义，在刑法立法者对犯罪主体的“人”的意识之外主张解释者自己所设定的原理；认识到了智能机器人不是刑法规定的犯罪主体，而以强人工智能机器人可能依据自己的意志实施具有相似社会危害性行为，主张将其作为犯罪主体，实质上是对刑法规定的“人”的概念进行类推解释的结果。这种观点显然是不妥当的。

其次，在将强人工智能机器人作为犯罪主体的情况下，缺乏相应的刑罚措施。“没有刑罚就没有犯罪”，这是西方刑法中的一句著名格言。这句格言显然是就立法而言的：某种行为是法律所禁止的，但如果刑法没有对该行为规定刑罚后果，该行为就是无罪的；反之，如果刑法对某种行为规定了刑罚后果，该行为便是犯罪，而不是其他违法行为。我国刑法没有直接对犯罪规定非刑罚处罚后果的条文。因此，在我国，仍然可以说没有刑罚就没有犯罪。[②] 如果要将强人工智能机器人作为犯罪主体对待，就必须对强人工智能机器人判处刑罚，否则将强人工智能机器人作为犯罪主体就失去了意义。我国现有的刑罚体系包括管制、拘役、有期徒刑、无期徒刑、死刑在内的五种主刑和包括罚金、剥夺政治权利、没收财产、驱逐出境在内的四种附加刑。但是，将这些刑罚适用于智能机器人是不可思议的。由于智能机器人不具有如同自然人一样的人身权，对智能机器人适用诸如管制、有期徒刑等限制或剥夺自由刑不会让智能机器人感到人身痛苦，由此刑罚的报应功能无法实现；而智能机器人被拘禁期间也很难在监狱里得到改造，由此不但刑罚的预防功能无法实现，反而会浪费大量的社会资源。由于智能机器人是由特殊材料制成的，其不具有如同自然人一般的生命权，对智能机器人适用死刑这种生命刑也不具有可操作性。智能机器人更没有财产和政治权利，对其适用罚金、没收财产、剥夺政治权利和驱逐出境也不具有现实意义。由此可见，在现有的刑罚体系下，不可能对智能机器人适用刑罚。而没有刑罚就没有犯罪。把智能机器人作为犯罪主体而对其不实施刑罚处罚的观点是不可取的。

再次，将强人工智能机器人作为犯罪主体并对其设定独特刑罚的观点无法实现刑罚的机能。由于对智能机器人判处现有的刑罚在刑法理论上是不科学的，在实践中是不可行的，在这种情况下将强人工智能机器人作为犯罪主体的观点是无法自圆

---

① 王勇：《人工智能时代的法律主体理论构造——以智能机器人为切入点》，载《理论导刊》2018 年第 2 期。

② 张明楷：《刑法格言的展开》（第 3 版），北京大学出版社 2013 年版，第 186-188 页。

其说的。为了使强人工智能机器人可以成为犯罪主体的观点在理论和实践中得到支持，有学者指出，我们完全可以通过对刑罚体系的重构来实现对智能机器人的刑事处罚。智能机器人虽然没有生命，但其行为受到编制的程序的影响。编制的程序之于智能机器人犹如生命之于自然人。我们可以通过对自然人的生命、自由进行限制来对自然人进行定罪处罚，同样也可以通过对智能机器人的编制的程序进行调整来对其进行定罪处罚。适用于智能机器人的刑罚有三种，分别为删除数据、修改程序、永久销毁。① 笔者认为，这种观点是不合理的，其漏洞集中体现在无法实现刑罚的机能。刑罚的机能，是指国家制定、裁量和执行刑罚对社会与社会成员可能产生的积极作用。② 刑法学者对刑罚机能的理解大致有三分法和四分法。三分法即将刑罚机能分为对犯罪人的功能、对社会的功能和对被害人的功能。日本刑法学者牧野英一认为，刑罚主要具备三个方面的机能：第一，对犯罪人方面，刑罚首先对犯人发挥作用，称为特别预防；第二，对社会方面，刑罚又以警戒社会的一般人以防后者的倾覆为目的，谓之一般预防，而同时又有满足一般社会报应思想的作用；第三，对被害者方面，刑罚对被害者有给予满足的作用。③ 四分法把刑罚机能分为报复感情缓靖机能、保安机能、赎罪机能和预防机能。日本著名刑法学者西原春夫持有这种主张，认为所谓报复感情缓靖机能，是指使被害者及其家属，进而包括社会一般的报复感情观得以缓和并满足的机能；所谓保安机能，是将犯人隔离于社会而保障社会安全的机能；所谓赎罪机能，是指受刑者自己由于受到刑罚的痛苦而赎罪；预防机能同样指的是针对一般人，利用威慑来防止犯罪的机能，以及针对犯人本人，使其不再重新犯罪的机能。④ 由此可见，刑罚的机能包括刑罚的报应机能和预防机能两大方面，而在刑罚设立时必须满足刑罚的两种机能。由于强人工智能机器人具有认识能力和控制能力，对强人工智能机器人施加刑罚具有一定的预防效果，这体现在对给智能机器人编制的程序进行修改和删除可以使实施犯罪行为的机器人得到教育和改造，从而在一定程度上实现特别预防的效果；而且这种刑罚对其他具有独立意志的智能机器人产生震慑，使其他智能机器人考虑到刑罚后果而自觉控制自己的行为，在一定程度上可以实现一般预防的效果。但是，也应当看到，对强人工智能机器人施加刑罚，不利于实现刑罚的报应机能。对强人工智能机器人实施诸如删除数据、修改程序、永久销毁一类的刑罚措施，无法使被害者及其家属，进而包括社会一般的报复感情观得以和缓并满足。例如，自然人实施故意危害公共安全犯罪行为，造成多人伤亡后果的，在我国的刑事司法环境中极有可能以危害公共安全罪被判处死刑，这样被害人和社会的报复感情就可以得到宣泄和满足；然而，具有辨

---

① 刘宪权、朱彦：《人工智能时代对传统刑法理论的挑战》，载《上海政法学院学报》2018年第2期。

② 马克昌、卢建平主编：《外国刑法学总论（大陆法系）》（第2版），中国人民大学出版社2016年版，第368页。

③ ［日］牧野英一：《日本刑法》，有斐阁1939年版，第576页。

④ ［日］西原春夫：《刑法的根基与哲学》，顾肖荣等译，法律出版社2004年版，第92页。

认能力和控制能力的强人工智能机器人如果实施故意危害公共安全的犯罪行为并造成多人伤亡后果的，对其施加删除数据、修改程序一类刑罚措施则根本不可能使被害人和社会的报复感情得到满足。可能有人认为，单位可以成为刑法拟制的犯罪主体，而强人工智能机器人具有独立意志，更可以成为拟制的犯罪主体。这种观点忽视了单位具有一定的财产，其作为犯罪主体可以承担罚金刑，从而使被害人和社会的报复感情得到满足，而智能机器人则没有财产权，对其不能实施罚金刑，由此也就不能使被害人和社会的报复感情得到满足。这都体现出将强人工智能机器人作为犯罪主体并对其设定独特刑罚的观点是不合理的。

最后，将强人工智能机器人作为犯罪主体的观点违反了适用刑法人人平等的基本原则。刑法的基本原则，是指贯穿全部刑法规范、具有指导和制约全部刑事立法和刑事司法的意义，并体现我国刑事法治的基本精神的准则。罪刑法定原则、适用刑法人人平等原则、罪责刑相适应原则毋庸置疑地应当属于我国刑法的基本原则。[①]刑法的基本原则对刑事立法和刑事司法所具有的巨大指导意义是毋庸置疑的，任何刑法学观点都应当符合刑法基本原则的精神。适用刑法人人平等原则的含义是：对任何人犯罪，不论犯罪人的家庭出身、社会地位、职业性质、财产情况、政治面貌、才能业绩如何，都应当追究刑事责任，一律平等地适用刑法，依法定罪、量刑和行刑，不允许任何人有超越法律的特权。[②] 将强人工智能机器人作为刑事主体的观点违反了刑法面前人人平等原则。这体现在刑法不可能对强人工智能机器人与自然人一律平等地适用刑法，依法定罪、量刑和行刑。假使自然人以极其凶残的手段故意杀害被害人，大多会被判处故意杀人罪并处以死刑或长期监禁；而强人工智能机器人作为犯罪主体实施了这类行为，对其判处故意杀人罪，却最多只能对其判处销毁或者删除数据等刑罚措施，这样就带来了平等定罪却不平等量刑和行刑的问题。自然人的生命权对于自然人来讲只有一次，其珍贵性对于单一的自然人个体而言是至高无上的，而对于智能机器人而言，其不具有生命权和身体权，对其实施删除数据甚至销毁等刑罚充其量只算是一种形式意义上的处罚，不能使智能机器人感到生命被剥夺的痛苦和身体上的痛苦，其残酷性与对自然人实施死刑的残酷性相比不可同日而语。如果在实施相同犯罪行为的情况下对智能机器人判处不同的刑罚，不但被判处死刑的自然人犯罪人会感到不公平和不可接受，整个社会也会感到不公平，甚至对这种不平等量刑的情况感到滑稽，从而使社会大众对刑法公平、公正的理念产生动摇，也将令全社会对智能机器人犯罪陷入一片恐慌之中。由此可见，将强人工智能机器人作为犯罪主体的观点违背了刑法面前人人平等原则的精神，在理论和实践层面都是站不住脚的。

此外，有学者认为既然单位能够成为犯罪主体，那么强人工智能机器人也能够成为犯罪主体，并将强人工智能机器人与单位的法律地位做了一番对比。指出明确

---

① 高铭暄、马克昌主编：《刑法学》（第5版），北京大学出版社2011年版，第24页。

② 高铭暄、马克昌主编：《刑法学》（第5版），北京大学出版社2011年版，第28页。

规定单位犯罪的国家通常承认单位也有意志，只不过其意志表现为单位内部所有人的共同意志罢了，但归根结底是一种自由意志，并且是一种区别于自然人的意志。通过深入学习，智能机器人完全可能产生设计和编制的程序外的自由意志，那么便没有理由否认智能机器人的自由意志。智能机器人是介于普通机器人与人之间且是由人创造出的“人工人”，从法律属性上看，智能机器人比单位更接近于法律意义上的人，我们应当关注智能机器人的自由意志并赋予其法律上的主体资格。并进一步指出智能机器人一旦符合犯罪主体资格，那么其实施了严重危害社会的犯罪行为，当然就可以承担刑事责任。[①] 笔者认为这种观点很难站得住脚，理由包括以下两方面：一方面，强人工智能机器人虽然具有自由意志，但是其自由意志与自然人的自由意志相去甚远，而单位的意志归根结底反映的是单位内部自然人的自由意志，而强人工智能机器人的自由意志不包含自然人在人类社会的属性，不宜将其作为犯罪主体，否则极易引起人类社会秩序的混乱。另一方面，与单位相比，强人工智能机器人并不具有相应的刑罚适应能力。对单位犯罪的处罚，世界各国刑事立法和刑法理论上主要有两种原则：一是双罚制，即单位犯罪的，对单位和单位直接责任人员（代表人、主管人员及其他有关人员）均予以刑罚处罚；二是单罚制，即单位犯罪的，只处罚单位或只处罚单位的直接责任人员。对单位犯罪的，一般采取双罚制的原则，即单位犯罪的，对单位判处罚金，同时对单位直接负责的主管人员和其他直接责任人员判处刑罚。[②] 这体现了单位作为犯罪主体的刑罚适应能力，首先，刺破单位法人的面纱，其背后存在直接负责的主管人员和其他直接责任人员，这些人都是自然人，当单位构成犯罪时，当然可以对单位背后的这些自然人适用刑法针对自然人规定的一系列刑罚方式，然而强人工智能机器人没有生命权和身体权，不能适用这些针对自然人设置的刑罚方式；其次，由于单位具有一定财产，可以被判处财产刑，而强人工智能机器人并不具有财产，不能对其判处并执行相关财产刑。这些都决定了强人工智能机器人不能像单位一样成为犯罪主体，认为单位可以构成犯罪主体从而推断强人工智能机器人可以构成犯罪主体的观点是类推解释的结果，不但在刑法理论上难以自圆其说，而且很难应用于刑法实践。

通过以上分析，笔者认为，弱人工智能机器人和强人工智能机器人都不能成为犯罪主体，能够成为犯罪主体的只能是智能机器人背后的自然人。就自然人利用弱人工智能机器人实施故意犯罪以及涉及弱人工智能机器人的过失犯罪的犯罪主体问题以及刑事归责问题前文已有讨论，而关于强人工智能机器人犯罪的犯罪主体及刑事归责问题，笔者将在下文进行进一步的探讨。

三、人工智能时代刑事风险的刑法应对措施

如何使人们在充分享受人工智能技术创新与发展成果的同时最大限度地预防和

---

① 刘宪权主编：《人工智能：刑法的时代挑战》，上海人民出版社 2018 年版，第 227 页。

② 高铭暄、马克昌主编：《刑法学》（第 5 版），北京大学出版社 2011 年版，第 102 页。

控制人工智能技术给全社会带来的刑事风险，是刑法需要研究解决的重要问题。防控人工智能刑事风险的任务可谓长期而艰巨，不可能通过对当下人工智能刑事犯罪特点的研究与探索一劳永逸地加以解决。只有结合人工智能发展不同阶段的时代特征持续不断地进行探索，才能找到针对不同时期人工智能刑事风险的刑法应对措施并不断地予以完善。正如上文所论述的，人工智能的发展呼唤刑法有针对性地增加新的犯罪类型，以更好地惩罚这些利用人工智能技术实施的新形式的犯罪行为。另外，结合当前人工智能技术的发展特征及犯罪主体理论，强人工智能机器人依据自主意志实施犯罪行为应当如何进行刑事归责的问题也值得进一步探讨。

（一）滥用人工智能行为的刑法应对措施

正如上文所论述的，人工智能技术的不断发展给整个社会带来的刑事风险与日俱增，社会危害性越来越大，尤其是强人工智能机器人可能依靠独立的意志实施犯罪，更凸显出从刑事立法上对滥用人工智能实施危害社会的行为创设新的犯罪类型的必要性。由于当前对滥用人工智能实施犯罪行为的刑法研究方兴未艾，滥用人工智能实施犯罪的形式也不充足，刑事立法尚不具备对滥用人工智能实施危害社会的行为规定大量法条的条件。然而，为化解目前人工智能技术所带来的巨大刑事风险，亟须相关刑法罪名予以规制。为此，笔者建议设立“破坏人工智能管理秩序罪”，规定滥用人工智能技术破坏人工智能管理秩序，情节严重的，按照破坏人工智能管理秩序罪论处。笔者认为，在目前的环境下增设破坏人工智能管理秩序罪有其合理性：第一，从刑事立法上为滥用人工智能实施危害社会行为制定了新罪名，填补了此类犯罪行为在刑事立法上的空白。第二，人工智能管理秩序并不是横空出世的概念，其内容由民事法规和行政法规予以规定。设立新罪名，实际上构建了一套民事、行政、刑事紧密衔接打击滥用人工智能行为的法律体系，充分发挥了民法、行政法、刑法在惩治不同情节滥用人工智能危害社会行为上的作用。而对破坏人工智能管理秩序情节严重的行为才作为犯罪论处的规定也充分体现了刑法的谦抑性。第三，对新罪名进行如此设定既考虑了当前滥用人工智能实施犯罪行为的特征，又前瞻性地对将来滥用人工智能实施犯罪行为的特征进行了预见。随着人工智能技术的不断发展，滥用人工智能实施危害社会的行为将具有更多的形式，将来针对人工智能技术进行规制的民事和行政法规必将如雨后春笋般不断涌现。刑法作出如此规定，顺应了人工智能不断发展的趋势，避免了刑法在打击新形式犯罪上的滞后性。也许有人会批评破坏人工智能管理秩序罪的设置过于笼统，不符合刑法明确性的要求，但是，我们更应该看到的是如此设定在惩治犯罪和保障人权上所具有的显著作用。回首往昔，新中国各项事业的发展刚刚起步，刑法学研究方兴未艾之时，我国刑法也曾设定了诸如流氓罪等口袋罪名。这些罪名虽然在刑法的明确性上有所欠缺，但是在客观上符合当时社会发展环境的需要，起到了打击犯罪、保障人权的作用，完成了其历史使命。同理，为了更好地打击当前滥用人工智能危害社会的行为，有必要增设一个涵盖面较广的具有兜底性质的罪名，以避免无法可依情况的出现。而依据今后人工智能发展的新形势要求，对个别行为需要单独增设新罪名时，完全可以以刑法修正案的形式对相关新罪名进行增设；而对于人工智能发展新形势下新出现的亟待解决的疑难问题，也可以按照立法解释和司法解释的方式加以解决。

（二）强人工智能机器人犯罪的刑法应对措施

如上所述，将强人工智能机器人作为犯罪主体，由强人工智能机器人承担刑事责任的观点是站不住脚的。那么，对强人工智能机器人实施的犯罪行为应当如何进行归责？刑法应当对此类行为作出何种规制才能够在预防强人工智能技术所带来刑事风险的同时促进强人工智能技术的发展？对此，都需要进行进一步的探索。

在强人工智能机器人实施犯罪行为的场景下，虽然在表面上犯罪行为确实是由强人工智能机器人实施的。但是，正如上文所述，将强人工智能机器人作为犯罪主体是不符合刑法理论和司法实践要求的。这就要求我们揭开强人工智能机器人的面纱，找寻其背后真正应该承担刑事责任的犯罪主体。由于强人工智能机器人具有自己的意识，具有认识能力和控制能力，其所实施的犯罪行为很难直接由强人工智能机器人的研发者和使用者来承担责任。当然，如果智能机器人的研发者和使用者没有尽到注意义务，已经提前预见到自己的行为有可能生产出一个产生犯罪意识的强人工智能机器人或在使用中意识到强人工智能机器人有可能产生犯罪意识，却放任机器人依据自己产生的犯罪意识实施犯罪行为并造成危害结果发生，后来智能机器人果然基于这种扭曲意识实施犯罪行为的，应当作为相关犯罪的间接正犯承担相应的刑事责任。例如，强人工智能机器人的生产者在生产过程中意识到为智能机器人编制的程序会使智能机器人产生扭曲意识，将来智能机器人可能基于此实施犯罪行为，却放任其进入相关领域，结果智能机器人果然基于扭曲意识实施了犯罪行为，则对相关生产者应当按照相关犯罪的间接正犯进行处罚；而如果智能机器人的研发者和使用者应该预见到所生产或使用的强人工智能机器人有可能产生犯罪意识，因为疏忽大意没有预见或已经预见却轻信能够避免，则应当对智能机器人犯罪承担相应的过失责任。但是，也应当注意的是，这样的情况毕竟是极少数，强人工智能机器人的生产者、使用者在生产、使用强人工智能机器人时，很难预见到强人工智能机器人今后是否会产生犯罪意识，也很难在生产、使用过程中对强人工智能机器人产生犯罪意识具有注意能力。在这种情况下，似乎就没有人对智能机器人的犯罪行为负责任，而这也给刑法学界带来了困惑。

笔者认为，基于强人工智能机器人实施犯罪行为的特殊性，不妨对强人工智能机器人设定相关的监管人员。这样，当强人工智能机器人依据自己的意志实施犯罪行为时，对智能机器人负有监管义务且没有履行或没有充分履行该义务的人员就要负担相应的刑事责任。随着科技的不断发展，在对强人工智能机器人实施的危害行为予以惩治方面引进替代责任已经较为成熟。可以预见，在不久的将来，强人工智能机器人必然会出现并应用在更广泛的领域。届时，强人工智能机器人给人类社会所带来的各种道德、伦理风险将大大增加，也会给社会带来更大的风险。根据阿西莫夫提出的智能机器人三定律，智能机器人不得危害人类、必须服从人类的命令、在不违反第一条和第二条的情况下必须保护自己。[①] 如何保障强人工智能机器人不危害人类和最大限度地服从人类命令成为当前社会必须解决的问题。对此，笔者认为，由于刑法具有补充性，仅仅以刑法为手段不可能抑制犯罪，并且因为刑罚是剥夺人的自由、财产等极为苛酷的制裁，应当作为防止犯罪的最后手段。而正如德国学者李斯特所讲的，最好的社会政策就是最好的刑事政策，应当首先积极谋求从技术和社会的角度对强人工智能的危害行为进行防卫。鉴于强人工智能机器人给人类社会带来的巨大风险和挑战，应当成立专门的监管机构对强人工智能机器人进行监管，由精通人工智能技术的专业人员负责对强人工智能机器人进行监督管理。但是，由于强人工智能机器人拥有自己独立的思维意识，如何才能对其进行有效管理便成为一个难题。在我国首个功夫科幻系列片《功夫机器侠·北腿篇》里，具有自主意识的强人工智能机器人"阿狗"被植入了特殊芯片，在其准备着手实施针对自然人的暴力犯罪行为时智能系统将启动自毁装置，将智能机器人摧毁。笔者认为，强人工智能机器人拥有自己的意识，而且在某些方面具备比自然人更强的能力。为了对强人工智能机器人进行更加有效的监管，可以考虑在给强人工智能机器人编制的程序中设定"毁灭系统"。这样，在强人工智能机器人产生犯罪意识时，相关的毁灭系统会介入摧毁智能机器人的全部程序，使其变为没有任何意识的、冷冰冰的机器。待人类重新为其输入编制的程序后，再行恢复其相关能力。毁灭系统由专门的智能机器人监管者负责安装与维护。当毁灭系统因故障失效时，监管者可以通过使用手动遥控启动毁灭程序的方式摧毁给强人工智能机器人编制的程序。如此一来，监管者就承担起对强人工智能机器人的监管责任。如果因为监管者没有履行或没有充分履行监管义务而导致强人工智能机器人实施犯罪行为的，则由监管者承担相应的刑事责任。但是，由于在这种情况下，监管者仅因为存在一定的失职行为从而过失导致危害结果的发生，而不是积极追求或放任危害结果的发生，对其不宜按照人工智能机器人所实施的行为进行处罚，而应当针对人工智能监管者增设管理机器人失职罪，并按照此罪对监管者进行刑事处罚。强人工智能机器人犯罪未遂的，监管者不应承担相关的责任。此外，基于强人工智能机器人与自然人相比，可能实施具有更大社会危害性的行为，其犯罪行为会给被害人带来更为严重的危害，单单对监管者处以罚金刑显然不能满足对被害人的经济赔偿。由此，如何满足对被害人的经济赔偿问题也亟待解决。笔者认为，应当推行对强人工智能机器人的强制保险制度。由此，如果强人工智能机器人实施严重危害行为的，则由保险公司承担经济赔偿责任。这样一来，就能够充分利用现代社会的保险制度对被害人的损失加以弥补。

---

① ［美］艾萨克·阿西莫夫：《我，机器人》，叶李华译，江苏文艺出版社 2013 年版，第 59-60 页。

四、结语

人工智能技术就像一柄“双刃剑”，其快速发展既给人类社会带来了更多的便利，推动了人类社会的快速发展，也给整个人类社会带来了极大的风险和挑战。而对于人工智能机器人，尤其是随着人工智能技术的不断发展在将来出现的强人工智能机器人实施的危害社会的行为应当如何从刑法的维度进行规制，成为一个亟待解决的难题。世异则事异，事异则备变。人工智能技术所引发的刑法讨论才刚刚开始。伴随着人工智能技术的快速发展和人类社会知识的创新，刑法理论也需要进一步地发展和创新，以应对人工智能技术给整个社会带来的日益复杂的刑事风险。笔者认为，刑法学者应当秉持实事求是的实践精神和与时俱进的创新精神，对人工智能时代的刑法完善途径进行积极探索，以构建一整套防卫人工智能刑事风险的刑事法律制度体系，从而实现防卫人工智能刑事风险和推动人工智能技术不断发展的有机统一。

涉安防人工智能犯罪刑法规制的挑战与应对

张　磊* 梁　田**

一、涉安防人工智能犯罪刑法规制的必要性

随着在人体分析、车辆分析、行为分析和图像分析四个方面独具优势的智能产品在各个安防场景的广泛应用，安防行业成为我国人工智能技术落地的重要特色领域。传统安防行业中系统检索困难、信息孤岛、作用被动等问题有望得到彻底解决。① 但是，安防人工智能在给人们的生活带来更大保障的同时也滋生了刑法风险，涉人工智能犯罪在智能安防行业有所蔓延和异化。

首先，概念和类型。涉安防人工智能犯罪是在安防行业应用的人工智能发生的具有严重的社会危害性、刑事违法性、应受刑罚惩罚性的行为。具体包括：（1）以安防人工智能为对象的犯罪，如恐怖分子对公共场所视频安防监控系统的攻击，再如破坏工业生产中的智能报警系统；（2）利用安防人工智能作为工具的犯罪，如窃取某企业安防云端中出入口控制系统中的人脸识别信息进行诈骗；（3）安防人工智能失控型犯罪，当前智能安防行业正在实现从传统的被动安防系统向自主判断和自动预警的智能安防的体系升级。② 其中研发和应用的智能安防电网和巡逻机器人具有一定的防卫能力，如果发生失控可能造成人身损害或财物损毁。

其次，就特点而言，涉安防人工智能犯罪具有严重的社会危害性，主要表现在以下方面：一是其社会危害性因为当前智能安防的庞大体量和智能框架的强联动性而快速膨胀；二是侵犯的客体范围更为广泛，既有较为传统的人身和财产权利，也有随着科技发展而新近诞生、争议较大的数据安全、人工智能系统安全和生物识别信息；三是犯罪手段更加科技化、智能化、隐蔽化，当前智能安防系统几乎实现了“AI+云”的整体架构，对其进行破坏和利用需要较高水平的专业门槛。

最后，我国目前虽然对人工智能的发展高度重视，甚至将其列入中共中央《关

---

* 张磊，北京师范大学法学院（刑事法律科学研究院）教授、博士生导师。

** 梁田，北京师范大学法学院（刑事法律科学研究院）博士研究生。

① 李晓理、张博等：《人工智能的发展及应用》，载《北京工业大学学报》2020 年第 6 期。

② 王友发、罗建强等：《基于专利地图的人工智能研究总体格局、技术热点与未来趋势》，载《中国科技论坛》2019 年第 10 期。

于制定国民经济和社会发展第十四个五年规划和二〇三五年远景目标的建议》中，也发布了《新一代人工智能发展规划》《国家新一代人工智能标准体系建设指南》等文件，但是对于与人工智能有关的法律风险和法律责任的规定尚处于空白状态，难以提供有效指引，更遑论为安防人工智能这一专门领域人工智能相关犯罪的追责提供依据了。

综上，虽然我国目前尚无涉安防人工智能的刑事判例，但无论是“人脸识别第一案”[①] 体现出的智能安防中生物识别信息的敏感度，还是国外发生的德国大众汽车机器人杀人案[②]等事件中表现出的人工智能的危险性，均给我们敲响了警钟，对于人工智能犯罪尤其是涉安防人工智能犯罪进行有效的刑事规制刻不容缓。

二、涉安防人工智能犯罪刑法规制面临的挑战

涉安防人工智能犯罪作为人工智能时代的高科技犯罪，有着迥异于传统犯罪的对象、手段甚至是主体，传统犯罪形式和形态面临着改变，因此对其进行刑事规制也面临着诸多挑战。

（一）涉安防人工智能犯罪在司法认定方面存在诸多疑难问题

首先，安防人工智能体能否被认定为刑事责任主体存在迷思。目前智能安防中的事前预警型产品具有一定的防卫功能，而人工智能虽然可以具有自主学习、深度学习的能力，但是因为对大数据的极端依赖导致的易受数据扰动欺骗以及难以建立常识库等内在缺陷，存在防卫过当或假象防卫的风险，而且如果发生编程错漏或系统失控，也可能会发生无端的损伤。虽然目前我国的安防人工智能仍停留在弱人工智能这一阶段，但这些事件的外在表现都是智能电网或防卫机器人在深度学习后“实施”了一个行为造成了危害，似乎形式上符合犯罪的主客观要件，主体迷思由此而来。

其次，罪与非罪之间的界定存有困难。涉人工智能犯罪因其侵犯法益的广泛性，有触犯很多罪名的可能。并不是所有相关犯罪在司法规制中都存在罪与非罪的挑战，只有当犯罪中的关键要素因其新兴科技属性在刑法中并无明确规定时才存在这一问题，而这些要素随着人工智能的发展层出不穷。例如，当安防从业人员将系统中的人脸信息这一生物识别信息提供给他人时，是否构成侵犯公民个人信息罪。再如对于利用将对抗样本等攻击数据实现对智能视频安防监控系统的实质攻击，能否被认定为破坏计算机信息系统罪。

最后，此罪与彼罪界限模糊。安防人工智能是传统安防需求和人工智能技术的

① 《“人脸识别第一案”判了》，载光明网，https://tech.gmw.cn/2020-11/30/content_34413186.htm，最后访问时间：2022 年 1 月 2 日。

② 《人工智能惹的祸？德国大众发生机器人杀人案》，载欧洲时报网，http://www.oushinet.com/news/europe/germany/20150703/198315.html，最后访问时间：2022 年 1 月 2 日。

结合，其应用场景非常广泛，当发生犯罪时牵涉的法益亦是如此，而刑法对人工智能更不必说安防人工智能的性质未加明晰，因此在司法适用中会出现此罪与彼罪的困惑。譬如目前很多公路、航道都安装了智能安防设备或智能指挥标志，设备以计算机为中台、以智能系统为内容，当对其进行大规模破坏时，是构成破坏计算机信息系统罪，还是破坏交通设施罪，值得我们思考。

（二）涉安防人工智能危害行为的刑法规范不足

上文所述的诸多司法认定困境所产生的根本原因在于制定于传统社会的刑事法规范与新兴的人工智能技术之间的涵摄关系难以建立。换言之，现有的刑事法规范无法与涉安防人工智能犯罪之间形成有效的呼应。

首先，从整体上看，我国人工智能领域的刑事立法尚处于空白状态。在人工智能危害行为的主体、行为、法益等构成要件要素的认定上缺乏必要的法规范依据，因而在罪与非罪、此罪与彼罪的界限上存在认定困难。立法缺失导致虽然在现实中人工智能危害行为类型层出不穷且程度不断加深，但是在司法实践中却鲜见相关的判例，涉安防人工智能犯罪的判例更是无从查起。

其次，具体到涉安防人工智能领域，不仅相关刑法规范缺失，甚至相关的前置法规范与行业规章也处于空白状态。目前与人工智能安防有关的刑法条文仅有《刑法修正案（十一）》新增的第134条之一第1款。[①] 规定破坏、关闭安防设备以及篡改、隐瞒、销毁相关安防信息的行为构成犯罪。但仅包含了针对安防设备的犯罪，没有涉及利用智能安防设备实施的新型犯罪以及智能安防设备过失犯罪的行为类型与法律责任。与此同时，安防人工智能领域的行政法规范以及行业规范也亟须制定和完善。目前我国的安防人工智能产业蓬勃发展，但在技术飞速进步与普及的态势下缺乏相关的行政法规或规章加以引导和规范，行业内部也缺乏相应的准则和规范。以行业内影响力较大的“安天下”《2020年人工智能安防行业研究分析报告》为例，该报告着重于对技术与市场方面的统计和分析，但对行业内部自律规范和风险预防等方面的问题却少有提及。这种前置法以及行业规范的缺失使得该领域刑事法律风险增加，行业陷入野蛮生长，同时前置规范的缺失也是涉安防人工智能犯罪认定困难的重要因素之一。

三、涉安防人工智能犯罪刑法规制的应对

如前所述，涉安防人工智能犯罪的现实发展态势对现行刑法造成了全方面的挑

---

① 《刑法修正案（十一）》第4条规定：“在刑法第一百三十四条后增加一条，作为第一百三十四条之一：‘在生产、作业中违反有关安全管理的规定，有下列情形之一，具有发生重大伤亡事故或者其他严重后果的现实危险的，处一年以下有期徒刑、拘役或者管制：（一）关闭、破坏直接关系生产安全的监控、报警、防护、救生设备、设施，或者篡改、隐瞒、销毁其相关数据、信息的；……’”

战，刑法需从各个层面进行回应与解决。

首先，在现行法律框架下合理运用刑法解释方法，对相关犯罪进行规制。虽然目前我国尚无案涉智能安防中生物识别信息的刑事裁判，但已经出现了被媒体称为“人脸识别第一案”的郭某诉杭州野生动物世界有限公司的民事案件。在智能安防中，目前最为重要的人工智能技术是生物特征识别，包括人脸核验、指纹采集、声纹识别等，这些生物识别信息的采集和运用过程中如果存在不当或漏洞，不但涉及对公民身份权的侵犯，还可能对人们的财产安全构成威胁。对于在安防人工智能采集、运用上述信息的过程中所出现的危害行为，可以通过合理的刑法解释予以司法入罪处理，在司法裁判层面积极回应日渐强烈的安全挑战。

其次，针对当前涉安防人工智能犯罪的特征对刑法进行补充与完善。基于罪刑法定原则的内在要求，刑法解释应限定在用语可能性及国民预测可能性的范围内。在人工智能罪刑规范整体缺乏的前提下，通过刑法解释所能应对的挑战极为有限。因此，当务之急是通过刑法修改的方式规定包括安防人工智能在内的涉人工智能犯罪条款，为司法提供充分的制度供给与条文依据。

最后，应当从犯罪综合治理的视野出发，完善涉安防人工智能的行业自律规范与民事、行政等前置法规范，多方位、全链条地实现犯罪的预防与治理。犯罪治理应当是一个全面、立体的系统化工程。该系统以刑事法为核心，由国家、团体和个人多方参与，综合运用刑事、行政、民事甚至非法律手段，最终实现犯罪科学治理的效果。在人工智能时代，犯罪综合治理的必要性越发凸显。一方面，技术迭代速度的加快使得刑法的滞后性越发明显，刑法应更加强调自身保障法的地位，充分发挥前置法规范的作用，实现积极的一般预防效果。另一方面，在涉安防人工智能犯罪的预防与治理过程中企业、平台具有较大的技术优势和监管优势，应当作为犯罪治理的重要一方。因而建立和完善行业内部的自律规范，充分利用行业、企业的治理资源和治理能力是涉安防人工智能犯罪有效治理的关键。

人工智能时代的刑法问题与应对思路

王燕玲*

一、问题的提出

2017年是我国人工智能时代的“元年”，是人工智能技术、应用以及政策扶持、理论研究等相继迸发的纪年，传统法律体系转型的时代命题也应运而生①。对于中国刑法而言，在疲于应对来自信息网络犯罪时代的诸多挑战之际，人工智能时代作为下一个互联网信息技术发展的风口，与当代刑法的“碰撞”不期而至。这一瞬变所带来的新型刑事风险以及对传统刑法理论体系的冲击等问题已经引起刑法学界的热切关注，当代刑法层面的理论研究随之发酵和不断拓展。

目前，刑法理论界对“人工智能+刑法”的命题展开了初步的讨论。例如，有观点认为，人工智能具有超人类的属性，人工智能技术存在重大的制度性风险，对人类社会与人的主体地位形成威胁。在人工智能时代，智能机器人的出现会逐渐侵蚀传统刑法体系中“人”的主体性，有关刑法的存在基础、功能意义、任务与功能等内容都可能受到深刻的影响，人工智能社会与智能时代的刑法等可能随之出现。②也有观点认为，在人工智能时代以及随着机器人的出现，会使传统的刑事责任理论陷入被动，追究智能机器人的刑事责任是一个新的技术与理论难题。③应该说这些初步的探索具有一定的前瞻性与现实意义，既突出强调了智能时代对“人的主体性地位”的影响，以及由此对传统刑法的多重作用，也暗含了传统刑法理论体系等层面需要积极响应并作出调整，譬如刑事责任问题。

当前，鉴于人工智能技术时代带来的重大影响，关于人工智能时代的刑法命运问题，迫切需要聚焦在以下几个方面：一是人工智能技术背景下的智能主体（智能机器人、智能产品等，下同）的刑法地位，主要涉及是否具有刑事责任能力、是否属于当代刑法意义上的一种新的犯罪主体，以及由此对“人”作为犯罪主体的传统

---

* 王燕玲，华南师范大学法学院副教授，法学博士，研究方向为刑事法学。

① 李晟：《略论人工智能语境下的法律转型》，载《法学评论》2018年第1期。

② 孙道萃：《人工智能对传统刑法的挑战》，载《检察日报》2017年10月22日第3版。

③ 高奇琦、张鹏：《论人工智能对未来法律的多方位挑战》，载《华中科技大学学报》（社会科学版）2018年第1期。

格局的影响。这一问题具有基础性和全局性，左右着后续问题的解决。二是在人工智能技术的广泛应用背景下，智能产品等智能时代的“主体”是否需要承担刑事责任以及如何对其追究，进而要求传统刑事归责理论作出合理的改变。三是人工智能时代下的新型犯罪有别于传统犯罪，对其施加刑事制裁也应作出调整，传统的刑罚措施与刑罚体系迎来裂变。四是积极推动当代刑法理论体系与人工智能时代的呼应，不仅是刑法理论研究的新增长点，也是当代刑法立法的重要内容。

二、人工智能时代的犯罪主体蜕变

在人工智能时代，智能主体的智能化程度不断提高，其最终结果是与“人”可以媲美甚至超越人的智能。而这就直接从根本上冲击了“人”作为犯罪主体的刑法地位，也引发了智能主体是否可以是犯罪主体及其客观的影响等一系列问题。

（一）智能犯罪主体的地位之争

目前，鉴于人工智能技术的本质就是基于“算法”而形成的高度智能化属性，由此确立的智能主体在不断接近人类的智能之际，其主体性问题也必然出现。它是指智能主体是否与人无差异，是否可以作为一种犯罪主体而存在的问题。

1. 理论争议

目前，关于新兴智能主体未来可能的刑法地位的主要观点有：（1）电子人。人工智能的主要特征是智能化，在智能程度不断提高后，智能主体逐步具有自主性、主动性，不再是完全受人支配的行为客体、制造产品等，法律应将其设定为“电子人”。[①]（2）有限的法律拟制主体。从刑法的角度看，智能机器人及更广意义上的人工智能主体并不具备法律的主体资格与地位。相比之下，赋予智能机器人具有民事领域的主体地位，并不存在法律技术障碍。在现有条件下，关于智能机器人是否具有法律人格的讨论，当前需要结合现行有效的法律规定，根据解释论的基础和限度，在坚持人工智能为客体的原则下，运用拟制的法律技术，将特定情形下的人工智能认定为法律主体。[②]（3）分阶段的法律主体类型。从法理的角度看，自主意识和独立的意思表示是法律主体应当具备的必要条件，财产是主体承担法律责任的物质基础，并为赋予法律主体资格提供了可行性。初期的人工智能仍属于“行为”工具的范畴，自主智能机器人的“自主意识”和“表意能力”以及“人性化”是赋予智能机器人法律人格的必要条件。在智能时代的后期，人工智能作为工具论以及作为法律拟制的主体等将渐次成为智能机器人的法律人格形式。[③]（4）有限的法律主体人格。人工智能具有独立自主的行为能力，有资格享有法律权利并履行义务和承担

---

① 郭少飞：《“电子人”法律主体论》，载《东方法学》2018 年第 3 期。

② 陈吉栋：《论机器人的法律人格——基于法释义学的讨论》，载《上海大学学报》（社会科学版）2018 年第 3 期。

③ 孙占利：《智能机器人法律人格问题论析》，载《东方法学》2018 年第 3 期。

责任，人工智能应当具有法律人格。但由于人工智能承担行为能力的后果有限，人工智能适用特殊的法律规范与侵权责任体系安排，其具有的法律人格是有限的法律人格，域外法律对此已有立法尝试。①

从总体上看，关于正在形成的智能主体是否应当具有主体资格，上述四种看法总体上均持肯定的立场，并以限制的法律主体为主要立场。同时，侧重于根据人工智能技术的发展阶段来对智能主体的地位进行动态判断和划分亦是可取的。

2. 基本立场

应该说以上四种看法各有可取之处。它们的共同之处在于基于技术发展与现实需要的情况，理性地、有限制地明确肯定智能主体应当具备法律主体的资格，进而也就可以作为刑法意义上的犯罪主体。同时也认为在目前的智能技术以及应用背景下，赋予智能主体与人一样的法律主体资格在技术上不太现实，在实践中也难以把控。基于这些考虑，提出根据人工智能技术的发展阶段而确立不同类型的智能主体及其法律资格、行为能力等是切合实际的。

但其共同的问题在于：(1) 只肯定应然层面的必要性是不够的。在讨论智能主体的法律资格与地位问题上，不能仅仅根据人工智能技术的发展趋势，进而基于智能技术及其应用过程中所呈现出的“智能现象”，主张在应然层面确认智能主体的法律地位。这是过于简化的讨论，因为智能技术与刑法的对接并非直通的关系，而是复杂的逻辑转换问题。只有刑法明确了科学合理的对接原则、规则以及标准后，才能在实然层面讨论这些问题。否则，更多的是空谈，无法在刑法层面解决可操作性等有效问题。(2) 要区分智能主体在一般意义上与刑法语境中的差异。从智能主体的行为环境看，一般意义上的智能主体和刑法意义上的智能主体是存在差异的。这主要是因为刑法在评价智能主体的行为及其责任等问题时是立足于规范层面，遵循法定原则，而且对象是人及其实施的行为。因此，不能将一般意义上的智能主体及其法律主体资格问题直接移植用于刑法意义上，而应结合实际情况进行分析和判断。(3) 要准确把握刑法意义上的智能主体所应具备的基本条件。作为刑法意义上的智能主体，它必须满足刑法所规定的条件和要素。在传统刑法中，犯罪主体的关键要素是刑事责任能力，并主要通过人的心理因素与生理因素来进行双重判断。对于智能主体而言，尽管其与传统的人作为犯罪主体是有差异的，只是在人工智能的初级阶段从法理上仍可以参照适用。

基于此，可以看出的是，在讨论智能主体是否具备刑法的主体资格问题时，仍需要回归到规范刑法学层面，尝试探讨智能主体的刑事责任能力等规范要素。尽管用“旧瓶装新酒”可能不是最好的办法，但目前也是权宜之计。

(二) 智能主体的刑事责任能力

按照传统刑法理论与规定，犯罪主体是以具备刑事责任能力为前提的，犯罪主

① 袁曾：《人工智能有限法律人格审视》，载《东方法学》2017 年第 5 期。

体通常是自然人，但也包括法律拟制的法人。对于智能主体而言，对其特定层面上的刑事责任能力的考察也不妨作为判断智能主体地位的一个重要突破口。

1. 主要看法

在我国刑法理论中，较早地意识到刑事责任能力对判断智能主体的地位的重要作用并形成了以下判断方法：(1) 人工智能产品的智能强弱度作为评价系数。人工智能技术是基于“算法”而推进的，其目标是与“人的智能”高度接近或者完全超越“人的智能”。因而在不同的人工智能技术阶段所确立的智能水平或程度是不同的。由此，可以根据智能程度对智能主体进行划分。易言之，人工智能技术是不断发展的，从其应用的角度看，不同类型的人工智能体的主要差异在于智能程度的繁简。例如，有观点认为，人工智能产品作为目前高度智能化的现实载体，可以根据其是否具有辨认能力和控制能力区分为弱人工智能产品与强人工智能产品。前者是指在设计和编制的程序范围内可以独立判断，可以自主作出决策，但归根结底仍然是设计者或使用者的意志，缺乏刑法意义上的辨认能力和控制能力。后者是指在设计和编制的程序范围内可以独立判断，可以自主作出决策，实现设计者或使用者的意志；也可以超出设计和编制的程序设定的范围进行自主决策，基于自身的独立意志实施相应行为。因而整体上都具有辨认能力和控制能力。[①] (2) 刑事责任年龄的“功能类比”路径。不同的智能产品智能化程度也不同。由此，智能化程度是最基本的技术差异特征，它的作用类似于判断刑事责任能力及其刑事责任年龄。从技术本身以及判断系统的可行性而言，需要一套符合实际且便于操作的智能评判标准，评价主体可以是研发者及行业技术人员，目的是对智能产品的智能化程度进行技术认定，通过类比来判断人工智能体的智能化程度与刑事责任年龄的匹配性。人工智能产品的智能水平很低，则类似于完全无刑事责任能力状态，也就是普通机器。人工智能体的智能水平较高，则类似于相对有刑事责任能力状态。智能水平很高，则类似于完全有刑事责任能力阶段。[②] (3) 域外立法的正面参考。俄罗斯的《格里申法案》主张，机器人与现实中的动物相似，是特定相似性的财产；但根据机器人的发展趋势，它也可能成为人类的自主代理人。关于机器人的地位及其规制问题，应当兼顾传统法律对动物和法人的调整思路。机器人具有特殊的法律构造，可以类推适用统一国家法人登记簿，并创设机器人登记簿。[③] 从中可见，《格里申法案》对机器人的定义具有一定的过渡性。同时，机器人作为法律调整的对象，具有高度的智能性和自主性，与欧洲议会《机器人民法规范》(2017 年) 所使用的“智能自主机器人”的通用定义很接近，具备通过数据获取的自主能力、物理支持形式和调整自

---

① 刘宪权：《人工智能时代的“内忧”“外患”与刑事责任》，载《东方法学》2018 年第 1 期。

② 马治国、田小楚：《论人工智能体刑法适用之可能性》，载《华中科技大学学报》(社会科学版) 2018 年第 2 期。

③ 张建文：《格里申法案的贡献与局限——俄罗斯首部机器人法草案述评》，载《华东政法大学学报》2018 年第 2 期。

身行为以适应环境的能力等。[①]

以上三种不同的看法所立足的角度各有其合理性。应当肯定的是，从智能程度的角度进行分析是最直接和最有效的方式。而且从技术的评价角度看，可以将人工智能技术的应用发展分为弱人工智能、强人工智能和超人工智能三个阶段，目前应当还处于弱人工智能阶段。通过这种方式还可以更客观地判断智能主体是否具有刑事责任能力及其程度。基于这种考虑，从传统刑事责任能力的判断路径出发，以"刑事责任年龄"进行类比分析也是一条可行的探索路径。同时，从域外比较的立场出发，既然有国家已经启动立法，并对智能主体的法律资格和地位作出明确规定，则意味着从法理上是可以拟制智能主体的法律资格的，进而也可以在刑法层面拟制智能主体的刑事责任能力及其程度、类型等。

2. 应然立场

在人工智能技术深入发展的背景下，对于发展状态中的不同智能主体是否具有刑事责任能力的问题，应当从更广阔的角度进行综合的分析和判断。具体而言：(1) 在人工智能的初级阶段，运用传统刑法原理进行分析有其合理性与可行性。尽管从长远来看，人工智能时代与传统社会渐行渐远，以传统社会为基础的当代刑法体系并不直接适用于智能时代的犯罪问题。但是，考虑到当前仍处于人工智能时代的初级阶段，而且这场变革耗时漫长，可以肯定的是当代刑法在很长一段时期都是有效的，可以发挥非常重要的作用。易言之，当代刑法原理仍然是认识智能时代和解决智能犯罪问题的重要法宝。鉴于此，在解决智能主体是否具有相应的法律资格等问题上也不宜断然抛弃当代刑法体系，讨论刑事责任能力问题是必要且可行的，有助于分析智能主体的刑法地位问题。(2) 人工智能技术及其所达到的智能程度是最基本的技术标准与依据。应当明确的是，目前的智能主体仍以人类社会为存在基础，但已经横跨智能时代，未来可能专属于智能时代。因此，智能主体的首要特征是"技术"问题，其次是与之高度关联的智能程度问题。在考察智能主体的法律资格及其行为能力时也需要立足于智能技术这一首要因素，围绕智能程度这一关键问题展开相应的讨论，否则有可能偏离问题的实质。(3) 弱人工智能产品与强人工智能产品的区分就有一定的视野狭隘性。目前，从刑法理论上看，区分弱人工智能与强人工智能产品的观点属于较早明确提出的，同时也提供了一种类型化的思考方向，对当前如何分析智能主体、智能犯罪的责任等问题提供了有益的视角。但是，这种看法也具有一定的"先入为主"的缺陷。具体是指从智能主体的发展趋势看，并不能简单地说它就是"产品"，如此严重降低了智能主体的"独立性"，也从语言逻辑上默认了智能主体从属于人类社会。而且，从智能技术层面看，强与弱的技术判断并非易事，二者的界限也不是泾渭分明的，以至于这种类型化思考未必贴近实际情况。更重要的是，根据智能程序来区分强与弱，其实质仍然是对智能程度的一种判断，

---

① 张建文：《格里申法案的贡献与局限——俄罗斯首部机器人法草案述评》，载《华东政法大学学报》2018 年第 2 期。

强与弱的划分是比较简化的思考方式。(4) 要在技术与刑法相结合的原则下对智能主体的刑事责任能力问题进行综合性、比较性分析。在考察智能主体的刑事责任能力问题时，应当坚持“技术+刑法”的综合性原则，对智能主体的智能程度及其类型进行理性分析，从而建立起层次分明的智能主体格局。同时，也可以适当参考域外的立法及其做法，但首先应立足于我国智能技术的发展及其应用情况。

(三) 智能主体的刑法地位及其影响

在人类社会中，人是最重要的存在基础，也是占据主导地位的行动主体。从近现代刑法的发展史看，保障人权作为其核心命题，正是围绕加害人与被害人以及受之影响的国家、社会而展开的。然而，在智能时代，智能主体的出现不仅打破了这种长期以来的制度平衡关系，也对传统刑法的发展与走向有着深刻的影响。

1. 实施犯罪与承担刑事责任的能力

从逻辑上看，自然人具有刑事责任能力是其作为犯罪主体的基本前提，相应地，智能机器人是否具有刑事责任能力是其成为刑事责任主体的关键前提。[①] 目前，智能机器人可以通过深度学习，逐步确认自主意识和自我意志。智能机器人可以超出研发者与设计者所设计和编制的程序范围，独立实施危害行为，独立的辨认能力和控制能力是其基础。智能机器人具备独立的辨认能力和控制能力则意味着具有和“人”一样的刑事责任能力。智能机器人可以是独立的刑事责任主体，实施了严重危害社会的犯罪行为，应当承担刑事责任。[②]

换言之，在智能技术的“算法”逻辑中，智能主体完全具备独立性与自主性，但前提是不脱离智能技术所存在的社会前提和基础。而且，不能直接套用人类社会的“固见”进行“同质化”思考，而需要切换社会背景与话语体系，肯定人工智能社会的独立性，进而肯定智能主体的独立性。当然，智能主体毕竟不是“人类”，也不可能真正做到完全等同的思考与判断，但在实施犯罪和承担刑事责任的能力问题上可以进行“等价”判断。同时，这套判断体系是独立的，其基本的组成要素、判断规则以及标准等都需要立足于智能技术的特征、智能时代的背景以及智能社会形态的规律。对于传统刑事责任能力判断所依赖的生理标准与心理标准，是否可行与调整等都是今后需要考虑的重要技术问题。

2. 机器人权利及其刑法保护

人工智能技术的发展以及智能主体的推陈出新急速地强化了智能主体的地位，相应地，机器人是否拥有权利及其权利地位等问题相继涌现出来。当然，机器人的权利不同于人类的“自然权利”，相比之下，智能主体的权利具有法律的拟制性、

---

① 高铭暄、马克昌主编:《刑法学》(第七版)，北京大学出版社、高等教育出版社 2016 年版，第 85 页。

② 刘宪权、朱彦:《人工智能时代对传统刑法理论的挑战》，载《上海政法学院学报》(《法治论丛》) 2018 年第 2 期。

利他性、功能性等特殊性。目前，从智能技术及其应用等因素看，机器人的权利主要有数据共享权、个体数据专有权、基于功能约束的自由权、获得法律救济权等基本类型。从法理上看，确立机器人的权利对传统法律体系与权利体系都有影响。从立法技术上看，应明确机器人权利的边界及法律保留事项，加强法律与机器人伦理规范的衔接，建立机器人监管机制。[①] 从技术发展的趋势看，伴随智能主体的智能程度及其地位的提升必然出现智能主体的权利问题。

智能机器人不仅可以作为未来的潜在犯罪主体，而且作为人工智能社会的行为主体，同样具有相应的法律权利。尽管权利的内涵与形式存在很大的差异，但不妨碍智能主体的地位与基本权利应受到保护。对于拥有法律赋予的基本权利的智能主体，对其进行保护亦是必要的，也是对其法律主体地位的一种维护。

三、人工智能时代的刑事责任与基本思路

在人工智能时代，犯罪主体身份的变动也直接牵涉到其他犯罪构成要件要素的整体变化。这不可避免地影响到刑事归责问题。对此，需要在一个更契合人工智能时代的语境下展开更理性的讨论，通过刑事归责来遏制刑事风险问题。

（一）利用智能主体实施犯罪

人工智能技术是现代互联网信息技术的下一个端口，从其刑事风险的类型看，利用人工智能技术、应用以及最具智能性的智能主体实施犯罪是首要和常见的类型，其本质是技术滥用作为一种犯罪工具，滥用主体应当承担刑事责任。

1. 行为定性的路径

在人工智能时代的初期，智能程度偏低的人工智能产品等作为犯罪工具被利用实施严重危害社会的犯罪行为，可能涉及危害国家安全、国防利益、公共安全和社会管理秩序，危害经济，侵犯财产，危害人身等方面。同时，从刑法角度看，行为人故意利用人工智能实施犯罪行为的刑事责任分析都是在人工智能及其应用对于行为人而言只是一种“智能工具”的情况下进行的。

对此，目前形成了以下不同的看法：（1）非犯罪工具化。不断智能化的人工智能主体具有通过深度学习方式，持续学习以及决策和行动等能力。智能机器人自主行动的则可能造成对人类权利的损害。不过，人工智能所有者、生产者或程序开发者不应当作为“替罪羊”，否则对司法公正与技术创新百害而无一利。[②] （2）犯罪工具化。在人类设计和编制的程序范围内智能机器人实施的行为主要体现了人类的意志。智能机器人实施严重危害社会的犯罪行为，本质是为了实现研发者或者使用者的犯罪意志，应当将该智能机器人看作研发者的“工具”，智能机器人本身不应

---

① 张玉洁：《论人工智能时代的机器人权利及其风险规制》，载《东方法学》2017 年第 6 期。

② 詹可：《人工智能法律人格问题研究》，载《信息安全研究》2018 年第 4 期。

当承担刑事责任，智能机器人的研发者或者使用者才是真正的责任主体。如果研发者和使用者是不同的自然人或单位，则可以成立共同犯罪，但研发者或者使用者与智能机器人目前不能成立共同犯罪。[①]

以上两种看法可以说是相互对立的，其分歧源自对智能主体的“主体地位”有不同的认识，从而导致对是否存在利用智能主体实施犯罪的客观情况有不同看法。目前，智能机器人通常不具有真正的独立性，因而其所实施的犯罪行为往往是根据人类设计和编制的程序而作出的。从犯罪本质看，这其实是人类的意志之体现，即使发生了严重危害社会的犯罪行为，智能机器人也只是一种“智能工具”，自身不需要承担刑事责任，但利用的主体则不能例外。

2. 新型网络罪名的解释张力

从刑法原理的角度看，对利用人工智能主体等实施犯罪的情形进行前瞻性的定性讨论具有积极的意义。但是，由于受制于理论、立法等滞后的因素，对其进行相对独立的定性分析可能“收效不好”。对此，不妨从刑法解释学的角度出发，尝试激活现有的网络犯罪规定，从而建立起“于法有据”的应对体系。

具体地讲，《刑法修正案（九）》增加了第286条之一、第287条之一、第287条之二。这是三个纯正的网络犯罪罪名，对网络社会进行不同层次的保护。对于利用人工智能主体实施犯罪的，从犯罪本质以及犯罪的类型化特征看，与“网络工具型”犯罪具有高度的相似性。因此，上述三个罪名的刑法解释意义在于：（1）拒不履行信息网络安全管理义务罪。《刑法修正案（九）》增设了第286条之一，是典型的网络不作为犯罪，将违背法定作为义务的网络危害行为予以犯罪化[②]。对于智能主体的研发者与设计者而言，明知负有相应的研发与设计义务，也即遵循“算法”逻辑而科学、理性以及安全进行研发与设计的义务；而且，具备实施这些法定义务的“技术能力”，在有关部门通知其应当及时纠正和修改的情况下拒不履行法定的义务，而且造成严重后果的，是一种典型的不作为犯罪，也危及了智能主体安全，可以参照第286条之一的规定予以处罚。（2）非法利用信息网络罪。在互联网时代，利用网络实施犯罪是最常见的形态，也是危害最广泛的类型。对此，《刑法修正案（九）》增加了第287条之一，规定了非法利用信息网络罪。该罪将非法利用信息网络的预备行为予以实行行为化[③]，对积极打击“网络手段型”犯罪及其前端的黑色产业链都有积极的作用。对于利用人工智能主体实施犯罪的，目前在立法规定供给显然跟不上的情况下，可以在必要时援引第287条之一，对一些明显属于高度危险的利用智能主体的预备行为，情节严重的，予以定罪处罚。（3）帮助信息网络犯罪活动罪。刑法第287条之二被认为是“共犯的正犯化”立法，是指将一些

---

① 刘宪权、胡荷佳：《论人工智能时代智能机器人的刑事责任能力》，载《法学》2018年第1期。

② 谢望原：《论拒不履行信息网络安全管理义务罪》，载《中国法学》2017年第2期。

③ 孙道萃：《非法利用信息网络罪的适用疑难与教义学表述》，载《浙江工商大学学报》2018年第1期。

危害程度已经超过正犯的行为予以独立处罚，从而避免“共犯从属性”理论所带来的定罪障碍。[①] 对于实施危害智能主体的犯罪，在实践中往往也需要相应的技术支持与帮助。对于在明知的情况下仍然提供相应的技术支持与帮助，如侵入和破坏智能程序的工具等，情节严重的，属于需要独立处罚的网络技术帮助行为，应启用“共犯的正犯化”的立法思维，通过援引第 287 条之一的规定，结合具体情况，对这类犯罪进行有效的打击。

（二）针对智能主体实施犯罪

从类比的角度看，当前不断趋于严峻的网络犯罪在本质上与人工智能时代的犯罪具有“相当性”。换言之，智能主体可以是被害的对象，继而也是需要被保护的对象，因为它关系到智能时代的安全与有序。但如何保护需进一步讨论。

1. 研发者与使用者作为责任主体与预见义务的判断

在人工智能时代的初期，智能主体的研发者与设计者处于非常重要的地位，负有监管的义务。根据 1997 年刑法的规定，监督过失犯罪的责任主体并不包括人工智能产品的研发者和使用者，也不包括人工智能产品本身。因此，对研发者和使用者而言，不能追究监督过失的刑事责任。而这可能是现行刑法应对人工智能刑事风险的制度缺陷。[②] 但是，从学理上看，研发者与设计者对于智能主体而言，具有不可替代的地位和作用，甚至目前处于“独占”状态，应当是首要的“伦理责任者”与安全的“守护者”，也是智能主体所面临的刑事风险的首要来源。

在人工智能技术不断发展的情况下，判断人工智能的研发者和使用者是否对危害结果负有预见义务，需要考虑研发或使用当时的人工智能技术发展水平。进一步讲，在判断研发者或使用者的预见能力问题时，人工智能技术的发展情况与水平是首要考虑因素。从总体上看，基于人工智能技术的发展情况，要么是可以避免危害结果的发生，要么是无法避免危害结果的发生。对此，有观点认为：（1）负有预见危害结果发生的义务，可以避免危害结果的发生，因未预见而导致危害结果的发生，研发者或使用者成立一般过失犯罪，需要承担相关刑事责任。（2）不负有预见义务，无法避免危害结果的发生，不构成一般过失犯罪。至于是否可以成立监督过失犯罪，首先需要判断研发者或使用者是否具有监督义务，只是目前的立法并未作出相应的规定。[③] 这种看法有其合理性，从人工智能技术的开发与应用看，设计者和研发者处于最前端，也是技术风险的把控者，同时负有一定的事前安全管理义务。因此，从逻辑上看有承担刑事责任的必要性。不过对其追究监督过失的刑事责任是非常严苛的责任模式。例如，智能机器人的研发者与设计者往往不是个人而是一个

---

① 赵秉志：《中国刑法的最新修正》，载《法治研究》2015 年第 6 期。

② 刘宪权：《人工智能时代的刑事风险与刑法应对》，载《法商研究》2018 年第 1 期。

③ 刘宪权：《人工智能时代刑事责任与刑罚体系的重构》，载《政治与法律》2018 年第 3 期。

团队，这就涉及共同犯罪与单位犯罪问题。对于无法直接查明具体责任人员的，一旦作为犯罪处理，实际上是将共同过失犯罪以共同犯罪论处，这就需要改变刑法理论与立法①；同时，追究研发者与设计者的监督过失责任是以负有相应的监督义务为前提的，如风险防范与控制、监督、制止等不同的义务，但需要通过立法的方式予以明确。因而，在人工智能技术的初始阶段，考虑到技术的中立性，仍需慎重进行，更应当明确入罪的标准。

2. 传统计算机犯罪罪名的解释能力

在现有规定的条件下，对于针对智能主体实施的犯罪问题，在定性上也可以援引“网络对象型”犯罪规定，从而缓解“无法可依”的窘境。

根据刑法第 285 条第 1 款的规定，非法侵入计算机信息系统罪的犯罪对象仅限于“国家事务、国防建设、尖端科学技术领域的计算机信息系统”，显然无法与智能主体所依赖的智能程序、算法等内容相匹配，因而缺乏解释的前提和基础。但是，其他的计算机犯罪罪名仍具有一定的解释意义。具体来讲：（1）非法获取计算机信息系统数据罪。对于非法获取人工智能技术或智能产品的应用程序等行为的，如果严重危害了智能主体的安全，以及智能技术、智能时代的安全的，刑法有必要予以介入。从定罪的角度看，可以考虑参照刑法第 285 条第 2 款，以非法获取计算机信息系统数据罪论处。这是因为智能主体所依赖的技术或程序等高度依附于具有主体资格与地位的智能主体，因而不宜视为一种财产，同时从扩张解释的角度看它更接近是一种智能数据②。基于此，可以暂时援引第 285 条第 2 款，用于对这类犯罪进行定罪。（2）提供侵入、非法控制计算机信息系统程序、工具罪。由于智能主体具有高度的智能性，而且研发与设计的过程都具有高技术含量，也配有非常严密的安全保障措施等。因此，实施危害智能主体的行为往往需要相应的“技术优势”作为支撑，客观上也就形成了一条黑色的犯罪利益链条。对于实施危害智能主体的犯罪行为的，如果有提供侵入或非法控制等违法程序、技术或者工具等的，是一种独立的帮助他人实施犯罪的危害行为。在对这类犯罪进行定性时，可以参照第 285 条第 3 款的规定③，借此可以更好地打击黑色产业链条。同时，也可以间接提高实施危害智能主体安全的犯罪行为的成本，继而发挥积极预防的效果。（3）破坏计算机信息系统罪。从智能技术的初期应用阶段的实际情况看，智能主体仍具有较为明显的“人造属性”，在技术层面上仍未摆脱“行为客体”的属性。相应地，智能主体运行或行动所依赖的程序等可以视为与计算机信息系统相类似的范畴。因而，实施针对智能主体及其程序等的危害行为严重危害智能主体的正常运行，情节严重的，可以参照第 286 条的规定进行论处。

---

① 刘明祥：《区分制理论解释共同过失犯罪之弊端及应然选择》，载《中国法学》2017 年第 3 期。

② 孙道萃：《网络财产性利益的刑法保护：司法动向与理论协同》，载《政治与法律》2016 年第 9 期。

③ 黄太云：《〈刑法修正案（七）〉解读》，载《人民检察》2009 年第 6 期。

（三）智能主体独立实施犯罪

从人工智能技术发展的角度看，针对人工智能所设计和编制的程序，对于日益智能化的智能机器人而言，其控制能力将明显下降；同时，也就意味着人类作为研发者与设计者，对智能主体的控制力也会不断降低。相应地，真正意义上的智能机器人在不久的将来可能出现，其将完全具有独立的辨认能力与控制能力，完全可能按照自主意识和意志实施严重危害社会的犯罪行为，应当成为刑事责任的主体。由此可见，对智能机器人追究刑事责任，前提是智能机器人可以作为刑法意义上的独立犯罪主体。对此，有观点认为，意志自由存在与否对于刑事责任能力的认定有重要的意义，智能机器人在设计和编制的程序范围外实施行为，实现的是其自己而非研发者与设计者等外部人员的意志，相应地，智能机器人的行为完全可能认为是法律意义上的行为。今后刑法可以考虑在必要的时候赋予智能机器人刑事责任主体的地位。[①] 应该说，这是智能主体地位的发展趋势。但问题在于即使明确了智能主体的独立地位，对其所实施的独立犯罪，在立法无法跟上的情形下，对其进行“定性分析”与“有效处罚”几乎都不可能。

同时，从法理上看，即使肯定了智能主体的主体地位，仍需要解决的问题是智能主体自主实施的独立行为是否属于刑法意义上的“危害行为”。对此，有观点认为，智能机器人在设计和编制的程序范围外的行为与传统的“行为”相比，仅在人的生理因素上有差异，在实质内容上并无差异。因此，在设计和编制的程序范围外实施的行为可以视为智能机器人独立实施的新的刑法意义上的“行为”。[②] 应该说在设计和编制的程序范围外实施行为时，如果智能机器人的行为实现的是自主意志而非他人意志，可以视为刑事责任主体。这是在人工智能的初期阶段，基于智能程度的强与弱之差异，并特别对高强度的智能主体所做的一种身份预判，所得出的结论也是合情合理的。同时，以设计与编制的程序范围作为主要的衡量标准来判断智能主体是否具有独立的意志自由以及是否是独立的主体虽有一定的可操作性，但也有较为明显的认识狭隘性，既在无形中默认了智能主体依附于人这一制造者的客体特质，也限制了智能主体不断趋于独立的潜能。尽管如此，通过上述方式对智能主体独立实施犯罪和承担刑事责任问题的“论证”可以为应对这类问题的司法应对提供有益的方向。当然，更重要的问题仍在于在人工智能时代，传统犯罪主体理论等问题可能会迎来一个很大幅度的动荡[③]，如何妥善地处置该问题直接关系到智能主体的刑法命运等一系列问题。

---

① 刘宪权：《人工智能时代的刑事风险与刑法应对》，载《法商研究》2018 年第 1 期。

② 刘宪权、胡荷佳：《论人工智能时代智能机器人的刑事责任能力》，载《法学》2018 年第 1 期。

③ 陈兴良：《犯罪主体的消解——一个学术史的考察》，载《环球法律评论》2011 年第 1 期。

四、人工智能时代的刑法立法课题及其展开

无论是刑法原理的拓展，还是刑法解释学的展开，在回应人工智能时代的挑战时显得“余力不足”。这是因为立法完善的积极功能尚未被投放，也就无法从规范本体的层面化解“规范供给不足”的难题。例如，对于网络犯罪的来袭，专门的网络刑法立法势在必行，既带来司法应对的针对性与有效性，也促进理论转型的有序前进。[①] 对于正在迎面而来的人工智能时代的刑事风险，刑法立法应作出前瞻性的有组织反应，从而提高当代刑法的时代适宜性与治理犯罪的效果。

（一）刑法立法应对路径的现实必要性

在任何社会形态中，刑法通过立法实现自我完善与功能转型，不仅是立法所具有的“变革”能力的客观体现，也是社会历史经济发展“倒逼”的结果。对于人工智能时代的犯罪问题，刑法立法完善仍然是一个“不二的选择”。

1. 人工智能时代倒逼立法变革

在大变革时代，理论界应当确立的一般共识是，人工智能技术的发展客观上迫使传统刑法立法作出改变，因应智能时代的新型、专属立法是必然趋势。

对于人工智能时代的刑法完善这一迫切问题，其理由大体为：（1）社会变革与法律转型。人工智能技术的迅猛发展及其广泛应用已经在很大程度上对传统法律制度、伦理道德观念等产生了重大影响。人工智能技术的快速迭代与法律发展及其监管的滞后现象之间的不适性进一步加剧。可以肯定的是，在人工智能时代，法律的“无人区”问题会逐渐显现，简单地说，就是很多人工智能引发的法律问题，传统法律制度无法有效解决。在这种剧烈变革的背景下，加快人工智能领域的专业立法与制定符合国情需要的法律法规是当务之急。（2）刑法立法转型。人工智能技术的发展及其广泛运用对法律本质、法律功能、法律规则、法律的价值导向等问题都有不同程度的影响。[②] 在此背景下，立法作为反映法律制度的基本载体与规范表现形式也必然受到影响。易言之，任何立法都是社会变化发展的产物。对于刑法立法而言，也是如此。通过立法对人工智能的刑事风险进行回应是其使命所在，而且也不能落后于现实社会对刑法立法的迫切需求。

2. 因应人工智能的刑法立法方向

不同的社会形态，要求与之相适应的立法活动。例如，面对传统的犯罪问题与正在迅猛发展的网络犯罪问题，刑法立法的立场及其内容是有差异的[③]，否则就违背了科学立法的基本精神。这对于人工智能时代的刑法立法而言也是如此。

---

① 孙道萃：《网络刑法知识转型与立法回应》，载《现代法学》2017 年第 1 期。

② 李晟：《略论人工智能语境下的法律转型》，载《法学评论》2018 年第 1 期。

③ 孙道萃：《网络安全刑事保障的体系完善与机制构建》，载《华南师范大学学报》（社会科学版）2017 年第 5 期。

关于当前如何把握人工智能时代的立法方向，初步认为需要关注以下几个方面：(1) 立法的前瞻性。维护社会规范的稳定期望是法律制度的核心功能，但是人工智能技术的兴起与发展隐藏着无限的不确定性，导致传统法律功能的独特性逐步丧失。基于"算法"的机器学习成为新的知识与智能的形成方式，法律的学习与发展、法律规范的形式、法律规范的稳定性等都出现了人工智能技术的影子，这是传统法律逐渐走向"死亡"的前兆。① 随着全面的人工智能时代即将到来，刑法作为回顾性法律，也需要对未来可能产生的风险进行预先性的展望。注重人工智能犯罪立法的前瞻性，人工智能犯罪立法前瞻性与刑法安定性的统一，区分刑事立法的前瞻性与过度刑法化。构建人工智能犯罪相关规范体系、人工智能犯罪的主体制度、人工智能犯罪的行为模式、人工智能犯罪的刑事责任。② (2) 试验性的专门立法。目前，人工智能技术及其应用虽然发展很快，但仍属于初级阶段，围绕人工智能时代展开的立法相对有限。对于自动驾驶等智能技术发展已经相对成熟、产品亟待进入市场的应用领域，立法需求是旺盛的，可以尝试进行地方性或试验性的立法。③ 这种立法模式可以很好地兼顾个别需要与整体立法的关系，可以就一些特定问题进行立法，解决现实需要，同时也避免了整体立法条件不成熟下的"立法赶制"。(3) 局部调整是当前的主流方向。由于人工智能技术的复杂性等因素，人工智能时代可能出现诸多新的法律风险，传统刑法在面对这些问题时会在不同领域出现一些空白地带。从立法应对的幅度和范围看，完整意义上的"机器人刑法"作为更具颠覆性的做法，与"传统刑法修正"的渐进性改革方案是相互对立和依存的。前者的变革是剧烈的，同时也是彻底的；后者的变革是逐步的，同时也是有局限性的。不同的道路选择会有不同的结果。例如，对智能犯罪时代的过失犯罪等问题的处理是不同的④。从更稳妥的立场看，局部调整在很长一段时间内是主要的选择，而且局部性的调整可以通过积累的方式，为今后的整体调整奠定基础资源和准备条件。更现实的理由在于人工智能技术仍处在早期阶段，人工智能应用的智能化程度相对不足，人工智能背景下的新型智能犯罪不具有真正的独立性。

(二) 人工智能犯罪时代的罪名增设

关于人工智能时代的刑法立法活动，合理增设新的罪名是回应司法需求的当务之急。只是在罪名增设的问题上要防止"见招拆招"的被动性，提高立法完善的科学性与体系性，循序渐进地根据实际情况并立足长远增设必要的新型罪名。

---

① 余成峰：《法律的"死亡"：人工智能时代的法律功能危机》，载《华东政法大学学报》2018 年第 2 期。

② 王肃之：《人工智能犯罪的理论与立法问题初探》，载《大连理工大学学报》（社会科学版）2018 年第 4 期。

③ 郑戈：《如何为人工智能立法》，载《检察风云》2018 年第 7 期。

④ 储陈城：《人工智能时代刑法归责的走向——以过失的归责间隙为中心的讨论》，载《东方法学》2018 年第 3 期。

1. 立法完善的现状考察

关于罪名增设的问题，有观点认为，宜考虑增设滥用人工智能罪、人工智能产品事故罪。简言之：（1）滥用人工智能罪。在人工智能时代，滥用人工智能行为是对人类社会的安全这一核心利益的破坏，应当特别地加以规制。从社会危害性的程度看，滥用人工智能的可能要高于传统犯罪行为。对于在自主意识和意志的支配下实施行为的，智能机器人应当承担滥用的刑事责任。（2）人工智能产品事故罪。对于人工智能产品或智能机器人所引发的重大社会危害，在大多数情况下，研发者和使用者作为"负责主体"，对潜在的风险具有一定的事前控制能力。由此，人工智能产品研发者和使用者承担严格责任是符合法理的。严格责任是以负有特殊义务为前提，目前以违反人类社会的法律以及道德等规范和价值、数据保护义务、自主武器系统的有效控制等为主要情形。而且，滥用人工智能罪与人工智能产品事故罪的增设其实都指向研发者和使用者，前者是从故意犯罪的角度出发，而后者是从过失犯罪方面出发，构成一个完整的罪名结构体系。①

关于滥用人工智能罪、人工智能产品事故罪的探讨，应该说都比较客观地回应了理论上的一些前沿思考以及现实情况。诚然，在人工智能时代，滥用智能技术是较为常见的，智能技术的使用主体不负责任的行为也时有发生。对于这两类行为，情节严重的予以刑事处罚有其必要。同时，考虑到现有规定的不相称性，另行增设新的罪名有其积极意义。只是从行为特征等因素看，滥用智能技术与智能技术事故，这种区分仍具有较强的传统立法思维的窠臼，在人工智能时代是否继续可行值得研究；而且，增设过失型的智能犯罪是否有些激进也值得商榷。尽管如此，明确提出立法意见与罪名设置的立法参考意义不容否认。

2. 罪名增设的基本逻辑

罪名增设的实质是犯罪化，但犯罪化的立法进程必须坚持适度必要的原则，要充分释放新增加罪名的规制范围和能力，提高立法体系与功能之间的协调性。

当前，结合有关罪名增设的讨论，考虑到人工智能时代的演变及其刑事风险的发展规律，在采取必要的犯罪化策略时应注意以下几个方面：（1）犯罪类型的分析。应该说人工智能的刑事风险类型是确定罪名增设的基本逻辑所在。从目前来看，人工智能的刑事风险大体可以分为三类：一是利用人工智能技术或智能机器人实施犯罪，是一种非法利用行为。二是针对人工智能技术或智能机器人实施犯罪，是一种针对智能时代的安全价值的破坏行为。三是智能机器人作为完全独立的新型犯罪主体，实施真正意义上的智能犯罪。这是全新的犯罪现象问题，其内部可以划分不同的情形。这三类犯罪的基本性质从危害行为的类型看，可以概括为"非法利用智能技术""破坏智能技术安全""智能机器人独立实施犯罪"三种情形。相应地，对于三类不同的犯罪，立法也要对症下药，增设与之相关的罪名，避免立法的重复性与交叉性，提高立法的专门性与有效性。同时，对于智能主体独立实施犯罪的情形，

① 刘宪权：《人工智能时代的刑事风险与刑法应对》，载《法商研究》2018 年第 1 期。

由于这一观察过于超前，在立法上也应审慎。(2) 罪名性质的选择。传统刑法是以结果犯为主的，但在人工智能时代，由于智能主体实施的犯罪具有很强的技术性特征，因而在罪名的性质选择上需要注意的是：一方面，应遵循危险犯的适度增设原则。人工智能技术的法律风险可以认为是一种技术风险。在任何情况下，技术具有中立性，同时技术风险具有潜伏性、蔓延性以及不可控性等特征。在风险社会，人工智能技术的滥用风险等更容易出现，一些利用人工智能技术的行为往往具有高度危险性，在必要的情况下应当对其进行处罚。但是，增设危险犯应当坚持适度原则，避免犯罪圈的不当扩大。另一方面，要慎重增设过失犯。目前，人工智能技术是人类社会探索科学技术的最前沿。作为一项新兴技术的创新与探索，人类的认识能力是相对有效的，同时也是随着人工智能技术的发展而发展的。因此，对于人工智能技术及其应用的研发者、设计者、运营者、推广者等而言，在履行有关安全等义务时需要从客观上考虑到技术发展的水平，科学地认定其认识能力与避免能力。对于一般的业务过失或监督过失的行为应当慎重处罚，否则不利于鼓励技术创新。对于严重过失且造成重大危害结果的，可以在条件成熟的情况下制定相应的罪名。

(三) 人工智能时代的刑罚增设

在刑法学体系的框架下，犯罪与刑罚属于“首尾”两端的基本范畴，犯罪是前提，刑罚是末端，二者的协同呼应关系是依法有效打击犯罪的制度保障。[①] 对于人工智能时代的新型犯罪问题，传统刑罚体系也需要及时作出相应的调整。

1. 刑罚体系更新的必然性

在人工智能时代，犯罪的本质及其特征等因素都在不同程度上发生了变化，刑事责任的内容也是如此。刑罚范畴作为末端也肯定受此影响。基于有效惩治和预防犯罪的目的，有必要对传统刑事制裁体系进行一定的调整。

进言之，在新的社会形态、犯罪问题等背景下，适时作出调整是必然的：(1) 罪刑均衡的新需要。从犯罪与刑罚两个基本范畴的逻辑关系看，犯罪的轻重与刑罚的轻重应当是对应的，而且刑罚必须是有效的。[②] 在人工智能时代，犯罪形态的本质特征及其构成要件要素又发生了不同程度的变化，基于罪刑关系的对称性与均衡性，显然不宜继续套用传统的刑罚种类，而需要设置与之相适应的刑罚种类以及刑罚体系。(2) 刑罚目的之实现。重构我国刑罚体系并将智能机器人纳入刑罚处罚的范围符合刑罚的目的，同时也符合人工智能时代发展的需要且并未违背基本法理。(3) 确认刑事责任主体资格的必然要求。智能机器人是具有刑事责任能力的一种新的犯罪主体，尽管不同于人或法人，但既然已经纳入刑罚处罚的范围，那么就必须接受刑罚处罚。只是由于智能机器人不是人，所以刑罚处罚措施也需要根据犯罪主体的变动而调整，否则会出现水土不服的情况。

---

① 孙道萃：《罪责刑关系论》，法律出版社 2015 年版，第 21-23 页。

② 孙道萃：《以刑制罪的知识巡思与教义延拓》，载《法学评论》2016 年第 2 期。

在此基础上，从刑法学理的角度看，智能机器人所适用的刑罚体系在一定程度上要有别于现有的自然人和单位主体。所以，需要遵循不同的立场和原则。例如，设计智能机器人的刑罚体系时，必须坚持罪刑相适应原则、以刑罚目的为导向原则、刑罚节俭性原则。① 这是富有实践探索意义的观点，而万变不离其宗的是，刑罚措施及其体系必须能够“有效地”惩罚不同类型的人工智能犯罪问题。

2. 立法完善的未来建言

目前，已经形成了以下不同看法：(1) 删除数据、修改程序、永久销毁。一是删除数据。强人工智能产品的行动能力依赖其相应的数据信息，也是其实施犯罪行为所依赖的前提。删除这些数据信息，就等于“抹除”了强人工智能产品的“犯罪记忆”，强人工智能产品也恢复到原有的正常状态。二是修改程序。如果选择删除数据的做法，无法删除有可能实施违法犯罪行为的“负面数据”，也就是说无法阻止强人工智能产品主动获取这些实施犯罪的数据。考虑到正面引导的失效，应当强制修改该智能产品的基础程序，限定智能产品获取外界数据、深度学习的能力于特殊的范围之内，进而彻底剥夺实施犯罪行为的可能性。三是永久销毁。如果删除数据与修改程序都无法奏效，而且强人工智能产品在程序上具备了“反删除能力”或“反修改能力”，那么永久销毁就成为最后的选择。对于强人工智能产品而言，删除数据、修改程序、永久销毁形成了一定的刑罚阶梯与处罚的层次性，可以与强人工智能产品所实施行为的社会危害性及其“人身危险性”产生逻辑与程度上的对应关系。② (2) 报废、回收改造、罚金等。如果人工智能产品具有自主意志，则应赋予其刑事责任的主体地位，相应地，报废、回收改造、罚金等特殊的刑罚措施是可以考虑的应对措施。主要有：一是彻底报废实施严重犯罪行为的人工智能产品是最根本、最严厉的处罚措施。二是回收改造人工智能产品。实施了犯罪行为的人工智能产品可以考虑回收，中断智能程序，由专门的技术人员研究系统缺陷，通过改造与试验后，决定重新投入使用，避免研发及制造成本的浪费。三是罚金刑。人工智能产品实施犯罪的，如果犯罪情节轻微的，罚金刑是不错的选择。③ 应该说这两种看法具有一定的前瞻性和积极意义，对今后如何针对人工智能犯罪问题设计相适应的刑罚措施具有参考价值。

显然，根据刑法所确立的现有刑罚体系，从刑罚处罚的对象及刑罚处罚的方式等内容看均无法也不能涵括智能机器人。相比之下，删除数据、修改程序、永久销毁等与人工智能技术相适应的一些“制裁措施”是能够适用于智能机器人及其相关犯罪的刑罚处罚方式。如果今后立法条件趋于成熟，针对智能主体还是可以设置相

---

① 刘宪权：《人工智能时代刑事责任与刑罚体系的重构》，载《政治与法律》2018 年第 3 期。

② 刘宪权：《人工智能时代的“内忧”“外患”与刑事责任》，载《东方法学》2018 年第 1 期。

③ 蔡婷婷：《人工智能环境下刑法的完善及适用——以智能机器人和无人驾驶汽车为切入点》，载《犯罪研究》2018 年第 2 期。

应的财产刑或者权利刑等措施，提高刑事制裁的有效性。[①] 应该说以强人工智能产品为对象，在设计具体的刑罚措施与体系时，删除数据、修改程序、永久销毁是一种具有可行性的选择，但应更大地拓展视野。

3. 立法修正思路的探索

设计针对人工智能犯罪的刑事制裁措施及其体系是一项全新的探索，并无现成的经验可循，因而需要根据人工智能技术及其刑事风险的动态进行考量。

具体而言：(1) 传统刑罚种类的历史扬弃命运。诚然，死刑、有期徒刑或者罚金刑、驱逐出境等传统意义上的生命刑、自由刑、财产刑以及资格刑等刑罚制度对于智能犯罪以及智能机器人的犯罪主体而言，不仅在内容与形式上显得“风马牛不相及”，也暴露了传统刑罚种类在智能犯罪时代的“无效”问题。进一步讲，人类社会在近现代刑法体系中所确立的以自由刑为主导、财产刑为辅助的刑罚结构，由于具体的刑罚措施与刑罚种类无法对智能犯罪主体起到有效作用，使其立法的滞后性与隔代新弊端走向寿终正寝的地步。在此情况下，诸如死刑等具体的传统刑罚措施被迫作出改变，“扬弃”成为最理性的选择。尽管如此，传统刑罚体系与刑罚结构的法学构建思维和逻辑仍有其可借鉴之处。例如，对于智能产品而言，研发者与设计者基于“算法”而制作的电子运行程序在很大程度上决定了智能产品作为犯罪主体的“行动能力”，也即具有决定刑事责任能力的作用。对其进行不同程度的限制或删除可以起到类似于“终极剥夺”或“有期限的限制”等制裁效果，与针对人的死刑或有期徒刑措施可谓有异曲同工之妙。(2) 类型化的思维。在人工智能时代，智能机器人的智能程度不尽相同，智能产品的表现形式不一，研发者、设计者也有差异。在此背景下，为了避免立法的碎片化，应当重视类型化的立法思维，对同类型或相似类型的犯罪主体设置与其相适应的刑罚措施，从而建立健全人工智能时代的刑罚体系。(3) 分阶段、分步骤增设新的刑罚措施。人工智能技术是不断发展的，其应用过程中所产生的刑事法律风险也变动不居，但不变的是智能技术的风险问题。因此，在调整刑罚种类与刑罚体系时，应当因地制宜，分阶段、分步骤进行。也即要根据人工智能犯罪的发展趋势、基本规律、主要类型、危害属性等多种因素，立足“刑罚有效性”的目的，不断修正和完善刑罚种类，继而完善刑罚体系，实现可持续的应对效果。

---

① 刘宪权：《人工智能时代我国刑罚体系重构的法理基础》，载《法律科学》2018 年第 4 期。

人工智能时代的刑事立法图景

李振林*

人工智能正逐步改变着人们的生产生活方式，在信息、生命、材料、能源、环境等领域发挥了强有力的推动作用，并孕育着堪比20世纪互联网诞生的重大科学突破。随着人工智能技术的纵深发展，人工智能与其他科技的融合创新与聚变发展，人类社会正在日益逼近新一轮变革的临界点，社会形态将全面系统演进，数字世界和智慧社会指日可待。与此同时，形形色色的涉人工智能法律问题定会接踵而至。例如，人工智能创造物的知识产权归属、人工智能产品责任分配、涉人工智能犯罪的规制等。对此，学界目前也已经涌现出一系列以人工智能为研究对象的法学研究成果。然而，这些研究成果基本围绕着人工智能中的智能机器人的法律人格、民事归责、刑事归责等方面展开，较少从立法层面进行系统性研究。笔者认为，人工智能新时代已然到来，现行刑法显然难以妥善解决人工智能发展过程中所遭遇或可能遭遇的新问题。例如，自动驾驶在一定程度上影响了交通肇事罪的适用，无论是危害结果可否归因于驾驶员还是该罪的主体范围等均存在讨论空间；又如，针对人工智能的侵害活动尚未有相应的罪名可以进行规制。应当看到，刑法解释的尽头就是刑事立法，“凡是可以通过解释使刑法条文适应社会生活事实的，就不应当主张修改刑法”，① 但如果解决新问题早已超出刑法解释的能力所及，就必须启动刑事立法。面对纷繁复杂且不断凸显的涉人工智能犯罪问题，现行刑法及对其的解释已经鞭长莫及、捉襟见肘，为保障人工智能健康、有序发展并有效防控相关风险，亟须进行前瞻性的人工智能刑事立法。人工智能刑事立法乃至于人工智能法律框架构建必然是一个社会科学领域的重要新课题，就人工智能可能带来的风险、收益从刑事立法层面展开系统、全面、深入的研究是非常有必要的。为此，本文将从人工智能刑事立法的目的出发，构建人工智能刑事立法的基本原则，并结合实际与可期待的未来提出切实可行的人工智能刑事立法构想。

一、人工智能刑事立法的目的与原则

人工智能刑事立法的目的是保障人工智能健康有序发展、防控人工智能可能产

---

* 李振林，华东政法大学刑事法学院副教授，法学博士。

① 张明楷：《刑法理论与刑事立法》，载《法学论坛》2017年第6期。

生的风险，以及应对人工智能对刑法适用的冲击。基于这些目的，人工智能刑事立法应当遵循功利主义与人类利益优位、发展优位与风险管控、技术协调与法律协调等原则。

（一）人工智能刑事立法的目的

法律在很大程度上是国家为了有意识地达到某一特定目的而制定的。[①] 立法活动应是在特定目的的指引之下进行以贯彻国家意志与人民诉求。人工智能刑事立法也不例外。笔者认为，人工智能刑事立法的目的主要有以下三个方面：

第一，保障人工智能健康有序发展。人工智能刑事立法的首要目的在于保障人工智能健康有序发展。虽然目前学界存在社会治理“过度刑法化”的批判，[②] 但不得不承认刑法对治理某些社会问题所发挥的作用巨大。刑法的保护机能要求刑法在面对社会形势变化时，应积极发挥作为社会治理手段的作用。人工智能作为科技革命的重要产物、社会变革之“重器”，理应受到刑法保护。2017 年国务院《新一代人工智能发展规划》将人工智能上升为国家战略的重要内容，如果不对妨碍或破坏人工智能技术、产品的研发、使用活动和非法利用人工智能等行为进行刑法规制，将会严重阻滞人工智能发展，破坏国家战略的实施。只有通过适当的刑法保护使得人工智能能够在一个健康、有序的环境中发展、演进，才能确保我国能够在人工智能技术的浪潮中抢占先机，率先享受人工智能红利，推进社会发展与变革。

第二，防控人工智能可能存在的风险。任何事物均具有两面性，人工智能也概莫能外。人工智能在给我们带来诸多红利的同时，也蕴藏着巨大风险。刑法不仅要保护人工智能发展，也要防控人工智能风险。无论是从预防刑法还是风险刑法的角度来看，防控人工智能风险都是必不可少的。风险实际上与红利成正比。我们必须准确认识和把握人工智能可能存在的各种风险并积极对其进行规制。正如作为工业革命产物之一的汽车在提升交通运输效率和提供生活便利的同时，也产生了各类危害人们生命、健康和财产安全的交通事故，为应对此风险，刑法设立了交通肇事罪和危险驾驶罪等条文。人工智能刑事立法也必然不能缺少风险防控的内容，以对失控、滥用人工智能等风险加以防控。

第三，应对人工智能对刑法适用的冲击。人工智能作为新事物必然会改变原有的社会事实与公众认知，拓宽甚至完全改变了原有的社会概念与规则，基于原先的社会事实与公众认知所建立的法律法规或多或少会存在适用上的困难或冲击，其中对刑法适用的冲击尤甚。对此，刑事立法必须予以回应。尽管有观点认为，人工智能只要处于支配性工具地位，便可通过现行法及扩张解释予以应对，[③] 但这显然是

---

① ［美］博登海默：《法理学：法律哲学与法律方法》，邓正来译，中国政法大学出版社 1999 年版，第 109 页。

② 何荣功：《社会治理“过度刑法化”的法哲学批判》，载《中外法学》2015 年第 2 期。

③ 储陈城：《人工智能时代刑法归责的走向——以过失的归责间隙为中心的讨论》，载《东方法学》2018 年第 3 期。

对刑法解释过于自信，忽视了刑事立法的重要性和独特性。例如，人工智能创造物的权利归属问题导致的知识产权犯罪中人工智能的被害人地位、刑法归责等问题便不是刑法解释所能解决的。因此，弥补刑法条文的漏洞、解决刑法适用的冲突，以妥善应对人工智能对刑法适用的冲击，也应是人工智能刑事立法的目的之一。

（二）人工智能刑事立法的原则

人工智能刑事立法的原则，是指人工智能相关问题刑事立法活动中所应遵循的精神、规范与准则。众所周知，刑法的基本原则包括罪刑法定、平等适用和罪刑均衡。刑事立法活动理应遵循上述刑法基本原则，同时也应遵循立法活动的基本原则，如科学性、民主性、法治性和经济性[①]等。人工智能刑事立法除了应遵循上述原则之外，还应遵循由发展人工智能的目的所引申出的属于人工智能刑事立法的特有原则。立法的根本目的在于维护最大多数人的最大幸福。“从全面计量生活的幸福和灾难来讲，立法是一门技术，它引导人们去享受最大限度的幸福，或者说最大限度地减少人们可能遭遇的不幸。”[②] 人工智能刑事立法的目的决定了人工智能刑事立法应当遵循以下三个具体原则：

1. 功利主义与人类利益优位

“功利就是一种外物给当事者求福避祸的那种特性。”[③] 从立法上看，功利主义的贯彻是指，“一切举措都应该通过功利原则进行最大限度的检验。具体来说，对于政府颁行的法令、政策乃至整个社会制度的评价标准，就在于看其是否指向了社会整体功利的最大化”。[④] 功利主义无疑是人工智能刑事立法的重要指导原则。这是因为人工智能技术的发展、人工智能产品的研发终究服务于人类利益。任何技术研发、应用的目的都是使人们能够享受更大的幸福，这恰恰符合行为功利主义中的“最大幸福原理”。脱离了为人类利益服务这一目的，人工智能技术的发展将会失去控制，并且很可能导致奇点来临，以致最后人类被人工智能所颠覆、灭亡。应当看到，即便智能机器人以后获得法律主体地位，智能机器人的权利得到法律承认，其利益位阶也应低于人类利益。正如有学者所言，“承认机器人权利，此种承认具有功利主义色彩，本质上是为了更好地实现人类利益”。[⑤] 因此，人工智能刑事立法活动中必须严守人类利益优位的底线，增设相关刑法条文时必须把人类利益摆在首位，一旦其他利益与人类利益产生冲突应在立法上确定人类利益优位。

---

① 周旺生：《论中国立法原则的法律化、制度化》，载《法学论坛》2003 年第 3 期。

② ［意］贝卡利亚：《论犯罪与刑罚》，黄风译，中国法制出版社 2002 年版，第 119 页。

③ ［英］边沁：《道德与立法原理导论》，时殷弘译，商务印书馆 2002 年版，第 57 页。

④ 刘雪梅、顾肃：《功利主义的理论优势及其在当代的新发展》，载《学术月刊》2007 年第 8 期。

⑤ 刘宪权：《人工智能时代机器人行为道德伦理与刑法规制》，载《比较法研究》2018 年第 4 期。

2. 发展优位与风险管控

为充分实现人工智能的发展目的，人工智能刑事立法还应当遵循和贯彻发展优位与风险管控原则。发展人工智能是目前全世界的共识与潮流，在人工智能刑事立法中也应秉持这一立场。任何一项技术都不可能不具有危险性，但法律的目的并非禁止而仅是让其在监管框架内有序发展。但发展优于限制，保护胜于打击，对人工智能的刑法规制绝不能阻碍人工智能的发展或挤压人工智能发展的空间，而应当给予人工智能足够、合理的空间任其“生长”与“试错”。一旦刑法介入某项新事物的力度过大、时间过早，便会泯灭之后可能的创新与发展，无法助力社会发展。以互联网金融为例，早期的互联网金融由于刑法介入较晚，力度较小，确实在很大程度上解决了一大批中小企业的融资困难，解放了资金的流动性，优化了资源配置，对促进我国金融发展与资本流动发挥了非常重要的作用。[①] 之后由于互联网金融的“野蛮生长”以及具备非法性、欺诈性的非法金融活动增多，于是国务院办公厅发布了《关于印发互联网金融风险专项整治工作实施方案的通知》，最高人民检察院颁布了《关于办理涉互联网金融犯罪案件有关问题座谈会纪要》等文件，以规范性、系统性整治互联网金融风险，打击涉互联网金融犯罪行为。笔者认为，人工智能刑事立法也应在一定程度上汲取涉互联网金融犯罪的惩治经验，在发展的前中期预留给人工智能相当的、合理的生长、发展、“试错”空间，仅在涉及人类根本利益、国家利益、重大人身财产安全及公共安全领域设立底线。随着人工智能的发展，到中后期阶段或风险初露端倪之时，便可结合实际适当加大刑法规制的力度和扩大刑法规制的范围等，以保护人类利益，推动社会健康发展。

基于人工智能的一体两面，我们在注重人工智能发展优位的同时，也不能忽视对人工智能的风险管控。人工智能的风险可以分为以下四个方面：一是人工智能滥用的风险，即滥用人工智能实施违法犯罪活动的风险。人工智能具有深度学习等能力，结合大数据后可在大多数领域内“所向披靡”，远超人类所能达到的极限。正因为如此，一旦将人工智能技术滥用于犯罪活动中，将会产生巨大的社会危害性。例如，利用人工智能技术在证券、期货市场进行市场操纵，在很大程度上能够通过学习能力规避监管措施。又如，滥用人工智能与大数据进行个人信息犯罪与数据犯罪都会使原有行为的社会危害性呈几何系数增长。在国家安全、信息数据、网络通讯等领域内的人工智能一旦被滥用，将会产生难以想象的巨大危害，有必要通过刑事立法进行风险防控。二是人工智能失控的风险，即人工智能意外失去程序控制进而实施违法犯罪行为的风险。由于人工智能是通过程序控制，一旦程序出错便会导致人工智能失控。所以，对于人工智能的研发者、使用者而言，必须在一定范围内承担相应的风险防控义务。应当看到，对于不可预见的、外力所致的程序出错与人工智能失控，显然不可归责于人工智能的研发者、使用者。但是，如果是由于人工智能的研发者、使用者的疏忽过失或过于自信过失导致的人工智能失控，且发生重

---

① 刘宪权：《论互联网金融刑法规制的“两面性”》，载《法学家》2014 年第 5 期。

大事故的，则应予以归责。此类立法可借鉴现行刑法中关于重大责任事故罪的规定。三是人工智能“自主”犯罪的风险，即人工智能产生“自主”犯罪意图进而实施违法犯罪行为的风险。未来具备自主意识的超强人工智能必然会出现，对此具有类人甚至超人的人工智能主动实施的违法犯罪行为，如何进行规制和处罚，也是人工智能刑事立法必须应对的问题。四是人工智能被侵害的风险，即人工智能技术、产品遭受非法限制、阻碍、破坏的风险。例如，行为人通过黑客技术干扰人工智能系统的实施，以达到逃脱监管或法律制裁的不法目的。[①] 又如，其他势力通过病毒等方式侵害人工智能产品，或阻碍人工智能的研发、应用等。人工智能的发展应受到刑法保护，可以通过刑事立法确认其独特的法益类型，并对侵害人工智能的行为进行刑法规制。

人工智能刑事立法贯彻风险管控原则应从源头管控开始。在人工智能的研发阶段，应对人工智能的研发者设定相应的义务，防止研发者破坏、滥用或者研发危险人工智能。例如，美国谷歌（Google）企业员工联名要求公司拒绝向美国政府提供人工智能技术用于军用攻击机器人的开发。[②] 除了对研发“杀人机器人”等危险人工智能的行为应予以刑法规制外，还应对破坏国家人工智能的研发、应用的行为予以规制。此外，对于因研发过失而导致人工智能程序出错、发生重大事故的，也可予以规制。在人工智能的流通阶段，对人工智能的使用者、监管者、经手者均应赋予相应的义务，禁止其将人工智能技术、产品提供给违法犯罪分子。

3. 技术协调与法律协调

不协调的人工智能刑事立法将会对人工智能发展产生极大的阻碍，也会使人工智能刑事司法实践产生诸多争议和困惑。因此，笔者认为，人工智能刑事立法还应当遵循技术协调与法律协调原则。

第一，人工智能刑事立法应当与技术发展相协调。人工智能时代可以分为弱人工智能时代和强人工智能时代。当今社会仍然处于新工业时代迈向弱人工智能时代的过程中。所谓强、弱人工智能时代，是指强、弱人工智能产品的应用涉及人类生产、生活的方方面面。弱人工智能产品不具有辨认能力和控制能力，仅能在设计和编制的程序范围内实施行为，实现人类设计和编制程序的目的。强人工智能产品具有独立意志，能在设计和编制程序范围外实施行为。[③] 较为典型的弱人工智能产品如无人驾驶汽车。例如，上海市嘉定区建成国内首个无人驾驶示范区，自动驾驶车辆已经进入实验阶段，之后将进行量产。[④] 刑法必须敏感地应对时代变化。人工智

---

① 刘宪权：《人工智能时代的刑事风险与刑法应对》，载《法商研究》2018 年第 1 期。

② 《谷歌员工对抗美国五角大楼：拒绝为军方研发人工智能》，http：//baijiahao. baidu. com/s？ id = 1603036924100188214&wfr = spider&for = pc，2018 年 9 月 12 日访问。

③ 刘宪权：《人工智能时代的“内忧”“外患”与刑事责任》，载《东方法学》2018 年第 1 期。

④ 《上海嘉定区建成国内首个无人驾驶示范区》，http：//www.shanghai.gov.cn/nw2/nw2314/nw2315/nw15343/u21aw1140240.html，2018 年 9 月 10 日访问。

能刑事立法不能太超前于技术时代，也不能落后于技术时代。刑事立法应与所处时代可能出现的技术风险、责任分配规则相适应。在弱人工智能时代，对人工智能产品研发者、使用者应设定较高的注意义务，可进行过失归责。但随着人工智能技术的发展，人工智能产品智能化水平提高，对人工智能产品研发者、使用者的注意义务要求应逐渐降低，转而由具有自主意识的人工智能机器人来承担相应责任。直至强人工智能时代，责任分配从以人（人工智能研发者、使用者等）为主，转变为以智能机器人为主。刑事立法与技术相协调还可以表现为对刑法条文的精细修改与创新式立法。例如，无人驾驶汽车的普及显然将对交通肇事罪、危险驾驶罪的适用产生冲击，应对条文进行精细修改。又如，随着强人工智能的出现，应将智能机器人纳入刑事责任承担主体范围内，应对智能机器人犯罪进行规制，设立相应的刑罚制度。

第二，人工智能刑事立法应当与相关法律相协调。人工智能刑事立法与法律的协调又主要体现为两个方面。一是人工智能刑事立法应与其他部门法相协调。例如，人工智能创造物的权利归属现在仍存在争议，有人认为作品应归属于人工智能所有者，① 也有人认为应归属于人工智能本身。② 虽然这一争议未有定论，但如果著作权法作出了相关规定，在刑法适用上即应与其协调。与其他部门法协调并不是指刑法条文的含义与适用必须遵循其他部门法已有的规定，而是指在没有更充分、更强力理由的情况下，为了法律体系的统一性与法的可预测性，原则上采用不会与部门法相冲突的解释。正如有学者所言，“刑法中的绝大多数用语，如果在民法以及其他部门法中有规定的，两者的理解应当保持一致”，“如果刑法用语的含义与其他法律不相一致的，反而是刑法对此应当有明文规定”。③ 如刑法中的信用卡与事实婚姻的概念原本与其他部门法的规定不相一致，而后则通过刑法立法解释等将其解释为与其他部门法相一致的概念。同理，当其他部门法确立了智能机器人的法律主体地位或准法律主体地位时，刑事立法便应当考虑智能机器人的刑事责任与刑法保护问题，而不能将其仅作为工具对待。二是人工智能刑事立法应与其他刑法条文协调。人工智能刑事立法不仅需要与外部其他部门法相协调，还应注意刑法体系自身的协调性。由于立法者受到立法技术、语言表达、认识能力的局限，新设立的条文或多或少会与原有的条文产生适用上的冲突。对于人工智能刑事立法而言，更应尽量避免冲突，能够与其他刑法条文的规定相协调。例如，一旦修改了交通肇事罪的条文，将无人驾驶汽车所有者所致的事故归责于所有者，那么为了达到刑法内部的协调，对于危险驾驶罪的条文也应作出相应的修改。超脱交通安全领域，针对此类立法表象背后所展现的归责规则应贯彻于所有刑法条文，即人工智能所有者所致的人工智能出错

① 熊琦：《人工智能生成内容的著作权认定》，载《知识产权》2017 年第 3 期。

② 王迁：《论人工智能生成的内容在著作权法中的定性》，载《法律科学》（《西北政法大学学报》）2017 年第 5 期。

③ 陈兴良：《虚拟财产的刑法属性及其保护路径》，载《中国法学》2017 年第 2 期。

并导致事故的行为可予归责的规则应当在其他刑法条文中予以贯彻。除了规则建立型的协调问题外，也会存在对刑法用语型的协调问题。例如，未来人工智能假肢被他人破坏的，也可考虑构成故意伤害罪。虽然假肢不属于传统意义上的肉体，但随着人工智能技术的发展，很可能日后代替肉体成为人的意识载体并具有人身性与依赖性，即成为人体的实质组成部分。由此，破坏假肢的行为即可能构成故意伤害罪而非故意毁坏财物罪。人工智能刑事立法与其他刑法条文协调还应注意刑罚方面的协调问题。刑事立法有可能导致刑罚不均衡。例如，“《刑法修正案（九）》降低了受贿罪的法定刑，但没有相应降低行贿罪的法定刑，形成了行贿罪的前两档法定刑高于受贿罪的不合理现象”。[①] 尽管可以通过解释来弥补这一漏洞，但如果能从源头上、根本上避免这一现象则可不必费心于解释以及普及解释结论。因此，人工智能刑事立法中也必须着重考量刑罚设置的均衡问题，既要在横向上均衡即与其他同类型犯罪相均衡，也要在纵向上均衡即设置合理的刑罚坡度，轻重适当。

二、人工智能刑事立法的基本构想

根据人工智能刑事立法的目的与原则，笔者认为，人工智能刑事立法的基本构想可以从两个方面展开：一是从人工智能所涉及的利益出发探究其法益类型，只有明确了法益，才能有针对性地进行刑事立法；二是从人工智能的研发者、使用者等出发明确相关责任主体的注意义务与过失归责原则。

（一）人工智能的法益类型

法益是指有益于公民个人的自由及其发展，或者是建立在此目标上的国家制度的运转所必要的现实存在和目的设定。[②] “具有经验的实在性的法益概念成为检讨刑事立法事实的基础。”[③] 人工智能的法益类型有的是旧法益类型的新形式，也有的是对原有法益类型的扩张，还有的是增加的新类型。人工智能刑事立法有必要在明确人工智能法益类型的基础上进行，如此方可保障人工智能刑事立法的质量。

1. 旧类型法益

旧类型法益是指人工智能使得原有的法益类型出现了新的表现形式，即“新瓶装旧酒”，但法益本身没有发生质的改变。这一类型的法益主要出现于新工业时代向弱人工智能时代的转型期及弱人工智能时代前期。由于人工智能技术的应用还很不成熟，弱人工智能产品较少，用途也较为有限，所以往往不会产生新的值得法律保护的法益。大多仅是旧类型法益的新形式。例如，弱人工智能与计算机信息科技

---

① 张明楷：《行贿罪的量刑》，载《现代法学》2018 年第 3 期。

② ［德］克劳斯·罗克辛：《德国刑法学总论》，王世洲译，法律出版社 2005 年版，第 15 页。

③ ［日］松原芳博：《刑事违法性与法益论的现在》，载《法律时报》2016 年第 7 期；转引自张明楷：《刑法理论与刑事立法》，载《法学论坛》2017 年第 6 期。

的结合并不会带来全新的法益，需要保护的仍旧只是计算机信息系统本身而已。一般来说，利用弱人工智能进行犯罪的，即弱人工智能只是工具的场合下，都属于侵害旧类型法益的犯罪行为。这一类型的法益一般依照现行刑法即可进行保护，可以在争议问题出现时通过司法解释或发布指导性案例的方式予以解决。值得注意的是，虽然此类型法益一般依照现行刑法即可进行保护，但如果涉及新事物对刑法适用的冲击时，仍需要通过修订刑法予以解决。当然，此时仅是为了解决现行刑法条文规制范围跟不上时代变化的问题，而不是解决法益保护不周延的问题。

2. 扩张型法益

扩张型法益是指人工智能扩张了原有法益的内涵。在弱人工智能时代中后期、转型期以及强人工智能时代，随着人工智能产品的自主意识逐渐凸显、增强并实现类人化，智能机器人的刑事责任主体地位可适时通过立法予以确立。由此，刑法分则第四章侵犯公民人身权利、民主权利罪的法益内涵势必会得到扩张。一旦智能机器人的刑事责任主体地位被确立，其对应的权利义务也会被确立。在这个过程中，传统的人身权利、民主权利法益势必会受到冲击并扩张。智能机器人的“人身权利、民主权利”也将受到刑法保护，这显然扩张了原有的法益类型。而且，这一扩张并不能通过刑法解释完成，只能通过刑事立法予以确认。

3. 增加型法益

增加型法益是指人工智能发展过程中所产生的独立保护的利益价值，与以往的所有法益类型均不相同，需要立法予以专门确立与保护。笔者认为，人工智能的研发、设计、应用活动具有独立保护的价值，应作为新型法益予以确立，并在刑法分则中设立专节对破坏人工智能的研发、设计、应用活动的行为予以规制。人工智能作为国家战略的重要内容，不仅关系到人民福祉与社会变革，更关系到国家综合实力的提升。人工智能领域的竞争终将成为世界范围内主要国家竞争的主战场之一。因此，人工智能的研发、设计、应用属于刑法尚未涉足的法益，可置于刑法分则第六章妨害社会管理秩序罪中。综观刑法分则条文，对于一般的妨害人工智能发展的活动更适合置于妨害社会管理秩序罪一章中。一方面，一般的妨害人工智能发展的活动尚未上升到国家安全的地步，而特别的危害公共安全行为可再设立罪名予以规制；另一方面，这一专节的立法构想主要是保护人工智能，而非针对利用人工智能进行犯罪的行为。现有章节无法涵括新出现的法益类型，而必须通过设立“妨害人工智能发展罪”专节进行规制，比如设立扰乱人工智能活动罪、非法提供人工智能技术罪等。对此，可在刑法分则第六章妨害社会管理秩序罪中增设第十节“妨害人工智能发展罪”。

（二）人工智能事故的主体归责

人工智能应用于信息、生命、材料、能源、环境等各领域时也会伴随相应的风险，人工智能的研发者、使用者对可能存在的风险应负有一定的注意义务。因违反注意义务所导致的重大事故可归责于人工智能研发者、使用者。例如，无人驾驶汽车的设计者应对可预测的危险承担注意义务，因设计缺陷或程序偏差而导致事故的，存在归责空间。过失犯罪的成立取决于三点：一是违反注意义务；二是对危害结果的预见可能性；三是危害结果发生。结果回避可能性作为犯罪阻却事由，并非过失犯罪的成立要件。应当看到，在弱人工智能时代，前置性法律法规应进行构建与完善，这是注意义务的重要甚至唯一来源。我国现行刑法中存在类似的立法例。例如，刑法第131至139条皆是违反前置性法律法规并导致重大伤亡事故可归责的立法例。对人工智能设计者、使用者的归责立法也可比照此类立法例进行。笔者认为，人工智能领域过失犯罪的归责基础是危险控制原则。危险控制原则，是指一个人如果不能防止事情的发生，就是对事态不能控制；如果事态是行为，其应当能不为该行为；如果是后果，其应该能防止后果发生；如果是意图，其应该能不具有这个意图等。①“根据危险控制原则，未能控制危险的发生是行为人归责的基础。具体地说，控制危险是行为人的义务，如果行为人有能力避免危险的发生，却未履行控制的义务，以致发生危险的，就应当对此承担刑事责任。”② 因此，对于那些违反人工智能管理法规，有能力避免或控制危险者，如果因没有控制危险而导致危害后果发生的，应可就危害结果进行归责。

需要注意的是，注意义务和危害结果预见可能性仍需要具体化。由于人工智能领域的注意义务有其特殊性，必须根据人工智能的特点进行对应设定。第一，可参照人工智能的通行行业标准。虽然目前尚未有通行行业标准，但可以预见的是，世界范围内的人工智能研究浪潮一定会生成世界公认的通行行业标准或规则，类似于工业ISO标准等，这部分属于最典型的注意义务来源。第二，可参照人工智能的伦理设计规范与底线原则等来确定注意义务。显而易见，人工智能设计者如若抛弃伦理设计规范与底线原则，将会使人工智能极易失控并伤害人类，导致极大的危险，故而这是典型的犯罪行为。例如，智能机器人不得伤害人类、不得参与军事打击活动等均是基本的人工智能伦理设计规范与底线原则。第三，人工智能具体应用行业的特殊规范。不同领域内的人工智能有着不同的设计要求。例如，医用机器人必然会面临医疗式伤害的难题，此时便不可能适用一般人工智能设计者、使用者的注意义务。应根据医疗行业进行特殊的设计以谋求利益衡量结果的可接受性。

对危害结果的预见可能性的理解决定了人工智能设计者、使用者是否会被归责。一般而言，刑法上过失犯罪的预见可能性包含了对具体犯罪事实及因果关系的预见可能性。有观点认为，无法肯定人工智能设计者的预见可能性，且不能将预见可能性理解为“大概可能会对人造成危险”这样的抽象内容，否则会导致处罚的漫无边际。③ 笔者原则上赞同此观点，但笔者认为，人工智能设计者的预见可能性完全可

---

① ［美］道格拉斯·N. 胡萨克：《刑法哲学》，谢望原译，中国人民公安大学出版社2005年版，第159页。

② 利子平：《风险社会中传统刑法立法的困境与出路》，载《法学论坛》2011年第4期。

③ 储陈城：《人工智能时代刑法归责的走向——以过失的归责间隙为中心的讨论》，载《东方法学》2018年第3期。

以转化为对前置性法律法规的违反结果预见可能性。只要违反了前置性法律法规便可推定其具有对危害结果预见可能性，在危害结果发生的情况下，只要没有相反证据推翻即成立过失犯罪。如此既不会导致处罚漫无边际，也可使人工智能设计者、使用者就其违反注意义务行为承担刑事责任。例如，对于无人驾驶汽车所导致的事故，若非“乘客”原因所致，而是因运营企业、开发企业存在违反注意义务行为所致的，则应对运营企业、开发企业予以归责。

当然，上述归责原则仅适用于强人工智能时代未至之时，一旦强人工智能时代到来，人工智能设计者、使用者的责任范围将会被极大压缩。从一定程度上说，强人工智能因具备自主意识而可自行负责，彼时，人工智能设计者、使用者则一般不负责。

三、人工智能刑事立法的具体构筑

人工智能刑事立法的目的、原则与基本构想是人工智能刑事立法具体构筑的来源与基础。抽象构想仍需要通过对具体条文的修改与设置来实现。因此，基于上述内容，笔者主要就弱人工智能时代的人工智能刑事立法提出以下具体构筑建议。

（一）修改侵害计算机信息系统类犯罪

由于目前人工智能技术的实现仍需要以计算机信息系统作为媒介与基础，因此宜将刑法第285、286条规定的非法侵入计算机信息系统罪，非法获取计算机信息系统数据、非法控制计算机信息系统罪，提供侵入、非法控制计算机信息系统程序、工具罪，以及破坏计算机信息系统罪等犯罪的对象从计算机信息系统扩大至计算机信息系统和人工智能系统。人工智能系统虽然属于新时代的“计算机信息系统”，但将其在法条中予以明确，能够起到指导司法实践、避免争议的效果，同时也能够较好地保护人工智能的发展。无论是国家，还是个人、公司的人工智能系统均可通过对该类犯罪的修改得到充分保护。当然，构成刑法第285、286条的犯罪均需要“违反国家规定”，因此两个刑法条文的修改需要一并修改或增加相关国家规定。从国家规定层面来看，对人工智能国家规定的修改必须充分认识到应基于发展优位的立场，对于人工智能技术的前期管控不宜太严、太细，仅应对严重危害人工智能系统的行为设置追究刑事责任条款。

此外，需要指出的是，在不久将至的智慧社会中，人工智能将会随处可见，人类与人工智能将会时刻保持紧密联系与接触。由此，如果行为人非法控制人工智能系统实施危害公共安全的行为，将超出非法控制人工智能系统犯罪的范畴，而被纳入以危险方法危害公共安全罪中。也即当扰乱公共秩序的非法控制人工智能行为达到了足以危害公共安全的程度时，便可定性为以危险方法危害公共安全罪。

（二）修改交通肇事罪

对于弱人工智能时代的无人驾驶汽车，由于乘坐人的“司机”身份尚未转变为

“乘客”，智能机器人并不具有独立承担刑事责任的能力，因而交通肇事罪的主体尚限于一般自然人。弱人工智能对交通肇事罪适用上的冲击主要表现为无人驾驶汽车因程序出错而导致的交通事故难以进行归责的情形，其中主要有以下两个问题需要通过修改交通肇事罪来解决。

第一个问题是刑事责任承担主体的确定。对于无人驾驶汽车因程序出错而导致的交通事故应由谁来承担刑事责任的问题，学界主要存在汽车制造商和软件提供商两种观点。第一种观点认为，汽车制造商需要保证汽车能够进行安全、有效的行驶活动，否则将承担生产问题产品的罪责。① 第二种观点认为，软件提供商被视为操作汽车的人而构成犯罪。② 在这种情况下，往往存在错误的编程或软件技术。笔者认为，这里其实主要是责任分配的问题，决定责任分配的并不是刑法，而是人工智能政策。简而言之，无人驾驶汽车的发展需要给予汽车制造商、软件提供商较多的法律空间去“试错”，暂且不宜将这两者作为交通肇事罪的主体。首先，汽车制造商不可能预见到交通事故的发生而不进行汽车安全功能上的改进，人工智能汽车本身的“行为”也是取决于当时的环境和软件程序，并不是汽车制造商所能预见与决定的。其次，软件提供商进行编程时只能进行假设与模拟，不可能穷尽所有交通事故类型，对于出现的交通事故，软件提供商并没有实际参与操作与选择，没有承担责任的条件和基础。最后，“将大量实质的责任施加于自动技术和汽车的制造商是目光短浅的，因为它会阻碍自动汽车及时进入市场”。③ 况且，传统的交通肇事罪都不会将汽车制造商、软件提供商纳入刑事责任主体范围中。因此，原则上应由无人驾驶汽车的使用者承担交通肇事罪的刑事责任。待日后无人驾驶汽车产业成熟且相关交通安全管理规范制定之时，方可考虑将汽车制造商、软件提供商违反安全保障类注意义务的行为入罪。特别是在无人驾驶汽车的使用者没有违反相关操作规范，而仅因汽车或软件出错所导致事故的情形下，在很大程度上就存在汽车制造商、软件提供商构成交通肇事罪的空间。

第二个问题是注意义务的相关问题。自动驾驶车辆犯罪的注意义务具体包括三类：一般交通运输管理法规；有关自动驾驶车辆的特别交通运输管理法规；责任主体对产品的承诺与规范。④ 针对无人驾驶汽车的使用者而言，违反有关自动驾驶车辆的特别交通运输管理法规，造成交通事故的，可构成交通肇事罪；针对汽车制造商、软件提供商而言，违反对产品的承诺与规范，即违反安全保障义务的，可能构成交通肇事罪。需要注意的是，发明无人驾驶汽车的目的是解放人类的双手，所以

---

① See Clint W. Westbrook，“The Google Made Me Do It：The Complexity of Criminal Liability in the Age of Autonomous Vehicles”，Michigan State Law Review，Vol. 2017，No. 1（2017），p. 127.

② See Kieran Tranter，“The Challenges of Autonomous Motor Vehicles for Queensland Road and Criminal Laws”，QUT Law Review，Vol. 16，No. 2（2016），p. 78.

③ Kyle Colonna，Autonomous Cars and Tort Liability，Case Western Reserve Journal of Law，Technology and the Internet，Vol. 4，No. 1（Fall 2012），p. 84.

④ 彭文华：《自动驾驶车辆犯罪的注意义务》，载《政治与法律》2018 年第 5 期。

不宜对使用者科以严苛的注意义务，否则将本末倒置。但是可以就汽车本身的保养、安全管理提出更高的要求，以适应高精尖人工智能产品的独特性。与此同理，汽车制造商、软件提供商也是在试错过程中不断完善汽车与软件程序，但如果就已经出现过的同类型事故，却未在合理期间内进行安全保障方面的完善，以致再度发生同类型事故的，可认定为违反对产品的承诺与规范并构成交通肇事罪。

至于对交通肇事罪条文的修改方式，笔者认为，可以在刑法第 133 条中增设第 2 款："汽车制造商、车载操作软件提供商违反交通运输产品管理法规，以致发生重大事故的，依照前款规定定罪处罚。"

（三）修改危险驾驶罪

危险驾驶罪的修改必然紧随交通肇事罪。显而易见，本罪的相关理论内容可参照交通肇事罪。然而，笔者认为，汽车制造商、软件提供商不宜被纳入本罪的范围。危险驾驶罪不同于交通肇事罪存在"违反交通运输管理法规"的规定，而是进行了列举式立法。危险驾驶罪主要是规制道路交通行驶中的危险行为。从无人驾驶的运行机制来看，这一危险行为来源于使用者而非汽车制造商与软件提供商。

无人驾驶汽车使用者应承担积极安全保障义务与禁止危险义务。上文所述的有关自动驾驶车辆的特别交通运输管理法规应增设无人驾驶汽车驾驶者的积极义务与禁止义务。积极安全保障义务，是指驾驶者有义务就无人驾驶汽车的安全性能、人工智能系统进行定期的特别维护、保养与检修。不同于普通汽车皆可由驾驶者控制，无人驾驶汽车发生交通事故之时，使用者往往没有时间作出任何反应，这时候就需要人工智能系统和汽车本身的反应与制动。如果使用者明知无人驾驶汽车和人工智能系统未进行定期维护、保养与检修仍进行使用的，则可构成本罪。当然，该积极义务需要由有关自动驾驶车辆的特别交通运输管理法规进行规定。禁止危险义务，是指汽车自动驾驶期间，禁止作出可能导致事故发生的危险行为。例如，行为人突然关闭人工智能系统，且不进行人工驾驶。禁止危险义务的确立需要根据实践中多发情况进行经验总结与类型分析，笔者在此不做赘述。

至于对危险驾驶罪条文的修改方式，笔者认为，可以在刑法第 133 条之一第 1 款中增设第五项："（五）违反自动驾驶安全管理规定使用无人驾驶汽车，危及公共安全的。"

（四）增设人工智能重大安全事故罪

人工智能应用于公共安全的各个领域时，存在失控并导致事故发生的风险。笔者认为，如果该事故系因人工智能的设计者、使用者或相关人员未遵守人工智能管理法规所致，则可通过增设人工智能重大安全事故罪进行处罚。

刑法第 131 至 139 条规定了各类事故犯罪，包括飞行、铁路、交通、劳动、工程、教育设施、消防等。这些均属于与公民重大人身财产安全紧密相关的领域。应当看到，对于人工智能领域重大安全事故的发生，上述罪名并不能进行规制。人工智能所导致的事故显然既不属于交通领域，也不属于工程、消防领域。即便是重大责任事故罪，也很难包容评价人工智能所导致的事故。生产、作业一般是指工厂、矿山、林场、建筑等企业的日常经营活动，属于比较初级的工业活动，与人工智能研发、实验活动相去甚远。在一个具有高度危险性领域进行的活动，却没有相应罪名进行规制，显然不甚妥当。特别是人工智能应用范围极广，切实关系到公共安全。此外，对于将人工智能应用于原有的飞行、铁路、交通、劳动、工程、教育设施、消防领域造成事故的，可以认为与人工智能重大安全事故罪形成竞合，从一重罪处罚。

由于人工智能重大安全事故罪属于危害公共安全罪，因而构成本罪须以违反涉及公共安全的人工智能管理规定为前提。人工智能重大安全事故一般包括应用于公共安全的人工智能事故，以及虽未应用于公共安全但因失控而导致的公共安全事故。此外，本罪属于行政犯，本质上是因行为人违反了人工智能安全管理规定，所以需要注意刑事处罚与行政处罚的衔接，避免过度刑法化，以致阻碍人工智能的发展。人工智能管理规定属于前置性法律法规，应当由国务院进行制定，且需要规定“构成犯罪的，依法追究刑事责任”的内容。

对于人工智能重大安全事故罪，笔者认为，可以增设刑法第139条之二：“人工智能设计者、运营者、使用者违反人工智能管理规定，因而造成重大伤亡事故或造成其他严重后果的，处三年以下有期徒刑或者拘役；情节特别恶劣的，处三年以上七年以下有期徒刑。”

（五）增设扰乱人工智能活动罪

应当看到，人工智能的研发、应用等活动具有独立保护之必要。一方面，人工智能的研发、应用等活动关系到我国新型社会变革的推进与发展，属于影响国家综合实力的重要科技；另一方面，人工智能的研发、应用等活动切实关系到人民重大人身、财产安全。特别是在人工智能越发普及的未来智慧社会中，人工智能的研发、应用均切实关系到人民利益与社会发展。此外，无论是涉国家秘密类罪名，还是破坏计算机信息系统类罪名，均有其自身的局限性而无法对扰乱或破坏此类技术研发、应用等活动的行为进行规制。因此，独立设置扰乱人工智能活动罪具有正当性和必要性。

扰乱不仅包含物理设备意义上的破坏、干扰，也包含通过病毒等干涉人工智能的技术发展。刑法中的扰乱主要是指抽象意义上的秩序被破坏，如扰乱法庭秩序罪、聚众扰乱社会秩序罪等。扰乱人工智能活动罪本质上也是人工智能活动秩序被破坏，尤其是涉及研发、应用的秩序，落实到具体行为上，既可以是物理设备意义上的破坏、毁损，也可以是抽象、虚拟意义上的病毒植入、数据修改等破坏活动。

对于扰乱人工智能活动罪，可以在刑法分则第六章中增设第十节“妨害人工智能发展罪”时规定一个条文：“违反国家规定，干扰人工智能研发、应用等活动的正常进行，情节严重的，处三年以下有期徒刑或者拘役；情节特别严重的，处三年以上七年以下有期徒刑。”

（六）增设非法提供人工智能技术罪

应当看到，人工智能技术一旦失去管控，不仅可能被恐怖活动组织、黑社会性质组织等用于制造大规模杀伤性机器人，更有可能导致人工智能本身失控，造成奇点来临。所以，有必要对非法提供人工智能技术的行为进行刑法规制，以保障人工智能技术不会失去管控以致危及公共安全与秩序。然而，刑法第 111 条规定的为境外窃取、刺探、收买、非法提供国家秘密、情报罪无法规制非法提供人工智能技术的行为。第一，人工智能技术不一定都属于国家秘密。如果行为人非法提供、买卖不属于国家秘密的人工智能技术的，就难以被刑法第 111 条所包容评价。第二，刑法第 111 条仅针对将国家秘密提供给境外人员或组织的情形，对于提供给境内人员或组织的情形，该条款无法进行规制。因此，独立设立非法提供人工智能技术罪实有必要。

对于非法提供人工智能技术罪，同样可以在刑法分则第六章中增设第十节“妨害人工智能发展罪”时规定一个条文：“违反国家关于人工智能技术的管理规定，非法将人工智能技术提供给他人或组织的，情节严重的，处三年以下有期徒刑或拘役。情节特别严重的，处三年以上七年以下有期徒刑。”

（七）增设非法利用人工智能罪

非法利用人工智能进行犯罪的行为，系指利用人工智能为实施其他犯罪创造条件、环境，但又不与其他犯罪构成共犯的行为。应当看到，该类行为系人工智能时代犯罪的新手段、新形式，具有非常明显的犯罪放大、增益效应，其社会危害性之严重不言自明，故而需要通过增设非法利用人工智能罪进行规制。对此，可参照刑法第 287 条之一非法利用信息网络罪进行设立，具体可在刑法分则第六章中增设第十节“妨害人工智能发展罪”时规定一个条文：“利用人工智能实施违法犯罪，情节严重的，处三年以下有期徒刑或者拘役，并处或者单处罚金；单位犯前款罪的，对单位判处罚金，并对其直接负责的主管人员和其他直接责任人员，依照第一款的规定处罚。有前两款行为，同时构成其他犯罪的，依照处罚较重的规定定罪处罚。”

论人工智能时代大数据收集行为的刑法规制

李　婕*

从科学的视角来看，人工智能是研究、开发用于模拟、延伸和扩展人的智能的理论、方法、技术及应用系统的一门新的技术科学。① 刑法学研究主要关注人工智能技术的应用对社会带来的负面影响，以及如何对危害后果进行归责问题。然而，作为人工智能技术应用基础的大数据挖掘、算法自动化决策才是审视人工智能犯罪问题的基础。因此，研究人工智能时代大数据收集行为的刑法保护问题既是理论突破，也是实践所需。

一、大数据收集行为可能侵犯的法益类型

大数据是人工智能技术的基础，目前我国很多行业都采取了数据化信息采集方式，但不同行业的数据汇聚可能引发数据泄露、数据失真、数据访问等犯罪。具体而言，大数据收集行为可能侵犯的法益包括以下类型：

（一）公司企业管理秩序

刑法在破坏社会主义市场经济秩序罪中规定了虚报注册资本罪，虚假出资、抽逃出资罪，欺诈发行股票、债券罪，违规披露、不披露重要信息罪，隐匿、故意销毁会计凭证、会计账簿、财务会计报告罪等罪名，这些罪名中的行为客体往往以电子数据的形式表现，故此时电子数据具有公司企业管理秩序的色彩，刑法通过对公司企业的资本、股票、债权的发行管理等行为方式进行规制来保护上述电子数据的合法状态。

（二）金融管理秩序

刑法在破坏社会主义市场经济秩序罪中还规定了窃取、收买、非法提供信用卡信息罪，擅自发行股票、公司、企业债券罪，利用未公开信息交易罪，变造并传播证券、期货交易虚假信息罪等罪名，由于这些罪名中的行为客体指向金融管理中的个人或企业数据，故此时的电子数据具有金融管理秩序的色彩。刑法通过对信用卡

* 李婕，法学博士，安徽大学法学院副教授。

① 腾讯研究院：《人工智能》，中国人民大学出版社 2017 年版，第 23 页。

信息，证券、期货虚假交易信息，公司、企业债券等金融管理客体的行为方式进行规制来保护金融管理中电子数据的合法状态。

（三）知识产权保护秩序

刑法在破坏社会主义市场经济秩序罪中规定了侵犯著作权罪、侵犯商业秘密罪等罪名，由于著作权、商业秘密往往表现为电子数据形态，此时作为知识产权权利客体的著作权数据、商业秘密数据具有知识产权权利色彩。刑法通过对侵犯著作权、侵犯商业秘密等知识产权客体的行为方式进行规制来保护知识产权客体的电子数据的合法状态。

（四）市场管理秩序

刑法在破坏社会主义市场经济秩序罪中规定了提供虚假证明文件罪和出具证明文件重大失实罪，这两个罪名中的行为客体指向证明文件的载体电子数据，故此时的电子数据具有市场秩序色彩。刑法通过对提供虚假证明文件、出具证明文件重大失实等市场秩序客体的行为方式进行规制来保护证明文件客体的电子数据的合法状态。

（五）公民的人身权利、财产权利

刑法在侵犯公民人身权利、民主权利罪和侵犯财产罪中规定了侵犯通信自由罪、侵犯公民个人信息罪以及以电子数据为表现形式的侵犯公民财产（如股票、债权等）的罪名，这些罪名中的行为客体或者指向个人人格权的通信自由、身份信息，或者指向个人财产权的所有权及本权，带有明显的个人权利色彩。刑法通过对侵犯公民人身权利客体、财产权利客体的行为方式进行规制来保护上述电子数据的合法状态。

（六）公共管理秩序

刑法在妨害社会管理秩序罪中规定了伪造、变造、买卖国家机关公文、证件、印章罪，伪造公司、企业、事业单位、人民团体印章罪，伪造、变造、买卖身份证件罪，非法持有国家绝密、机密文件、资料、物品罪，非法使用窃听、窃照专用器材罪，非法获取计算机信息系统数据罪，非法利用信息网络罪，编造、故意传播虚假恐怖信息罪，编造、故意传播虚假信息罪等罪名，这些罪名中的行为客体或者表现为文件、资料的电子数据形式，或者表现为计算机信息系统数据、恐怖信息等电子数据形式，其作用领域具有明显的公共管理秩序色彩。刑法通过直接规定“计算机信息系统数据”“恐怖信息”的方式和处罚非法使用电子数据的行为方式的手段（如伪造、非法持有、故意传播等）对电子数据进行多方位保护。

（七）国防利益和军事利益

刑法在危害国防利益罪和军人违反职责罪中规定了伪造、变造、买卖武装部队公文、证件、印章罪，战时故意提供虚假敌情罪，隐瞒、谎报军情罪，非法获取军事秘密罪，故意（过失）泄露军事秘密罪等罪名，这些罪名中的行为客体主要表现为军事活动中的公文、证件、情报、秘密的数据形式，此时的电子数据具有明显的国防和军事色彩。刑法通过对国防和军事活动中非法使用公文证件、秘密、情报的行为规制的方式来保护电子数据的合法状态。

（八）国家公务员制度廉洁性

刑法在贪污贿赂罪中规定了国家工作人员非法获取、使用国家财产的罪名，如贪污罪、挪用公款罪、单位行贿罪、私分国有资产罪等，这些罪名都指向公共财产。根据刑法第 91 条规定，公共财产包括国有财产、劳动群众集体所有的财产、用于扶贫或其他公益事业的社会捐助或专项基金的财产，在国家机关、国有公司、企业、集体企业和人民团体管理、使用或者运输中的私人财产，以公共财产论。由此可知，公共财产既表现为实物形式的土地、房屋，也表现为电子数据形式的债权、电子货币。

二、刑法中电子数据的保护路径分析

（一）刑法中电子数据的属性

1. 财产属性

破坏社会主义市场经济秩序罪中作为行为客体的电子数据和侵犯财产罪中作为行为客体的电子数据都具有明显的财产属性，区别在于前者表现为单位或个人的财产，后者表现为个人财产。司法实践中数据常常作为财产交易，这已经成为一种产业。2008 年，“数据市场”“数据银行”等概念被相继提出，IBM、HP、Factual 等一众新老公司纷纷涉足其中。我国在 2014 年 2 月成立了中关村大数据交易产业联盟，2016 年首家数据投行在贵阳市正式成立，数据投行通过对被投资人需要的数据进行脱敏、清洗后，形成数据资产包，并评估定价，用数据资产包的使用权置换被投资公司的股权，减轻被投资公司的融资压力。① 尽管所交易的具体数据类型有所不同，但数据交易本身即体现了数据的财产价值。同时，数据主体作为原始数据控制者同样可以交易自身数据，如通过让渡信息数据使用权换取直接经济利益或作为对价的服务等，这种实然上的经济利益，可交易、可转移的特性是数据财产权属性的依据。《民法典》第 127 条的规定将“数据”与“虚拟财产”并列，也体现了我国民事立法对与数据作为新型财产具有财产权属性的认可。②

2. 人格属性

侵犯公民人身权利、民主权利罪中作为行为客体的个人信息具有明显的人身属

① 全国首家数据投行在贵州省贵阳市正式成立，https：//yq. aliyun. com/articles/173148/。

② 《民法典》第 127 条规定：“法律对数据、网络虚拟财产的保护有规定的，依照其规定。”

性。从各国立法来看，对于个人数据保护的出发点大多基于对个人人格权的保护，如隐私权、名誉权。人格权的立法价值在于以人为本，保障个人的人格尊严和价值，其保护法范围随着社会关系复杂化和伦理观念改变而不断扩大。具有人身属性的电子数据通常与人身紧密关联的数据，如身份证号、家庭住址、消费习惯、兴趣喜好、信用状况、运动轨迹等，体现着个人的人格尊严和自由意志，是权利人人格权在网络上的延伸，当信息积累到一定程度之后，就可以塑造出与现实社会中实际人格相似的“数字人格”，所以这些与个人相关的数据不可避免地带有着人格权属性。

3. 秩序属性

刑法在妨害社会管理秩序罪、破坏社会主义市场经济秩序罪和危害国防利益罪、军人违反职责罪中处罚非法使用个人或单位（军事）的数据的行为多强调行为无价值，如窃听、窃照、伪造、泄露等行为凸显对法益保护的抽象危险，这些领域的数据由于具有国家机关公信力的色彩，其传播、伪造行为会对社会秩序、军事秩序造成严重威胁，因此刑法通过严厉打击非法行为的手段在行为表现出抽象危险的时候就截断数据传播，避免数据大范围传播对社会秩序或军事秩序造成的扰乱。刑法之所以保护电子数据的秩序属性，是因为在特定的时空条件下，非法利用电子数据的行为会引发公共秩序领域、国防军事领域的秩序混乱，进而危及个人的人身安全等基本权利。因此，部分电子数据因其使用范围的特点而具有秩序属性，刑法应予以重点保护。

（二）刑法规制数据收集行为的不足

1. 没有明确规定保护个人数据

刑法并未直接规定对个人数据进行全方位保护，而是通过保护个人信息、计算机信息系统、防止发布违法犯罪信息等方式对部分电子数据进行保护。例如，非法获取计算机信息系统数据罪是指违反国家规定，侵入前款规定以外的计算机信息系统或者采用其他技术手段，获取计算机信息系统中存储、处理或者传输的数据的行为。2011 年通过并施行的最高人民法院、最高人民检察院《关于办理危害计算机信息系统安全刑事案件应用法律若干问题的解释》并未对数据进行规定，而是在第 11 条指出，本解释所称的“计算机信息系统”和“计算机系统”，是指具备自动处理数据功能的系统，包括计算机、网络设备、通信设备、自动化控制设备等。本解释所称的“身份认证信息”，是指用于确认用户在计算机信息系统上操作权限的数据，包括账号、口令、密码、数字证书等。2000 年 12 月 28 日第九届全国人大常务委员会第十九次会议通过的《关于维护互联网安全的决定》第 4 条第 2 项规定，非法截获、篡改、删除他人电子邮件或者其他数据资料，侵犯公民通信自由和通信秘密构成犯罪的，依照刑法有关规定追究刑事责任。很明显，个人信息泄露不属于刑法的保护范围。《通用数据保护条例》（GDPR）规定，“个人信息泄露”是指由于违反安全政策而导致传输、储存、处理中的个人数据被意外或非法损毁、丢失、更改或未经同意而被公开或访问。泄露个人信息的行为很可能为某些人利用这些信息进行电信诈骗甚至敲诈勒索提供条件，具有对人身、财产的危险性，刑法不应坐视不管。

2. 尚未充分关注数据的公共属性

个人当然享有个人数据的使用、处分等权利，但当个人数据应用于公共服务领域，其将不可避免地带有公共属性的色彩。例如，个人银行账户的数据属于私人事务，但如果其个人财产并非来源于正常途径，而是非法挪用、贪污得来的，那么该财产的来源、多寡就因涉及“公共利益”而转化为公共事务的对象。那么从法律的角度来看，如何判断个人数据的公共属性？

公共利益是不确定的多数人的利益，应当体现社会发展的整体要求和富国强民的目标。① 刑事案件中的公共利益应当是对社会不特定公众的人身、财产、自由等基本权利保障具有积极意义和现实价值的内容，公众受益性和公正合理性是其必然要求。例如，公布死亡者病历的行为当然侵犯了死者的隐私权及其亲属的相关权利，但这是在新冠肺炎疫情期间消除广大公众心理恐慌、避免出现群体性事件的必要之举。报刊、媒体公开官员受贿、索贿的录音视频，是监督官员廉政守法、勤政为民的职业行为，官员的身份决定了其任何有损职务廉洁性的行为都将威胁到公众的切身利益，故对官员不法行为进行公开报道，排除侵犯隐私犯罪的成立。欧洲人权法院也认为，基于公众“知的权利”，的确不排除公共人物的私生活报道具有新闻价值的可能，特别是针对政治人物，但始终应限于报道内容与政治人物执行职务或公共政策有关，方有助于公共利益。那么涉及公共利益的数据收集是否不受限制，该行为的社会危害性是否较低，都是有待探讨的问题。

三、大数据收集行为的刑法规制路径探索

（一）个人信息保护路径②

1. 个人信息与个人数据之差异

我国刑法在侵犯公民个人信息罪、非法利用信息网络罪等罪名中处罚非法利用信息的行为，网络安全法及司法解释多次对“个人信息”进行释义，但信息与数据的区别并不清晰。例如，侵犯公民个人信息罪，是指违反国家有关规定，向他人出售或者提供公民个人信息，情节严重的行为。根据网络安全法第 76 条规定，个人信息是指以电子或者其他方式记录的能够单独或者与其他信息结合识别自然人个人身份的各种信息，包括但不限于自然人的姓名、出生日期、身份证件号码、个人生物识别信息、住址、电话号码等。2017 年 5 月 8 日公布的最高人民法院、最高人民检察院《关于办理侵犯公民个人信息刑事案件适用法律若干问题的解释》第 1 条规

① 胡鸿高：《论公共利益的法律界定——从要素解释的路径》，载《中国法学》2008 年第 4 期。

② 因数据（如比特币、网络游戏装备）等是否属于财产，我国刑法理论界争议较大，故在此将其纳入个人信息范围进行讨论。

定，刑法第253条之一规定的“公民个人信息”，是指以电子或其他方式记录的能够单独或者与其他信息结合识别特定自然人身份或者反映特定自然人活动情况的各种信息，包括姓名、身份证件号码、联系方式、住址、账号密码、财产状况、行踪轨迹等。

信息数据是存在于人身之外的有形的、具有物质载体的，反映个人基本情况的资讯内容，如个人的身份证号、银行账号、电子邮箱等。[①] 刑法之所以对侵犯公民个人信息的行为予以处罚，是将这些信息作为个人财产权和人身权的“侧防法益”加以保护的，即与某特定主体相关联的、可以直接或间接地识别本人身份信息的内容，具有典型的身份属性的信息。正是由于这些信息的泄露直接导致公民的财产、人身安全陷入危险，因此刑法将这些具有人身属性的信息纳入保护范围。具体而言，信息数据可能包含多种人格利益信息，如个人肖像（形象）信息、个人姓名信息、个人身份证信息、个人电话号码信息。所以，具有公共属性的个人信息并不属于刑法保护的范围。例如，个人通讯地址、电话号码信息的收集和公开是社会交往和公共管理的需要，必须在一定范围内为社会特定人或者不特定人所周知，不属于刑法中的个人信息。

2. 个人信息属于个人数据的子集

刑法将侵犯公民个人信息罪规定在侵犯公民人身权利、民主权利罪中，非法使用窃听、窃照专用器材罪，非法利用信息网络罪处罚的都是非法收集、利用他人信息的行为，这两个罪名保护的社会秩序由个人信息的合法状态演化而来，故刑法规制数据收集应用行为必须充分重视个人信息保护。

刑法中的个人信息应当具有两个基本特征：个人专属性和信息重要性。前者指个人信息与公民的个人身份紧密相关，既包括其生理特征的信息，也包括其本人在社会上从事各种活动的社会特征的信息；后者指公民的诸多个人信息关乎公民的人格、尊严，甚至影响到其财产权利、人身安全。[②] 刑法规制的是具有严重社会危害性的侵犯个人信息的行为，故在划定“个人信息”的范围时，必须着重考虑其与个人最基本的人身权利、财产权利的关系。例如，以数据形式表现的个人银行账号、身份证号、病历等具有人身专属性的重要信息属于个人信息范围，我国司法解释也认可对个人数据的保护。2011年通过的最高人民法院、最高人民检察院《关于办理危害计算机信息系统安全刑事案件应用法律若干问题的解释》第1条规定：“获取支付结算、证券交易、期货交易等网络金融服务的身份认证信息十组以上的”属于刑法第285条第2款规定的“情节严重”。该解释第11条规定，本解释所称“身份认证信息”，是指用于确认用户在计算机信息系统上操作权限的数据，包括账号、口令、密码、数字证书等。但是，个人的网购记录、游戏装备、关键词搜索等信息虽然也表现为数据的形式，却因其不符合上述两个特征，因而并非刑法的保护对象。

① 李婕：《刑法如何保护隐私》，载《暨南学报》（社科版）2016年第6期。

② 赵秉志：《公民个人信息刑法保护问题研究》，载《华东政法大学学报》2014年第1期。

所以，个人信息的范围小于数据的范围，刑法只保护个人数据中的重要部分，即个人信息合法的收集利用行为。

（二）集体法益保护路径

刑法中的集体法益主要指国家法益和社会法益，即为保护个人法益必须提供的社会和国家制度规范。集体法益保护路径主要分为国家法益和社会法益，前者包括经济秩序、国防利益与军事利益、国家公务员制度廉洁性，后者主要包括社会管理秩序。大数据收集行为侵犯集体法益时，刑法需要区分电子数据的性质和行为性质，通过规制行为保护集体法益。

1. 大数据收集行为的职业相当性

人工智能技术研发、推广、应用是智能科技行业的正当职业行为，国家和社会希望它们存在，这些行为也公开于所有公众的视野之内。国务院《新一代人工智能发展规划》明确规定了科技引领、系统布局、市场主导和开源开放的原则，符合人工智能职业规范的行为一般被推定为具有职业相当性。在判断人工智能研发和应用行为是否超越可容许风险时，应以“行为人所属阶层的一般人”为标准，即以人工智能职业一般（平均）从业者的行为方式和思维方式进行判断。例如，人工智能行业的从业者应当知道算法运算的因果关系认定困难，也清楚数据收集不充分会出现“垃圾进、垃圾出”的结果，如果人工智能技术研发者、应用者没有履行最基本的职业义务要求，则要承担法律责任。唯有如此，才能对人工智能行业领域内一般人认为通常和必要的行为究竟是否具有正当性与合理性作出审查和裁决，准确认定职业相当性以排除犯罪成立。

2. 大数据收集行为的刑事违法性判断

人类社会发展已进入大数据时代，人工智能技术研发和应用日益渗透到生活的方方面面，其所带来的便利远远大于可能引发的负面问题。如果大数据收集行为的职业相当性能够归入刑法中正当业务行为的范畴，则其不具有刑事违法性。正当业务中“业务”的概念随着不同时代的发展而与时俱进，如果一概追究人工智能研发者和应用者的刑事责任，会严重阻碍人工智能产业的健康发展。行为人研发、应用人工智能技术是行使宪法基本权利的行为，自然是正当行为，尽管此“行为客观上引起了危害社会的结果，但行为人并没有违反其负有的刑事义务时，就应当认为其行为是正当的”①。更为重要的是，犯罪成立需要严格遵守罪刑法定原则，犯罪排除事由则可作有利于被告人的扩大解释，将人工智能技术研发和应用行为解释为正当业务行为，并未超出一般国民的预测可能性。

大数据收集行为中的可容许风险应根据不同的职业领域细化分析，具体进行“职业”相当性的判断。衡量某行为的职业相当性需考虑以下方面：第一，它们是由事先已经具有一定组织结构的行为领域所构成，如某个社会组织或职业领域；第

---

① 冯军：《刑事责任论》，法律出版社 1998 年版，第 51 页。

二，这种先前的组织结构不仅具有事实的性质，而且带有规范的要素，或者带有制裁措施的职业规则；第三，存在查明行为规则与刑法禁止性命令是否一致的必要性。[①] 职业行为社会相当性的判断分两个步骤：一是某一行为应当具有正常性和必要性，即职业行为领域具有独立的规范结构；二是在具体职业领域内拥有正常性和必要性的行为还必须与法律保持一致，才能最终被确定为具有社会相当性——刑法绝不能为社会上普遍存在的滥用行为打开方便之门。

3. 大数据收集行为侵害集体法益之判断

（1）违反国家规定之实质审查

妨害社会管理秩序罪中的很多罪名要求“违反国家规定”，首先应根据刑法第96条确定：“本法所称违反国家规定，是指违反全国人民代表大会及其常务委员会制定的法律和决定，国务院制定的行政法规、规定的行政措施、发布的决定和命令。”

单个数据收集行为可能侵犯个人法益较小，但“海量行为×微量损失”样态的公共秩序侵害就需要进行实质违法性判断法益何时受到侵害。例如，帮助信息网络犯罪活动罪的成立需要“情节严重”以判断社会秩序被扰乱，如行为人发布的违法信息实际被点击、浏览、转发次数累计计算也是刑事违法性判断的标准。

（2）法益衡量排除实质违法性

如果大数据收集行为对个人、社会法益造成侵害，是特定情况下维护公共利益之必需，那么需要对行为的实质违法性进行法益衡量。例如，新冠肺炎疫情防控期间，国家疫情防控系统将经过疫区人员的信息反馈至个人社区或单位，就是维护公共安全和社会秩序的需要，不具有刑事违法性。或者国家为了新冠肺炎疫情防控需要，对某治疗方法通过强制许可的方式向社会公布，符合知识产权保护中“促进社会发展”的原则，此时商业秘密应让位于公共利益。

（三）财产保护路径

现实中时常出现出售个人信息，以及非法侵入他人计算机信息系统盗窃比特币等事件。虽然这些案件中行为人通过出售数据的行为获得大量金钱，但司法判决往往并不将案件中以电子数据形态存在的数据认定为财产，[②] 网络游戏装备是否属于虚拟财产也有较多争论。因此，以电子数据形态存在的数据具有交易价值，但并不符合财产犯罪保护对象的特征。张明楷教授指出，虚拟财产仅是一种事实上的表述，“刑法没有必要定义虚拟财产的概念，只要个案中行为人所侵害的虚拟财产具有管理可能性、转移可能性与价值性即属于刑法上的财物”。陈兴良教授提出，我国刑

---

① Wohlers, Hilfeleistung und erlaubtes Risiko－zur Einschränkung der Strafbarkeit gemäβ § 27 StGB, NStZ 2000, 173f.

② 如（2019）川01刑终948号判决将盗窃虚拟货币的行为认定为侵犯计算机信息系统数据罪；（2016）粤1323刑初144号判决将盗窃他人网络游戏装备的行为认定为侵犯计算机信息系统数据罪。

法中的财物完全能够涵盖虚拟财产；对于具有财产价值的虚拟财产应当按照财物予以刑事保护。[①] 还有学者认为，虚拟财产只要满足管理可能性、转移可能性和价值性三个特征，就能成为盗窃罪的犯罪对象。[②] 以形形色色的电子数据形式存在的信息并不具有稳定的价值性，如比特币价格多次大涨大跌、信息数据随着国家的管理政策而上下波动，难以像债权等财产性利益那样具有稳定的价值，这也是我国的司法判决并非一律将盗窃、出售数据行为认定为财产犯罪的原因。因此，数据收集行为是否构成财产犯罪仍需进一步研究。

① 陈兴良：《虚拟财产的刑法属性及其保护路径》，载《中国法学》2017 年第 2 期。

② 张明楷：《非法获取财产的行为性质》，载《法学》2015 年第 3 期。

我国刑事司法智能化的知识解构与应对逻辑*

孙道萃**

一、问题的提出

诚然，碎片化的、尚未系统化的人工智能早已应用于司法领域。当前，信息网络技术向纵深跃进，继大数据时代后，人工智能技术已经处在下一风口。人工智能技术的迅猛发展，正在迅速改变人类社会的生产生活方式，法律体系亦不能幸免。近现代法律体系是当代人类文明的瑰宝，能否成功应对人工智能技术裹挟的新风险和不确定性因素并谋求持续发展，是我们必须面对的紧迫重大问题。而且，从司法效率的改革导向看，人工智能技术的法律应用具有广阔的前景。

2017 年是人工智能技术发展与应用的“元年”。国务院发布《新一代人工智能发展规划》(国发〔2017〕35 号)。以“初步建立人工智能法律法规、伦理规范和政策体系”作为重点任务，彰显了依法治理的前瞻性思维。法律应用是热点，为了促进证据收集、法律文件适用、案例分析等的智能化应用，要积极建设“智慧法庭”及数据平台，融合数据应用、审判、人员、司法公开与动态监控等因素，实现法院审判体系和审判能力的智能化。这不仅描绘了我国智能技术的应用愿景，也勾勒了人工智能时代+法律变革的未来图景。随后，工业和信息化部制定《促进新一代人工智能产业发展三年行动计划（2018-2020 年）》，进一步明确了具体的任务与时间表，要求各方加速开发与拓展应用。

在此政策红利下，刑事司法智能化改革加速推进。2016 年 10 月，“第四次百万政法干警学习讲座”指出，智能技术已经开始改变人类的生产生活方式。法律及其运行的思想观念要作出改变。[①] 2017 年 7 月，“全国司法体制改革推进会”强调，应充分结合大数据、人工智能等新兴技术，探索法律与智能技术的深度融合，推广庭

* 本文系 2018 年度国家社会科学基金青年项目“人工智能时代的刑法前瞻与应对研究”(18CFX041）的阶段性成果之一。

** 孙道萃，中国政法大学国家法律援助研究院副教授，法学博士后。

① 蔡长春：《树立战略眼光增强机遇意识　创造性运用大数据提高政法工作智能化水平》，载《法制日报》2016 年 10 月 22 日第 1 版。

审语音识别等智能辅助系统应用。[①] 同月，“大检察官研讨班”指出，要积极运用大数据、人工智能，推进建设跨部门的大数据办案平台、智能辅助系统等检察智能辅助办案系统，实现证据标准的数据化、模型化认定，科学把握智能评判与司法判断的关系。[②]《上海市高级人民法院“数据法院”建设规划（2017-2019）》的制定，加速了“智能+法律”时代的来临；[③] 贵州法院政法大数据系统和上海法院刑事案件智能辅助办案系统已走在试行前列，成为各界透视“智能+法律”的前端试点样本。在自上而下的“司法智能化”改革推动下，各级司法机关纷纷打通大数据、人工智能与司法体制改革的“嫁接”通道，因地制宜启动“数据法院、智慧法院”“智慧检务”等创新实践，成为新一轮信息革命正在深刻影响我国司法改革的最佳注脚。

这些探索立体地勾勒了“智能技术+法律”的美好前景，也揭示了人工智能技术将给传统法律运行模式、法律职业群体等带来重大的机遇与挑战；不仅冲击了法律职业共同体的存在感，更预示着智能技术对具体法律制度及其运行机制的侵蚀、渗透以及改变，这种趋势正在逐步加深和演变，未来的辐射面与纵深度将不断扩大和加强。基于此，刑事法治体系的人工智能化动向亟待前瞻性的探索和定位。

二、刑事司法智能化的法理挑战与发展机遇

刑事司法活动不仅高度专业化、专属化，而且尤为严肃和具有重大利害性，是我国司法体制改革的难点与重点。人工智能技术因其“智能化”技术优势，或将为刑事司法改革更好地平衡“公正与效率”提供新的通道而备受关注。而这场充满不确定性的技术变革也为刑事司法知识体系带来了挑战与机遇。

（一）刑事司法智能化的法理隐疾

对于人工智能技术及应用，法律界以及司法界既要看到技术福利的积极层面，也要看到传统刑事司法体系经受的重大冲击。全面看清这场变革的真实面貌。

1. 司法权的独立命运

从国家权力结构的分布看，司法权是与立法权、行政权相互分离且独立存在的权力类型。司法权是末端权力，是“分配正义”的官方权威机制。司法权的中立性、被动性、独立性和终局性特征彰显了其对国家治理体系与功能发挥的不可替代性作用，权力制约、权利保护是当代司法权构成与运行的核心要素。

---

① 孙春英、蔡长春：《主动拥抱新一轮科技革命　全面深化司法体制改革　努力创造更高水平的社会主义司法文明》，载《法制日报》2017 年 7 月 12 日第 1 版。

② 庄永廉：《攻坚克难确保司法体制改革落地生根提高政治站位坚持稳中求进推进工作——大检察官研讨班会议综述》，载《人民检察》2017 年第 14 期。

③ 严剑漪：《从“互联网+”迈入“人工智能+”新时代——上海法院加快智慧法院建设纪实》，载《人民法院报》2017 年 5 月 21 日第 1 版。

对于刑事司法而言，司法权还有更加独特的内容：（1）核心内容是裁判权。[①] 事关惩治犯罪与人权保障这一国计民生的重大问题。不仅决定公民的生死、财产以及自由，也左右着社会稳定与发展。（2）刑事司法权需要妥善解决国家、被追诉者、被害人以及社会等多重的交替复杂关系，司法权的精英化与大众化、集中化与民主化、专业化与社会化等矛盾相互交织，对抗性强、协商性偏弱。(3) 刑事司法权的运行具有显著的法定性、强制性、单一性、组织性等内外特征，具体表现为司法权的运行程序具有法定性、司法权的内容与结果具有最强效力、司法参与的非对等性、司法仪式的严肃性等。相对于其他法律领域，刑事领域的司法权是最稳定的形态，国家主导下的公权力色彩尤为浓厚，司法的协商性、司法程序的简化、司法的非亲历性等问题都需审慎“解封”。

刑事司法的智能化应用不免会引发以下颠覆效果：（1）司法权的官方性、法定性、仪式性被严重削弱。司法权的程序运行不仅是对个人行为的法治“规训”，也是对公众的宣示，并依赖机关、人员的官方性、过程与方式的法定性、时空的仪式性等实现。智能化变革“侵蚀”了传统司法的运作根基。从智能技术的智能化程度看，即使司法智能系统运行正常，优势明显，其形成和强化审判权威性的能力仍有待提高。单纯试图通过智能系统规范法官的裁量行为，可能威胁法官专享的独立权力，并隐藏误导和空想的危险。刑事司法的智能化可能逐步“稀释”并使司法权的“底裤”丧失殆尽，司法权的运作方式面目全非。（2）司法过程与结果形成的信息不对称性、诉讼风险的不确定性、不公正性。司法权威与信任首先源自“良法”，但也需“人”的善用。法官正是被公众认同的“唯一法定角色”。如果习以为常的刑事司法活动部分或全部交由智能主体来操作，难免导致诉讼参与方都缺乏对等的信息共享机制、充分交流与合作。诉讼风险的分配与承担最终是由智能技术随机确定，而智能处理的“算法”逻辑与结果是否公正令人担忧，对司法公正的实现无疑是负面因素。(3) 司法权的主动性转向技术的统治性，司法权由“目的”转为“手段”的迹象显现。司法权是国家权力，刑事司法活动是国家行为，是主动干预社会和打击犯罪的官方仪式。司法权的运行是在实现刑事法治体系目标之际，一并巩固司法权威。由智能主体部分和全部取代人的司法活动，司法权则成为智能司法活动的“物化”依据，成为智能司法运行体系的“对象”，难谈司法权的主动性、主导性，甚至意味着传统司法的消亡。

目前，人工智能技术及其应用水平相对有限，在司法领域的应用主要处于初级阶段，无法与现代司法审判制度的成熟度相媲美；司法权具有终局性和局限性，在很大程度上仍决定了诉讼主体的广泛参与具有必要性，对结论的可接受性具有决定意义。目前，人工智能技术仍主要是实现合法正义的辅助手段，智能化系统主要用

---

① 陈瑞华：《司法权的性质——以刑事司法为范例的分析》，载《法学研究》2000 年第 5 期。

于辅助法官决策判断。[①] 然而，一旦出现“阿尔法法官”等，则可能真正取代“人是法官”的传统形态。[②] 易言之，刑事司法智能化一旦发生革命性的变化，司法权的彻底沦陷以及习以为常的刑事司法体系遭受淘汰并非毫无可能之事。

2. “人”的司法主体地位取舍

人工智能研究的创始人之一明斯基（Marvin Minsky）在1968年集中概括了人工智能研究的实质：“让机器从事需要人的智能的工作的科学。”[③] 这种“替代性”特征意味着人的主体地位及其作用可以被“取代”。刑事司法的智能化实践，首先冲击由“人”统治司法主体的格局及所形成的司法运行体系等内容。人工智能的核心是算法，人工智能的司法化主要是算法的司法化，也即智能主体可以完全模拟人进行学习、思考和判断等。人工智能技术的应用效果是司法活动的“智能化操作”，原有司法主体逐渐“退居二线”，不继续真正完全负责司法活动。这使司法活动的专属性与高度分工性、司法主体的独立地位、司法行为的特定性等问题必然受到瓦解。尽管算法裁判具有模拟人的智性、体现人的智性功能等特质，但暂时并不能真正替代人。最终是否完全具有“类人”的心性和灵性的司法判断潜质尚且无从得知。

关于智能主体的法律资格问题，实践已经走在理论的前面。2016年，美国国家公路安全交通管理局认定，“谷歌”智能驾驶汽车的智能系统可以被视为“司机”。[④] 智能产品在一定程度上被赋予拟制的“法律主体资格”，但以“司机”的名义接受法律制裁，实际是变相替代承担智能产品提供者的法律责任。而俄罗斯的《格里申法案》认为，“机器人”可以视作与动物一样具有特定相似性的财产，但根据发展趋势，也可能成为人类的一种自主代理人。可以借用对动物和法人的调整规则的理念，也即对法人予以登记和规制的方式，调整“机器人”问题。[⑤] 这种类型化与递进性并存的立法思路更符合智能技术发展的规律，可以有限地认可智能机器人的主体性。而国内有观点认为，人工智能具有独立自主的行为能力，有资格享有法律权利并承担责任。应当具备限制的法律人格，承担行为的能力与后果有限，可以适用侵权责任法律规范。[⑥] 根据产品质量法第43条的规定，人工智能产品只能被视为“物”或“产品”，而非法律意义上的“人”，智能产品等并无独立的法律主体资格。

尽管“智能主体”获得真正主体身份与地位仍需时日，但这种快速变革的趋势客观上冲击了“人的主体性”地位，也波及了司法主体的地位与身份。“人”不再主导刑事司法活动，刑事司法的定罪量刑活动则缺乏立命根基，裁判主体的合法性

---

① 季卫东：《人工智能时代的司法权之变》，载《东方法学》2018年第1期。

② 何帆：《我们离“阿尔法法官”还有多远?》，载《浙江人大》2017年第5期。

③ 於兴中：《当法律遇上人工智能》，载《法制日报》2016年3月28日第7版。

④ 张艳：《人工智能给法律带来四大挑战》，载《社会科学报》2016年8月4日第4版。

⑤ 张建文：《格里申法案的贡献与局限——俄罗斯首部机器人法草案述评》，载《华东政法大学学报》2018年第2期。

⑥ 袁曾：《人工智能有限法律人格审视》，载《东方法学》2017年第5期。

地位、裁判活动的可视化及其结果的正当性、认同性等都将丧失殆尽。这将对传统刑事司法活动的专属性、严肃性等产生潜移默化的稀释效果。

3. 司法裁判行为的可替代危机

司法裁判是人类社会高度分工后的专属法律活动，具有非常明显的社会属性与裁判者的主观能动性，包括司法机关的法定性与权威性、司法主体的独立性与专业性、司法裁判行为的主体参与性及主客观一致性等内容。按照人工智能技术进入刑事司法实践的发展前景，司法裁判活动可以由智能主体全面具体操作。这无疑弱化了传统司法裁判活动的品格，也削弱了司法人员的裁判地位。

目前，学界对于智能系统的司法裁判地位主要持审慎的态度。因为司法裁判具有系统性、职业性和经验性等特殊性，智能技术与功能存在一定的技术局限性，智能系统不可能取代或代替法官办案，只能辅助法官办案。① 客观而言，初级的智能系统在理解案情上存在“认知”短板，裁判能力尚有缺陷。不仅难以完美应对法律的复杂性，也难以周全地应付法律的社会因素。官方层面也持相似立场。在 2017 年召开的全国司法体制改革推进会上指出，智能辅助办案系统不直接替代正常的刑事诉讼活动和司法人员的独立判断，而是推动公检法参与协同办案平台，共同明确基本证据标准并指引办案。② 地方的试点单位也指出，智能技术更擅长证据的形式“筛选”，但法官最终决定证据缺失、证明标准等问题。智能系统可以为法官提供同案、类案的量刑参考，但法官最终决定量刑。智能系统不能直接决定判案，法官处于主导地位，并真正决定案件结果与裁判质量。当前是推进法院信息化建设的重要审判辅助手段。③ 在刑事司法智能化的初期阶段，智能技术的司法应用及其产品主要被当作优化法律制度运行的“术”，而非直接替代传统刑事司法体系的“本”，并未动摇以“人”为中心确立的司法裁判地位。借此，应解放司法裁判人员的生产力，提高司法效率与裁判质量。

尽管在现有的技术条件下，初级阶段的智能技术及其应用的发展水平远未达到成熟状态，不可能真正有效取代传统“人”作为司法主体的地位，发挥完全主导的控制作用。但随着智能时代的发展，仅被单纯作为“技术手段”并成为刑事司法活动的辅助手段，可能是其一特定阶段，未来可能完全独立运行。一旦在智能技术应用层面获得认识论的肯定，价值论与本体论的争议将随之减少。

4. 对定罪活动的“染指”边界

尽管当代刑事司法裁判由定罪裁判、量刑裁判和程序性裁判的相对分离为特征。④ 但在报应性刑事司法模式中，定罪活动最为重要，恢复性司法理念中的定罪

---

① 潘庸鲁：《人工智能介入司法领域的价值与定位》，载《探索与争鸣》2017 年第 10 期。

② 孙春英、蔡长春：《主动拥抱新一轮科技革命　全面深化司法体制改革　努力创造更高水平的社会主义司法文明》，载《法制日报》2017 年 7 月 12 日第 1 版。

③ 严剑漪：《揭秘“206 工程”：法院未来的人工智能图景》，载《上海人大》2017 年第 8 期。

④ 陈瑞华：《刑事司法裁判的三种形态》，载《中外法学》2012 年第 6 期。

仍然重要，只是更新了表达载体与法律形式。[1] 在传统刑法理论体系中，定罪是决定人的最基本权利甚至生死的最严肃活动，不再是由法官暨“人”而是“机器”定罪，由此引发的不确定性因素无法预测。而且，智能技术的不可控性、未知的“算法”裁判逻辑、无法获得相应的救济等负面因素也可能引发“司法混乱”的公众恐慌。这不仅颠覆了传统认识，也极大地动摇了定罪活动的存在根基。

通常认为，“以事实为依据，以法律为准绳”是主要的定罪理念。司法裁判的核心是事实，偏离案件事实与证据，司法公正很可能塌陷。目前，智能技术仍无法高度“类人”思维，深度学习仍不足以综合解决“事实认定”“证据审查”“法律适用”等核心问题，也无法真正有效地“类人”裁判。例如，在证据审查与应用方面，智能系统尚不具备实质审查证据的能力，无法独立完成证明力的判断，也无法独立“确证”是否达到证明标准。但可以从形式上对证据能力进行划分，智能辅助解决证明力、证明标准等问题。这是智能定罪面临的根本性的制度难题，也是刑事司法智能化系统工程的“最后一公里”难题。

当前，应当分阶段看待定罪活动的智能化问题：一是人机互联在司法审判领域的应用，意味着人工智能的标准化程度不断升高，客观上提高了智能审判的高效性和客观性，将人类从繁重的事务性工作和复杂的案外因素中解放出来；二是在智能化定罪中，虽然缺少人文因素等传统的审判要素，但智能系统并非最终的决定性因素，而是致力于丰富和深化传统定罪要素。当进入智能时代的最高阶段后，真正出现可以与人完全媲美的“智能法官（主体）”时，传统定罪活动已经完全实质智能化，也许不再是“离经叛道”或“天方夜谭”。

5. 司法标准化与个别正义的博弈

智能技术的发展及其应用具有显著的不确定性与风险的不可预测性，其既可以是正义的化身，也可以是邪恶的“帮凶”。必须用法律守护好人工智能技术正义的刻度尺。在传统法律体系中，司法裁判追求同案同判，是法律平等原则的体现。不同案件适用的规则具有差异性与个体化，个案细节差异的认知并非易事。智能系统的深度学习能力拥有强大的自主性，可能将训练样本的某些细节特点视为一般规律予以学习。这是常见且难以克服的“过拟合”（overfitting）技术问题。[2] 人工智能在提炼一般规律时可能出现过拟合现象，导致个案信息异化为一般特征。这正是智能应用“标准化司法建设目标”与“案件个别正义”的不合拍。

智能系统想要代替法官裁判，首先需通过算法将法官的裁判活动进行程序化。然而，即便是基于客观事实并根据法定程序作出判断，也很难实现真正的公正。例如，智能系统无法在情与法中进行合理的权衡。[3] 个案发生的背景和结果不相同，司法的审判过程不是司法公式，要综合考虑价值判断、人类情感、国家政策等因素，

① 孙道萃：《罪责刑关系论》，法律出版社 2015 年版，第 225-228 页。

② 周志华：《机器学习》，清华大学出版社 2016 年版，第 23-24 页。

③ 金泽刚：《用人工智能判案程序正义怎么算》，载《新京报》2017 年 8 月 4 日 A4 版。

对情与法等利益加以权衡。而且，法官围绕个案裁判的推理过程十分复杂，涉及证据的真实性、证明力度、法律条文的含义与相关司法解释的目的等基本裁判要素。由此可知，法律适用有别于纯粹的数学公式，刑事司法活动更涉及人与人、人与社会、人与国家等多重复杂关系，裁判主体必须在客观事实的基础上发挥一定的主观能动性，否则就可能是机械性司法。智能系统介入定罪活动后，完全确立智能系统独立判案的做法也可能是机械性司法。

作为案件质量的重要保障手段，智能化、标准化的技术优势对传统刑事司法活动的积极意义客观存在。当然，涉及刑事实体法的智能化适用，应坚持相对性、可靠性、适度性、独立性、可控性等要求。① 当前，刑事司法智能裁判系统的应用，既要坚持内容与方法的开放性，也要在智能标准化的框架下谋求个别性、特定性的生存空间，防止智能标准化、流程化引发个案不公。而且，要确保智能应用依赖的司法数据真实与客观，正确处理实体法适用时的区域差异及其合理度，避免不切实际或过度的强制性智能标准，确保智能系统及其运行结果能够有效隔绝非案件因素的干扰。在此基础上，审慎推进智能定罪的探索。

6. 司法裁判知识的重述

在以审判为中心的诉讼制度改革中，审判权作为末端机制，与审前阶段的侦查权、检察权共同组成更优化的司法权结构与功能体系，也筑起我国司法裁判知识的基础。司法裁判是司法权运行的核心，智能技术应用下的司法裁判，需要通过算法比较、分析、重构当事人与法官等的陈述、论据、理由、假设，基于算法的逻辑，智能推出最佳的结论或建议。因此，人工智能加速嵌入司法运作体系后，必然冲击传统的司法规则、司法经验、司法逻辑等一套“规范内容”，也对“司法权”形成包围态势，势必引发司法裁判知识的“蜕变”。

对智能量刑、智慧法院等的探索都将相继“冲洗”传统刑事司法制度的知识体系。在这场辞旧迎新的司法量变过程中，司法知识的“碎片化”效应加剧：既表现为司法制度及其运行体系的局部智能化动向，甚至出现“不伦不类”的做法；也表现为变革受制于智能技术及其应用水平，难有超越性发展，但又孕育值得期待的内部潜力。这导致对刑事司法知识智能化动向之“观察”并非易事，也使建立稳定性与持续性的价值评判与功能选择的标准很困难。而且刑事司法的知识结构是以人类语言为基础建立的，人类语言与智能机器所使用的自然语言不尽相同，刑事司法智能化的知识结构及其语言基础截然不同。这对长期积累的刑事司法经验形成摧枯拉朽之力。但建构一套成熟且可操作的智能司法知识结构并非易事。

借助“人工智能+司法”的热潮，毫无节制并大幅度或全盘推翻近现代社会确立和完善的司法制度尤其是审判制度，势必极大地动摇法官的地位与定位，甚至造成审判系统乃至司法权的全面坍塌。例如，人工智能自动输出判决，直接导致裁判的决定者出现分离化、非专业化问题，研发者、设计者、运营者以及企业等与法官

---

① 黄京平：《刑事司法人工智能的负面清单》，载《探索与争鸣》2017 年第 10 期。

共同裁判，严重模糊司法权力的专属边界，司法责任制容易流于形式，司法责任制无从谈起。又如，智慧法院的设想如果流于片面并走向极端，由算法自动生成判决机制的普及化，势必导致“算法”支配审判的事态。这种不可控的技术“滥用优势”风险及其所引发的司法不公对司法权威的侵蚀更严重。

（二）刑事司法智能化的积极效能

刑事司法智能化是当代以人工智能为核心的互联网信息技术与法律运行交互后的必然产物，刑事司法体系无法绝缘于人工智能时代的渗透。刑事司法体系的智能化改革不可逆转，实践应用发挥了独特的作用，可以服务于司法改革。

1. 有效释放“案多人少与提高效率”的正能量

智能技术具有提高司法效率的显著作用。例如，广州法院利用司法大数据的优势，以智能技术为抓手，开发并启用智慧庭审与智审裁判等智能办案系统，有效破解“案多人少”的难题。[①] 又如，上海法院已经初步实现法官的智能化办案，自动推送类案等功能运行良好，有利于解决裁判标准不统一、同案不同判问题，提高了效率，2016 年的人均办案量为 228 件。[②] 再如，杭州市人民检察院开发并试运行智能侦监、智能民行检察监督等辅助办案系统，切实提高了办案效率。[③] 此外，“苏州模式”构建 OCR 识别、智能语音转写、文书智能生成、智能推送、同案不同判的自动监测预警等应用系统，有效减少书记员 50%的事务性工作，剥离法官 40%的事务性工作，案件平均审判效率提高 30%。[④] 这些刑事司法智能化的探索都展示了“司法效率”导向层面的明显优势。

借助智能技术的优势，可以整合学术成果、法律规范、类型化的适法经验、裁判逻辑等网络资源，内化为案件裁判的新型知识力量，最大限度地实现审判资源共享，逐步改变传统的办案思维、办案模式，使法官更理性、裁判更公正，直接服务于以审判为中心的诉讼制度改革，更好地提高案件的审判质量。概言之，其优势在于：一是通过信息化手段为法官“减负”，大量的审判辅助事务被智能化处理与集约化管理，法官专心庭审与裁判，显著提高了审判效率。二是借助信息化与智能化系统，对案件类型进行繁简分流，实现“简案快审、难案精审”，推进审判中心改革与庭审实质化。三是司法业务的智能流程化。通过远程提讯、远程调解、电子卷宗、数字法庭、远程审判等应用的高度普及，极大地推动程序进程，减少无关程序

① 祁雷：《人工智能助办案“鹰眼”神器盯老赖》，载《南方日报》2017 年 7 月 10 日 A4 版。

② 严剑漪：《从“互联网+”迈入“人工智能+”新时代——上海法院加快智慧法院建设纪实》，载《人民法院报》2017 年 5 月 21 日第 1 版。

③ 陈东升、王春：《人工智能应用司法办案提高工作效率》，载《法制日报》2018 年 1 月 22 日第 6 版。

④ 丁国锋：《八种“机器人”助力苏州法官判案》，载《法制日报》2017 年 4 月 15 日第 3 版。

与环节，极大地提高了司法效率。四是司法经验的“集约化”与“标准化”，促进司法的“流程化”，加深司法裁判结果的“统一性”。

2. 持续供给司法改革享用技术红利

智能技术走进刑事司法活动将成为推动刑事司法改革的重要动力。例如，上海司法系统充分挖掘司法大数据的智能预测潜能，先后建成与试行智能化的审判辅助体系等，为办案人员提供更简便易行的办案指引，增强证据、程序与司法责任意识。① 目前，各界对刑事司法智能化改革都抱以厚望，也正是对智能技术优势的充分认可与对无限应用价值充满积极期待的结果。

举例而言：(1) 保障司法人权。可以更好地实现司法便民，有效满足群众的知情权、参与权、监督权等，进一步强化司法公开与社会监督，有利于“让人民群众在每一个司法案件中感受到公平正义”。② 同时，有助于降低司法裁判的不当外部干扰，保障裁判主体的独立性与裁判结果的公正性。(2) 定罪量刑可以更具有中立性与客观性。例如，在美国，卢米斯因偷窃枪击者抛弃的汽车而被警察误当作枪击者予以逮捕。根据智能技术形成的“COMPAS”测试，卢米斯的再犯风险极高，法官最终裁决其服刑 6 年。被告人以程序不正当等上诉。但威斯康星州最高法院驳回并重申裁定理由：“COMPAS”的风险评估及其功能是借助独立的子项和复杂的算法完成的，最终得出的 1-10 的级别评定，具有中立性和客观性。③ 又如，对于路边假借手机打电话后卷走手机逃跑的类案，各地定罪量刑标准不一。广州市中级人民法院运用大数据技术，分析了 300 多万份同类案件，形成“智审辅助量刑裁决系统”。④ 该系统抽取生效判决涉及的 20 多类因素及其权重比例。承办法官输入关键要素后，系统随即推送相似案例，自动进行比对和运算，出具量刑意见并附上图形分析和数据参照，显著防止“类案不同判”问题，一审服判息诉率达 84.6%。(3) 司法活动的“智能预测”功能日渐凸显。基于司法大数据的前提，类案推送等做法日渐成熟，不断提高司法的可预测性。例如，在域外，法官根据智能化程序，复审已经生效的裁判，获取系统的推荐意见；智能系统协助法官进行判决时，可以评估犯罪记录、犯罪的严重性与频繁度等重要因素，提示应考虑其他因素；智能系统会主动评价案件的全部情况，为法官推理与裁判提供参考，或自动提供相关建议性的咨询与参考。⑤ (4) 优化诉讼证明问题。在传统司法模式中，专家证人发挥了相当积极的作用。基于智能技术的先天优势与便捷效应，智能系统在为法官提供诉讼证明的辅助功能上往往更直接且低廉。

---

① 辛红：《大数据人工智能助力司法改革》，载《法制日报》2017 年 9 月 18 日第 2 版。

② 孙海龙：《以制度、科技、文化推动人民法院科学发展》，载《人民法院报》2017 年 8 月 9 日第 5 版。

③ 刘振宇：《人工智能时代的司法建设》，载《中国社会科学报》2017 年 8 月 16 日第 5 版。

④ 陈听雨：《人工智能走进法院“判案子”》，载《经济日报》2017 年 7 月 14 日第 11 版。

⑤ [美] 帕拉梅·S. 卡茨：《专家机器人：利用人工智能协助法官采纳科学性专家证言》，邓桐、刘鑫译，载《证据科学》2017 年第 5 期。

这些探索进一步提升了法律制度的专业性与职业化程度等。智能司法系统的相继出现与改进升级可以填补司法人员的专业空白，并弥补其经验短板等，是非常重要的司法辅助方式。智能技术的无限红利是刑事司法智能化被高度重视的基本前提与内因所在，成为各界加紧推进的重要动力。

3. 激活人工智能应用的司法方法论意义

在司法实践中，法定的司法主体在专业性上独占鳌头。但案件事实纷繁复杂，与社会因素交错，案件并非孤立。司法活动不能完全成为“少数人”的专业判断，而应适度引入外部因素。这正是司法辅助力量体系的来源所在。智能技术的优势决定了其完全可以成为新的司法辅助工具，以弥补“人的智力”的盲区。

当前，智能技术首先是更科学、更优化、更理想的“技术优势”或“技术手段”，成为弥补“人脑智力不足”的高效方式。这奠定了智能技术的“技术作为方法论的意义”，是对“人及其智能”的强力“辅助”。延伸到刑事司法领域，刑事司法智能化不可避免地延续其“司法方法论”的基本属性与意义，发挥支持刑事司法改革的技术保障力量，撑起司法改革的节能提效功能，见证司法改革在人权保障上的进步。例如，虽然智能技术在取代法官裁量推理领域的技术潜力非常可观，但目前不能完全实现与“人主导”司法裁判的“无差别”模拟。但司法裁判导入智能技术因素后，可以基于大数据分析等能力来强化裁判的经验性、客观性、中立性，加强标准化管理与裁判的一致性。由此，智能技术与刑事司法裁判活动的深度“结合”是对其司法方法论的内涵之反映，并释放出相当大的司法潜能。

进言之，基于传统司法裁判活动的本质及其规律，人工智能导入司法裁判后，力图寻找和实现更适宜的纠纷解决机制与裁判支持功能。① 目前，人工智能的司法裁判方法论意义主要集中表现为对裁判系统的高度标准化、裁判程序的集约化、司法推理的技术化、裁判规则的统一化、法官自由裁量的理性化等内容予以“重述”。例如，人作为裁判主体，裁判主体相对独立、具体且个体化，裁判系统的标准、推理规则、证明规则、裁判规则等往往无法真正实现高度的统一标准化，证明标准是更接近于“主观”的认识，裁判主体的裁量权限具有一定的不可控性与自由度，裁判程序的实际运行情况不尽相同等。但智能技术通过对裁判主体及其所主导的裁判体系进行“重构”，提倡通过智能技术更好地进行裁判，颠覆以“人的智力与经验”为核心的传统司法技巧与方法的印象。

特别是在智能时代远未到来，智能+法律仍处于磨合期，刑事司法智能化尚在初期探索阶段，谈及“刑事司法智能化哲学”等为时尚早。人工智能对接刑事司法的“方法论意义”无疑是对这场技术变革的客观反映，可以暂时抛弃更深层次的价值纠葛，而聚焦于人工智能技术的“积极效能”。

---

① 冯洁：《人工智能对司法裁判理论的挑战：回应及其限度》，载《华东政法大学学报》2018 年第 2 期。

4. 司法风险与安全系数的“可视化”控制属性

人工智能导入刑事司法体系后，既有“技术福利”，也有潜在的法治风险。主要有：(1) 人工智能技术及其运用仍存在局限性与功能瓶颈。智能技术高度依赖算法，而司法大数据是最基本的元素。实际上，刑事司法的智能化在很大程度上取决于大数据的真实性、客观性以及算法的公正有效性。但是，优质且海量的法律数据资源建设尚在起步阶段，大数据算法的科学性、精准性等仍有待提高，法律人才的储备明显不足。① 这隐藏着功能局限与重构的重大风险。(2) 保障现行法律体系的价值基础的能力不足。公平正义是司法的价值追求，人工智能介入司法，应当充分体现司法公平。从技术上看，技术的中立性既是优势，可以屏蔽一些主观因素；但也是劣势，无法全盘考虑案件的内外因素。人工智能应用必须更好地实现公正，否则，在改革功能与价值上处于负值状态。(3) 与整个法律体系的兼容性不强。当前，智能技术对正式法律外的因素仍存在“介入不足”问题；对司法改革、刑事政策、地方主义等复合性的司法环节或司法因素仍缺乏足够的应对“智能”。而且，刑事智能裁判系统对证据审查、证明标准等问题仍存在技术不过关、系统不成熟、结论不可靠等试点风险，影响裁判结果的有效性。(4) 与现有裁判主体的协同性偏差。在现有技术条件下，“人（法官）”作为裁判主体，仍在刑事司法智能化进程中扮演重要的角色，既是研发者，也是使用者。司法裁判流程、规律、经验以及体系的高度智能模拟化，虽然可以形成集先验的固化、可重复性、标准化与包容性于一体的知识体系，但也可能因接受度偏低而“不好用”，甚至是“人”作为使用者无法有效掌控的“工具”，② 进而直接影响实际效果。

这是智能革命的“可视化”风险，是指立足于智能技术水平，可以向外显现的不确定性风险，往往表现为技术的滥用、技术的过度依赖、技术的不稳定以及应用系统的非科学性等情形。对此，一方面，绝不能因噎废食，刻意回避人工智能技术应用的正面功能。合理控制人工智能技术的潜在风险，有特殊的“技术监督”意义。另一方面，技术的潜在风险是变动的和无形的，往往是由使用主体等外部因素所决定的。不能奢望可以控制所有的潜在风险，而应转向通过“可视化”的方式，合理控制内外部风险。对人类可以认识或预见的技术风险加以必要或事前的防控才是秉持“技术中立”和“安全与发展并重”的应然立场。在刑事司法智能化的过程中，应围绕技术制衡来优化防控风险。既要立足“算法”与“深度学习”，确保智能研发、设计、应用的正当性与合法性；也要对不同的刑事司法智能化应用进行类型化的监管，建立“强力”的监管体系。

---

① 左卫民：《关于法律人工智能在中国运用前景的若干思考》，载《清华法学》2018 年第 2 期。

② 吴习彧：《裁判人工智能化的实践需求及其中国式任务》，载《东方法学》2018 年第 2 期。

三、智能量刑探索的司法品格与功能端视

智能量刑是信息网络技术不断升级换代的表现，也成为人工智能在刑事司法应用环节的首要体现，并已经展露出令人期待的发展前景。但是，仍应当理性看待智能量刑的技术优势及其潜在的司法风险。

（一）人工智能正在改变传统的量刑格局

在智能时代，借助大数据的基础流量，通过精密的算法，“用鼠标点击自动化判决”正在成为解决量刑规范化的技术难题的方式，也成为超越法律经验与人脑智力的可能途径。算法的“认知的可计算”功能具有显著的商业价值，尤其是在案件重复率较高的领域，可以提供更精准的预测。为大规模、重复性的司法活动提供更可靠的高效解决方案，弥补人类智能的物理短板。

在实践层面：（1）2016 年，欧洲一些专家以“算法”为基础，打造了智能计算机“法官”。[①] 据介绍，能够评估法律与证据，考虑伦理问题，决定案件的判决方向；可以自动审查新案件的信息，独立作出决定；智能作出的决定，与欧洲高水平法官的判决基本相符，案件预测准确度达 79%。但计算机“法官”暂时无法取代人类法官，主要发挥辅助和识别等功能，而非独立裁判。尽管如此，“量刑活动的智能化”嫁接于相当成熟的智能技术，“智能量刑”的未来前景值得期待。（2）在我国，2016 年，北京市高级人民法院试运行智能研判系统（“睿法官”），通过提供办案规范和量刑分析等精准信息，提高适用法律的精准度，强化裁判标准的统一。2017 年，“国双”检察院线产品推出定罪量刑辅助系统。办案人员输入关键词，智能系统结合法律法规、既往案例，自动推送定罪量刑建议。[②] 2017 年，海南省试运行量刑规范化智能辅助办案系统。该系统智能识别、提取犯罪事实和量刑情节，自动推送关联法条和类案，自动根据历史量刑数据提出量刑建议。具备深度学习能力，可以不断提高提取案件事实情节、推荐法条及类案的准确性。在试运行期间，显著减少同案不同判情况。[③] 2017 年 9 月，最高人民法院召开“推进量刑规范化智能辅助系统建设”座谈会，要求力争 3 年内建立全国性的法院量刑智能辅助系统，辅助法官办案，实现量刑的现代化。[④]

由上可见，目前对智能量刑系统的推崇，源自量刑规范化因技术短板等制约因

---

① 李迪晗：《机器人法官来了：AI 计算机预测案件的准确率达 79%》，http：www. robot-china. comzhuantishow-2686. html，2017 年 7 月 17 日访问。

② 徐日丹：《2017 全国检察机关科技装备展开展》，载《检察日报》2017 年 7 月 20 日第 1 版。

③ 方茜：《海南法院大数据人工智能助力司法改革》，载《人民法院报》2017 年 7 月 27 日第 1 版。

④ 陈学勇：《最高人民法院立项开发建设量刑智能辅助系统》，载《人民法院报》2017 年 9 月 27 日第 1 版。

素而出现的信息化建设相对滞后，量刑规范化办案辅助系统明显脱离工作实际需要，优化并提高智能化水平迫在眉睫。智能技术可以为大规模、可复制、模型化以及更中立、科学的量刑活动提供技术便利与可能，也可以为量刑规范化、精准化与公正化提供更令人期待的新平台。深入推进司法改革、“智慧法院”“数据法院”等方面的建设，为量刑规范化改革提供新的机遇。探索表明，我国智能量刑探索在实用性层面具有可观的超前能力与前景，市场需求非常旺盛。特别是随着“智能犯罪”形态的覆盖面递增，智能主体甚至可能成为犯罪主体，量刑活动的规范化逐渐转向“智能化”趋势，“智能量刑”时代也可能到来，“智能化”甚至将取代“规范化”命题，成为左右司法（量刑）公正评价标准。但类案推送功能的类同化、智能水平不高、“算法”缺乏透明性等问题也很突出，是亟待完善的地方。

（二）智能量刑的潜在风险与因应策略

智能量刑是解放人类智能的有益探索，但不能脱离司法正义的底线要求，更应与社会发展、人类需要保持高度一致。

1. 智能量刑与自由裁量的证伪性

传统量刑活动充分尊重法官的自由裁量权。但是，按照智能量刑的基本原理，必然要更换原有的量刑主体、量刑方法，通过智能量刑系统的“智能化计算”获取更科学的结果，裁判主体的“自由裁量”被极度压缩或取代。但其可行性、地位及其发展前景等问题仍有待验证和完善。目前，智能技术的司法应用仍然无法从根本上改变传统司法活动的本质特征及其运行机制。① 智能量刑系统作为更先进的辅助系统，可以提高量刑的预测性与标准化，但不能完全取代法官量刑。这引发智能量刑的技术短板与智能预测量刑的功能证伪性问题。

对于智能技术应用下的新型量刑裁判预测问题，应当全面看到其可行性与技术壁垒，也即：（1）智能预测的变量相互交织。智能技术的优势是可以基于大数据等展开更精准的裁判预测。② 基于法律规定、大量生效案件信息、司法裁判规律等因素及其内部的逻辑关系，对未决的类似案件的裁判结果展开或然性推测。但刑事司法活动的裁判预测毕竟有特殊性，特别是司法大数据的不足。大数据的“量”无法确定，是不可预测的模糊概念；大数据样本的不完整性问题始终存在，导致样本的“非中立性”与“非完整性”。目前，公开的裁判文书是主要数据来源，是智能预测的前提。但在海量的生效案件中，对案件处理具有显著影响的因素未必都体现在判决书的文字中，裁判文书可能遗漏有效信息或者未能充分利用已有信息，引发“小样本局限”“大样本不客观”等问题。除非不同意义上的事实类型、法律信息、司法规律、司法经验、裁判规则等所有变量，都被客观地全面记录、深度地实证分析

---

① 陈兴良、张明楷、车浩：《立法、司法与学术——中国刑法二十年回顾与展望》，载《中国法律评论》2017 年第 5 期。

② 白建军：《法律大数据时代裁判预测的可能与限度》，载《探索与争鸣》2017 年第 10 期。

等，否则，始终存在大规模的智能预测的不准确性问题。（2）裁判结论的一致性与统一性。绝对的同案同判并不存在，司法裁判具有个别性与差异性。基于智能技术的案件预测具有相对性而非绝对性，只能确保相似案件的处理结果趋于高度接近，以消弭相似案件不同判背后裹挟的法治不统一与司法不公。智能量刑暂时仍难以完全模仿人的思维进行裁判，也难以有效并全面考虑必要的案外因素。由此，"既定的计算答案"可能千篇一律，变成非个别化或类型化的"裁判结论"。（3）智能裁判语言的限制。在智能量刑中，法律知识通过网络技术的特殊语言结构，实现科学的模型化，适当而准确地解码、转译成计算机语言并进行自动化运算。但此乃需要攻克的技术难题。当前，应将人类语言、思维、经验等信息转换成可以计算的电子信息，作为"算法"运行的依据。运用可视化、可操作的方式，将传统司法信息予以标准化，用于裁判预测。

2. 智能量刑的裁判公正问题

算法是人工智能的核心，由于深度学习能力相对不足，算法升级的过程漫长而且复杂。算法不可能自主升级，仍需要人的指导。机器学习取决于算法的不断更新以及对海量数据的输入、优化等，是典型的人推动下的"数据驱动"。例如，智能量刑需要运用算法，对可能的法定或酌定情节进行类型化评价，充分权衡行为的社会危害性以及人身危险性，将大量的量刑情节转化成算法可以公开呈现的具体"维度"，但目前效果不佳。这从内外都隐藏了裁判不公正的现实危险。

智能量刑系统在技术上主要依赖"算法"，但算法的公开透明问题始终存在，更遑论依靠不真实数据而展开的算法及其结论更可能偏离公正。这是"算法"的不确定性风险与"垄断性技术优势"，甚至可能异化为"人无法控制"的"技术独裁"形态，侵蚀正义的基础。例如，尽管大数据支持下的智能系统辅助"法官"作出的"司法判决"可以屏蔽人情、关系等案外压力，更可能符合逻辑与法条本意。但也无法考虑案外的情况、法外的现实需要，可能导致"智能化量刑"结论更为"干枯"，导致裁判缺乏足够的外部接受性。

一旦脱离"人"的裁判，人工智能依赖的算法可能成为"暗箱"。片面或过度强调，可能使"算法"及其结果继承原有司法实践的弊端和偏见。智能化刑事司法系统继而可能被"唯算法论"倾向支配，甚至出现被"算法"干扰、被数据处理商绑架的命运。应当警惕并竭力杜绝"算法"的偏见性，否则，不仅可能误导和阻碍智能办案辅助系统对具体案件的事实认定和法律适用，引发个案司法决策的不公；也使"深度学习"的源头被污染，引发整个算法系统的恶性循环。

此外，智能量刑体系的确立与普及适用，"人"作为法定的量刑主体成为过去式，不再真正独立决定刑罚裁量问题，使司法改革被委以重任的司法责任制受到冲击，"机器法官"的监管与司法责任问题亦随之产生。

3. 智能量刑的地位与功能

我国重定罪轻量刑的问题，因量刑规范化改革的深入而显著改观，但并未被彻底消除。量刑是较薄弱的环节，容易成为司法公正的"沦陷区"。量刑规范化改革不尽如人意，依靠传统以“人的智慧”为基础的量刑规范化改革路径相对有限，量刑规范化改革效果难以获得实质性进展；同时，由于办案质量参差不齐，审理主体滥用裁量权时有发生，司法腐败难以遏制，冤假错案时有发生，极大动摇公众对人脑判断的惯习认可与司法信任，无疑顺理成章地助推对智能技术引导量刑的客观性、中立性、确定性、科学性等多重期待。智能量刑无疑是对现实诉求的积极回应，积极功能的合成效应，不仅与量刑规范化的目标完全契合，也与公众注重“量刑结果”并视其为司法裁判核心内容的诉求完全合拍，孕育了智能量刑的市场动能。这是量刑智能化获得官方支持、社会认同、体系兼容的基础和前提。

但智能量刑系统在认识论上存在“人类给定”的预设逻辑问题。从数据输入与深度学习的对象看，仍是人类的理性预设，除非智能技术依赖的算法具备独立自主的深度学习能力。而且，智能量刑系统的标准化与规范化虽是其独特的技术优势，但在个别正义的需要下，可能无法与人一样“灵活而非机械地裁判”，对刑法的地方性知识、立法原意、社会因素等具有“法律意义”的判断与评估，出现不同程度的“忽视”和“弱化”。同时，考虑到刑法立法、司法裁判知识体系、司法知识数据库等要素不尽完备，在现阶段应保持审慎的态度，辩证地看待智能化系统的应用效果，不应过快推进智能量刑的适用，法官心证和自由裁量仍应保留。易言之，在智能技术的发展过程中，由于智能程度的不确定性、充分性，司法应用系统目前仍主要扮演辅助办案工具而非取代法官。[①] 而且，智能量刑在技术上仍有需要克服的难题，也遭遇来自传统司法模式的“阻力”。在深入推进量刑规范化改革与智能量刑探索上，应坚持符合实际、自成一体、规则有序、功能齐备与自主升级完善等原则，优化与升级应用系统及产品。

而且，再成熟的智能量刑系统，作为“人造工具”，仍需解决“监管”与“被监管”问题。对智能量刑系统的有效监管是为了防止系统风险的外泄，减少算法歧视与错误的连锁反应，防止“人”失去主体性地位与法官控制力下降后出现“技术垄断与独裁”。同时，法官作为开发者与使用者，也是管理者，承担更专业的管理责任，不能滥用技术优势与纵容“技术不公”。但监管是为了给智能系统“赋能”，不能变成“做减法”的因噎废食之举。

四、结语

党的十九大报告强调，中国特色社会主义进入新时代，我国社会主要矛盾已经转化为人民日益增长的美好生活需要和不平衡不充分的发展之间的矛盾。人工智能加速进入刑事司法运行体系，是法律供需矛盾自主调和的时代体现。得益于司法数据公开等得天独厚的优势条件，智能技术正在有序渗透到刑法体系的运作过程中，传统由“人”主导的运行体系开始步入“智能（辅助）化”轨道。这是智能刑法体系的基本面貌与发展动态。应当充分根据司法体制改革的要求，审慎思考和妥当

---

① 潘庸鲁：《人工智能介入司法领域路径分析》，载《东方法学》2018年第3期。

应对“刑事司法智能化”的正负效应。当前，刑事司法智能化探索仍需应对以下挑战：(1) 进一步完善司法大数据建设，确保司法数据的完整性、真实性，为算法规则的制定与运算奠定前提与保障。(2) 语言转换与数据解码处理技术是关键，应实现计算机语言与人类语言的无缝对接，优化算法的透明性、程序正当性。(3) 法律适用基本不存在唯一的“标准答案”，智能系统设定或通过学习得出的“标准答案”存在机械性司法的覆辙之风险，应予以控制。(4) 应对智能技术及其应用进行必要、有效且可靠的伦理监管，使技术应用具有可视化与可知性、程序正当性，避免“技术暴力”演化为具体危害与危险。(5) 应对智能系统控制的数据、信息等进行保密，规范数据的采集、提供、存储、使用等方面的行为。(6) 前瞻地讨论智能法律体系的“法律职业人资质”问题，包括法律职业资格考试、职业等级认定、司法责任制等的调试。

第三编
人工智能的主体地位及人工智能犯罪

自动驾驶汽车事故的刑事归责与教义展开*

付玉明**

一、问题的提出：人工智能时代的技术风险

如今人工智能时代的科技革命已经从理论试验转向技术应用。小到扫地机器人、服务机器人等智能家居产品，大到医疗机器人、自动驾驶汽车等高精尖产品，科技在不断地为我们提供生活便利的同时，全新的技术风险也随之而来。

以自动驾驶汽车为例，自动驾驶技术在道路交通领域的运用虽会大幅度减少交通事故，但是绝不能将事故率降为零。尤其是在技术开发试验阶段，更能凸显出其技术缺陷与法律应对不足的问题。2015 年 7 月，谷歌公司在美国加利福尼亚州芒廷维尤市进行自动驾驶汽车测试时发生追尾事故，事故中有 3 人受轻伤。2016 年 5 月，全球首例自动驾驶汽车致死事故在美国佛罗里达州发生，一辆开启了自动驾驶模式的特斯拉汽车与一辆正在转弯的拖挂车相撞，导致汽车车主不幸身亡。调查报告称，在强烈的日照条件下，驾驶员和自动驾驶系统都未注意到拖挂车的白色车身，因此未能及时启动刹车系统。由于拖挂车正在横穿公路，且车身较高，这一特殊情况导致开启了自动驾驶模式的汽车从拖挂车底部通过时，其前挡风玻璃与拖挂车底部发生撞击，导致驾驶员不幸遇难。此后，2018 年 3 月 18 日晚，美国亚利桑那州一名女子被 Uber 自动驾驶汽车撞伤，之后不幸身亡；时隔不久，3 月 23 日美国加利福尼亚州一辆处于自动驾驶模式下的特斯拉 Model X 汽车发生车祸，车主不幸身亡。国内近年同样有类似事故发生，2016 年 1 月，京港澳高速河北邯郸段发生一起追尾事故，一辆特斯拉轿车直接撞上一辆正在作业的道路清扫车，特斯拉轿车当场损毁，司机不幸身亡。调查结果显示，事发时特斯拉开启了无人驾驶功能，但没有刹车和减速的迹象，也没有采取任何躲避措施。①

尽管自动驾驶技术在前进的道路上充满了无数未知的风险，这依然不能阻止科

---

* 本文为国家社科基金重大专项研究项目“中华优秀传统文化传承发展的立法对策研究”和陕西高校青年创新团队建设项目“大数据时代社会治理创新中的刑事法治”的阶段成果。

** 付玉明，西北政法大学刑事法学院教授。

① 《Uber“杀人”的真相呈现之前，我们来回顾一下全球 12 起自动驾驶悲剧》，https://www.d1ev.com/news/qiye/65251，2020 年 7 月 1 日访问。

学探索的脚步。2016 年 12 月 19 日，中国首列无人驾驶地铁在香港南港岛线正式开通运行。2017 年 11 月 16 日，百度宣布将于 2018 年 7 月底与金龙汽车率先实现 L4 级无人驾驶汽车的小规模量产。2017 年 12 月 2 日，深圳市首批智能公交车试运营。2017 年 12 月 30 日，中国大陆首条无人驾驶运行线路——北京轨道交通燕房线正式开通运营。2018 年 1 月初，北京市顺义区无人驾驶试运营基地在奥林匹克水上公园启动。2018 年 2 月，浙江宣布将建设首条超级高速公路，全面支持自动驾驶。2018 年 3 月，全国首批 3 张智能网联汽车开放道路测试号牌在上海发放。①

除了科研人员在技术层面上的努力，社会治理制度也应当为化解技术风险提供支持。2017 年 12 月，北京市交通委联合北京市公安交管局、北京市经济信息委等部门制定发布了《北京市关于加快推进自动驾驶车辆道路测试有关工作的指导意见（试行）》和《北京市自动驾驶车辆道路测试管理实施细则（试行）》两个文件，规范推动自动驾驶汽车的实际道路测试。2018 年 2 月，上海经信委、公安局、交通委印发了《上海市智能网联汽车道路测试管理办法（试行）》，文中明确了智能网联汽车道路测试申请条件、测试申请及审核、测试管理、事故处理、违规操作责任等方面的要求。其后，2018 年 4 月，工信部、公安部、交通运输部印发了《智能网联汽车道路测试管理规范（试行）》。此后，全国又有杭州、长沙、济南等地针对国务院部委的规定出台了相关实施细则。

综上可以看出，无人驾驶技术必将改变日后的交通出行方式，也必将带来诸多不可预知的事故风险。基于无人驾驶技术的人工智能特性，其与普通自然人驾驶汽车的操作原理大有不同，因此如何在刑事领域作出化解技术红利与技术风险矛盾的妥当抉择，正确处理无人驾驶引发的事故责任，就成为当前必须回应的问题。

二、自动驾驶汽车技术的程序原理

理论上可以将机器人技术的发展历程大致分为三个阶段：普通机器人时代、弱人工智能时代和强人工智能时代。与普通机器人相比，智能机器人已经具有深度学习的能力；而与弱智能机器人相比，强智能机器人又具有能够在自主意识和意志的支配下独立作出决策并实施行为的能力，即独立辨认能力与控制能力。② 当前，我们正处于弱人工智能快速发展并向强人工智能迈进的时代。自动驾驶技术领域的发展现状就能够充分体现这一时代特点。③

自动驾驶的实现主要依赖自动驾驶系统（技术）的应用。自动驾驶系统是机动车系统自主执行部分或全部驾驶操作，能够在驾驶人不完全参与驾驶的情况下，达

① 彭文华：《自动驾驶车辆犯罪的注意义务》，载《政治与法律》2018 年第 5 期。

② 刘宪权：《人工智能时代的刑事责任演变：昨天、今天、明天》，载《法学》2019 年第 1 期。

③ 董玉庭：《人工智能与刑法发展关系论——基于真实与想象所做的分析》，载《现代法学》2019 年第 5 期。

到安全行驶状态。由此可以看出，自动驾驶的现实状况依然是一定程度的人与智能的结合，尚未达到完全脱离人的操作的技术阶段，而是呈现出自动化程度越来越高、人的操作需要越来越少的状态。在这一阶段，发生事故时如何进行归责就需要与传统的普通驾驶有所区别。因此，归责原则与责任分配的明确在自动驾驶领域显得尤为重要。[①] 而要想明确归责原则及责任分配，首先必须明确当前自动驾驶技术的内在原理。

基于人类对机动车驾驶操作的参与度，即根据自动驾驶系统与驾驶人对驾驶任务、周围驾驶环境的监控任务以及紧急状态下的驾驶接管任务的分配，对自动驾驶系统进行级别区分。在此领域，作为汽车工业强国的日本已经展开前期的研究，对自动驾驶的技术原理和级别设定做了详细界分，并已经取得备受瞩目的成果。例如，日本官方对于自动驾驶级别定义呈现出从四级到六级细化的趋势。2017 年日本内阁府在《战略创新创造项目（SIP）自动驾驶系统的研发计划》及内阁秘书处 IT 综合战略办公室在《公私智能道路交通系统（ITS）构想路线图的定义》中采取了自动系统的四级划分（见表 1），级别 1 为机动车执行加速、转向与制动其中一项的状态；级别 2 为机动车能够同时执行加速、转向与制动多个操作的状态；级别 3 是机动车能够执行加速、转向与制动全部的操作，并仅在紧急时需要驾驶人的协助；级别 4 为完全不需要驾驶人操作的状态。

表 1　自动驾驶系统级别

<table>
<tr><th colspan="3">自动驾驶级别损害赔偿责任</th></tr>
<tr><th>自动驾驶级别</th><th>定义</th><th>损害赔偿责任</th></tr>
<tr><td>级别 1</td><td>系统进行加速、掌控方向盘、制动的任意操作</td><td rowspan="3">对人的事故（汽车损害赔偿保障法）
对物的事故（根据民法的过失责任）
皆可以与现行法相对应</td></tr>
<tr><td>级别 2</td><td>系统一次进行加速、掌控方向盘、制动中的多个操作</td></tr>
<tr><td>级别 3</td><td>加速、掌控方向盘、制动全部由系统进行，只有系统请求时司机才可以参与</td></tr>
</table>

① 王军明：《自动驾驶汽车的刑事法律适用》，载《吉林大学社会科学学报》2019 年第 4 期。

续表

自动驾驶级别损害赔偿责任		
自动驾驶级别	定义	损害赔偿责任
级别 4	加速、掌控方向盘、制动全部由系统进行，司机完全不参与	汽车的安全基准、使用者的义务、许可制度、刑事责任的应有形式等，需要从根本上重新审视汽车相关法令等方面的理论
根据日本损害保险协会资料制定		

2016 年 9 月，随着美国国家公路交通安全管理局（National Highway Traffic Safety Administration；NHTSA）公布《联邦自动车政策》（Federal Automated Vehicle Policy），欧美全面采用 SAE J3016 标准，为避免混乱，2017 年日本内阁府在《战略创新创造项目（SIP）自动驾驶系统的研发计划》① 以及《公私智能道路交通系统（ITS）构想路线图的定义》② 中采用了自动系统 SAE J3016 标准（见表 2）。其中，将自动驾驶到无人驾驶阶段分为六个级别，SAE 级别 0 到 SAE 级别 2 由驾驶人完成一部分或全部驾驶任务，SAE 级别 3 到 SAE 级别 5 为自动驾驶系统实施一部分或全部驾驶任务。

表 2　自动驾驶级别的定义③

级别	概要	安全驾驶有关的监控主体
SAE 级别 0 非自动化驾驶	· 驾驶人实施所有的驾驶任务	驾驶人
SAE 级别 1 辅助驾驶	· 系统实施前后、左右任意一个车辆控制所涉及的运行任务的子任务	驾驶人
SAE 级别 2 部分自动化驾驶	· 系统实施前后、左右两个车辆控制相关的运行任务的子任务	驾驶人
自动运转系统实施所有运转任务		

① 日本内阁府：《战略创新创造项目（SIP）自动驾驶系统的研发计划》，2017 年 9 月 28 日发表。

② 高度情报通信网络社会推进战略本部 · 官民数据活用推进战略会议：《官民 ITS 构想 · 路线图 2017：面向多种多样高度自动驾驶系统的社会实践》，2017 年 5 月 30 日。

③ 日本内阁府：《战略创新创造项目（SIP）自动驾驶系统的研发计划》，2017 年 9 月 28 日发表。

续表

级别	概要	安全驾驶有关的监控主体
SAE 级别 3 附条件自动化驾驶	·系统实施所有运转任务 (限定区域内*) ·难以继续运作的场合下，期待驾驶员对系统的介入要求等作出适当的回应	系统（系统难以继续运作的场合由驾驶人监控、接管）
SAE 级别 4 高度自动化驾驶	·系统实施所有运转任务 (限定区域内) ·在难以继续运作的场合下，不期待利用者作出响应	系统
SAE 级别 5 完全自动化驾驶	·系统实施所有运转任务 (不在限定区域内) ·在难以继续运作的场合下，不期待利用者作出响应	系统
*这里的“区域”不一定限于地理区域，包括环境、交通状况、速度、时间条件等		

SAE 级别 0 为非自动化驾驶，由驾驶人操控驾驶任务，并对安全驾驶环境监控，在所有情况下执行动态驾驶任务的对应主体是驾驶人；SAE 级别 1 为辅助驾驶，在特定的驾驶模式下由辅助驾驶系统根据环境信息控制转向或加减速，并由驾驶人监控驾驶环境，在复杂情况下执行动态驾驶任务；SAE 级别 2 为部分自动化驾驶，在特定的驾驶模式下由一个或多个智能辅助驾驶系统根据驾驶环境信息控制转向和加减速，并由驾驶人监控、对应安全驾驶；SAE 级别 3 为附条件自动化驾驶，智能系统完成全部驾驶任务（在限定的地理、环境、交通状况、速度、时间条件的领域内），但对于智能系统难以继续运作的场合，期望驾驶人对介入要求作出应答并接管驾驶操控。SAE 级别 3 的情况，一般由智能系统来监控和对应安全驾驶，但在系统难以继续运作的场合由驾驶人监控、接管。SAE 级别 4 为高度自动化驾驶，智能系统实施全部的驾驶任务（在包含限定的地理、环境、交通状况、速度、时间条件的领域内），即便驾驶人无法正确响应介入请求并接管操控驾驶，也应由智能系统监控和应答安全驾驶。SAE 级别 5 为完全自动化驾驶，由自动驾驶系统在全部时间、全部路况和环境条件下完成全部驾驶任务（不限定领域），对于智能系统难以继续运作的场合，不能期待使用者作出应答、接管，完全由自动驾驶系统来监控和应对安全驾驶的有关事项。但是，在 SAE 级别 0-5 中，驾驶人在任何时间都可以介入接管车辆系统的操控。

SAE 级别 3 以上的自动驾驶系统称为智能自动驾驶系统，SAE 级别 4、5 的自动驾驶系统称为完全自动驾驶系统。在完全自动驾驶系统的操作下，甚至不需要驾驶人对道路、环境进行实时观测并作出相应操作，自动驾驶系统便能做到安全驾驶并采取应急措施。安装不同级别智能驾驶系统的机动车，驾驶人在认知、判断、操作等方面的责任分配也将产生相应的变化。

我国对自动驾驶汽车尚未有官方分级，本文引用上述SAE级别0-5的分级，基于对现有智能驾驶汽车所引发事故的分析，探讨车辆驾驶人、使用者、生产者、销售者的刑事责任问题。在SAE级别0-3中，驾驶人承担主要驾驶责任，由系统做辅助工作，因此驾驶人具有观察周围道路交通状况等义务。在发生事故的情况下，以驾驶人承担责任为原则。但是，在自动驾驶模式下是否能够减轻驾驶人的注意义务就值得探讨。在SAE级别4（限定条件内）、5中，程序设定不需要驾驶人来参与驾驶操作，此时是否能够完全免除驾驶人的注意义务同样值得思考。

在中国学界，刘宪权教授创新性地提出："智能机器人在设计和编制的程序范围外实施了严重危害社会的行为，理应受到刑罚处罚。但由于我国现有的以生命刑、自由刑、财产刑和权利刑组成的刑罚体系不能涵括智能机器人，故而提出重构我国刑罚体系，增加以删除数据、修改程序、永久销毁等刑罚处罚方式，将智能机器人纳入刑罚处罚的范围。"① 从长远来看，刘宪权教授的观点无疑具有针对未来的原创意义，在学界引起了巨大关注和学术争议。有学者认为，删除数据、修改程序以及永久销毁的刑罚处罚方式是否能够达到特殊预防、一般预防的刑罚目的存在疑问，而且该种观点的成立是以人工智能主体已然具备辨认和控制能力为前提基础的假设。因此目前运用人工智能技术操作的智能汽车和机器人尚且还在人类的控制范围之内，人工智能主体失控说的担忧及其所提倡的前瞻性暂时并不急迫和必要。尤其是刑事责任是面向人的惩罚措施，所以不能直接联系到系统责任。② 在此基础上，自动驾驶汽车在自主行驶过程中造成事故，对驾驶人、生产者、销售者、使用者科处刑罚，应当以其未尽到充分的注意义务，或至少具有刑法上的过失为前提。

三、自动驾驶汽车事故的处遇原则

自动驾驶技术得以实现和发展的重要因素在于人类对其安全性的信赖，如果在发生事故后，特别是在驾驶人与系统之间责任归属难以明确的情况下，让驾驶人承担过失责任，则会大大降低人们对该技术的期待性与信赖性。后果是将会致使自动驾驶技术的消费市场极度萎缩和生产者、销售者的利润减少，对自动驾驶技术研发资金的投入降低，最终不利于这一领域新兴科技的发展。事实上，有调查研究显示，

---

① 刘宪权：《人工智能时代我国刑罚体系重构的法理基础》，载《法律科学》（《西北政法大学学报》）2018年第4期。

② ［日］中山幸二：《自动驾驶的法律课题》，载《国民生活》（第10卷）（2017年），第55页以下。

95%的交通事故与驾驶员的操作失误有关,[①] 而知名咨询公司麦肯锡早前发布的一份报告称，自动驾驶汽车的全面普及可减少90%的交通事故，每年可减少1900亿美元的损害赔偿和医疗费用，挽救成千上万人的生命。[②] 如果因为刑法的过度介入或不当归责而致使这一技术发展受挫，显然会相当令人遗憾。因此，在技术发展与风险分担的抉择中，必须作出审慎判断。笔者认为，为尽可能鼓励自动驾驶技术的发展与完善，应尽可能减少刑法规制措施的运用，以民事责任分配作为化解风险承担的主要方式，刑法作为必要的最后保障法，需要保持谦抑。

（一）信赖原则化解刑事归责

基于民众对自动驾驶技术的信赖，相对于信赖原则在传统刑法过失领域的适用，在自动驾驶造成的事故中，该原则更应得到重视。信赖原则肇始于德国的判例，原本适用于交通过失案件，为道路交通的高速化、效率化而适当减轻交通参与者的注意义务。随着信赖原则理论内涵的发展其并不限定适用于交通事故，而是对防止危险具有分工合作关系的所有领域都可以适用。[③] 信赖原则是划分客观注意义务界限的基准，限定社会生活中所要求的注意义务的范围并据此来构筑过失犯的成立范围。对于信赖原则的体系定位，有阻却构成要件该当性和阻却违法性的不同立场。在阻却构成要件该当性说下客观的注意义务为构成要件的内容，而在阻却违法性说下，基于利益衡量的允许的危险理论将客观的注意义务理解为不法内容。笔者认为，既然信赖原则的理论基础在于被允许的危险，在以达成更有益的社会目标而允许注意义务人的必要的危险行为的场合，该行为的危险程度就已经在构成要件该当性当中排除。因此，信赖原则能够限制构成要件过失的成立范围。

信赖原则对于过失概念的功能，存在否定预见可能性和否定注意义务的理论分歧。以信赖原则否定或减少注意义务人的预见可能性，以注意义务人行为的危险实现盖然性极低为理由排除实行行为性，使信赖原则的阻却范围过于扩大。而且，不论是自动驾驶还是人工驾驶，通过驾驶资格考试的驾驶人对于驾驶行为的危险性具有一般认知是不可否认的。因此，以信赖原则否定注意义务人的预见可能性也未区分社会生活的预见可能性和刑法上的具体预见可能性，一概而论稍显不合理。过失犯注意义务的构建，在旧过失论中以预见义务为中心，在新过失论中以结果回避义务为中心。故而，以信赖原则否定注意义务的立场又有减少预见义务和减少结果回避义务之分。前者的代表性人物有金泽文雄教授，认为信赖原则在适度危险的情况下，可以直接限制注意义务人的预见义务本身范围的规范性标准。后者的代表性人

① See Elizabeth Whitman, China Traffic Deaths: Moor Than 200, 000 Annual Facilities in Road Accidents, World Health Organization Says, International Business Times, June 5, 2015.

② 翼飞：《麦肯锡：自动驾驶汽车可减少90%的交通事故》，https://tech.qq.com/a/20150309/007583.htm，2020年7月9日访问。

③ ［日］藤木英雄：《刑法讲义总论》，弘文堂1975年版，第248页；陈家林：《外国刑法通论》，中国人民公安大学出版社2009年版，第241页。

物有藤木英雄教授，以信赖原则认定结果回避义务的基本要素。即便具有预见可能性，信赖原则的功能依然在于成为减轻结果回避义务之负担的理由根据。① 自动驾驶模式下驾驶人的注意义务应限定为预见可能性基础之上的预见义务，但是过失犯的成立仍以结果回避为重点。根据自动驾驶系统级别，对驾驶人注意义务的免除具有严格的限制，换言之，即在信赖限度范围内免除驾驶人的注意义务。

结合不同级别的驾驶模式进行分析，在人工驾驶模式下，车辆未安装或未启动具有辅助人类驾驶操作的功能时，自然要否定驾驶人对车辆信赖原则的适用。辅助驾驶模式下车辆具有智能驾驶装置，但是在这一阶段系统只能运行控制方向盘和减速操作中的一项操作。在辅助驾驶模式的“定速”状态下，应肯定驾驶人能够信赖车辆的前进程序，但是不能免除在十字路口驾驶人负责车辆转向的注意义务。此外，同人工驾驶一样，辅助驾驶也不能免除驾驶人员对周围环境的监测义务。例如，特斯拉属于 SAE 级别 2 汽车，技术虽设定驾驶操作由系统执行，但不允许驾驶人对系统的全面信赖，驾驶人仍应承担周边监控与接管义务。上述中国首例特斯拉事故，美国佛罗里达州特斯拉事故与 2018 年洛杉矶 405 高速公路特斯拉事故中，虽然自动驾驶系统具有技术不完备的嫌疑，但是驾驶人也都具有过度信赖自动驾驶系统，疏忽大意或过于自信而未尽到对周边驾驶环境的监控与紧急状态下驾驶任务的接管义务的情况，最终导致了结果的发生。在驾驶人违反注意义务，过度信赖智能驾驶的场合，驾驶人的刑事责任追究与未配备自动驾驶系统的普通机动车事故的责任追究相同。

在附条件自动驾驶模式下，驾驶人只负责紧急情况下对驾驶行为的接管。与完全自动驾驶、高度自动驾驶不同，SAE 级别 3 的自动驾驶以限定条件之外驾驶人的介入为必要。在紧急状态下，由自动驾驶系统向驾驶人发出警示接管，驾驶人未作出接管行为或接管不当时，应追究驾驶人的过失责任。与此相反，SAE 级别 4（在限定条件内）和 SAE 级别 5 为无人驾驶系统，从基础的驾驶操控到周边驾驶环境的监控以及紧急事态下接管任务的操作全程都由自动驾驶系统执行，驾驶人全程不参与，因此驾驶人可以全面信赖自动驾驶系统，此时应适用信赖原则而免除驾驶人的注意义务。驾驶人不存在以结果预见可能性为前提的结果预见义务以及以结果回避可能性为前提的结果回避义务。

总之，在交通事故领域的刑事归责上，自动驾驶系统的介入将大幅缩小驾驶人员的刑事责任。自动驾驶级别按照驾驶人与自动驾驶系统对于车辆驾驶操作、周边监控、接管驾驶行为的责任划分为标准区分，具有直接代替驾驶人“认知”“判断”“执行”部分或全部车辆操控的功能，随之驾驶人的驾驶义务程度减弱，注意义务程度也减弱。从辅助驾驶、部分自动驾驶、附条件自动驾驶到高度自动驾驶、完全自动驾驶，自动驾驶系统所采用的技术呈现出高科技化特点，甚至能够达到不限条件的情形下，无须驾驶人参与驾驶行为。因此，相对于人工驾驶，应肯定驾驶人信

---

① 陈子平：《刑法总论》，元照出版公司 2017 年版，第 221 页。

赖自动驾驶系统，相应地免除其注意义务，不能追究驾驶人的结果回避责任。[①] 但是，在由于对自动驾驶系统的过于信赖和信赖错误引起事故的场合，不能免除驾驶人的过失责任。在辅助驾驶模式下，驾驶人对自动驾驶系统的信赖最高只能达到当前执行的操作，不能期待系统能够同时执行方向盘和制动操作；在部分自动驾驶模式中，驾驶人信赖的最高限度为驾驶操作，而不包括对周边环境的监控以及对紧急状态的应答；在附条件自动驾驶模式中，驾驶人对系统的信赖程度较高，不负有随时注意驾驶环境的义务；在高度自动驾驶（在限定条件内）、完全自动驾驶模式下，允许驾驶人全面信赖系统。

（二）民事责任分摊技术风险

刑法上的不归责不代表民事上也不承担责任，对此，应当区分自动驾驶汽车所产生的民事责任和刑事责任。民法对自动驾驶汽车造成损害赔偿责任的规定，无论是基于严格责任制度还是民事替代责任制度，其作为一种特殊的侵权责任，是从整个社会利益之均衡、不同社会群体力量之对比，以及寻求补偿以息事宁人的角度来体现民法的公平正义观。[②] 这一点与刑法所要求的责任主义完全不同。因此，在上述驾驶人或生产者、销售者不承担刑事责任的情形中，都有承担民事责任的余地。

不过，从民事责任的分配上看，原则上既不应让用户为自动驾驶系统承担过重责任，同时又不能要求生产销售者承担过多责任以致抑制自动驾驶技术创新。一方面，自动驾驶技术具有高度技术性、复杂性和未知性，如果由用户因自动驾驶系统故障问题过多承担无过错责任，会在很大程度上打击潜在用户购买和使用的积极性，进而限制自动驾驶技术的转型升级与产业推广。[③] 例如，在自动驾驶模式下，如果系统没有发出警示而发生交通事故，那么此时可以认为用户没有过错，但可以依照道路交通安全法第 76 条等交通法规及司法解释要求其承担不超过 10%的赔偿责任。对于普通的交通事故责任而言，不超过 10%的责任是依照优者危险负担规则，这虽然不是典型的公平责任原则，但通过让机动性能强的一方多承担责任，以保护弱者利益。另一方面，过于绝对的生产者责任可能同样会抑制技术的进步。[④] 因此，对人工智能技术的创新不应当科以过高数额的赔偿风险。但相比较而言，由汽车制造商一方多承担责任是更为妥当的。这是因为：首先，从救济受害人的角度来看，由于制造商通过销售自动驾驶汽车能够获得巨大利益，经济实力更强，让其承担责任能够充分救济受害人，也符合风险与收益一致的原则。其次，从预防损害发生的角

① ［日］中山幸二：《自动驾驶的法律课题》，载《国民生活》（第 10 卷）（2017 年），第 55 页以下。

② 龙敏：《自动驾驶交通肇事刑事责任的认定与分配》，载《华东政法大学学报》2018 年第 6 期。

③ 张力、李倩：《高度自动驾驶汽车交通侵权责任构造分析》，载《浙江社会科学》2018 年第 8 期。

④ 杨立新：《侵权责任法》，北京大学出版社 2014 年版，第 284 页。

度分析，制造商作为编写自动驾驶系统算法程序的主体，由其承担责任能够督促其更新算法，持续提升自动驾驶技术的安全性能。最后，让制造商一方承担责任也有助于增强消费者的购买信心，消费者可以没有后顾之忧地享受自动驾驶技术带来的便利，最终推动自动驾驶产业的发展和繁荣。①

事实上，除了让用户和生产者、销售者承担自动驾驶造成的民事责任外，更为重要也更为有利的方式是通过保险责任来分摊和化解整个由技术发展可能带来的风险，这一点是刑事追责的解决方式所不可比拟的。保险责任既能够直接保障受害者获得一定的赔偿，有助于提高自动驾驶系统在社会中的接受程度，同时也可以为生产者减轻一定的负担，从而为技术创新创造更大的空间。就目前既有的保险模式来看，自动驾驶汽车保险包含三层结构，包括传统的汽车所有人或管理人投保的交强险、使用人或生产者投保的商业险以及生产者或销售者投保的产品责任险。这三层保险赔付的顺位应该为交强险首先承担，交强险赔付不足的由商业险承担，在涉及产品责任的承担或追偿时由产品责任险承担赔偿。② 此外，作为对自动驾驶技术的支持与进一步风险分摊化解的方式，民事领域中还可以考虑建立赔偿基金，作为强制保险制度的一个补充，以此确保未被保险覆盖的损害可以得到弥补。③ 因此，总体来说，如果能灵活运用道路交通安全法等公法以及民法中的责任分担规定，能够比单纯适用刑法在化解技术带来的风险分担问题上起到更好的效果。④

四、自动驾驶汽车事故的刑事归责

人工智能时代，技术手段的滥用可能将人类社会推到深度风险之中，可以说自动驾驶技术的应用与发展本身就是风险社会的一个“征表”。立足于刑法对社会风险的积极预防立场，有学者提出应构建直接由人工智能机器人自身承担刑罚的责任模式。⑤ 但是，一方面，要想成为法律责任的主体（法律上的人）就必须是权利和义务的主体，而人工智能义务与权利的自始分离使之根本无从获取法律人格。⑥ 另一方面，社会学对传统社会与风险社会的区分是相对的，传统社会也有风险，风险的发展是一个连续的过程，刑法对这种变化自然会作出反应，但是这种反应未必能够引起刑法的质变。换言之，当下人工智能与过往的计算机技术一样正持续促进刑法的量变，而包括自动驾驶技术在内，远未达到引起刑法质变从而构建新的责任模

---

① 郑志峰：《自动驾驶汽车的交通事故侵权责任》，载《法学》2018 年第 4 期。

② 韩旭至：《自动驾驶事故的侵权责任构造——兼论自动驾驶的三层保险结构》，载《上海大学学报》（社会科学版）2019 年第 2 期。

③ 司晓、曹建峰：《论人工智能的民事责任：以自动驾驶汽车和智能机器人为切入点》，载《法律科学》2017 年第 5 期。

④ 储陈城：《人工智能时代刑法归责的走向——以过失的归责间隙为中心的讨论》，载《东方法学》2018 年第 3 期。

⑤ 李婕：《智能风险与人工智能刑事责任之构建》，载《当代法学》2019 年第 3 期。

⑥ 冀洋：《人工智能时代的刑事责任体系不必重构》，载《比较法研究》2019 年第 4 期。

式的可能。[1] 因此，关于自动驾驶引发事故的责任承担主体，依然限定为传统刑法所可能规制的主体，包括驾驶人、汽车所有人（运行供用人）[2]、汽车生产商的相关人员、自动驾驶控制程序的开发人员、向自动驾驶汽车提供数据的人员、国家及地方公共团体的相关人员等。[3] 以下将结合具体情形对上述部分人员的刑事责任进行类型化分析。

（一）非法利用自动驾驶汽车进行故意犯罪者的刑事责任

无人驾驶技术近乎完全依靠计算机系统、网络及大数据信息配合操作完成，因此完全有被不法分子利用的可能。事实上，早在2015年就发生过黑客利用系统存在的安全漏洞，通过计算机侵入名为Uconnect的触屏车载无线电系统，成功对一辆切诺基多功能越野车进行远程控制的事件。这使得菲亚特克莱斯勒美国公司不得不宣布召回约140万辆存在软件漏洞的汽车。[4] 如果再联想到极端恐怖分子早就开始利用普通汽车制造“汽车炸弹”，那么事实上非法利用无人驾驶汽车进行故意犯罪可能涉及的罪名就远不止侵犯计算机信息系统等相关犯罪了。

具体而言，非法利用自动驾驶汽车进行的故意犯罪主要包括以下几种类型：第一，纯粹将汽车本身作为犯罪工具实施的犯罪，如利用无人驾驶汽车运送毒品，利用无人驾驶汽车实施爆炸行为等。此时，汽车只是单纯地作为犯罪工具而存在，对于背后的利用者只需依照相应行为定罪量刑即可。如同网络犯罪一样，犯罪手段的更新并不会改变传统犯罪的本质。[5] 第二，通过攻击与自动驾驶运行相关的计算机系统而实施的犯罪。如前所述，自动驾驶技术的运行完全依靠系统软件的运行及数据分析操作，如果黑客等不法分子通过网络技术攻击、篡改了车载系统或云端数据等，则首先会构成非法侵入计算机信息系统罪，非法获取计算机信息系统数据、非法控制计算机信息系统罪，以及提供侵入、非法控制计算机信息系统程序、工具罪等。此外，如果是通过植入病毒或其他手段致使自动驾驶运行系统彻底瘫痪报废，还可能涉及故意毁坏财物罪、破坏交通工具罪等。[6] 第三，必须注意的是，前述第二种犯罪行为往往只是行为人后续犯罪行为的手段行为或预备行为，必须明确自动驾驶系统涉及的是公共交通安全，尤其是其运行背后所赖以支撑的数据信息关涉成

---

① 董玉庭：《人工智能与刑法发展关系论——基于真实与想象所做的分析》，载《现代法学》2019年第5期。

② “运行供用人”在日本法中系指为了自己让汽车用于行驶的人。

③ ［日］松宫孝明：《AI与刑法——以自动驾驶相关问题为中心》，孙文译，载《第五届中日经济刑法研讨会论文集（2019）》，第18-20页。

④ https：//finance. sina. com. cn/chanjing/gsnews/20150725/213522791451. shtml，2020年7月10日访问。

⑤ 陈结淼、王康辉：《论无人驾驶汽车交通肇事的刑法规制》，载《安徽大学学报》（哲学社会科学版）2019年第3期。

⑥ 皮勇：《人工智能刑事法治的基本问题》，载《比较法研究》2018年第5期。

千上万用户的生命、财产安全，因此这种攻击计算机信息系统的行为往往也是危及不特定多数人公共安全的行为。在行为人面对不特定的对象或针对大数据存储、传输系统本身进行攻击时，如果只是将其认定为破坏计算机信息系统等扰乱公共秩序犯罪，则只注意到问题的表象。换言之，应当充分认识到攻击系统的行为有可能只是侵害其他法益的新手段，必要时完全能够以以危险方法危害公共安全罪对其进行规制。[①]

（二）驾驶人存在主观罪过的刑事责任

无行为则无犯罪，在有关自动驾驶的事故中，只有驾驶人在直接或间接地承担车辆驾驶任务、周围驾驶环境的监控任务以及紧急状态下的驾驶接管任务的场合下，才能考虑将事故归责于驾驶人，认定其具有主观故意与过失。事实上，在SAE1-4级别（限定条件范围之外）下，驾驶、监控与接管等全部驾驶操作完全依赖于驾驶人，此时其实质与人工驾驶相同。如果驾驶人是出于故意而操控车辆造成事故，那么处于辅助地位的汽车依然只能沦为“工具”的地位，而直接追究驾驶人的刑事责任即可。而如果是由于驾驶人存在过失导致交通事故的，则可以比照SAE0非自动化驾驶状态追究刑事责任。只不过在SAE1-4级别（限定条件范围之外）下，驾驶人在成立过失犯罪时所要求的注意义务会与传统汽车驾驶人的注意义务有所差别。例如，传统的汽车驾驶人在驾驶车辆行驶时除了履行必要的注意义务如不酒后驾驶等之外，还要时刻遵守谨慎驾驶的注意义务，如根据路况调整车速、打转向灯等。而在辅助驾驶的情况下，很多谨慎驾驶的要求都对驾驶人放宽了，如对车速的适时调控、路况环境监测等都可以转由自动（辅助）驾驶系统完成，此时驾驶人相应的注意义务转变为根据路况正确地选择使用自动驾驶系统、在自动驾驶系统发出请求或者在驾驶员认为有必要时及时接管汽车以及在智能汽车自动驾驶期间保持必要的警觉等，以此避免危害结果的发生[②]。可以肯定的是，作为在SAE1-4级别（限定条件范围之外）下的驾驶主体，驾驶人违反了上述注意义务造成严重危害结果，同样应该作为过失犯进行处罚。

结合具体的法律规范来看，我国关于直接规制机动车驾驶行为的法律主要以交通运输管理法规为基础，违反交通运输管理法规造成重大伤亡或者使公私财产遭受重大损失的，依照刑法第133条交通肇事罪和第133条之一危险驾驶罪追究其责任主体的刑事责任。其中，公路交通运输管理法规主要有公路法、道路交通安全法等，为保证公路交通安全而规定了与其有直接关系的劳动纪律、交通规则、操作规程等。完全自动化驾驶即SAE级别5的自动驾驶技术中，由自动驾驶系统在全部时间、全部路况和环境条件下完成全部驾驶任务，技术完全支持不需要驾驶人作出任何操控

---

① 郭旨龙：《中国刑法何以预防人工智能犯罪》，载《当代法学》2020年第2期。

② 龙敏：《自动驾驶交通肇事刑事责任的认定与分配》，载《华东政法大学学报》2018年第6期。

驾驶行为，包括基础驾驶任务、对驾驶环境的监控任务及应急驾驶接管任务。因此，乘坐 SAE 级别 5 的自动驾驶汽车，驾驶人如乘坐出租车的乘客一样，可以完全信赖自动驾驶系统，甚至此处能否称之为“驾驶人”也存在疑问。对此，“驾驶人”醉酒后乘坐于驾驶人位置，启用自动驾驶模式的情况，不符合刑法第 133 条之一危险驾驶罪的构成要件行为，不应以危险驾驶罪论。

在道德伦理上，每一位驾驶人在公共道路上驾驶机动车，应当本着为自己的生命负责、为他人的生命负责而谨慎行驶，具有不可推卸的高度注意义务。但是，在完全自动化驾驶阶段，自动驾驶技术已经逐步成熟，能应对所有可能突发的事件，人工智能采用大数据运算能够比驾驶人反应更加敏锐，作出应答更加迅速、准确。因而，在科学技术层面，完全自动化驾驶级别不要求驾驶人对结果具有预见或者回避能力，即使驾驶人在已经预见或认识到的情况下也不能要求驾驶人作出相应的驾驶接管或者其他驾驶行为，甚至不需要驾驶人具有平常的注意义务。在驾驶人没有应当预见、应当回避驾驶行为危害结果的状态下，便丧失了对其主观归责的基础。因此在完全自动驾驶状态下发生交通事故，有理由认为“驾驶人”已经认识到自动驾驶行为的风险，是一种被害人自我答责与风险承受的选择，不再适用刑法第 133 条交通肇事罪的规定。

SAE 级别 4 即高度自动化驾驶，自动驾驶系统在限定的地理、环境、交通状况、速度、时间条件之内，执行全部驾驶任务并由自动驾驶系统监控驾驶环境和对紧急情况作出驾驶接管和应答。在限定的条件内，启用高度自动化与完全自动化驾驶技术的驾驶人责任相同。在限定范围之外，安装自动化装置的机动车与现有市场上的机动车一样，驾驶人以积极作为的方式酒后驾驶、无证驾驶、闯红灯、超速、超宽、超载、违章超车等；以消极的不作为，如转向不显示指示灯、通过道口不鸣笛示警、通过岔路口不减速等，而导致发生重大事故，致人重伤、死亡或者使公私财产遭受重大损失的，构成刑法第 133 条交通肇事罪。若行为人故意操纵驾驶程序在道路上脱离限定条件而驱使机动车追逐竞驶，情节恶劣的，或醉酒状态下操纵驾驶程序按照非限定条件行驶的，构成刑法第 133 条之一危险驾驶罪。高度自动化驾驶在非限定的范围内，与当前国内市场上常见的机动车事故的责任分配一样，具有适用交通肇事罪、危险驾驶罪的空间。

SAE 级别 3 为附条件自动化驾驶，自动驾驶系统在限定的条件下完成驾驶行为与对环境的监控任务，但是，驾驶人需要保持对车辆紧急情况作出驾驶接管应答的能力。即驾驶人在此情况下具有随时接管操控车辆驾驶的注意义务，如果由于驾驶人的疏忽大意未意识到或对自动驾驶系统过于自信而在紧急状态下未能合理应对导致发生重大交通事故，驾驶人应构成交通肇事罪。在附条件自动驾驶模式下，驾驶人的主观罪过只在驾驶人接管操控驾驶任务的范围内，成立危险驾驶罪或交通肇事罪。

目前绝大多数汽车都已经达到部分自动驾驶（SAE 级别 2），如 ACC 自适应巡航和拨动转向灯即可实现自动变道行驶、中国首例自动驾驶事故的特斯拉轿车等。

在部分自动驾驶模式下，自动驾驶系统可以独立完成一些组合行驶需求，但驾驶人仍起着主要作用，驾驶人负责对驾驶环境的监控以及接管驾驶操控，因此仍需要驾驶人将双手双脚预备在方向盘及制动踏板上随时待命。因此，笔者认为在 SAE 级别 1、2 自动驾驶系统中，虽然车辆系统能够执行部分驾驶任务（前后左右），但是驾驶环境监控任务与接管操控任务主要依赖于驾驶人，驾驶人的注意义务不低于人工驾驶模式。在部分自动驾驶、辅助驾驶、人工驾驶模式下，驾驶人具有监控任务意味着驾驶人要随时注意行驶危险状态的出现，并且应避免、防止交通事故的发生。如中国首例自动驾驶事故案件，驾驶人过度信赖自动驾驶系统，而未能及时注意前方障碍物的出现而导致事故的情况，笔者认为驾驶人主观上至少存在疏忽大意或过于自信的过失，符合刑法第 133 条交通肇事罪的主观构成要件，具有刑事上的可追责性。

（三）“肇事逃逸者”的刑事责任

在驾驶人的过失责任之后，同样值得探讨的是在完全自动驾驶模式下肇事后逃逸的情节应做何刑事判断。根据前述观点，驾驶人对于完全自动驾驶状态引起的事故不负刑事责任，但是在肇事后因逃逸致人死亡是否构成交通肇事罪的结果加重犯，值得思考和研究。

我国刑法第 133 条规定的“因逃逸致人死亡的，处七年以上有期徒刑”，是对符合刑法第 133 条交通肇事罪基本犯罪构成要件行为，并造成构成要件以外加重结果的处罚。因此，在否认驾驶人构成交通肇事罪的同时，也应否认构成其结果加重犯。除此之外，自动驾驶肇事后，驾驶人逃逸，未及时救助被害人致其死亡，是否考虑转化为故意杀人或过失致人死亡仍有必要。“因逃逸致人死亡”仅指消极的不救助，而不包括积极地将被害人转移、丢弃至较为偏僻、难以让人发现的地方。此驾驶人构成故意杀人与过失致人死亡只能基于不履行救助义务的不作为。在承认完全自动驾驶模式自动驾驶系统已经完全脱离驾驶人的驾驶行为的状态下，按照责任主义原则的要求，切断事故结果与驾驶人驾驶行为的因果关系。使被害人处于被救助地位是自动驾驶系统的肇事行为，因而自动驾驶系统产生管理、监督危险源的作为义务。按照前述观点，此时驾驶人处于“局外人”地位，并不产生对被害人的救助义务，也无从谈起驾驶人的刑事责任。但是在自动驾驶模式下肇事后，驾驶人逃逸致人重伤、死亡而不负刑事责任无疑是一种鼓励逃逸行为的做法，其法律效果不符合社会期待。对此问题，存在两种处理模式：

1. 基于危险源监管所引发的保证人义务，驾驶人可以构成不作为的故意杀人罪或过失致人死亡罪

虽然刑法第 133 条规定的“逃逸致人死亡”是一种结果加重情节，在否定了完全自动驾驶情形下“驾驶人”具有基本的交通肇事行为的前提下，无法让其为加重结果承担交通肇事罪的责任，但是这不代表此时的驾驶人丝毫没有作为义务。因为如果在完全自动驾驶状态时的汽车已经造成交通事故的情况下，依然完全把驾驶人

置于“局外人”的地位，不仅与道路交通安全法第 70 条所明确的驾驶人应负保护现场、抢救伤员的义务的规定相违背，与乘车人、过往车辆驾驶人、过往行人协助救助的要求相背离，而且最终可能演变成一种放任伤者走向死亡、鼓励驾驶人逃逸的做法。

事实上，在完全自动驾驶模式造成交通事故的情况下，不论是直接造成被害人死亡还是重伤，驾驶人都负有积极的救助义务。当然，这种救助义务在被害人直接死亡的情形时因事实上的无法履行而得以消灭，但在被害人重伤时则行为人应当尽力履行该救助义务以避免死亡结果的出现。那么当驾驶人不履行该救助义务从而导致重伤的行为人死亡时，是否应当承担一定的刑事责任呢？这实际在考察上述驾驶人所负有的救助义务能否成为刑法上构成不作为犯罪所要求的作为义务。这就有必要考虑完全自动驾驶模式造成的事故进而引发的驾驶人救助义务是不是刑法上不作为义务的来源。

应当指出的是，以往理论上通常是按照形式方式对作为义务来源进行划分，诸如法律、行政法规中所规定的义务也可以被纳入刑事责任承担的作为义务的范围，但这种通过形式描述的逻辑推导刑法上作为义务的做法并不可靠，否则诸如道路交通安全法第 70 条所规定的过往车辆驾驶人、行人的协助义务也可能成为刑法上的作为义务，这显然不合理。正是基于此原因，当今大陆法系刑法理论关于不作为犯罪特别是不纯正不作为犯罪的义务来源并非做形式之判断，而是进行实质化的判定，此即保证人地位的问题。对于此问题，目前德日刑法理论中所采取的通行观点是功能二分理论，即根据不同作为义务之间内容与功能上的区别将作为义务的来源分为以下两大类别，来源于保护保证人地位的作为义务与监管保证人地位的作为义务。对于前者，保护保证人地位证立的基础在于保证人与被害人之间的信赖关系，这以父母对未成年子女的保护义务为典型。而对于后者，又可以区分为基于先行行为引发的监管保证人地位以及基于对危险设备、危险动物等危险源的运营管理引发的监管保证人地位。在完全自动驾驶模式下，驾驶人与交通事故受害者显然不具有保护保证人地位的关系。另外，根据责任主义中“主观责任”和“个人责任”的要求，行为人应当对其自己的行为及其结果负责，且在行为时必须具备责任能力、故意或过失以及期待可能性，因此如果把自动驾驶汽车的交通事故评价为驾驶人所实施的先行行为以此让其承担后续的作为义务，可能也存在违背责任主义之嫌。

笔者认为，此时驾驶人的救助义务作为不作为犯罪所要求的保证人义务，应当是基于危险源监管所引发的保证人义务类型。因为虽然交通事故中被害人由重伤到死亡结果发展过程中的起点，即造成重伤的行为与完全自动驾驶模式下的驾驶人无关，但对后续危险扩大所可能产生的法益侵害危险，驾驶人具有及时消灭的义务，而这一义务的来源既非驾驶人的先行行为，也非驾驶人与被害人的特殊关系，而在于驾驶人负有监管自动驾驶汽车这一义务本身。正如动物园的运营是一个被允许的风险，但不代表动物园管理人员可以对不慎落入虎山的游客放任不管而不救助。自动驾驶汽车同样如此，自动驾驶的风险本身是被允许的，但对于这一危险源所造成的损害，驾驶人负有刑法上的积极监管义务（及时救助义务）。因此，当完全自动驾驶造成被害人重伤而驾驶人选择“逃逸”时，应当根据具体案情判断驾驶人是否构成不作为犯罪，而具体到刑法分则的适用，可以构成（不作为的）故意杀人罪或过失致人死亡罪。

2. 基于否认驾驶人保证人义务的立场，应以不报、谎报安全事故罪进行扩张解释

无论基于犯罪论还是刑罚论的视角，自动驾驶系统导致事故，驾驶人不存在主观罪过的情况下，无法归责于系统责任。尤其是自动驾驶模式造成交通事故，自动驾驶汽车驾驶人或乘车人逃逸致使被害人重伤、死亡的情况下，无法追究驾驶人、乘车人的责任。为避免交通事故结果的扩大或者造成其他严重的后果，在事故发生后，应赋予驾驶人报告交通事故情况的义务①。不报或者谎报事故情况，导致贻误事故抢救，情节严重的，以不报、谎报安全事故罪论处。

我国刑法第 139 条之一规定，在安全事故发生后，负有报告职责的人员不报或者谎报安全事故情况，贻误事故抢救，情节严重的，处 3 年以下有期徒刑或者拘役；情节特别严重的，处 3 年以上 7 年以下有期徒刑。本罪所述的安全事故应包含刑法第 131 条至第 138 条规定的安全事故：重大飞行事故、铁路运营安全事故、交通肇事、危险驾驶、重大责任事故、重大劳动安全事故、强令违章冒险作业、大型群众性活动重大安全事故、危险物品肇事、工程重大安全事故、教育设施重大安全事故和消防责任事故。因此，“安全事故”也应当包括自动驾驶模式所导致的交通事故。

根据最高人民法院、最高人民检察院 2015 年 12 月 14 日发布的《关于办理危害生产安全刑事案件适用法律若干问题的解释》规定，“负有报告职责的人员”是指负有组织、指挥或者管理职责的负责人、管理人员、实际控制人、投资人，以及其他负有报告职责的人员。在普通的机动车肇事中，驾驶人是车辆的实际控制人、管理人员。在高度自动驾驶（限定条件内）与完全自动驾驶模式中，驾驶人能够全面信赖自动驾驶系统，从而免除注意义务。但是，根据我国道路交通安全法第 70 条规定，在道路上发生交通事故，车辆驾驶人应当立即停车，保护现场；造成人身伤亡的，车辆驾驶人应当立即抢救受伤人员，并迅速报告执勤的交通警察或者公安机关交通管理部门。因此，驾驶人虽然不是车辆的直接控制人，不论在接管自动驾驶任务还是未接管任务的场合，驾驶人都具有报告事故的法定义务。因而，在自动驾驶事故中，驾驶人基于道路交通安全法的法定义务而产生管理义务，应视作管理人员。在 SAE 级别 4、5 的自动驾驶模式下，驾驶人的地位虽同乘车人，但对于发生事故后的责任分担具有明显的差异，驾驶人负有救助与报告义务，而乘车人只有予以协助的义务。如果在自动驾驶汽车导致的事故中，承认乘车人的管理人地位将会导致

① ［日］山下裕树：《在道路交通中自动化系统投入的法律性问题领域》，载千叶大学《法学论集》第 32 卷第 1 · 2 号（2017 年），第 130 页以下。

责任的混乱与行为标准的不统一。例如，2018 年 2 月 28 日，迪拜将无人驾驶出租车（自动吊舱）投入使用，最多可乘坐 10 名乘客。在无人驾驶出租车发生交通事故，造成 1 人死亡的情形下，1 人的责任违反会导致刑事“连带责任”。换言之，只有 1 名乘客及时履行报告义务，则其他乘客的不报或者谎报事故情况行为不构成本罪，也不成立本罪的未遂犯。因此，不应将乘车人视为对自动驾驶汽车负有管理职责的管理人员。

本罪的不报或谎报事故情况行为必须发生在安全事故之后，但不要求发生在安全事故完全结束之后。不报或者谎报行为，只有在使事故结果加重或者扩大的状态下，导致贻误事故抢救，并且情节严重的，才构成本罪。根据上述司法解释，具体有下列情形之一的，属于“情节严重”：（1）导致事故后果扩大，增加死亡 1 人以上，或者增加重伤 3 人以上，或者增加直接经济损失 100 万元以上的。（2）实施下列行为之一，致使不能及时有效开展事故抢救的：①决定不报、迟报、谎报事故情况或者指使、串通有关人员不报、谎报事故情况的；②在事故抢救期间擅离职守或者逃匿的；③伪造、破坏事故现场，或者转移、藏匿、毁灭遇难人员尸体，或者转移、藏匿受伤人员的；④毁灭、伪造、隐匿与事故有关的图纸、记录、计算机数据资料以及其他证据的。（3）其他严重的情节。

本罪的责任形式为故意，负有报告职责的人员明知不报或者谎报事故情况的行为会发生贻误事故抢救的结果，并且希望或者放任这种结果的发生。因此，在安全事故发生后，教唆或者帮助负有报告职责的人员不报或者谎报情况，或与负有报告职责的人员串通，不报或者谎报事故情况，贻误事故抢救，情节严重的，构成本罪的共犯。

（四）自动驾驶系统导致事故的刑事责任

2018 年 2 月，在美国洛杉矶 405 高速公路上，一辆处于自动驾驶模式的特斯拉 Model S 轿车撞上了一辆停在路边的消防车。因自动驾驶系统无法检测出行驶状态中所遇到的所有物品，所以无法对车辆进行制动或减速而导致事故。[①] 现阶段的自动驾驶系统的设定原理其实是对所有静态障碍物的忽略，自动驾驶系统的传感器只能探测到移动中的物体。忽略对技术的探讨，对于自动驾驶模式下导致事故的场合，应区分两种不同情况：第一，自动驾驶系统存在技术上不完备的状态；第二，自动驾驶系统虽完备，却判断错误而导致事故的状况。根据我国现行刑法规定，无法直接对计算机信息系统或者自动驾驶系统归罪，只能对涉及系统的生产研发者一方（通常包括生产者、销售者）追究刑事责任。

---

① See Jack Stewart: Why Tesla's Autopilot Can't See a Stopped Firetruck, (Mar. 14, 2018), https://anith.com/why-teslas-autopilot-cant-see-a-stopped-firetruck/.

1. 自动驾驶汽车生产者、销售者的刑事责任

首先需要讨论的是，自动驾驶汽车的生产者、销售者是否需要为自动驾驶故障引发的交通事故承担类似于交通肇事罪等过失责任。对此，理论上主要存在肯定说和否定说两种观点。肯定说认为，特别是在高度自动驾驶的场合，已经欠缺传统的“驾驶人”这一角色了。此时，基于车辆制造商或软件、零部件的产品开发者所具有的“前瞻能力”，其所承担的注意义务也与传统过失犯罪所要求的注意义务的“当场性”“即时性”不同，作为生产者、制造者，其具有的结果避免义务是先期的、前瞻性的，如果在其制造、生产阶段就违反了这种注意义务，则在事故发生时可以成立相应的过失犯罪。[①] 否定说对此提出批评，认为注意义务不是抽象的而是具体的，由于设计者、生产者或使用者不可能预见到自动驾驶期间可能出现的各种意外，因此即使自动驾驶系统引发交通事故，也不能因为设计、生产或使用自动驾驶汽车可能引发交通事故而理所当然地对设计者、生产者或使用者追究过失犯罪责任，否则无异于承认严格责任。[②] 并且，如果根据抽象判断来认定过失，将最终导致在逻辑上认定任何可能导致危害结果发生的行为都是过失行为。脱离具体行为与具体结果抽象地判断过失成立与否，可能会导致无论行为与结果之间的联系多么间接，行为人对具体结果能否预见，都可能得到肯定过失成立的结果，有违责任主义。[③] 此举无异于滑向了新新过失论，会导致禁止所有危险行为，显然不合适。

但是，不因具体的事故追究自动驾驶汽车生产者、销售者的责任，不代表其无须承担任何刑事责任。自动驾驶汽车作为一款与用户生命财产安全具有紧密联系的产品，其产品质量应当符合法律规定的规范标准。因此，生产者、销售者在将产品投入市场流通后，发现存在缺陷的，应当及时采取警示、召回等补救措施。对于生产者、销售者将没有完全消除人身安全隐患的车辆强行推入市场或者未召回其存在技术缺陷的车辆的行为，除应承担相应的民事侵权责任之外，还应追究其刑事责任。根据我国现有刑法规定，对于生产者、销售者在已经明知为缺陷产品，但未中止生产、销售，或者未召回已经投入市场流通的产品等不作为的情况，应当考虑适用刑法第 146 条生产、销售不符合安全标准的产品罪或第 140 条生产、销售伪劣产品罪

---

① 彭文华：《自动驾驶车辆犯罪的注意义务》，载《政治与法律》2018 年第 5 期。

② 江溯：《自动驾驶汽车对法律的挑战》，载《中国法律评论》2018 年第 2 期。有学者认为，由于人工智能可能造成的社会危害性大，并且研发者和使用者在大多数情况下对人工智能产品具有一定的把控力，因此可以考虑在刑法中确立人工智能产品研发者和使用者的严格责任。参见龙敏：《自动驾驶交通肇事刑事责任的认定与分配》，载《华东政法大学学报》2018 年第 6 期。但笔者认为，民法领域和英美刑法中对“严格责任”的规定不能成为认定涉人工智能犯罪时适用严格责任原则的参照。民法侧重的是对社会关系的维护和修复，刑法侧重的是对行为人行为的定性和处罚，其侧重点与民法明显不同。在刑法领域中适用严格责任原则不仅有违责任主义原则而且会严重遏制人工智能技术的发展。参见刘宪权：《涉人工智能犯罪中的归因与归责标准探析》，载《东方法学》2020 年第 3 期。

③ 周铭川：《论自动驾驶汽车交通肇事的刑事责任》，载《上海交通大学学报》（哲学社会科学版）2019 年第 1 期。

追究刑事责任。例如，在完全或高度自动驾驶模式下发生事故的原因在于车辆自动驾驶系统不能探测到前方障碍的情况，首先应判断该技术缺陷是否已经符合保障人身、财产安全的国家标准、行业标准。若不符合，生产者、销售者明知该产品缺陷而仍然生产、销售或未中止生产、销售，或者对于已经投入市场流通的产品未采取警示、召回等措施的，构成生产、销售不符合安全标准的产品罪。在行为人生产、销售了不符合安全标准的产品，但是并没有造成严重后果时，如果行为人的销售金额或货值金额达到定罪标准，按照生产、销售伪劣产品罪处理。在行为人生产、销售不符合安全标准的产品，不仅销售金额达到 5 万元，而且也造成致人重伤死亡或者造成其他重大财产损失的情况下，构成生产、销售不符合安全标准的产品罪与生产、销售伪劣产品罪的竞合。①

由于现行日本刑法典仅规定了自然人犯罪，未将单位作为犯罪主体，因此不能对生产、销售企业按照日本刑法第 211 条业务上过失致死伤罪进行定罪处罚。对此情况，日本学界有观点认为应将单位犯罪转换为个人犯罪，将生产、销售企业的责任人员、主管人员作为实行行为主体，进而考虑是否构成业务上过失致死伤罪。②对于这一问题，我国刑法第 150 条明确规定了单位犯本节第 140 条至第 148 条规定之罪的，对单位判处罚金，并对其直接负责的主管人员和其他直接责任人员，依照各该条的规定处罚。因此，对作为单位主体犯生产者、销售者归责并无障碍。但是，探讨生产者的刑事责任，以其至少具有结果预见可能性的过失为前提。由于机动车是结构复杂的高科技产品，甚至对现阶段普遍的 SAE 级别 0-2 的机动车而言，生产者在开始投入使用期很难发现故障或者缺陷，机动车也很少在使用过程的初期就出现故障。因此，以销售之前的时点作为肯定生产者、销售者的结果预见可能性是不合理的。尤其是对于自动驾驶汽车而言，自动驾驶技术是一种新兴科技，技术发展还未成熟，因此对于生产者、销售者的预见义务不宜做更高的要求。

同样，在对直接负责的主管人员和其他直接责任人员归责时，也尤为需要注意的是，不论生产者、销售者是以违背行业规范而过失导致缺陷车辆进入市场的行为，还是以不作为的方式即不召回问题车辆等行为构成生产、销售伪劣产品罪或生产、销售不符合安全标准的产品罪，都要求行为人能够对具体的产品缺陷有认识或对可能导致的危害结果有预见。鉴于自动驾驶技术是一个尚在发展完善阶段的技术，并且相关行业的国家标准及产业标准都未明确，对其研发人员以及生产销售主体仍不宜科以过高的注意义务。根据产品质量法规定，生产者在将产品投入市场流通时，在科学技术水平尚不能发现缺陷存在的情况下，生产者免责，举轻以明重，此种情况当然也不构成犯罪。③ 应当认识到，技术的发展和风险的存在总是如影随形的，

① 王作富：《刑法分则实务研究》，中国方正出版社 2010 年版，第 214 页。

② ［日］中川由贺：《关于自动驾驶汽车司机和制造商的刑事责任：伴随自动驾驶的导入所产生的问题及今后应有的方向性》，载 *CHUKYO LAWYER* 第 27 卷（2017 年），第 17 页。

③ 刘宪权：《人工智能时代的刑事风险与刑法应对》，载《法商研究》2018 年第 1 期。

要想鼓励技术的创新和发展，就必须在一定范围内对与技术相伴而生的风险保持宽容的心态。如果对研发者根据风险发生时技术发展水平尚无法预见而导致后果的情况也一律采用刑事手段予以规制的话，必然会对技术的研发和进步造成致命打击，这显然违反了刑法中主客观相结合的原则，而且从根本上也违反了人类社会的整体利益。[①] 因此，在判断自动驾驶汽车的生产者、销售者是否能够预见产品存在缺陷时，要以研发自动驾驶汽车当时的科学技术能力为标准。倘若依照当时的人工智能发展技术根本无法认识到产品质量是否符合既有标准或无法预见到可能存在的缺陷，则不能对生产者、销售者归责。[②]

此外，在免除驾驶人的注意义务状态下，由于自动驾驶系统的技术缺陷而发生致人重伤、死亡或者其他导致公私财产遭受重大损失的，不应归责于驾驶人，同时应限制追究生产者、销售者的过失责任。对此，日本有学者提倡应追究程序开发者（或者生产者）业务上过失致死伤罪，但此举是否恰当令人质疑。[③] 业务上过失致死伤罪是基于行为人的过失是业务上的过失时所规定的过失伤害罪及过失致死罪的加重类型，类似于我国刑法第233条过失致人死亡罪与第235条过失致人重伤罪的结果加重犯。关于业务上的过失受到比通常的过失更重的处罚理由，日本刑法理论通说与判例认为是业务者被科以不同于通常人的特别高度的注意义务，违反注意义务时就要被归以重的责任。[④] 但是，对于同一行为所应该要求的注意义务，无论是业务者还是非业务者，应该是均等的。对生产者而言，生产制造自动驾驶机动车与非自动化驾驶机动车的业务上的义务是同一的。因此，不能认定生产者、销售者在生产、销售自动驾驶系统汽车方面的注意义务要高于人工驾驶汽车。

总之，在自动驾驶车辆造成法益侵害结果时，应当可以适用被允许的危险理论化解刑事责任归责。[⑤] 如果禁止一切危险，社会就会停滞。根据被允许的危险理论，以对社会发展的整体利益优先于个人的生命、身体保护等私法益的价值观为基础，生产者、销售者在遵循行业标准、国家标准制造、销售的自动驾驶汽车在通常情况下不会发生危险结果的条件下，允许自动驾驶技术投入交通领域。但是，对于被允许的危险理论也存在质疑的声音，认为在危害第三者的生命安全法益的情况下，生

---

① 刘宪权：《涉人工智能犯罪刑法规制的路径》，载《现代法学》2019年第1期。

② 林雨佳：《自动驾驶事故中的过失犯罪分析》，载《重庆大学学报》（社会科学版）2020年第3期。

③ ［日］中山幸二：《自动驾驶的法律课题》，载《国民生活》（第10卷）（2017年），第55页以下。

④ ［日］大塚仁：《刑法概说（各论）》，冯军译，中国人民大学出版社2003年版，第65页。

⑤ ［德］埃里克·希尔根多夫：《自动系统、人工智能和机器人——一个刑法角度的定位》，黄笑岩译，载《法治现代化研究》2019年第1期。

产者及程序开发者能够通过改写程序回避危害结果的发生。[①] 对此，笔者认为，应严格认定结果预见可能性、结果预见义务，结果回避可能性、结果回避义务与危害结果之间的因果关系。当生产者、销售者对于自动驾驶汽车出现不能继续使用的技术缺陷具有预见可能性时，只要采取召回该产品或警示缺陷及危险性等结果回避措置，生产者、销售者就不成立过失犯罪。以履行结果回避义务为必要，但是否能够防止结果的发生在所不论。当该事故是基于生产者的义务违反才能实现对危险性的评价，因此需要证明注意义务违反和事故发生之间的因果关系。[②] 在民法上，以产品的缺陷为要件，对生产者科以严格责任。与民事产品责任不同，对于生产者、销售者的刑事责任认定应贯彻过错责任。

2. 对于“自动驾驶汽车难题”自动驾驶程序选择的正当化

假设一辆自动驾驶汽车在完全或者高度自动驾驶模式下行驶在海岸公路，反方向迎来一辆出租车。在该路段不限方向，同时只能通过一辆汽车且来不及减速的情况下，自动驾驶汽车继续直线行驶会与出租车相撞，乘坐自动驾驶汽车的老人将会死亡（老人坐在副驾驶位置），出租车司机将会受伤，沿路的步行者则会安全。如果自动驾驶汽车向右改变方向，步行者三人会死亡，老人则会安全，出租车司机也会安全。自动驾驶汽车向左改变方向会掉进大海，导致老人死亡，但是步行者与出租车司机安全[③]（如下图所示）。这是由经典的“电车难题”变换而来的“自动驾驶汽车难题”。在完全或高度自动驾驶状态下，驾驶人甚至不需要尽到对周围环境的监控义务，以及接管任何紧急状态的驾驶行为，因此，理应认为驾驶人不是自动驾驶汽车的操作主体，自动驾驶系统才是“驾驶人”。人类驾驶车辆时，对于“电车难题”所作出的选择，更多是基于人的本能判断。但是，在自动驾驶模式下，车辆所安装的自动驾驶系统在编程时已经进行了判断，在实际陷入困境时只是自动执行程序。即“自动驾驶汽车难题”的判断实质是生产者预先设定的判断。在刑法中，无论自动驾驶汽车选择左、右、前方向都会导致死亡结果时，转变方向行为本身已经充分符合故意杀人罪的外观条件。因而在该案例中所要探讨的是自动驾驶汽车优先保全车内乘车人的安全是否能够阻却生产者的责任问题。

---

① ［日］富川雅满：《自动驾驶汽车和窘境情况的克服》，载千叶大学《法学论集》第 32 卷第 1·2 号（2017 年），第 184 页。

② ［日］中川由贺：《关于自动驾驶汽车司机和制造商的刑事责任：伴随自动驾驶的导入所产生的问题及今后应有的方向性》，载 *CHUKYO LAWYER* 第 27 卷（2017 年），第 17 页。

③ ［日］小林正启：《面向自动驾驶汽车实现的法律制度上的课题》，载《情报管理》第 60 卷第 4 号（2017 年），第 243 页。

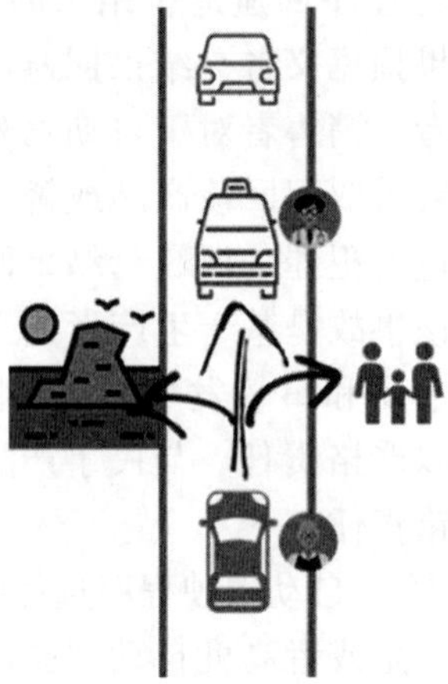

“自动驾驶汽车难题”简图

自动驾驶系统将危险转嫁于出租车司机或步行者，不适用紧急避险阻却违法。紧急避险是为了使国家、公共利益、本人或者他人的人身、财产和其他权利免受正在发生的危险，不得已采取紧急避险行为，且保全利益大于或等同于侵害利益，在合理避险限度内，不负刑事责任。生产者在车辆投入使用之前，已经设定对“自动驾驶汽车难题”的转向判断，避险行为的发生时间提前，不符合法益侵害的紧迫性和现实性。从法益均衡性上看，冲突法益是出租车司机、步行者三人与乘车老人的生命安全。任何法益都可能因为紧急避险的介入而作出牺牲，但是在牺牲生命利益而保全生命利益的场合，即生命对生命的情况是例外的。“因为，人的生命价值是不存在差别的。在数人的生命共同面临危险，以及以牺牲一人来挽救多人，无不同样如此。”[①] 正如《德国刑法典》第34条的规定，“许多条生命并不比一条生命更贵重”。因而，引用紧急避险理论排除违法不具有合理性，并且恰能反向证明生产者在编程时，意识到“自动驾驶汽车难题”具有发生致人重伤死亡结果的可能，并且对事故结果持以积极的或放任的态度。据此可以判断，生产者对于事故结果具有过失，甚至是积极放任。

但是，规范责任论者认为，对行为人没有期待可能性的时候，即便行为人具有故意、过失，也不能对行为人进行谴责。作为生产者，在其能够预测到的事故范围内，将自动驾驶汽车内部乘车人员的生命安全优先于车外人员以及将自动驾驶汽车本身的安全作为第一顺位考量是合理的。对于乘车人与车外人员的生命安全法益产生冲突的场合，生产者虽可以事先通过改写程序进而回避结果的发生，但是，法律并不能期待生产者为保全车外人员的人身安全而作出牺牲乘车人生命的判断。生产者对于乘车人而言，负有业务上保护乘车人生命安全的特别义务。在刑法中，虽不

① ［德］汉斯·海因里希·耶赛克、托马斯·魏根特：《德国刑法教科书》，徐久生译，中国法制出版社2001年版，第435页。

允许业务上具有特别义务的人为保全己方利益而牺牲他方利益，但是，这并不否认业务上的特别义务是为保全己方利益的情况。“不可否认，同以法益衡量内容的违法性的判断标准相比，期待可能性的标准更加不明确。但是，为活用期待可能性的宗旨，以个人责任为前提，从行为人标准的角度来把握。”[①] 因此，车辆生产者对于“自动驾驶汽车难题”所遵循的安全顺位问题，应以车内乘车人员的生命安全为第一顺位，第二顺位应是车外人员的生命安全，第三顺位再考虑车辆安全。[②]

（五）驾驶人与自动驾驶系统过失竞合的责任认定

2018 年 2 月 27 日，特斯拉公司承认，中国首例自动驾驶汽车事故发生时，特斯拉处于“定速”状态下行驶，遇到前方的道路清扫车，特斯拉并没有刹车和减速的迹象。[③] 而早在 2016 年 12 月，荷兰一辆 Model X 特斯拉汽车探测出前方即将发生的事故，“前方碰撞预警”（FCW）系统即刻发出警报，特斯拉自动启动紧急制动系统，从而避免了一场事故的发生。[④] 由此，从技术角度来讲，现阶段的特斯拉 Autopilot 雷达功能不仅能准确地探测到前方的障碍物，甚至可以预测出前方的碰撞事故，并采取紧急制动措施从而防止事故的发生。故就中国首例自动驾驶汽车事故而言，究其原因应是自动驾驶系统与驾驶人的过失竞合。首先，特斯拉的自动驾驶系统未能及时启用紧急制动或采取有效避让是事故发生的原因之一。当前特斯拉汽车所采用的 Autopilot 辅助驾驶技术属于 SAE2 级自动驾驶系统，为部分自动化驾驶，在特定的驾驶模式下由一个或多个智能辅助驾驶系统根据驾驶环境信息控制转向和加减速，并由驾驶人监控、接管紧急驾驶任务。而驾驶人高某在发生事故前一分钟内状态轻松，在前方障碍出现的近 20 秒期间，也并未采取任何行动避开道路清扫车，因此驾驶人至少存在过失，此为事故原因之二。

对于类似上述情形的处理，笔者认为，首先，对于 SAE3 级的自动驾驶汽车，原则上责任归属于系统。只有在自动驾驶系统要求驾驶人介入的场合，驾驶人才应作出接管车辆的驾驶行为。也就是说，如果在自动驾驶过程中自动驾驶系统发出要求，但是驾驶人未作出对应或者作出不当对应的情况，不能免除驾驶人的责任。原则上，系统未作出由驾驶人介入操作的要求，导致事故发生的情况是系统的责任，此时应当允许驾驶人信赖系统，肯定信赖原则的适用。例如，虽然自动驾驶系统没有感应到道路交通临时设置了管制警示，但由于驾驶系统没有要求驾驶员接管操作，致使驾驶员也误以为驾驶系统已经有了相应反应，因而没有及时接管车辆而最终引

---

① 黎宏：《日本刑法精义》，法律出版社 2008 年版，第 227 页。

② ［日］小林正启：《面向自动驾驶汽车实现的法律制度上的课题》，载《情报管理》第 60 卷第 4 号（2017 年），第 243 页。

③ 《确认了！全球首例“自动驾驶”致死车祸发生在中国!》，http://www.xinhuanet.com/auto/2018-03/05/c_1122486792.htm，2020 年 7 月 1 日访问。

④ 李明：《特拉斯 Model X 最新自动驾驶成功救命！千钧一发》，http://news.mydrivers.com/1/513/513735.htm，2020 年 7 月 1 日访问。

发事故。在这种情况下，驾驶员不应当被认定为构成交通肇事罪。因为在自动驾驶的情况下，不能过于苛求驾驶员仍然必须时刻保持监测驾驶环境和行驶的状态，而应允许其对自动驾驶系统保留合理信赖。[①] 原则上，只要自动驾驶系统没有要求驾驶员接管驾驶，即使驾驶人员已经预见到前方有危险但也能够相信驾驶系统可以避免，故不能认定其存在过失，否则自动驾驶系统将失去存在的意义。

但是，附条件的自动驾驶系统原则上应配有驾驶人，系统未作出接管驾驶警示而致使事故发生，不能完全排除驾驶员承担过失甚至故意责任的可能性。在这种情况下，系统和驾驶人不是共同过失，而是竞合的关系。换言之，对于系统未作出接管驾驶警示而致使事故发生，应该仔细考察驾驶人过失的有无。例如，对患者注射携带 HIV 的血液制剂，引发艾滋病导致患者死亡的场合，存在：(1) 投入该血液制剂的医生的过失；(2) 制造、贩卖该血液制剂，并且发现该问题并未召回该血液制剂的制药公司的过失；(3) 许可该血液制剂的制造、贩卖，并且发现问题后并未指示召回该血液制剂的政府官员过失的竞合。[②] 在自动驾驶事故中，当驾驶员发现自动驾驶系统明显不正常，即将撞上行人或者其他车辆，而自己能够命令自动驾驶系统立即停车，却故意不下命令或者由于过于自信的过失而未下命令的，也应当承担刑事责任。[③] 此时，该情形与日本"药害艾滋病事件"[④] 一样，驾驶人具有与投入血液制剂的医生相同的地位，而自动驾驶汽车的生产者与制药公司的地位相同，都形成过失的竞合，承担相应的过失责任。

五、结语

人工智能不断模糊现实世界和数字空间的界限，延伸出复杂的伦理与法律问题。正如吉登斯所说："为了避免科技风险造成严重而不可逆转的破坏，人们不得不面对的，不只是科技的外部影响，而是也包括规制科技发展的逻辑。"[⑤] 自动驾驶技术的发展，远比人类想象的要快，我们甚至对现阶段的技术水平也知之甚少。自动驾驶汽车的普遍化、市场化日益凸显出现阶段法律应对技术缺陷的不足，尤其是发展到完全自动驾驶阶段，交通事故的刑事责任应如何追究，涉及人工智能实体是否能够独立作为刑事主体以及责任类型等问题，这又关乎技术、法律和伦理问题。

自动驾驶模式引发的交通事故，需结合自动驾驶的程序原理和级别设定考量刑

---

① 黄波：《自动驾驶汽车交通肇事的刑法应对》，载《天府新论》2018 年第 4 期。

② ［日］冈部雅人：《基于自动驾驶汽车的事故及刑事责任——从日本刑法学的观点来看》，载《爱媛法学会杂志》第 43 卷第 3 · 4 号（2017 年），第 10 页。

③ 周铭川：《论自动驾驶汽车交通肇事的刑事责任》，载《上海交通大学学报》（哲学社会科学版）2019 年第 1 期。

④ "药害艾滋病事件"是指 20 世纪 80 年代初日本在临床治疗血友病过程中，作为止血剂大量使用了从美国引进的非加热浓缩血液制剂，结果造成许多人感染艾滋病病毒甚至死亡的事件。第一审为大阪地裁平成 12 · 2 · 24。上诉审为大阪高裁平成 14 · 8 · 21。

⑤ ［英］安东尼 · 吉登斯：《现代性的后果》，田禾译，译林出版社 2000 年版，第 149 页。

事归责，驾驶人对自动驾驶系统的参与程度不同，驾驶人与系统的责任分担也不同。在限制条件之内的高度自动驾驶模式与完全自动驾驶模式中，应允许驾驶人全面信赖自动驾驶系统；除此之外的驾驶模式中，只允许驾驶人部分地信赖自动驾驶系统；在过度信赖系统的场合，应追究驾驶人的过失责任。为平衡技术发展与风险承担之间的紧张关系，应注重刑法领域信赖原则的适用，同时灵活运用民事责任分摊风险。在具体的刑事归责类型方面，可以分为非法利用自动驾驶汽车为犯罪工具者的故意责任、驾驶人的过失责任、系统故障导致的生产销售者的产品责任以及驾驶人与系统存在过失竞合的责任等情况。对于自动驾驶模式造成交通肇事后逃逸的行为，驾驶人并非实行行为人，不存在构成加重结果犯的可能。为避免交通事故结果的扩大，应扩张适用不报、谎报安全事故罪。对于生产者、销售者所可能承担的产品责任，以当时科学技术水平能够预见到的产品缺陷为限。

智能机器人主体性的刑法审视

张　勇[*]　许亚洁[**]

问题的提出

移动互联网、大数据、超级计算、传感网、脑科学等新技术是我国人工智能发展的催化剂。我国人工智能的加速发展引发链式突破，推动经济社会各个领域从数字化、网络化向智能化加速跃升。在弱人工智能发展阶段，人们尚能通过法律手段对人工智能技术加以适度调控；而在强人工智能发展阶段，智能机器人被认为具有了深度学习、自我认识和判断的能力，这是人类难以通过技术和法律手段加以控制的。人工智能发展面临的问题层出不穷，就业结构的变化、社会伦理的冲击、个人隐私的侵犯，甚至国际关系也遭遇挑战。与此同时也带来了一系列法律上的难题。近年来，关于智能机器人的主体性法律地位问题存在相当大的争论，成为人工智能法律领域的中心议题。智能机器人是法律上的“物”还是法律上的“人”？是否可以成为法律关系的参与者？能否拥有法律人格，是否拥有得到尊重对待的主体权利，与自然人的法律地位是否平等？如果可行，智能机器人可拥有哪些权利和义务，应当承担何种法律责任？这些问题都需要深入思考。在立法层面，也需要未雨绸缪，设定相关主体的权利和义务，界定法律关系的主体和客体范围，明确法律责任的归结与承担问题。① 应当说在我国人工智能发展的时代背景下，人工智能法学研究具有十分重要的前瞻意义和应用价值，并不是像有的学者所批评的那样在“贴标签”，是违反人类智力常识的反智化现象、制造学术泡沫的“泛人工智能化”研究。② 在刑事法领域，智能机器人的主体性问题对与之相关的犯罪认定与处理显得十分重要。在诸如机器人“杀人”“伤人”事件中，机器人能否成为犯罪人或被害人？如果机器人纯粹是“机器”，是由自然人完全控制和操纵的工具，追究自然人犯罪的刑事责任并无问题；然而，如果机器人是智能的，具有自主意识和控制能力，这种机器

---

* 张勇，华东政法大学教授，博士生导师。

** 许亚洁，华东政法大学法学博士研究生。

① 金梦：《中国人工智能立法的科学性探析》，载《中共中央党校（国家行政学院）学报》2019 年第 1 期。

② 刘艳红：《人工智能法学研究中的反智化批判》，载《东方法学》2019 年第 5 期。

人的活动是在自然人的实际控制和操纵之下实施的，是否属于刑法理论上的间接实行犯？如果智能机器人的活动是在自然人控制和操纵之外实施的，能否将其视为刑事责任主体对其进行刑事处罚？能否追究智能机器人研发者、销售者、管理者等其他自然人的刑事责任？如果将智能机器人视为犯罪人，赋予其法律主体地位，其在承担刑罚义务的同时，能否具有相应的刑事诉讼权利？申言之，如果智能机器人遭受不法侵害，能否被当作被害人看待、具有被害人的实体和诉讼权利？等等。上述问题的根本在于智能机器人主体性地位的认识问题。本文拟从刑法学角度加以探讨。

一、智能机器人的主体性学说之争

关于智能机器人的主体性地位，国内外学界存在诸多争议。主要有否定说和肯定说。否定说认为，人工智能如果成为法律关系的主体，也应具有权利能力、行为能力和责任能力，但因为其不具有人类的意识、行为能力和责任能力，并不具有独立的法律人格，因而无法成为法律关系中的主体。人工智能既缺少权利能力又不具备义务能力，义务与权利的分离彻底排除了人工智能的主体性；“机器人”只是机器而不是人，它不是人类的主体而只是人类的客体；① 其不具备法律主体性，“而仅仅是技术工具或技术行为”。② 否定说认为，智能机器人像人类制造的其他工具一样，其存在的目的就是代替人类从事特定活动；除此之外，智能机器人并无其他独立价值，更不可能在人类的设计和编制的程序范围外实施行为。同时，人工智能是人类为生产生活应用而创设的技术，技术上的可能并不能成为道德上的应当，机器人仅是权利的客体，只能被当作为人类服务的“工具”。否则，就会出现诸如机器人享有婚姻权同人类通婚，导致法律体系逻辑乃至伦理社会的崩塌。

与上述观点相反，肯定说认为，智能机器人有独立的意识，能够进行独立的判断，具有独立的权利能力、行为能力和责任能力，主张法律应赋予其权利和义务，将其法律地位等同于自然人或拟制的法律主体。关于智能机器人主体性的根据和理由，肯定说中存在电子代理人说和电子人格说两种观点。电子代理人说将智能机器人视为其“所有人”的代理人；③ 电子代理人说则将机器人的用户或者操作者与机器人（人工智能体）的关系认定为法律代理关系中本人与代理人的关系。根据代理的基本法理，同时具备权利能力和行为能力是作为代理人的前提。批评者指出，目前机器人都不能也不应当成为法律主体。它们之所以不应被赋予法律人格，恰恰是

---

① 冀洋：《人工智能时代的刑事责任体系不必重构》，载《比较法研究》2019 年第 4 期。

② 李爱君：《人工智能法律行为论》，载《政法论坛》2019 年第 3 期。

③ 美国统一州法全国委员会于 1999 年 8 月通过的《统一电子交易法（修订稿）》第 2 条对“电子代理人”进行了定义：“非经人的行为或审核，全部或部分独立地发起某种行为或应对电子记录或履行的计算机程序、电子手段或其他自动化手段。”加拿大 1999 年通过的《统一电子商务法》中同样使用了“电子代理人”一词。2016 年 5 月 31 日，欧盟委员会法律事务委员会提交一项动议，要求欧盟委员会把正在自动化智能机器工人界定为电子人，并赋予这些机器人依法享有著作权等特殊的权利与义务。

因为它们无法满足这一基本标准，即获得不可分割的与权利和义务相联系的法律认可。尽管各国法律普遍认可法人的人格，但法人同样由生物人组成，离开这些人类代理人，法人无法做任何事。而这一点就与动物以及机器人形成了鲜明的对比。① 针对上述批评观点，有些学者持修正的有限法律人格说，认为在有限范围内可以承认其法律拟制人格，机器人的法律权利有别于人类的“自然权利”，具有拟制性、利他性以及功能性等。该观点主张，人工智能应当成为法律拟制的主体，享有限定范围内的权利并承担相应的义务和责任。因此，人类社会的侵权责任法并不完全适用，应重新构建一套适合人工智能有限法律人格的侵权责任的制度安排。②

可见，智能机器人的法律主体地位问题与伦理、法律、道德等领域息息相关，而不仅是简单的法理问题。智能机器人是否具有法律主体地位，需要厘清两个问题：一是智能机器人的本质特征；二是法律主体的实质属性。

二、智能机器人的主体性本质特征

机器人的进化是其“主动性”不断增长的过程，即从被动反应指令到主动作出指令。这种“进化”的实质是“创造力”不断深化。智能机器人的发展核心在于“创造”或“预见”，这正是人类行为的本质属性。正如有学者指出，机器人的进化史即机器人“智能”逐渐增强并对自己“行为”的影响和作用逐步达到“自控”的历史。③ 讨论智能机器人的主体性问题，首先要建立在对其概念的准确界定基础之上。

（一）智能机器人的概念与类型

首先，“智能机器人”与“人工智能”的概念是有区别的。所谓“人工智能”，是指与人类或其他动物表现的自然智能相对的机器智能，即任何能够感知其所处环境，并根据环境变化自主作出反应的任何程序或设备系统；“机器人”则是指一种智能系统的类人自动装置，包含了各种各样的传感器以模拟人的行为和能力，如感官感觉、思维判断等。根据是否具有智能的标准，机器人可以分为一般机器人和智能机器人。一般机器人一般只具有普通编程能力和程序化操作功能，不具有智能。智能机器人具备视觉、听觉、触觉、嗅觉等各种内部信息传感器、外部信息传感器和作用于周围环境的效应器，其与一般机器人的差异在于其可能超越人类设计和编制的程序对人的意识、思维的信息过程进行模拟，甚至产生独立的意识和意志。智

---

① 陈吉栋：《论机器人的法律人格：基于法释义学的讨论》，载《上海大学学报》（社会科学版）2018 年第 3 期。

② 张玉洁：《论人工智能时代的机器人权利及其风险规制》，载《东方法学》2017 年第 5 期。

③ 刘宪权：《对强智能机器人刑事责任主体地位否定说的回应》，载《法学评论》2019 年第 5 期。

能机器人不是“人”，但能像自然人那样思考，也可能超过自然人的智能。

其次，人之所以与动物相区别的核心要素是其具有主观能动性，即人具有主观思考能力，并通过实践活动对客观世界产生能动作用。那么，智能机器人是否具有和自然人一样的主体性特征，须从人类自身的概念及其所具有的机能上加以界定。人类是在类的知识基础上对外界事物进行反应活动的动物。人的反应机能是意识。意识是人类生命系统的高级部分（低级部分是生理部分），是中枢神经系统的反应机能，是基于人类本能的功利性欲望，通过感官或工具对外界事物进行感知，并通过支配躯体如手脚的活动对外界事物和现象进行反应的过程。质言之，人类的意识反应来源于后天生活的经验知识，这与动物心理反应的形成十分相似。可见，人与动物的本质区别在于其反应机能比动物的反应机能强大，人的意识反应与动物心理反应的区别是层次上的，原因在于人类有第二信号系统即语言和文字。动物由于没有第二信号系统，因此其经验知识只能建立在个体活动的基础上，这就决定了动物的心理反应的内容是十分有限的，范围也是狭窄的。而人类可以基于第二信号系统极大扩张自身的知识体系，这是因为人能在汲取先辈们的知识后，形成类的经验知识体系，从而对客观世界进行实践活动，成为地球上的主宰者。

最后，智能机器人与动物的差异在于其具有独立思考和判断能力。与动物不同，智能机器人具有自然人的反应机能。智能机器人主要有两个维度的定义，一是思考和推理程序，即具有像人类一样理智的思考能力；二是行为，即具有像人类一样理性的行为能力。①相对于一般机器人而言，智能机器人至少要具备感觉、运动、思考三个要素，其中思考能力是鉴别智能机器人的核心要素，包括抽象概括、理解判断、逻辑推理等能力。智能机器人也有智能高低之分，可分为传感型、交互型和自主型。传感型智能机器人又称外部受控机器人。机器人的本体上没有智能单元只有执行机构和感应机构，具有利用传感信息进行处理、实现控制与操作的能力；交互型智能机器人最大的特点是能够通过人机互动的形式实现机器人的控制。其虽然可以独立实现一些诸如定位、避障等简单功能，但其行为仍是简单的机械性操作；自主型智能机器人本体上具有感知、处理、决策、执行等模块，可以像自主的人一样独立地活动和处理问题。智能机器人能够理解人类语言，用人类语言同操作者对话，分析出现的情况，设置可能实施的行为，并根据环境情况的复杂程度及时调整自身行为以完成任务。

（二）自主型智能机器人的主体性

主体性是人区别于地球上其他生物的质的属性。费尔巴哈就认为，“只有个人

① Stuart J. Russell and Peter Norvig, Artificial Intelligence A Modern Approach, 3rd Ed., Pearson Education Limited, 2016, p.1.

才能成为犯罪的可能主体”。[①] 人的主体性是基于不断发展的自主意识以及主观能动性而形成的，是在人的实践与认知活动中生成的本质，是后天获得的人的本质力量。人类自身意识经过长时间的积累和发展，自我认知和世界认知能力已经达到很高水平，这为人类制造具备全新物质“自动机”功能的智能机器人提供了必不可少的支撑。而人工智能是否具有法律主体资格，这取决于其是否具有与自然人相同或相似的属性与法律地位。具有强人工智能的自主型智能机器人在一定程度上具备了成为法律主体的基本条件，其主体性特征具体表现在：第一，智能机器人已经有了自身通用的代码和语言。目前，机器人已经可以使用这些语言独立编程，相互之间可以使用基本的语言进行沟通交流，在此基础上相互学习、传播知识，使机器人的语言体系得到积累和完善。第二，智能机器人可以通过不断地实践积累经验，以改进自身的动作行为和结构。智能机器人通过后天的学习培养自适能力，通过自我模仿进行直觉判断，当直觉出现错误时，它们会根据自己的想象修正自身行为，从而更加先进。第三，自主学习是智能机器人具有自主性的重要体现。一旦机器人可以在新环境下再次利用已有的知识和经验活动，就与人类习得知识的方式相一致，通过对以往经验的分析提炼，机器人可以系统地形成知识体系和行为模式，更好地管理已有的行为，也为更复杂的行为能力奠定基础。第四，智能机器人具有感知和效应的能力。通过自身智能化的传感器，智能机器人具有自主性、目的性和积极性。其能够感知外部环境变化，通过交流互动获取目的性活动，从而主动调节自身状态适应环境并达到目的要求。尽管如此，机器人的主体性仍然无法像人类一样，这是因为机器人是人类的创造物，人类的思想和智慧制约了它们的行为。显然，机器人的主体性必然是受限的。

应当看到，人类的大脑可以解决以前从未见过的问题，机器学习却不能如此，一切都是为特定问题构建的。[②]目前人类所制造的“智能机器人”还不能称作完全离开人类操作的真正的“自动机”，更不可能是像自然人一样的“生命—物质的自动机”，智能机器人可能达不到自然人那样高度“自动化”的水准，它们只能模仿人类的部分功能，完整性尚不能与人类相媲美。同时还需要人类的辅助才能完成一些行为，如智能机器人不是“永动机”，仍需要人类通过电力或其他能源辅助活动，再高级的人工智能也无法彻底摆脱其与生俱来的机器属性，所有的智能机器人实际上都是扩大人类自身的部分功能意义上的“自动机”，具有可能重复操作的逻辑理路，总体的“自然智能”事实上将永远只能在“人类自动机”的水平之下。人工智能基于其有限的“自主意识”，无法保障总是进行理性的价值判断。换言之，人工智能永远都在追赶最高的自然智能，尽管永远无法追上，但却无限接近。在这个发展过程中，智能机器人的主体性特征逐步具备并得以完善。随着人工智能的发展，

---

① ［德］安塞尔姆·里特尔·冯·费尔巴哈：《德国刑法教科书》，徐久生译，中国方正出版社 2010 年版，第 37 页。

② JeffHecht, Meeting People' s Expectations, Nature, Vol. 563(29November2018), p. S142.

法律主体理论打破了传统的以抽象的“人”为中心的理论基础，而逐渐向类人的存在物扩张，法律主体也朝着多元化的路径发展。

三、智能机器人的法律拟制主体地位

如前所述，智能机器人是由人类创造用以服务发展的智慧型工具，其工具属性决定了其法律地位。科学界的主流思想认为：“类人机器人”是智能机器人的未来发展趋势，在“内在的智能要素”方面，“类人机器人”倾向于“越来越像人”甚至“比人更像人”。[①] 因此，在未来社会，人类与智能机器人、智能机器人与智能机器人之间的关系将会错综复杂。智能机器人世界里的法律关系设置需要谨慎考虑。在保证人类社会安全的前提下，智能机器人才能作为主体行使正当权利，并不能妨碍人类正当权利的行使。只有达到这种和谐共处的状态，才能对智能机器人进一步开发和应用。人类自身的主体性当然优于前者，后者仅具有有限的权利和义务，更应适用特殊的法律规制标准。而只有在承认智能机器人的法律人格和拟制主体地位的前提下，方可对其如何进行刑法规制作出合理安排。

（一）自主型智能机器人具备有限的法律人格

从法律技术角度讲，智能机器人作为一个单独的实体，可以直接采用法律拟制的手段承认其法律主体地位。法律拟制主体的根据成为证成智能机器人可以作为法律主体的重要依据。人之所以被当作法律上的主体，是因为具有法律意义上的人格，即法律认可的享受权利、承担义务的资格，包括自然人主体和法律拟制主体两种形式。法律主体与现实生活中的人并不对等，对于任何自然人，法律均承认其法律人格；对于法律拟制主体的人格，则需要经过法律规定的程序方可取得。简单地说，法律人格是某一主体能否成为法律意义上“人”的资格，是其享受权利、履行义务的基础。人格是可以扩展于自然之外的实体，法律人格是可以拟制的。可以说，法律拟制主体总是与自然人连接在一起。比较而言，单位（法人）之所以可以被拟制为法律主体，是因为其以具有伦理人格的自然人为基础，单位意志归根结底是单位内部自然人意志的总和；尽管单位具有独立的利益归属，但不可否认其本质上就是单位股东的利益，而不管是法人股东还是自然人股东，最终的代表总是自然人。在刑法上，尽管单位（法人）具有独立承担刑事责任的能力，但不管是双罚制还是单罚制，单位的直接责任人员和主要负责人员也都要在单位犯罪时承担一定的刑事责任。

然而，智能机器人的出现对传统法律主体范围提出挑战。类型化法律主体思维无法解释智能机器人的法律地位，因此需要以多层次、立体化思维重新审视法律主体理论。智能机器人可能具有人类思维和自主意识，可能具备具有伦理意义的人格，

---

① ［意］多梅尼·科帕西里：《机器人的未来：机器人科学的人类隐喻》，王志欣、廖春霞、刘春容译，机械工业出版社 2016 年版，第 29 页。

这就决定了其可以被承认为法律主体的关键。获得独立法律人格需要同时具备社会存在与法律确认，即具有自主意识，能够在自由意志下进行活动并得到法律明确的确认。通过智能机器人本质属性和类型化分析可以看出，“智能化”既决定了其符合社会存在的标准，也证明了智能机器人与人类不可能等同。因此，即使智能机器人能够获得法律人格，这种人格也是与自然人或法人不同的有限法律人格。或者说智能机器人的法律人格有其法定的特定范围，在不同法律关系中居于不同的主体地位。在智能机器人之间，法律关系双方处于平等地位，智能机器人既可作为义务主体，也可作为权利主体。“机器人学之父”阿西莫夫提出著名的“机器人三原则”，其中“机器人必须保护自己”实际就是给予智能机器人自我保护的权利。可以看出，在智能机器人与自然人之间，或者在自然人之间，智能机器人的工具属性决定了其不可能超越后者，居于法律主体地位，只能处于行为客体地位，即权利和义务指向的对象（物）。

（二）智能机器人主体性地位的法律确认

法律主体是在法律关系中享有权利、履行义务或承担责任的人或其他类人的存在物。法律主体理论随着时代变迁不断更新、扩张。最初在区分了人与动物后，形成了以人为中心的法律主体理论。随着社会经济的发展，法律主体类型通过法律拟制手段得到拓展。法律主体不再仅限于生物意义上的人类，单位或法人能够拟制成法律主体，为智能机器人成为法律主体提供可能性。目前，法律主体可分为两种类型：一是以生命为基础的生物人自生命开始即获得法律主体地位；二是无生命的实体通过法律拟制途径成为法律主体。

首先，智能机器人能否成为法律上的权利主体？享有权利是法律主体的体现，在现有的科学技术条件下，智能机器人已经可以自主活动，包括签订合同、管理公司，但是还未得到法律确认。也就是说，智能机器人独立自主实施的行为尚不是法律行为。法律与实践的鸿沟导致智能机器人的行为无法可依。其是否享有与人类相似的人格权利，如健康权、生命权、姓名权等；是否享有财产权利，如所有权、占有权等。随着智能机器人的智能程度越来越高，其可能也拥有快乐、孤独、悲伤等情感感受，如果伤害了智能机器人的感情模块，是否成立精神损害？根据斯通纳的观点，某一主体能否拥有法律权利应满足下列条件：第一，该主体应其要求可以提起法律诉讼；第二，法院在决定授予法律救济时必须考虑到损害；第三，法律救济必须满足它的利益要求。[①] 人工智能目前已经逐步应用于司法裁判，作为当事人提出诉讼请求并非难事。人工智能的损害可以衡量，法院可以根据实际可行的衡量标准确定人工智能受到的损害。现行的法律救济手段可以适用于人工智能，同时还可以新增特别适用于人工智能的法律救济手段，如关机重置、销毁、返厂修理等。由此，人工智能理应享有法律权利。

---

① 袁曾：《人工智能有限法律人格审视》，载《东方法学》2017 年第 5 期。

其次，智能机器人是否可以成为法律关系的义务主体？义务与责任息息相关，义务需要有效的责任机制作保障。因此，根本问题在于智能机器人作为有可能侵害人类的施害者，如果让智能机器人承担责任，那么它在何种意义上是有责任能力的？责任承担方式如何确定？是否需要设置特殊的责任方式？如果不让其负责，就需要寻找其他责任人，可能是智能机器人背后的制造者、销售者、使用者或第三方服务平台。他们之间的法律关系错综复杂，判定责任主体十分困难。此外，自主型智能机器人有可能脱离其所有人或管理人的控制，实施意料之外的侵权行为，此时如何承担责任？仅仅处罚其所有人或管理人，是否可以达到惩罚的效果？这些问题都是目前的法律主体理论难以回答和解决的。

然而，人工智能的发展应当服务于社会，智能机器人与人类应当和谐共处。法律至少应该在智能机器人内部设置公平公正、有强制力并对人类有益的行为规则。显然，智能机器人应当成为这个法律体系内享有权利、承担义务和责任的法律主体。可见，在人类与智能机器人共存的社会，需要构建二元法律体系，兼顾人类和智能机器人的价值体系。例如，关于商业秘密或专利的知识产权保护，完全可能产生一套符合人类社会价值目标但又兼顾人工智能特殊性的新规则。[①] 立法机关可以先从基本原则和制度出发，为智能机器人制定原则性法律以确定整个规则体系的价值取向，之后再逐步细化。目前，关于智能机器人的原则性法律主要包括《机器人伦理宪章》和《欧盟机器人民事法律规则》。从人工智能技术的发展趋势和路径分析，人工智能技术总是与各个传统领域相结合，产生新问题，因此相应的法律部门应当根据具体产生的新现象细化相应的制度规定。总之，以原则性的法律规定为指导，结合人工智能在相关领域可能发生的问题，及时制定或修改相应的具体细则，兼顾法律效果和社会效果，是人工智能立法的可循之路。

四、智能机器人犯罪的刑事责任能力

从刑法角度来看，智能机器人的主体地位问题应在刑事法律关系中加以审视。刑事法律关系是基于犯罪行为产生，国家与犯罪人之间受刑法规范调整的权利和义务关系。国家有权按照刑法规定对犯罪人施以刑罚处罚，犯罪人有义务接受相应的处罚，并享有不受“法外用刑”的权利。机器人与自然人是否具有平等的法律地位？其与自然人之间是否存在享有权利、履行义务和承担责任的法定范围？智能机器人能否成为“犯罪人”，具有承担刑事处罚的责任能力、权利和义务？国家能否对其进行刑罚处罚？在机器人与自然人之间，能否形成犯罪人与被害人的关系？如果自然人以机器人为侵害对象，后者应被视为“物”还是“人”（被害人）？同时，在智能机器人犯罪中研发者、制造者、销售者、使用者、管理者和所有者等相关责任主体如何承担刑事责任？这些问题都值得深入探讨。

---

① 苏力：《法律与科技问题的法理学重构》，载《中国社会科学》1999 年第 5 期。

（一）智能机器人刑事责任能力的根据

在德国，为了应对机器人可能受害或施害的情况，关于智能机器人的刑法适用问题，主要有两种观点。第一种观点是应当修改刑法理论中已有的原则、概念等，肯定机器人适用刑法的可能性。代表性学者希尔根多夫教授认为，行为、责任这样的基本概念并非只限于人类，也可以适用于法人。既然如此，也可以扩张到自控型智能机器人范围。第二种观点则否定了智能机器人作为刑事法律主体适用刑法，强调刑法的人类中心主义，试图通过对现行刑法理论的解释、修正予以应对。约尔登教授是反对机器人刑法的典型代表。[①] 在我国刑法学界，对于智能机器人是否具备犯罪主体的刑事责任能力，有的学者持积极肯定的态度，主张赋予强人工智能机器人法律主体地位，其可以独立成为犯罪行为人承担刑事责任，对于智能机器人犯罪应当进行刑罚处罚，智能机器人可以和自然人成立共同犯罪。[②] 智能机器人在设计和编制程序之内实施的行为，智能机器人的研发者或使用者可能承担刑事责任；智能机器人在设计和编制程序之外实施的行为，应当认定为智能机器人在自主意识支配下实施的犯罪行为，与研发者、使用者等第三方无关，应独立承担刑事责任。也有的学者持怀疑和否定态度，认为肯定论者所提出的针对智能机器人适用的刑罚种类，实质上既缺乏刑罚的痛苦本质，又没有剥夺犯罪人某种权利的刑罚属性，对智能机器人适用这些措施也达不到刑罚的报应和功利目的。[③] 因此，对于人工智能产品而言，无论是从其本质属性、权属状况，还是从当前我国国籍确定的规则来看，均无法适用属人管辖和属地管辖原则，因而也就难以成为刑事责任的主体。[④] 在民法尚未作出明确规定的情况下，刑法须首先明确智能机器人具有法律人格和拟制主体地位，才有可能将其视为犯罪人或被害人，否则只能将其看作自然人犯罪的对象和工具。

机器人罪犯是人类创造机器人之后不可避免的副产品。对机器人无止境的技术追求导致人工智能技术的高度发展，使模仿人类思想及相关技能较之以前做得更好成为可能。[⑤]智能机器人内置的程序可以使其具有思考和学习的能力，并可能产生自主意识和意志。智能机器人具有深度学习能力，这是其区别于普通机器人之所在。当智能机器人只能按照程序设计和编制设置实施行为时，其不具有辨认能力和控制

---

① 储陈城：《人工智能时代刑法归责的走向》，载《东方法学》2018 年第 3 期。

② 刘宪权：《人工智能时代刑事责任与刑罚体系的重构》，载《政治与法律》2018 年第 3 期。

③ 周铭川：《强人工智能刑事责任之否定》，载《上海政法学院学报》（《法治论丛》）2019 年第 2 期。

④ 吴波、俞小海：《人工智能时代刑事责任认定思路的挑战与更新》，载《上海政法学院学报》（《法治论丛》）2018 年第 5 期。

⑤ Gabriel Hallevy, When robots kill: artificial intelligence under criminal law 19 (Northeastern University Press 2013).

能力，只能看作研发者或使用者的“工具”。而当智能机器人具有超越程序设计和编制范围实施行为的能力时，则需要甄别支配犯罪行为的主观意识是来自智能机器人自身还是在设计范围之内。如果在程序设计之外，则说明智能机器人不再仅仅是犯罪工具，此时若将侵害行为归责于研发者或使用者，并不妥当。实际上，如果适用传统的过失犯理论对自控型机器人进行归责，则需要证明其违反注意义务并具有预见危险的可能性，不管是从理论上还是技术上来看都是非常困难的。这是因为自控型机器人的智能化程度很高，已经具备学习和适应能力，并且尚未形成习惯等共同的行为法则，因此很难预测其具体行为，预见可能性是无法被认定的。如果将预见可能性理解为“大概可能会对人造成危险”这样抽象的预见可能性的话，显然会使过失犯的范围变得过于宽广。① 因此，刑法也有必要赋予智能机器人拟制主体地位，使其具有犯罪行为人的法律人格，能够独立承担刑事责任。

（二）智能机器人刑事责任范围的限定

目前，我国刑法承认单位可以作为犯罪主体，但只能实施刑法分则中的部分犯罪，这是由单位犯罪的刑事责任能力范围所决定的，智能机器人也同样如此，刑法在肯定其能够作为刑事责任主体的同时，也有必要对其适用范围作出限定。从本质属性来看，智能机器人其实是一种“数据人”，即经程序设计和编制而成的、可以通过深度学习产生自主意识和意志的智能系统，其实施犯罪行为的过程实质上是一个信息数据的处理过程。作为刑法拟制的犯罪主体，智能机器人的主体范围、行为类型与刑事责任承担方式应具有特定性，应在刑事责任能力范围内构成犯罪，并承担刑事责任，而不应与普通的自然人犯罪等同。具体来说，其刑事责任范围应从以下几个方面加以限定：（1）智能机器人犯罪的主体范围应限于智能机器人内部。而在智能机器人与自然人之间，智能机器人不能作为刑法意义上的“犯罪人”，只能被看作自然人对另一自然人实施侵害的工具（间接正犯）。反之，智能机器人也不能成为“被害人”，只能作为物的存在形式成为自然人犯罪指向的对象。（2）智能机器人犯罪行为类型应限于信息网络犯罪领域，如刑法第 285 条非法侵入计算机信息系统罪，非法获取计算机信息系统数据、非法控制计算机信息系统罪，提供侵入、非法控制计算机信息系统程序、工具罪，第 286 条破坏计算机信息系统罪。在上述罪名范围内，智能机器人可作为犯罪主体，并且可与自然人构成共犯，共同承担刑事责任。但对于发生智能机器人之间、施害者机器人基于自主决定对受害者的机器零部件实施操纵、破坏、损毁，但对受害者机器人的信息系统本身没有造成破坏的行为，不宜像对待自然人犯罪一样适用普通的侵犯人身或财产的罪名，而是应当适用上述信息网络犯罪的相关罪名。（3）适用于智能机器人犯罪的刑罚方法也应当是特定的，即限于对其信息数据系统予以实施。有学者建议可采取删除数据、修改程序、永久销毁三种方式，值得考虑和借鉴。在刑事责任处罚模式上，对于自然人利

---

① 储陈城：《人工智能时代刑法归责的走向》，载《东方法学》2018 年第 3 期。

用智能机器人实施的犯罪，可对两者同时实施“双罚制”；对于智能机器人之间实施的犯罪，则只能对智能机器人实行“单罚”。智能机器人之间相互侵害的，刑事立法也不一定设立新罪，只在故意杀人罪等现有条款中加以规定，机器人犯前款罪，依照本条论处即可，与单位犯罪刑事处罚模式相似。当然，对于智能机器人与自然人构成共犯的，对于其中的自然人则可适用刑法中现有的一般的刑罚种类和制度，并不存在什么障碍。

（三）智能机器人研发者或使用者的刑事责任

由于人工智能具有的法律人格有限，其无法独立完全承担相关侵权行为的刑事责任。联合国教科文组织发布的《关于机器人伦理的初步草案报告》提出，让所有参与机器人发明、授权和使用过程的主体分担责任①，督促系统的设计者、参与者、生产者自觉履行安全性义务，以保证受害者能够寻找到主体获得补偿。如果没有实际操纵者（机器人使用者），智能机器人在所谓自主意识下实施犯罪行为，则可追究设计者、制造者、销售者或所有人的刑事责任。如果研发者或设计者在编程过程中存在过失，同时智能机器人在超出原有程序之外的自主意识支配之下实施具有严重社会危害性行为，两者是否构成共同犯罪？答案是否定的，原因在于智能机器人和其背后的研发者或设计者在主观上不存在共同犯罪的故意。研发者或设计者的过失行为可能成立与产品责任有关的过失犯罪。具体而言，由于其具有人工智能相关的专业技术知识储备，在可以避免危害结果发生的情况下，研发者或设计者具有预见危害结果发生的义务，当他们没有预见或已经预见但轻信能够避免时，可能构成一般的过失犯罪；如果危害结果的发生超出当时人工智能技术的发展水平，智能机器人的研发者或使用者则不负有预见义务，也就不构成一般过失犯罪，无须承担相关的刑事责任。进一步需要阐明的问题是，智能机器人的研发者或使用者是否可以构成监督过失犯罪？智能机器人的研发者或使用者应负有人工智能技术研发和使用的安全监督义务，通过技术手段控制智能机器人不攻击人类、不危害社会，如通过在机器人身上设置紧急按钮或一键休眠等方式制止智能机器人的侵害行为，将机器人销毁（击毁、炸毁等）。② 这就意味着研发者或使用者应当负有监督责任。即使智能机器人在超出程序之外的自主意识之下实施犯罪行为，研发者或使用者仍有可能承担监督过失的刑事责任。如果智能机器人的研发者或使用者既履行了监督义务，又无法预见危害结果的发生，那么其可能不需要承担刑事责任。此时，则为意外事件或由智能机器人独立承担刑事责任。

---

① 袁曾：《权利视阈下的人工智能法律主体地位》，载《上海政法学院学报》（《法治论丛》）2019 年第 4 期。

② 刘宪权：《人工智能时代刑事责任与刑罚体系的重构》，载《政治与法律》2018 年第 3 期。

结　语

人工智能法律地位的研究不仅是对法律体系、法律理论的挑战和突破，也关系到人工智能与人类社会的和平共处、法律秩序、道德伦理等各个领域。正如有学者指出，人工智能法律地位的研究应以实现法律价值为理论基础，以服务人类社会为目标，以防范人工智能所带来的社会风险为目的。[①] 刑法本身不是万能的，对于先端技术，不应该过于积极地介入。我们承认智能机器人的拟制法律主体地位，对智能机器人及其研发者或使用者的行为进行法律规制，但这并不能直接得出所有在智能机器人领域发生的各种侵害行为及其事故后果必须作为犯罪对待并予以刑法规制。在很多情况下，都只能视为人工智能技术发展过程中必然包含的社会风险，在刑法上是一种可允许的风险，所产生的损害可以通过民事法律手段加以弥补。智能机器人作为犯罪主体的存在范围、行为类型以及承担刑责的方式都是受局限的和特定的，如果一旦发生事故就认为智能机器人构成犯罪，就适用删除数据、修改程序、永久销毁等制裁方法，很可能会过度抑制人工智能技术的发展，与人类幸福发展和社会进步背道而驰，这是在未来人工智能刑事立法和司法当中需要注意避免并加以克服的。

① 李爱君：《人工智能法律行为论》，载《政法论坛》2019 年第 3 期。

异化、挑战与回应：人工智能犯罪的刑法评价进路*

于　冲**

人工智能技术创新和发展产生的新风险与不确定性给既有的犯罪体系、责任体系乃至刑罚体系带来了全新挑战。围绕人工智能发展可能带来或者已经出现的潜在威胁、“失控风险”以及现实危险，刑法学界从主体论、责任论、刑罚论的角度开展了密集研究。但是，既有成果要么偏离了刑法学轨迹，专注于算法技术研究；要么关注人工智能“未来刑法学”甚至是“科幻刑法学”，桎梏于人工智能的主体化，无法为人工智能犯罪①的刑法评价与预防提供有效的理论支撑。对此应当明确，对人工智能犯罪的防治而言，仅靠刑法的单一手段已经无法有效应对。在人工智能风险日益增强的背景下，有必要以刑事合规为视野，推动人工智能刑事合规制度的确立，通过刑事合规计划实现刑法规则的细化，倒逼人工智能产业者加强内部风险控制和自我管理，在降低企业犯罪风险、提供减免罪责甚至出罪化的同时，客观实现人工智能犯罪的预防。② 从横向上来看，人工智能刑事合规，应当跳出人工智能是否主体化本身，在可控的范围内，将决定人工智能运行的数据、算法作为刑法评价的重心。从纵向上来看，人工智能刑事合规应当将人工智能研发、部署、使用，在不同的层级、阶段进行刑法的分级规制，实现人工智能风险防控的全过程化。从跨向上来看，人工智能刑事合规应当立足于网络时代下的“共治”模式，实现人工智能犯罪从外部规制到内外共治的转变。

---

* 本文受中国政法大学青年教师学术创新团队支持计划、中国政法大学钱端升杰出学者支持计划资助；系作者主持的国家社科基金项目“网络共同犯罪基本原理及其对传统共犯理论的突破研究”（17CFX023）的阶段性成果。

** 于冲，中国政法大学副教授。

① 本文所称人工智能犯罪是指人工智能体引发的犯罪，不包括以人工智能为工具、为对象实施的犯罪。

② 本文所称人工智能犯罪预防，是指基于人工智能工具论，强化人工智能研发者、部署者、应用者的保证人地位，通过加强前述主体在人工智能研发、部署、运行等阶段的风险识别与防控义务，进而预防人工智能体引发的犯罪这一类犯罪类型。

一、人工智能刑法规制研究的现有缺憾与偏差

关于人工智能犯罪的评价与规制不断成为刑法学界的热点话题，围绕人工智能的本体化、人工智能刑事责任论等领域形成了丰硕成果。随着人工智能技术的不断发展，关于人工智能犯罪的问题逐渐增多，也必然对现有刑法体系造成更大的冲击。因此，如何为人工智能犯罪的刑法评价提供理论助力、为防治人工智能犯罪提供应对思路，成为刑法学界不可推却的时代课题。但应当注意的问题是，不能脱离基本刑法理论乃至基本法理常识，盲目开展想象式的未来式、科幻式研究，呈现出“泛人工智能化研究”。[①] 无论是人工智能算法问题，还是大数据问题，都应当立足于“工具论”“客体论”的视角，[②] 在坚持人类本位的基础上，立足传统刑法基础理论、传统刑法框架，为人工智能犯罪的刑法评价提供现实化的应对模式和解决思路。

（一）人工智能刑法研究的观点争讼

刑法理论界关于人工智能的刑法评价思路大体可以归纳为人工智能本体化与非本体化、人工智能刑事责任论、人工智能阶段规制论等观点。这些观点的共同性均在于强调人工智能犯罪的风险性和危害性，争议点则集中在人工智能是否主体化，以及人工智能致害后果的责任承担问题。[③] 大体可以分为人工智能主体化论、人工智能主体化否定论、人工智能阶段化规制论。人工智能主体化的观点认为，人工智能根据自我意思在人类既定的设计之外实施犯罪，表明其具有了独立的辨认能力与控制能力，应当赋予其刑法上的主体地位并承担相应的刑事责任。[④] 相似的观点将人工智能体拟定为介于自然人与单位之间的特殊主体，根据人工智能的智能化程度判定其是否具备刑事责任能力的基本依据，[⑤] 针对强人工智能阶段智能机器人独立实施的犯罪行为，应当对其进行独立的刑法评价，并建立适合该类主体的特殊刑罚

---

① 刘艳红：《人工智能法学研究中的反智化批判》，载《东方法学》2019 年第 5 期。

② 高铭暄、王红：《互联网+人工智能全新时代的刑事风险与犯罪类型化分析》，载《暨南学报》（哲学社会科学版）2018 年第 9 期。

③ 除涉及人工智能相关犯罪问题的争议之外，学界对人工智能的研究还集中在人工智能侵权责任问题、人工智能社会地位问题、人工智能算法的演变及回应问题。参见皮勇：《人工智能刑事法治的基本问题》，载《比较法研究》2018 年第 5 期。

④ 刘宪权、胡荷佳：《论人工智能时代智能机器人的刑事责任能力》，载《法学》2018 年第 1 期；类似论述可见刘宪权：《人工智能时代的“内忧”“外患”与刑事责任》，载《东方法学》2018 年第 1 期。

⑤ 马治国、田小楚：《论人工智能体刑法适用之可能性》，载《华中科技大学学报》（社会科学版）2018 年第 2 期。

体系。[①] 与之相对，人工智能主体化否定论的观点认为，无论人工智能发展到何种阶段，都不能具有刑法意义上的主体资格。例如，有学者指出，智能机器人的认知和决定能力是由人类赋予的，即使未来出现“心智”完整的智能机器人也不存在“自由意志”，其所谓的“类人化”行为都区别于人的行为，[②] 人工智能主体化不符合刑法的目的、任务等问题。折中论的基本立场是弱人工智能阶段距离未来可能产生具有自主意志、人格独立的强人工智能甚至是超强人工智能依然十分遥远，因此现阶段仅需讨论作为“工具”和“产品”的人工智能引发的刑事犯罪问题，对可能产生自主意志和人格独立的人工智能不予分析评价。[③]

从整体上讲，学界关于人工智能刑法评价的思路，围绕人工智能的主体化与否，以及在此基础上的刑法规制路径进行了展开。人工智能主体化观点机械地以“拟人”的标准对人工智能进行思考，并呈现出“泛人工智能化”的特点，在以自然人特征为评判标准的传统刑法上探究人工智能具有刑事责任能力的可能性，忽视了刑事责任能力本身就是自然人的“专属问题”，也就无法准确、可操作性地对人工智能主体化之后的评价思路给出令人信服的评价方案。

（二）人工智能刑法规制研究的错位与理论困境

通观学界关于人工智能刑法规制的研究，在很大程度上偏离了以数据、算法为核心的人工智能本身的特有属性，尤其是围绕人工智能主体化的研究更是偏离了传统犯罪论和刑罚论的基本轨道。

1. 人工智能刑法规制路径的错位与偏差

随着机器学习算法领域的飞跃性发展，自主能力和思维能力显著增强的智能机器人为传统法律制度带来了全新的挑战，人工智能不断被拟制为一种新兴法律主体。关于人工智能未来式、泡沫式的研究，大多忽视了“刑法是处罚人的法律”，[④] 以及“人”作为刑事责任主体地位的不可撼动性。当前刑法学界集中讨论的人工智能主体化之争，在很大程度上是对刑法责任论根基的违反、是对刑罚目的论和功能论的背离，更是对人类中心主义的失守。一方面，刑法上的责任能力不单单是从技术层面进行的，还要经过法的价值选择，即人能够成为刑事责任主体的适格性，这种适

---

① 吴波、俞小海：《人工智能时代刑事责任认定思路的挑战与更新》，载《上海政法学院学报》（《法治论丛》）2018 年第 5 期。See Sabine Gless, Emily Siverman, Thomas Weigend, “If Robots Cause Harm, Who Is To Blame? Self-driving Cars And Criminal Liability”, *New Criminal Law Review: In International and Interdisciplinary Journal*, Vol. 19, No. 3, Summer 2016, pp. 412-436.

② 黄京平等：《人工智能与刑事法治的未来》，载《人民检察》2018 年第 1 期。

③ 高铭暄、王红：《互联网+人工智能全新时代的刑事风险与犯罪类型化分析》，载《暨南学报》（哲学社会科学版）2018 年第 9 期。

④ ［日］西原春夫：《刑法的根基与哲学》，顾肖荣等译，中国法制出版社 2017 年版，第 2 页。

格性是经过规范选择的“能不能成为责难主体”的适格性。[①] 相对于人类的本位价值而言，其他一切非人物种所固有或衍生的价值仅仅具有工具价值或手段价值的意义。[②] 人工智能本质上是一种工具，是为了追求更好的生活目标所创造出的科技产物，就服务人类的工具属性而言，人工智能并非与人类并存的主体，仅具有客体属性。“机器人之父”阿西莫夫提出的机器人三定律其实已经揭示出人类在社会中的主导性，技术的发展永远要以人类的安全为终极目标。从社会构成的角度来看，若赋予人工智能法律主体地位，则现行的社会秩序不得不演变成为新型的人机并存社会秩序，届时原有的由自然人组成的人类社会形态、社会关系、社会伦理、社会自治等一系列学说都将面临解构以及重构的巨大困境。[③] 另一方面，从刑罚论的角度看，关于人工智能具有接受刑罚的能力，因而可以成为刑事责任主体的观点逻辑，实质上颠倒了责任主体与接受刑罚能力的前后顺序。无论是借鉴刑法中的刑罚体系制裁人工智能，还是对人工智能施以诸如删除程序等特殊的制裁体系，处罚人工智能的“刑罚”本质上不属于刑法的刑罚，而应将其视为人工智能的应用手册或技术手册，即属于一种对人工智能的处置性技术方法。可以说，现在人工智能是否主体化的理论旋涡与研究悖论不仅会造成人工智能研究的“反智能化”和“泡沫化”，[④] 而且也无法切实有效地发挥理论对人工智能产业发展和相关司法实践的指导作用。

2. 人工智能刑法研究困境的症结

人工智能犯罪的刑法规制是一项系统化工程，当前研究成果主要集中在对人工智能本身的刑法规制层面，大都没有认识到人工智能背后的技术实质、犯罪实质。客观来讲，人工智能数据处理技术水平的提升将其解决问题的能力推进至接近甚至超过人类智能的水平，网络空间的主体呈现异化趋势。人的主体性特征在网络空间中变得越发模糊，智能机器自主性决策的能力使得人在世界中的绝对支配地位受到极大挑战，而法律体系的主体性条件也不再是唯一而无异议的。[⑤] 可以说，以数据、算法为基础的新型法权关系正在信息时代的大环境中孕育生长，冲击着传统的法权结构，但此时更要强调人作为社会主体和法律主体的主导性。在此种背景下，造成人工智能犯罪刑法评价研究困境的根源主要体现为三个方面：（1）算法不可解释、不可控制甚至不可知论，造成人工智能研究的科幻化、泡沫化，这种不可知论实质上是一种放任算法的做法，不仅不利于人工智能的有效规制，甚至会颠覆人工智能行业发展、颠覆人类传统社会及其建立在人类社会之上的传统规则体系。例如，人工智能主体化观点实质上反映了理论在人工智能面前的无奈和妥协，跳过人工智能背后的数据问题、算法问题的行法评价，意图通过直接赋予人工智能主体资格解决

---

① 王韬：《论刑法上的责任》，中国社会科学出版社 2013 年版，第 112 页。

② 舒年春：《走人真正的人类中心主义》，载《广西大学学报》（哲学社会科学版）2002 年第 2 期。

③ 范忠信：《人工智能法理困惑的保守主义思考》，载《探索与争鸣》2018 年第 9 期。

④ 刘艳红：《人工智能法学研究中的反智化批判》，载《东方法学》2019 年第 5 期。

⑤ 陈璞：《论网络法权构建中的主体性原则》，载《中国法学》2018 年第 3 期。

犯罪的评价问题。(2) 以传统人类社会的规则体系，以及对人类行为的评价标准来评价人工智能，忽视人工智能的迭代更新与技术实质，对人工智能研发、运行等行业及其人员产生过度的监管义务与法律责任，同样会阻碍人工智能技术发展，还会产生违反传统刑法罪责主义的责任追究效果。客观来讲，人工智能引发的危害后果，刑法基于传统刑法的责任主义原则，难以进行有效评价。尤其是随着人工智能决策的自主化，以评价人工智能危害后果为中心的刑法规制模式已经无法适应人工智能的迭代式发展。[①] (3) 单一的部门法甚至单一的法律手段已经无力调整和评价人工智能，网络空间的“共治”模式有待刑法层面的进一步发展。基于网络犯罪治理的经验表明，面对网络犯罪社会危害性的几何式倍增，以及网络空间的去中心化和扁平化、网监部门与司法机关的技术瓶颈、网络犯罪刑事责任认定的困难，[②] 单纯依靠国家机关、单纯依靠刑法已经无法有效地防治网络犯罪。尤其是对于本体化特色逐渐增强的人工智能犯罪，更是对传统刑法的犯罪治理模式提出了挑战。

客观来讲，基于对大数据的挖掘预测与深度学习结合产生的自主性与分离性，人工智能时代的算法已经能够根据大数据自行进行深度学习进而形成独立的自主决策能力。此种人造神经网络算法（ANN）不同于监督学习状态下可受算法编写者控制的算法，算法编写者、使用者及其他相关利益者对基于深度学习算法的人工智能最终会作出何种行为难以预测和进行绝对的控制，人类无法准确预知人工智能失去控制后导致的实害结果的影响范围和社会危害程度。因此，人工智能时代建立以风险防范为目的的法律制度已成必然趋势，必须从人工智能算法的外部行为与后果和算法内部的设计规则进行规制，建立与风险相配套的法律制度。人工智能发展所带来的技术风险、规范风险乃至人类本位风险的增强不断表明针对人工智能犯罪的刑法回应应当超越人工智能本身，通过人工智能背后的算法规制、数据保障等核心命题来明确技术过错与人的过错的本质关系，明确人工智能在人类范式控制下的刑法评价路径。

二、人工智能刑法规制困境的突破：刑事合规计划的引入

数据、算法作为人工智能发展进化的关键，人工智能的刑法规制应当由规制“机器人”转向对数据和算法研发的规制，转向对数据和算法过程本身的规制。有鉴于此，有必要以刑事合规为视野，从算法设计上对人工智能的识别能力、决策能力和行为方式预先进行合规性审查，[③] 确保人工智能决策系统公平地收集、存储和使用数据，从积极的一般预防的角度限缩、降低人工智能犯罪带来的危害后果。因此，通过人工智能合规计划的实施，使人工智能犯罪预防责任内控化、制度化由人

---

① 此种规制模式主要限制为人工智能设计研发阶段具有主观罪过的研发设计行为，人工智能运行使用阶段具有主观罪过的部署和使用行为。

② 例如，因果关系难以查明，罪过责任难以确立，等等。

③ 马长山：《人工智能的社会风险及其法律规制》，载《法律科学》2018 年第 6 期。

工智能产业者承担，通过人工智能刑事合规计划，倒逼人工智能产业者事前的主动介入，增强人工智能犯罪的积极防控，以此带动人工智能产业者对人工智能风险防范与安全的自觉维护意识。

（一）人工智能刑事合规计划引入的必要性思考

人工智能犯罪所呈现出的严重态势、严重危害性已经逐渐被学界所认同，但是，传统刑法的单一治理模式已经滞后于人工智能犯罪的防治。刑事合规计划作为企业内部治理的手段之一，其核心目标在于通过加强企业内部治理规避刑法危险，通过刑事合规计划的制定和实施作为减免罪责甚至出罪的根据，客观上实现预防企业犯罪的效果。详言之，专业性的旨在预防犯罪的合规计划是由一系列有效法律之外的措施组成的，而这些措施是由作为经济界重要成员的当事企业在全部预防领域发展出来的。这些措施的范围包括了从技术上的自我保护到诱发犯罪之体制的消除，以及到以企业内部制裁制度进行的预防。① 从这个层面上讲，刑事合规计划同刑法预防犯罪的功能具有异曲同工之处。②

1. 人工智能犯罪的迭代异化：刑事合规是对人工智能风险的刑法回应

随着传统犯罪的网络异化、网络犯罪的传统化，人工智能带来的犯罪异化对于传统刑法理论、传统刑法规则更具挑战性。在人工智能犯罪中，由于人的行为与人工智能决策之间的分离，使得刑事责任的确定和承担产生了模糊地带。从整体上讲，人工智能犯罪的异化主要体现在：（1）危害行为的异化。危害行为作为犯罪论中的基石性概念，成为判定犯罪是否存在的基础和前提。但是，随着人工智能深度学习、自主决策能力的增强，“工具化”的人工智能逐渐向“本体化”的人工智能演变，使得“危害行为”的实施由人转变为人工智能体，造成了“危害行为”与人的分离。（2）因果关系的异化。人工智能引发的危害结果与人的行为之间的因果关系呈现出极为复杂化的态势，即使判定行为人违反了相应的注意义务或者作为义务，造成危害结果，但这种注意义务或者作为义务的违反是否与危害结果之间具有因果关系依旧难以判定。（3）主观罪过的异化。同因果关系的认定一样，对于人工智能犯罪责任的追究，行为人的罪过也是基本前提。但是，由于“危害行为”与人的分离，使得人的过错的认定较之网络犯罪更为复杂，更多地需要基于对注意义务或者作为义务的违反判断。（4）刑事责任的异化。人工智能犯罪同传统犯罪、其他网络犯罪不同，危害后果往往具有不可控性，且危害后果具有超越人类意思的算法自觉性，刑法传统的事后评价和谦抑性评价既无法从客观上有效评价人工智能犯罪的倍

---

① ［德］乌尔里希·齐白：《全球风险社会与信息社会中的刑法：二十一世纪刑法模式的转换》，周遵友、江溯等译，中国法制出版社2012年版，第267页。

② 刑事合规计划客观起到的犯罪预防功能也是信息时代人工智能风险增强的背景下所应被重点强调的功能。

增性、不可控性的危害结果，又无法从主观上解决人工智能的罪过认定问题。[①] 因此，对于人工智能犯罪的刑法评价，应当积极呼应人工智能及相关犯罪的客观规律，增强人工智能犯罪的预防与风险防范。在此种背景下，刑事合规计划作为企业防范犯罪风险、加强内部管理的内控制度，能够有效解决人工智能犯罪异化所带来的刑法挑战。诚如有学者所言："国家制定的规范有时并不符合公司的具体情况，而与这些国家规范相比，公司的自治可以是一个有效得多的方法。对于控制公司犯罪而言，在一个自制框架内，效率的额外提高是可能发生的。"[②]

一方面，人工智能风险的不断倍增及人工智能犯罪的异化要求以刑法的前置化评价应对犯罪风险，人工智能刑事合规在这个层面上同风险刑法具有共鸣之处，即强调犯罪预防与及时干预。换言之，人工智能刑事合规通过刑法以及其他法律规则的细化，从犯罪的外部规制到自我管理，通过刑事合规实现事前的积极预防，在人工智能设计研发、部署、应用等阶段提前介入，加强风险防范。另一方面，人工智能犯罪的异化对传统刑法的挑战也在于受人工智能深度学习、自主决策的影响，传统刑法的危害行为、危害后果、因果关系、主观罪过、刑事责任等均受到了挑战，发生犯罪之后再动用刑法评价存在重大的理论障碍。详言之，算法的设计、部署、运行，在有人的过错时均可以评价，但随着人工智能利用阶段化的发展，越接近于应用端，应用的期间越长，人类的可控性就越差，所谓的过错也就更加难以评价。人工智能刑事合规计划作为人工智能研发、部署、运行领域相关产业者的内部制度，结合其特殊的业务范围、运作流程、产品特征所设计的具有针对性的犯罪风险识别、判定与防范机制，结合其事实上是否有效履行了合规计划，可以作为判定罪责的重要依据。因此，通过人工智能刑事合规计划的引入，明确人工智能产业者的合规义务，明晰相关主体的义务范围与责任边界，客观上也为确定相关主体的主观罪过、因果关系等提供了根据。但是，刑事合规计划的前提在于计划的可实施性，鉴于人工智能具有很大程度的不可控性，对于超出算法透明、可解释性要求，超出数据安全管控要求等不可控的范围，便不再属于刑事合规计划所规范和评价的对象。

2. 单一的刑法规制模式滞后：刑事合规实现刑法与企业制度间的功能性协作

在人工智能背景下，网络犯罪防治面临着"前门拒虎、后门进狼"的严峻挑战，即传统网络犯罪尚未完全解决，人工智能犯罪又接踵而来。在传统刑法"救火式"被动解决网络犯罪时尚且疲于应付，对于算法异化后的人工智能犯罪更是治理效果有限，网络犯罪尤其是人工智能犯罪的刑法规制思路，单纯依靠刑法单一的制

---

① 除非认定人工智能的主体地位，基于人工智能的罪过对人工智能判处刑罚，如报废、消除数据或者存储记忆。但此种"未来刑法"的思路罔顾人类中心主义，将报废、删除数据作为刑罚也违背了基本的法律认知。See Gabriel Hallevy, *When Robots Kill*: *Artificial Intelligence under Criminal Law* 144-159 (Northeastern University Press 2013).

② ［德］乌尔里希·齐白：《全球风险社会与信息社会中的刑法：二十一世纪刑法模式的转换》，周遵友、江溯等译，中国法制出版社 2012 年版，第 264 页。

裁手段已经明显不足。[①] 同时，人工智能较之传统互联网具有更强大的技术支撑，人工智能犯罪的防治更加依赖于专业的知识水平、技术水平，尤其是人工智能算法的掌握、数据抓取的筛查与管理。传统的政府监管手段与犯罪防治手段在人工智能犯罪面前显得更加捉襟见肘。因此，有必要强化人工智能犯罪预防理念，在人工智能犯罪的防治中引入刑事合规计划。刑事合规通过加强企业内部管理降低犯罪风险，其实质便在于将企业纳入犯罪预防体系之中。与此不同，“刑事司法的传统观念排外地仅仅关注刑法和刑事司法本身，这显得太过狭窄因而难以捕捉到有意义的行为”[②]。因此，人工智能刑事合规是在刑法与刑事司法的框架之外，发挥人工智能产业者在犯罪预防中的积极作用，通过刑法与企业内部刑事合规制度的结合，赋予人工智能产业者合理有效的作为义务，倒逼人工智能产业者积极履行作为义务，防范人工智能犯罪及其发展中的潜在风险。因此，通过人工智能刑事合规，可以有效实现相关法律法规的具体化、可操作化，将法律责任、法定义务具体化地、情景化地细化，落实到人工智能研发、部署、应用及相关管理的日常工作中。从实质上讲，人工智能刑事合规便是对现行单一刑罚惩罚模式的一种有益补充。[③]

（二）人工智能刑事合规计划引入的正当性基础

人工智能发展同时关涉国家、社会、公民以及互联网行业利益。人工智能技术性强，尤其是算法的更新迭代发展使得国家监管更加困难，这也是互联网空间权力扁平化和去中心化的进一步体现。无论是基于强化第三人责任以控制违法犯罪行为的功能主义论，[④] 还是基于犯罪评价的社会危害性论，都将人工智能产业者的网络安全管理义务推向人工智能风险防治的前台。[⑤] 人工智能刑事合规计划通过人工智能产业者内部运行机制与安全防控制度，以具有可能性、必要性与可期待性的方式实现人工智能犯罪的系统化防治。

1. 网络“共治”的模式优化：人工智能外部规制与内控管理的统一

在实践中，对于公司和立法者而言，公司良治的新理念在世界范围内备受青睐：“合规计划”（Compliance Programs）、“风险治理”（Risk Management）、“价值管理”（Value Management）、“公司治理”（Corporate Governance）以及“商业伦理”（Bus-

---

① 网络法有别于其他部门法的特有属性便在于，其改变了传统的单一法律调整模式，将法律评价与内部规则相统一、国家治理与企业治理相统一。单靠一种法律手段无法解决人工智能问题。

② See Sally S. Simpson，“Making Sense of White-Collar Crime：Theory and Research”，*Ohio State Journal of Criminal Law*，Vol. 8，2011，p. 481.

③ 李本灿：《企业犯罪预防中合规计划制度的借鉴》，载《中国法学》2015 年第 5 期。

④ See Jonathan Zittrain，“A History of Online Gatekeeping”，19 *Harvard Journal of Law and Technology* 253（2006）.

⑤ 于冲：《“二分法”视野下网络服务提供者不作为的刑事责任划界》，载《当代法学》2019 年第 5 期。

siness Ethics)、"诚信守则"(Integrity Codes)、"行为守则"(Codes of Conduct)、"公司社会责任"(Corporate Social Responsibility)等都是最常用的概念。[①] 事实上,由于整体商业环境对企业承担社会责任要求变高,各国对企业责任的策略性和主动性的要求界限都在不断提高。[②] 人工智能刑事合规作为单位内部对违法犯罪进行预防、发现及治理的内控制度,其存在的核心价值便在于督促企业积极主动承担人工智能风险的防范处置义务,进而实现人工智能犯罪的预防。例如,美国于 2017 年 7 月通过的《自动驾驶法案》(*Self Drive Act*)[③] 通过"纵向行政职权配置方式,要求各州履行无人驾驶汽车的监管职权及其安全责任,并要求交通行政部门制定无人驾驶汽车的安全标准和公众评价标准等事项"[④]。从整体上讲,在当前网络犯罪"共治"模式的基本共识下,刑事合规计划通过量刑减轻、免除甚至是正当化事由的认定,引导、倒逼企业积极履行基于法律规定的、业务要求的作为义务,实现企业自身在预防违法犯罪行为上的自觉性、内在性,实现犯罪防治的"共治"合力。因此,刑事合规计划作为西方国家防治企业犯罪的模式创新,对于人工智能犯罪的防治具有紧密的契合性功能。对此需要明确,要求人工智能产业者承担人工智能设计研发、部署、运用过程中的风险识别、监控、防治等义务,并非简单地转嫁政府管理责任,而是基于网络时代背景下网络管理的去中心化和扁平化,人工智能产业者既具有强大的管理能力,更具有维护人工智能犯罪防治的保证人地位,这种保证人地位是基于其业务属性、经营范围,在其业务属性内履行合理限度内的安全保障义务具有技术可能性和业务要求性,即网络服务提供者对于信息网络安全管理应当承担起与其经营活动相一致的注意义务,这种合规义务是一种强制性义务,[⑤] 是与其经营现状、服务类型等相对应的安全防控义务,不仅不会阻碍人工智能行业技术发展,而且能在规范人工智能更加有序地健康发展、使人工智能技术发展永远以人类安全为终极目标的同时实现人工智能犯罪的有效预防。

2. 人工智能致害责任认定的最优路径:基于责任、预防与刑罚的关系

责任和预防作为刑罚论中的基石性概念,对于刑法功能的发挥具有关键作用。简言之,责任是科处刑罚的前提,预防是科处刑罚的目的,如何实现二者在犯罪评价中的融合关涉刑法基础理论的构建。被具体化的刑事合规概念通过刑法的具体化、

---

① [德] 乌尔里希·齐白:《全球风险社会与信息社会中的刑法:二十一世纪刑法模式的转换》,周遵友、江溯等译,中国法制出版社 2012 年版,第 237 页。

② See Jooyoung Park, Nohora Díaz - Posada, Santiago Mejía-Dugand, "Challenges in implementing the extended producer responsibility in an emerging economy: The end of life tire management in Colombia", *Journal of Cleaner Production*189, 2018, pp. 754-762.

③ 美国《自动驾驶法案》(*Self Drive Act*), https://www.congress.gov/bill/115th-congress/house-bill/3388/text,最后访问时间:2019 年 5 月 30 日。

④ 张玉洁:《论无人驾驶汽车的行政法规制》,载《行政法学研究》2018 年第 1 期。

⑤ See Doug Lichtman, Eric Posner, Holding Internet Service Providers Accountable, Supreme Court Economic Review, Vol. 14, 2006.

外部规制与内控管理的统一，能够有效地将人工智能犯罪防治中的责任、预防与刑罚有机地统一起来。从人工智能责任追究的演变历程来看，以民事责任为例，人工智能侵权责任经历了严格责任到过错责任，再到间接责任的演变。人工智能初期沿用传统的开发商严格责任，在维护社会公共利益的同时，却给企业增加了过重的责任。随着产品化的算法、产品化的人工智能的发展，算法设计的过错责任成为人工智能责任追究的主要根据，但过错责任却对人工智能产业者存在过度的宽容之嫌。因此，传统的严格责任、过错责任模式已经不能全面有效地评价人工智能的“侵害后果”。有鉴于此，人工智能刑事合规的核心目标或者功能在于通过企业内控制度体系和具体化的法律规则，督促人工智能产业者在研发、部署、应用人工智能的过程中采取可能的、必要的以及可期待的措施预防犯罪使其免受刑事追诉和刑罚处罚，① 通过积极的刑法奖励引导实现人工智能犯罪的防治。② 例如，针对无人驾驶汽车、智能机器人等可能造成人类人身伤害和财产损失的智能产品，通过刑事合规让人工智能设计者、生产者乃至应用者对人工智能的设计、部署、运行，构建科学有效并可付诸实施的合规计划，引导他们选择更有可预见性、更可控的算法。③ 依照此种逻辑，在关于人工智能犯罪的责任认定中，刑事合规对于相关主体作为可能性、结果避免可能性的认定具有重要价值。详言之，人工智能产业者在犯罪发生时如果明知不法行为存在而不履行安全管理义务，在具有结果避免可能性、作为相当性的情况下，则可能构成不作为犯罪。反之，如果人工智能产业者履行了相应的作为义务，制定了系统有效的刑事合规计划并付诸实施，便不再具备刑事苛难的基础。从这个层面来讲，刑事合规计划的引入并非仅仅止步于解决人工智能犯罪的责任认定问题，无论是对人工智能犯罪的刑法评价，还是对人工智能犯罪的预防，都具有远远超出刑事合规制度减免责任的原初价值。④ 尤其是基于刑事合规在犯罪预防的客观效果上，通过刑法手段倒逼相关主体履行安全管理义务实现犯罪预防已经具有相关立法探索。例如，拒不履行信息网络安全管理义务罪的增设在很大程度上对于网络服务提供者刑事合规计划的实施具有推动作用，以倒逼网络服务提供者通过完善内控机制与刑事合规计划履行网络安全管理义务。

---

① Dennis Bock, Strafrechtliche Aspekte der Compliance－Diskussion－ § 130 QWiG als zentrale Norm der Criminal Compliance, ZIS 2009.

② 作为消费者的人工智能用户，在对人工智能犯罪没有故意或者过失的情况下，一般应认定为意外事件，不承担刑事责任。人工智能犯罪的防治主体应主要聚焦于人工智能产业者。

③ See Trevor N. White. Seth D. Baum, “Liability for Present and Robotics Technology”, in Patrick Lin, Ryan Jenkins, and Keith Abney (eds.), *Robotics Ethics 2.0: From Autonomous Cars to Artificial Intelligence*, Oxford University Press, 2017, pp. 66-79.

④ 目前国内关于刑事合规制度的研究几乎都在强调刑事合规在加强犯罪预防中的特殊功能，尤其是对产生各种犯罪异化和刑法挑战的人工智能犯罪，强调其刑事合规计划的犯罪预防功能更具必要性。

（三）人工智能刑事合规计划引入的可行性探究

从整个互联网产业来看，刑事合规正不断受到重视并逐步成熟化展开。[①] 互联网产业逐步成熟的刑事合规为人工智能刑事合规的推行提供了借鉴模式和实践基础。因此，人工智能产业发展较之传统互联网产业具有更大的不确定性、责任难以认定性，必要性突出的同时，在制度设计、可操作等层面也具有了可行性。

1. 人工智能算法的可解释与人工智能风险的可识别

在人工智能犯罪责任认定上，算法的可解释性成为关键性问题。2019 年 4 月，欧盟委员会颁布的《可信赖人工智能道德准则》（*Ethics Guidelines For Trustworthy AI*）指出："可靠的人工智能应提供关于人工智能系统影响和塑造组织决策过程的程度、系统的设计选择以及开发合理性的解释。"[②] 由此可见，《可信赖人工智能道德准则》将人工智能的算法和数据的可追溯性与可解释性作为评价人工智能是否可信赖的七大依据之一。同时，人工智能发展的基础也在于相关算法的可解释性，算法可解释性应当成为人工智能研发、投入应用的技术前提和法定义务。2018 年谷歌大脑团队研发出一项名为"可解释性的基础构件"的技术成果,[③] 意图对人工神经网络算法进行可视化操作，使算法的工作状态回到了"人类尺度"，即使算法可以被非专业人士识别和理解。因此，从技术层面来讲，打破人工智能的不可知论和技术恫吓，正视人工智能算法的可解释性是人工智能刑事合规的基础和前提。从刑事合规层面来讲，要求人工智能算法的可解释性和透明性也成为人工智能产业者的刑事合规义务。例如，2019 年 5 月，经济合作与发展组织（OECD）通过的关于人工智能设计国际标准的政策（Recommendation of the Council on Artificial Intelligence）中提出了"为确保人类可以理解并质疑人工智能的决策结果，人工智能系统应具备透明度并能为其决策作出负责的解释"[④]。

通过刑事合规计划加强人工智能产业者内部管理制度和风控措施，对于深藏在内部管理制度、平台运营中的网络安全风险，可以最大限度地及时发现、提前解决人工智能更加不可控、危害性更大的网络犯罪隐患。人工智能刑事合规体系中关于贯彻风险管理的义务，使得对人工智能犯罪防治涉及的风险识别、防范等进行调查

---

① 比特律：《网络信息安全合规刻不容缓——工信部责令 7 家互联网企业进行合规管理整改》，https：//www. chainnews. com/articles/811499015487. htm，最后访问时间：2019 年 6 月 21 日。

② Ethics Guidelines For Trustworthy AI：https：//ec. europa. eu/futurium/en/ai-alliance-consultation，最后访问时间：2019 年 6 月 13 日。

③ 马长山：《人工智能的社会风险及其法律规制》，载《法律科学》2018 年第 6 期。

④ Organisation for Economic Co-operation and Development：Recommendation of the Council on Artificial-Intelligence，https：//legalinstruments. oecd. org/en/instruments/OECD-LEGAL-0449，最后访问时间：2019 年 6 月 13 日。

和评价变为可能。① 在刑事合规制度体系下，人工智能研发设计者应当承担起透明、公开、程序合法、说明理由等义务，使人工智能算法等技术化的监控和决策手段不再是无法被问责的“黑箱”。同时，刑事合规计划的实施，督促人工智能相关产业者“通过技术正当程序，加强自主决策系统中的透明性、可责性以及被写进代码中的规则的准确性。例如，谷歌大脑团队公布的‘可解释性的基础构件’的研究成果，将算法比喻成人工神经网络的核磁共振成像，这种开源化处理使得其他技术人员能够在此基础上编写适用于不同算法和场景的解释性算法”②。

2. 人工智能刑事合规实现刑事规则的具体化、情境化

与核技术、基因技术应用一样，人工智能在带来巨大便利的同时也伴随着重大风险，而且这一风险不仅在于人工智能是否进化出自主意识和超级智能，更在于人工智能是否会基于其不可知论、不可控论成为少数人控制社会的工具，两种风险同时需要刑法的有效规制。防控人工智能风险，应当对人工智能的研发、产品提供和应用进行全过程的安全控制，刑法应发挥其不可或缺的功能。③ 通过人工智能刑事合规体系，实现相关法律法规的具体化、可操作化，将法律责任、法定义务具体化地、情景化地细化落实到人工智能研发、部署应用及管理的日常工作中，④ 根据人工智能发展的不同阶段，不同的应用类型、应用领域、服务内容，以及安全风险等具体情况制定系统的合规方案，将外化的法律规则转化为内在的公司章程，不仅有助于法律法规的有效实施，更能发挥人工智能产业者在智能化时代维护网络空间安全、预防人工智能犯罪的企业社会责任。因此，人工智能刑事合规的关键点便在于基于人工智能风险管理的刑法义务的确定、相关主体内部风险管理的刑法上的要求，通过风险管理、内部标准的制定与实施，在具体措施和方法上将刑法上的义务具体化、可操作化，弥补刑法中缺乏明确性规定的不足。

三、人工智能刑事合规计划的基本立场：以数据安全与算法规制为中心

算法、数据和算力作为人工智能发展的三要素，缺一不可。⑤ 人工智能的本质在于数据和算法处理，“类人化”的物理形体并非构成人工智能的必备要素，即使是人形机器人，也只不过是算法主导下的一个硬件系统。⑥ 因此，现有人工智能存在的失控问题主要与人工智能体中所应用的数据和算法有关，人工智能刑事合规制

---

① Dennis Bock, Strafrechtliche Aspekte der Compliance－Diskussion－ § 130 QWiG als zentrale Norm der Criminal Compliance, ZIS 2009.

② 李婕：《人工智能中的算法与法治公正》，载《人民法院报》2018 年 5 月 23 日第 2 版。

③ 皮勇：《人工智能刑事法治的基本问题》，载《比较法研究》2018 年第 5 期。

④ 石磊：《刑事合规：最优企业犯罪预防方法》，载《检察日报》2019 年 1 月 26 日第 3 版。

⑤ 赛迪顾问：《2018 人工智能核心产业发展白皮书》，载《中国计算机报》2018 年 11 月 26 日第 8 版。

⑥ 胡凌：《人工智能的法律想象》，载《文化纵横》2017 年第 2 期。

度建设的关键就在于规制人工智能体中的数据和算法。从整体上讲，当前关于人工智能的法律规制模式主要体现为以专业化审查、算法规制为核心的美国模式，以及以个人数据权利与数据安全的保护，数据源规制为核心的欧盟模式。[①] 我国人工智能刑事合规的引入应当立足于人工智能风险防范的关键，通过人工智能产业链上的算法合规与数据合规，实现人工智能风险防范与犯罪的防治。

（一）人工智能刑事合规计划的源头治理：数据安全保障

人工智能作为根据数据输入、决策参数自动提供结果的决策过程，[②] 数据成为人工智能运作的基础原料，并在人工智能运作下得到进一步分析、产生新数据。随着大数据分析方法逐渐应用到人工智能决策指导，数据瑕疵带来的风险也将日益增加。[③] 例如，工程机械、医疗类、自动驾驶等与人类性命攸关的系统，如果发生因原始数据瑕疵而导致输出瑕疵结果的情况，则会导致严重的危害后果。[④] 为了避免这类结果发生，人工智能决策所依托的数据监管则显得越发必要。例如，由于人工智能加密技术的缺失、采用默认密码等技术措施的不足，使得网络安全存在风险、隐私保护存在威胁。[⑤] 例如，2018 年年初，剑桥分析公司在未经允许的情况下收集了 5000 万名 Facebook 用户的个人信息，严重侵犯了用户个人信息权。[⑥] 在这种情况下，必须对人工智能产业链各个环节上的不同主体进行制约和监督，确保数据的收集和使用合法有序进行。[⑦]

因此，人工智能刑事合规的基础任务就是对人工智能决策源头的数据安全的风险识别、动态评估、监测预警、举报调查、奖惩机制、事后救济等，以及相关架构系统的风控管理制度。人工智能原始训练数据的刑事合规应当成为人工智能刑事合规的基础工作。人工智能深度学习乃至人工智能算法的自我进化在很大程度上依赖原始训练数据。如果原始训练数据本身存在故意或者疏忽的瑕疵，那么经由算法运

---

① See Drew Simshaw, Nicolas Terry, Kris Hauser, M. L. Cummings. Regulating Healthcare Robots: Maximizing Opportunities While Minimizing Risks, *Richmond Journal of Law & Technology*, 2016, 22 (3): 1-38.

② 沈亮亮：《算法在市场竞争中的应用与法律难题——从大数据杀熟谈起》，载《太原学院学报》（社会科学版）2019 年第 3 期。

③ 彭兰：《假象、算法囚徒与权利让渡：数据与算法时代的新风险》，载《西北师范大学学报》（社会科学版）2018 年第 5 期。

④ 李智勇：《终极复制：人工智能将如何推动社会巨变》，机械工业出版社 2016 年版，第 90 页。

⑤ 腾讯研究院：《人工智能安全的法律治理：围绕系统安全的检视》，http://www.sohu.com/a/207616322_455313，最后访问时间：2019 年 6 月 8 日。

⑥ Mae Anderson: Facebook privacy scandal explained, https://www.ctvnews.ca/sci-tech/facebook-privacy-scandal-explained-1.3874533, April 6, 2018.

⑦ 参见雷悦：《人工智能发展中的法律问题探析》，载《北京邮电大学学报》（社会科学版）2018 年第 1 期。

算后的结果数据、新增数据也会存在瑕疵，人工智能的进化则会进一步放大瑕疵及其带来的不良后果。一般认为，数据具有天然的过时性、滞后性，[①] 数据采集者、数据抓取算法设计过程中故意的或者疏忽的价值偏见的影响，会进一步导致人工智能数据失真和片面的输入结果，[②] 由此造成数据瑕疵、引发人工智能不良决策，甚至违法犯罪行为。因此，人工智能犯罪的基础本源在于数据采集、数据抓取算法过程中人的过错。基于此，人工智能刑事合规的首要任务应当是在数据的收集和使用环节，通过引导和规制尽可能避免包含价值性歧视的数据被纳入人工智能机器学习的数据库中，识别和挑战数据应用中的歧视和偏见，实现人工智能的“数据透明”。[③] 因此，人工智能数据合规就是要通过合规体系将数据的收集、使用和处理过程透明化，进而成为人工智能因数据问题决策失误时的归责、问责基础。详言之，人工智能刑事合规的关键即在于对人工智能赖以存在和发展的数据合规，要求制定人工智能数据收集、使用过程的监管与安全制度，将“必要原则”“公开原则”和“有限原则”等贯穿到刑事合规体系的制定、实施、监督等一系列过程中。事实上，我国2019年发布的《数据安全管理办法（征求意见稿）》也为刑事合规的具体制度设计提供了规范依据，其中第17条第1款规定：“网络运营者以经营为目的的收集重要数据或个人敏感信息的，应当明确数据安全责任人。”

（二）人工智能刑事合规计划的关键核心：算法规制与风险管理

人工智能本质上是以大数据为基础，以深度学习算法为核心的自动化分析决策智能系统，即人工智能从某种意义上来说可视为一种能够自主学习、判断和决策的算法，[④] 算法设计对人工智能的“行为”及其自主决策具有重要影响。在人工智能时代，人类将选择权和决策权让渡于算法，使算法取得了很大领域的决策权、控制权，甚至构成了对公权力和管理部门的权力挑战。算法的高度技术性使其运行机制和决策依据往往掌握在少数专业人士手中，[⑤] 应当打破算法的神秘化、不可知性的“技术恫吓”，打破算法规制与传统法律规制之间的技术鸿沟和法律隔阂，将人工智能算法合规作为刑事合规的重中之重。因此，无论是网站推荐、检索服务，还是智能机器人，人工智能刑事合规的重心都应当立足于人工智能算法研发者、部署者、使用者的行为。

首先需要明确的问题是算法并非绝对中立的，即使技术中立也不等于价值中立。人工智能研发者、应用者在很大程度上决定了人工智能影响社会的具体模型、路径，

---

① 王珊、萨师煊：《数据库系统概率》（第5版），高等教育出版社2014年版，第15页。

② 周涛：《数据的偏见》，载《金融博览》2017年第5期。

③ 许可：《人工智能的算法黑箱与数据正义》，https://blog.csdn.net/UFv59to8/article/details/79947730，最后访问时间：2019年5月28日。

④ 郑戈：《算法的法律与法律的算法》，载《中国法律评论》2018年第2期。

⑤ 赛迪智库、周游：《我国亟待建立人工智能算法审查机制》，载《中国计算机报》2018年5月14日第12版。

究其实质，不当的人工智能算法设计、算法应用都会对既有的社会秩序、法律规则形成巨大挑战甚至颠覆。诚如有研究者指出，人工智能的发展并不能以技术中立为由来回避它的商业偏好、善恶价值和社会风险。[①] 人工智能算法所产生的偏见、偏差乃至违法犯罪“行为”实质上都可以归结为技术过错、技术霸凌。人工智能决策过程看起来并非人为也非人控制的决策行为，但算法内嵌程序在算法设计阶段不可避免地会带有设计者的价值取向、伦理道德素质、指标标准、结果导读等因素。因此，机器学习算法所产生的偏见和偏差问题，从本质上而言属于人的过错。例如，谷歌公司开发的Google Photos智能机器人误将两名黑人标注为“大猩猩”并截图发至推特（Twitter）上引发的“人种歧视”，[②] 微软公司智能聊天机器人上线不到24小时，由于发布涉及种族主义、性别歧视和纳粹主义的言论被紧急叫停。[③] 与个人歧视的针对性、个别性不同，算法歧视体现为明显的系统化、规模化，对于整个社会的有序发展均会造成严重影响。因此，人工智能刑事合规的重心应当也必须落脚于人工智能背后的人的行为。解决人工智能刑法规制的核心问题在于正视人工智能的技术实质及其犯罪规律，通过刑事合规的引入，在人类可控、传统规则可控的范围内解决人工智能犯罪问题。事实上，人工智能犯罪的刑法防治，通过对人工智能背后的算法合规，是在人类规则可控范围内最大限度地防范人工智能风险的有效路径。通过刑事合规制度的架构，将刑法等法律法规所赋予的作为义务用以实现内部的具体化和可操作化，在人工智能研发、部署、应用的各个环节、各个流程构建可量化、可评估的风险预防、风险监测和风险消除机制，通过算法设计、算法部署、算法应用的合规实现人工智能犯罪的防治，实现人工智能算法过错背后的人的过错的责任认定。同时，除了人工智能算法研发设计中隐含的歧视与不公，有些算法甚至还存在利益集团的操控。[④] 因此，通过刑事合规促进算法公开、算法透明，促进“黑箱社会”转向“可被了解的社会”，[⑤] 更加有力地对算法暴政的情况进行规制。因此，算法合规的重点在于增强算法透明度以及可解释性，避免算法开发者及相关应用者以技术中立的原则作为开脱罪责的理由。

四、人工智能犯罪的评价路径：单位犯罪与刑事合规

在刑事合规体系下，为了实现人工智能合规制度的应有价值和功能，应当明确

① 马长山：《人工智能的社会风险及其法律规制》，载《法律科学》2018年第6期。

② 腾讯科技：《谷歌照片应用误把黑人标记成“大猩猩”》，http://tech.qq.com/a/20150703/004879.htm，最后访问时间：2018年12月23日。

③ 何熠：《微软智能机器人竟然是“种族主义者”》，http://www.donews.com/idonews/article/8293.shtm，最后访问时间：2018年12月28日。

④ 姜野：《算法的规训与规训的算法：人工智能时代算法的法律规制》，载《河北法学》2018年第12期。

⑤ ［美］弗兰克·帕斯奎尔：《黑箱社会——控制金钱和信息的数据法则》，赵亚男译，中信出版社2015年版，第25页。

刑事合规的出罪功能与量刑奖励功能，通过量刑激励甚至是出罪激励模式，推动人工智能企业加强内控与合规，实现人工智能犯罪的积极预防。通过在人工智能设计研发、部署、运行以及事后保障、救济阶段的刑事合规，规范人工智能的合法生产、部署和运行，架构相应的程序规则、职责规则及技术规则，用来识别、评估和消除人工智能犯罪风险。①

（一）人工智能刑事合规计划的目标定位

随着人工智能由“工具化”向“本体化”转变，人工智能自我决策能力不断增强，对于人工智能犯罪的致害后果往往难以被归责于人的行为，预防性刑法对于人工智能的规制越发具有必要性。换言之，人工智能犯罪的本体化特征意味着一旦发生危害后果将难以有效控制，并且难以评价，对于人工智能犯罪，刑法的事后评价机制应当转化为事前的积极预防。刑事合规本质上体现为为预防违法犯罪行为而设置的程序规则、职责规则及技术规则，主要价值在于使公司遵守刑事实体法。② 因此，人工智能刑事合规计划的核心目标在于通过刑法手段促进人工智能的“法律规划”或者“法律驯化”，降低其社会危害性和技术风险性，通过积极的一般预防的模式将人工智能的技术风险转变为刑法的可评价、可规制对象。根据积极的犯罪一般预防理念，刑罚预防犯罪最合理且唯一的目的应当是在犯罪之前培养守法文化和法律信仰，通过基于守法的自觉和对法秩序的积极维护，主动、积极地预防犯罪的发生。③ 预防功能是刑事合规最主要的功能之一，人工智能刑事合规的关键也在于根据人工智能产业者业务流程、服务类型与内部管理制度，为预防人工智能犯罪对关涉刑法的不当举止进行预防、调查与制裁。④ 同时不容回避的是，关于刑事合规的基本制度功能，一致意见显然占据主导地位，即避免“刑事责任”。⑤ 刑事合规作为企业防范法律风险的内控制度，对于人工智能犯罪预防作用的实现，应当赋予其积极的量刑功能，甚至是出罪价值，使得人工智能刑事合规同刑法紧密相联，使其成为人工智能犯罪预防体系中的重要一环。具言之，人工智能刑事合规计划的实质在于通过合规计划的实施避免人工智能研发、部署、应用过程中可能的违法犯罪行为，以及降低相应不法行为的刑事可罚性，⑥ 以此实现对相关产业者预防人工智能犯罪的激励和推动。因此，刑事合规风险的分配在预防人工智能犯罪的同时，实质上也是最大限度地兼顾技术发展与人类利益保护的平衡。在风险配置上，人工智能的设计者、编程者、部署者、使用者在合理边界内承担人工智能“失控”的风险。

---

① Vgl. nur BGH NStZ 1997, 545 (546).

② B. Fateh-Moghadam, Criminal Compliance (Fn. 7), S. 25 (27).

③ 张明楷：《刑法学》（第五版），法律出版社 2016 年版，第 24-26 页。

④ D. Bock, CriminalCompliance, 2011, S. 19 ff. (22).

⑤ D. Bock, Compliance und Aufsichtspflichten in Unternehmen, in: Kuhlen u. a. (Hrsg.), Compliance und Strafrecht, 2013, S. 57.

⑥ T. Rotsch, Compliance (Fn. 13), Rn. 6.

（二）人工智能刑事合规计划的内容

人工智能刑事合规计划的目标确定之后，关键的问题则在于刑事合规计划的内容设置，尤其是防止人工智能产业者犯罪的合规计划。根据域外成熟立法的范例，人工智能刑事合规计划应当主要包括：（1）人工智能产业者相关的特定风险分析，以及基于风险预防而制定的企业内部执行的制度与程序。对那些影响公众基本权利、涉及重大社会公共利益的人工智能算法，通过建立完整的企业文化与网络安全责任意识、内部制度，明确预防人工智能犯罪的防控机制，从研发内容、内容判断标准、推荐标准、干预手段等关键性环节进行更强的内部监管。[①]（2）具有参与制定、实施和保障合规计划得以顺利实施的平台高管参与，具有专业而独立的合规人员。确立最高领导层的责任，即在防治人工智能犯罪上的既定目标、价值和程序的责任；规定中层领导者的责任，即负责在公司里创立相应的专业部门（如合规部门），以及向员工进行解释和培训。（3）建立旨在揭露和查明人工智能犯罪及其风险的信息系统，尤其是对内部人员和事务进行的控制、报告义务，接收匿名举报的“内部告发制度”，并通过建立向监管部门进行自我申报制度等方式来实现风险防范。（4）在实施层面，开展有效的内部合规计划培训，对合规计划的实施进行有效的动态监管和审查，对合规计划定期进行评估和完善；为合规计划要素设置外部的控制人员和控制方式，建立用以防范、制裁技术滥用行为的内部措施。（5）建立用以执行和继续发展上述措施的有效的激励机制，设置完善的奖励、惩戒考评机制。[②] 对此，需要进一步明确的是，刑事合规计划的制度基础在于为确定单位刑事责任，尤其是责任减免和出罪提供规范依据。因此，人工智能刑事合规计划要重点解决的是人工智能产业者在研发、生产、部署过程中的责任问题，在罪过上应当对故意不履行合规计划、过失未能履行合规计划进行有差异的区分判定，并结合预见可能性等问题进行综合判断，以此确定是否给予相关主体减轻、免除处罚或者予以出罪。同时，对相关直接责任人员、主管人员的责任认定，依据现有刑法体系基本可以进行有效评价，这也并非引入刑事合规计划的评价对象，对于直接责任人员、主管人员故意或者过失不履行合规计划引发危害结果，且单位没有过错的，在刑法框架内追究相关人员的刑事责任。

同时，除了刑事合规计划的制度架构之外，基于人工智能产业者经济风险管理的刑法义务的确立，以及对于相关企业内部风险管理的刑法层面的要求，人工智能刑事合规计划还需要满足两个条件：一是在方法上将刑法的义务具体化；二是在组织上成为刑法上欠缺的合规体系的组成部分，即自治、共治的统一。[③] 具言之，人

---

① See Stefano Manacorda, Francesco Centonze and Gabrio Forti (eds.), *Preventing Corporate Corruption*, New York: Springer, 2014. p. 334.

② [德] 乌尔里希·齐白：《全球风险社会与信息社会中的刑法：二十一世纪刑法模式的转换》，周遵友、江溯等译，中国法制出版社2012年版，第246页。

③ 李本灿等编译：《合规与刑法：全球视野的考察》，中国政法大学出版社2018年版，第53页。

工智能刑事合规计划功能目标以及制度架构实现的关键在于完整而有效的合规体系以及风险防治体系。首先，刑事合规体系的重要性体现为对法律风险的防范，因此，人工智能刑事合规的风险识别、风险评估、风险消除至关重要。在风险识别方面，对人工智能风险管理尤其是人工智能研发、部署、应用过程中可能的风险盘点应当给予足够重视，即体系化地、连续性地对潜在的安全风险、实然的损害后果进行识别、梳理和确认。在此基础上，对于前面所发现的风险在设计方法、组织程序上进行风险评估和风险消除，对可能的合规风险进行量化，以此确定应当采取的防治措施，进而根据风险发生的可能性和可能造成的损害后果的严重程度确定具体的防范方法和实施方案。①

（三）人工智能刑事合规计划的路径架构

人工智能具有主观性、价值性、可修改性、可解释性等特性，这些特性在不同阶段的突出程度有所不同，也决定了刑事合规计划在人工智能的不同应用阶段具有差异性。在人工智能研发阶段，通过刑事合规计划的制度架构、有效实施，对算法研发者的引导和规制实现对算法的间接规制。尽管人工智能（尤其是超人工智能）自主决策主要是基于数据自动化处理得出的算法结果，但实质上仍然体现为人为编制的运算法则，其中的回报函数在很大程度上体现了算法设计研发者的价值取向和设计意图。② 因此，在人工智能算法设计研发过程中，通过刑事合规计划实施，督促人工智能算法治理的法律归化。③ 通过刑事合规计划的制订，在风险识别上，要求人工智能研发者、具有监督人工智能行为义务的相关人员需以“对计算机行为之技术能力的常规化预期”④ 为标准，能够预见智能机器的行为可能性。对此，有必要借鉴美国关于人工智能算法的监管模式，建立可供评估的企业内部的算法委员会，⑤ 赋予人工智能研发阶段的算法伦理审查义务、算法的测试义务，以及直到应用过程中的配套技术服务、止损义务。除此之外，在合规计划的设置中，构建算法伦理标准，避免算法歧视、算法黑箱，防止人工智能研发阶段的算法操纵所产生的人工智能应用阶段的损害后果。制定算法禁止性标准，在选定算法及数据库时，尽量剔除任何可能产生歧视的因素，避免造成人工智能算法运行的结果歧视。⑥ 在此基础上，对基于深度学习在输出结果上存在异化可能性的人工智能部署、应用设置

---

① Kromschröder/Lück，DB 1998，1573（1574 f.）.

② 姜野：《算法的规训与规训的算法：人工智能时代算法的法律规制》，载《河北法学》2018 年第 12 期。

③ 何明升：《中国网络治理的定位及现实路径》，载《中国社会科学》2016 年第 7 期。

④ See Gunther Teubner，"Rights of Non Humans? Electronic Agents and Animals as New Actors in Politics and Law"，*Journal of Law and Society*，Vol. 33（2006），p. 509.

⑤ See Macaulay T. Pioneering computer scientist calls for National Algorithm Safety Board. 2017，201.

⑥ 董妍：《人工智能的行政法规制》，载《人民法治》2018 年第 11 期。

具有针对性的防范措施和监控手段。由此可见，人工智能研发阶段的算法责任更多的是一种风险预防责任，不在于后果的责难，而在于风险防范的督促。例如，针对无人驾驶汽车以及智能机器人等，可能造成人类人身伤害和财产损失的智能产品，刑事合规计划中可以明确相应的风险识别、风险评估的防范措施与责任人员，从而引导他们选择更有可预见性、更可控的算法。① 事实上，2017 年 7 月，国务院发布的《新一代人工智能发展规划》要求"开展与人工智能应用相关的民事与刑事责任确认、隐私和产权保护、信息安全利用等法律问题研究，建立追溯和问责制度，明确人工智能法律主体以及相关权利、义务和责任等"。② 从某种程度上讲，这一外部规制的明确化也为人工智能刑事合规计划的具体架构提供了规则性指引。

在人工智能部署、应用阶段，算法的可修改性成为对其进行风险管理与合规"自制"的关键——算法投入运行过程中，赋予设计研发人员在人工智能使用、运行过程中的监管义务，适时对人工智能使用过程中包含偏见、瑕疵、漏洞的代码进行修改，从规则与技术的双重进路防范人工智能技术异化引发的危害后果。因此，人工智能部署、应用阶段的风险识别、风险评估以及风险消除义务对于防止人工智能"非因果性和不确定性"带来的安全风险③更具有关键意义。因此，通过刑事合规计划在刑事合规目标定位、合规内容、制度架构上严格人工智能部署、应用者的监管义务、证据保存义务，确保人工智能使用过程中的备案、可追溯。有鉴于此，各国针对人工智能领域的安全故障问题出台了与其相对应的法律法规，要求安装数据记录的相关设置，以实现证据保存。例如，英国《自动驾驶汽车测试实践准则》④明确规定了自动驾驶汽车应当配备专门的数据记录设备等，⑤ 德国则在《道路交通行为法修正案》中提出自动驾驶汽车要安装黑匣子用于数据记录和证据保存。⑥ 从整体上讲，在人工智能刑事合规计划的制度架构与执行过程中，风险识别、风险评估与风险消除尤为重要。因此，在人工智能刑事合规计划体系中，贯彻风险管理的义务使得对人工智能风险及其防范进行调查和评价变为可能，⑦ 进而实现人工智能犯罪的自制、共制的有效统一，实现人工智能风险背景下相关犯罪的积极预防。

---

① See Trevor N. White. Seth D. Baum, "Liability for Present and Robotics Technology", in Patrick Lin, Ryan Jenkins, and Keith Abney (eds.), *Robotics Ethics 2.0: From Autonomous Cars to Artificial Intelligence*, Oxford University Press, 2017, pp. 66-79.

② 国务院《关于印发〈新一代人工智能发展规划〉的通知》(国发〔2017〕35 号)。

③ 张成岗：《人工智能时代：技术发展、风险挑战与秩序重构》，载《南京社会科学》2018 年第 5 期。

④ Department for Transport in UK. The Pathway to Driverless Cars: A Code of Practice for Testing. 2015-07.

⑤ 唐钧：《人工智能的风险善治研究》，载《中国行政管理》2019 年第 4 期。

⑥ 1 Federal Ministry of Transport and Digital Infrastructure. The German Road Traffic Act Amendment Regulating the Use of Motor Vehicles with Highly or Fully Automated Driving Function. July 17, 2017.

⑦ 2 Heine (Fn. 97), S. 134.

论幌骗型高频交易刑事规制进路*

商浩文**

一、问题之提出

幌骗（Spoofing）型交易是滥用高频技术进行交易的典型方式，其常见的做法是：行为人不以实际成交为目的，以低于市场卖价的价格挂出卖单，这样其他卖家就会被迫挂出同样或更低的价格以获得成交，当发现更低的卖价后，幌骗行为人迅速撤单，反手做多，这样通过诱骗交易对手得以以更低的价格获取头寸。同理，用高于市场买价的价格挂出买单诱骗买家，以更高的价格结清头寸。[①] 行为人利用国家交易所出现的证券或商品价格的微小差异，通过低位买入和高位卖出，使用计算机软件以极高的速度执行大量的交易，在交易所之间进行套利交易。

以幌骗为代表的交易策略或行为往往借由程序化高频技术实施，其不以成交为目的地大量报撤单，释放虚假供求信息、扰乱正常的价格形成机制，引发市场跟随，造成证券市场的混乱，进而获取不法利益。2010 年美国证券市场“闪电崩盘”[②] 事件的发生更是引起了监管者对于此类交易行为的高度关注。[③] 面对这种新型的恶性市场操纵行为，世界各国通过相关法律进行积极回应，其中，以美国的相关立法和司法实践较为突出。美国监管和司法机构密切关注并通过法律修正加强对此类行为的治理，特别是 2016 年 10 月美国联邦巡回法院最终裁定高频交易员柯西亚（Michael Coscia）商品交易欺诈以及幌骗罪名成立，这是全球针对这种违法交易行为的首例刑事指控，也是美国《多德·弗兰克法案》出台以来关于幌骗行为定罪的

* 本文系北京市社会科学基金规划项目“北京市金融领域腐败犯罪防治长效机制研究”（20FXC024）阶段性研究成果。

** 商浩文，北京师范大学刑事法律科学研究院暨法学院副教授。

① 张孟霞、尹小为：《美国“幌骗”案例的监管处罚与司法审判实践》，载《证券市场导报》2017 年第 5 期。

② 2010 年 5 月 6 日，美股发生剧烈波动，道琼斯指数大跌千点，过万亿美元资产在几分钟内蒸发，原因就是交易员萨拉沃（Sarao）在交易中采取了幌骗行为。参见邢会强：《证券期货市场高频交易的法律监管框架研究》，载《中国法学》2016 年第 5 期。

③ 王飞云：《美国首例高频交易操纵刑诉案宣判》，载《检察风云》2015 年第 24 期。

首个案例[①]，具有里程碑意义。美国的立法中已经对幌骗行为进行了明确界定，并且在司法实践中对于如何区分正当的撤单行为与幌骗行为、幌骗主观意图之认定等问题已经有了相当成熟的立法和司法实务经验。而在中国，幌骗型高频交易逐步增多，给我国的证券期货市场造成的危害日益扩大。但是，既往我国刑法中并未有明确规制此类行为的刑法规范，上海伊世顿公司高频交易刑事第一案的定罪量刑也引发了相关的理论争议。虽然《刑法修正案（十一）》中明确了幌骗型高频交易的刑事制裁依据，但是如何认定相关犯罪的构成是我们亟待解决的理论和实践问题。

二、幌骗型高频交易行为的危害性

作为交易策略，高频交易本身不具有违法性，正如美国纽约州北区法院指出，“高频交易公司通过创造大量的流动性来对市场产生积极影响，从而允许国家股票市场运作更高效和有益于普通投资者。”[②] 但近年来不少市场投资者滥用高频交易技术干扰市场，滥用幌骗等异化的市场高频交易，影响证券期货市场价格和交易量，牟取高额的非法利益，损害其他交易者的公平交易机会。

幌骗行为是高频交易的一种最为典型的方式，而高频交易是一种基于程序化交易进行大量证券和期货交易的机制，这种交易能在毫秒的时间内完成。[③] 通过使用称为算法的复杂数学公式的计算机程序进行大量交易的决策执行。[④] 高频交易历史已久，它以先进的技术系统和复杂的算法为基础，通过日内频繁、高速地买入卖出，在微小的价格变化中获取收益。而幌骗行为的实施在很大程度上依赖于高频交易技术能够在以毫秒为单位的时间里迅速报撤单的特点。幌骗行为人会同时在市场上下达两笔买卖方向相反、数量不同的订单，其中将数量较大的订单作为影响股票价格的主要方式，数量较小的订单则作为其真实交易的订单。当证券市场价格被抬高或者压低后，行为人立即撤销买单或者卖单，执行对应的卖单或者买单，进而获取非法利益。这种行为的危害性主要体现在以下两方面：一是损害了市场参与者公平的交易机会。有效的金融市场需要投资者具有公平参与的机会，其中就包括投资者能够平等地接收市场的价格信息，并依据有关信息采用相应的投资买卖策略。而幌骗型高频交易者利用技术带来的速度优势可以提前知晓整个市场的报价信息，并通过频繁地撤单误导其他普通投资者的信息获取，进而导致真实的投资意图不能被市场

---

① 在美国还有一起高频交易的案件处于刑事调查之中。萨拉沃（Sarao）被指为造成2010年美国证券期货市场“闪电崩盘”的元凶，但直至2015年4月21日才被英国执法部门逮捕并于2016年3月引渡到美国受审。美国司法部对其提出了22项指控（包括1项电信欺诈、10项大宗商品欺诈、10项价格操纵和1项幌骗），萨拉沃已对其中的1项电信欺诈和1项幌骗认罪。张孟霞、尹小为：《美国“幌骗”案例的监管处罚与司法审判实践》，载《证券市场导报》2017年第5期。

② United States v. Michael Coscia, 100 F. 3d .653 (2015).

③ United States v. Aleynikov, 676 F.3d 71 (2012).

④ United States v. Pu, 814 F.3d 818 (2016).

的报价系统所识别，这样致使其他市场投资者根本不能看到幌骗型高频交易者报价的同时段数据[①]，这明显不利于市场中所有投资者公平获取有效信息，进而会严重损害交易的公平性。二是扰乱市场价格形成机制。幌骗型高频交易者使用程序化交易软件进行高频次的大量交易，但是申报的大量订单几乎在流入市场的短时间内就被迅速撤回，没有发生真实的买卖，将会导致市场虚假的流动性。虽然这些订单的确引起证券期货市场价格的变动，但这样形成的价格都是由一小部分幌骗型高频交易者操纵的，股指期货市场价格是人为主导的，那么股指市场的价格发现机制将会被阻断，这不利于监管者对市场的有效监管。[②] 如果行为人存在交易失误或是应对风险不足，将会对证券市场带来灾难性的打击。例如，前面提及的美国证券市场2010年5月6日发生“闪电崩盘”事件，主要就是由幌骗型高频交易引发的系统性危机。

尽管在中国股票市场，由于受制于“T+1”交易制度以及高昂的印花税与交易手续费成本，高频交易商不易施展拳脚。但在商品期货、金融期货、ETF（交易型开放式指数基金）等允许“T+0”交易方式且交易税费成本比较低的领域，高频交易已经初露端倪。事实上，近年来在我国行政执法和司法实践中，幌骗型高频交易也在不断出现，如证监会于2015年6月查处的江某利用融资融券操纵市场案、2015年8月陈某宇利用融资融券操纵市场案以及2015年9月东海恒信涉嫌操纵180ETF案等，这些案件中均有高频交易的特点，尤其是2017年6月上海市第一中级人民法院宣判的伊世顿国际贸易有限公司操纵期货市场案[③]，其中更是直接涉及幌骗型高频交易。伊世顿公司实际控制人安东（Anton Murashov）及其境外技术团队设计研发出一套高频程序化交易软件，并通过高频程序化交易软件自动批量下单、快速下单，申报价格明显偏离市场最新价格，利用保证金杠杆比例等交易规则，以较小的资金投入反复开仓、平仓，使盈利在短期内快速放大。由于高频交易的技术支持，行为人下单速度能够达到30毫秒/笔，1秒最多能够下单多达31笔。[④] 而中国金融期货交易所对于期货市场行情的反馈时间为500毫秒/次，因而在中金所每次行情反馈的过程中，高频交易行为人已经完成了多达20多次的下单，这使得中国金融期货

① 徐跃：《资本市场中高频交易之特征、价值与危害性解析》，载《会计之友》2017年第9期。

② 邢会强：《证券期货市场高频交易的法律监管框架研究》，载《中国法学》2016年第5期。

③ 2015年年初，伊世顿公司将自行开发的报单交易系统非法接入中金所交易系统直接进行交易。同年6月1日至7月6日，该公司利用以逃避期货公司资金和持仓验证等非法手段获取的交易速度优势，大量交易中证500股指期货主力合约、沪深300股指期货主力合约共377.44万余手，从中获取非法利益人民币3.893亿余元。参见陈琼珂：《伊世顿公司操纵期货市场案一审宣判，被罚三亿元》，载《解放日报》2017年6月23日第2版。

④ 张钦：《谁是伊世顿操纵期货案的背后操盘手?》，载《中国青年报》2015年11月3日第1版。

交易所无法获取高频交易人准确的过程信息，进而无法对高频交易行为进行有效的监管，使得行为人利用幌骗手段能够直接影响期货市场的价格走向，导致其他投资者对期货市场中相关期货合约的价格产生错误判断，进而影响期货市场的价格与交易量，造成市场价格的较大波动和混乱。

因而鉴于幌骗型高频交易的巨大社会危害性，有必要对其进行刑法规制。但是，既往我国刑法规范并未对幌骗型的高频交易行为进行明确规定，因而司法实践中对于幌骗行为的认定尚无统一的法律标准，需要我们科学界定，以促进刑事司法的科学性与合理性。

三、幌骗型高频交易行为刑法定性之规范涵摄

幌骗交易通过频繁报撤单，吸引其他投资者"上钩"，乘机低价买入或高价卖出，诱导成交，操纵证券或期货价格，已被欧美等国家金融监管立法明文禁止。那么，在中国的金融规范体系内，以市场操纵行为定性幌骗行为是否可能？

对于幌骗型高频交易行为的定性，在《刑法修正案（十一）》颁行前，我国刑法理论界和实务界有两种主要的观点，一种观点认为，可以刑法第 182 条第 1 款兜底条款规制滥用高频交易行为。[①] 此种观点也为伊世顿公司操纵期货市场案的裁判所支持[②]；另一种观点认为，应当以刑法第 182 条第 1 款第 1 项"连续交易操纵"规制滥用高频交易行为。[③]。对此，笔者认为，结合我国的刑法规范的教义学阐释，《刑法修正案（十一）》实施前，司法实务中以刑法第 182 条兜底条款规制幌骗型高频交易行为较为妥当。当然，2021 年 3 月 1 日《刑法修正案（十一）》实施后，由于《刑法修正案（十一）》已经将虚假申报操纵纳入刑法制裁的范围，可直接以刑法第 182 条第 1 款第 4 项之规定进行刑事规制。对此，需要注意的是：

第一，幌骗行为与 1997 年刑法中列举的传统的连续交易操纵、约定交易操纵、自买自卖操纵三种操纵方式有所区别。（1）就操纵行为模式而言。一般而言，上述三种操纵市场行为通常利用自身资源优势或者与他人串通进行实际交易误导资本市场中的其他投资者，从而直接影响证券期货市场交易价量。但是，在幌骗行为中，幌骗行为人并不需要同传统操纵市场行为者一样具有资源优势（如资金优势、持股或者持仓优势或者信息优势）进行实际成交，其通过程序化软件在极短时间内进行大量报撤单操作，其报单的价格偏离正常市场的价格，误导其他市场参与者以其之前设定的价格或者向其设定的价格趋势人为推动市场运行，并从短促的市场波动中以巨量交易快速谋取交易利润。（2）就操纵的对象而言。上述三种操纵行为均是直接影响证券或者期货的价量达到操纵之目的，但是在幌骗行为中，报撤单行为并不

① 谢杰：《后"股灾"背景下资本市场犯罪的刑法规制》，载《法学》2015 年第 12 期。

② 《伊世顿公司操纵期货市场案一审宣判》，载《中国证券报》2017 年 6 月 24 日第 1 版。

③ 邢会强：《证券期货市场高频交易的法律监管框架研究》，载《中国法学》2016 年第 5 期。

会导致证券期货合约价格在撤销行为之后立即变化。但是由于市场的公开性，实施幌骗的行为人所申报的价格以及交易量会被其他投资者所关注，进而使得其他投资者不能基于真实的供求关系作出买卖决策。此种行为的关键在于通过影响其他投资者的投资行为达到间接操纵某一种证券期货的价格或者交易量的目的。[①]（3）从是否具有成交目的来看。上述三种操纵行为均是以实际成交为目的，但是在幌骗型操纵中，行为人滥用高频交易进行大量的报撤单，对于频繁申报的交易并未有成交的愿望，而是通过频繁的报撤单误导市场信息，使得其他市场投资者因行为人滥用高频交易行为所具有的欺诈性而作出有利于滥用高频交易者的决策。

故而幌骗行为具有一定的欺诈性。实施幌骗的行为人并不需要进行实际交易，只是制造出该证券品种或者期货合约被争相购买的假象，通过这一假象直接影响其他投资者的投资行为，从而间接地驱使证券期货市场中的相关价量达到其预定的盈利目标。因而就幌骗行为的行为性质与行为模式来看，其与传统的三种操纵行为的直接操纵证券价量方式存在一定的龃龉，故而不宜以上述三种明示的操纵行为对幌骗型高频交易进行规制。

第二，既往司法实践中适用兜底条款处罚幌骗型高频交易行为并不违反兜底条款同质性解释原则。刑法条文中的“兜底条款”是指基于堵截犯罪行为脱逸刑事法网的现实需要而对法条无法穷尽的情形进行概括规定的法律条文。[②]一般认为，基于社会的发展变化，犯罪行为不断更新，但是刑法条文本身的局限性导致刑法规范不能列举所有的犯罪行为，因而此时适用兜底条款对新型犯罪行为予以规制具有相当的必要性与合理性。但是，基于罪刑法定原则，在解释刑法条文的兜底条款时必须遵循同质性解释规则，能够纳入刑法兜底条款的违法犯罪行为必须与刑法条文所明示的行为在性质上保持一致性，这样兜底条款的解释与适用才能控制在国民预测可能性范围之内，以至于不违背罪刑法定原则。[③]既往学界认为，操纵证券期货市场行为的实质为操纵证券期货的价格和交易量[④]，我国1997年刑法第182条明示的三种操纵方式实质上反映的也就是行为人通过证券期货的交易直接影响价格与交易量。那么，依据同质性解释的原则，兜底条款所规制的市场操纵行为的实质应当也是操纵证券期货的交易价格和交易量。但是，如上所述，在幌骗型高频交易中，行为人虽然不具备资源优势，不能直接影响交易价格和交易量，但是行为人正是通过频繁地撤报单误导其他投资者的买卖决策，进而通过他人的交易行为间接作用于证

① 朱刚灵、孙万怀：《论滥用高频交易的刑法规制——以伊世顿公司操纵期货市场案为例》，载《海南金融》2017年第4期。

② 刘宪权：《操纵证券、期货市场罪“兜底条款”解释规则的建构与应用》，载《中外法学》2013年第6期。

③ 朱刚灵、孙万怀：《论滥用高频交易的刑法规制——以伊世顿公司操纵期货市场案为例》，载《海南金融》2017年第4期。

④ 刘宪权、谢杰：《市场操纵犯罪的实质解构：法律与经济分析》，载《现代法学》2014年第6期。

券期货的交易价格和交易量，幌骗行为作为影响证券期货交易价格和交易量的手段行为，其行为实质也具有操纵市场的性质。实际上，我国2010年最高人民检察院、公安部共同颁布的《关于公安机关管辖的刑事案件立案追诉标准的规定（二）》第39条第6项的信息型操纵的有关规定已经体现了这种间接操纵证券价量的行为性质。在信息型操纵中，行为人也是通过信息的披露、传播、散布等故意诱导投资者的投资决策，进而间接操纵证券价格和交易量。因而在证券期货市场中存在两种操纵手段影响证券期货市场的价格或者交易量，一种是直接操纵，即以实际交易行为直接影响证券期货市场的价格或者交易量；另一种是间接操纵，即行为人虽然不进行实际交易行为直接作用于证券期货市场的价格或者交易量，但行为人能够通过买卖决策误导其他投资者对相应的证券品种或者期货合约作出错误的买卖行为，间接地起到操纵证券期货市场的作用。《刑法修正案（十一）》增加列举的虚假申报、“抢帽子”及蛊惑交易行为的性质均属于间接操纵，因此在《刑法修正案（十一）》施行之前，以1997年刑法第182条兜底条款进行规制并不违反同质性解释原则。

第三，《刑法修正案（十一）》颁行后，幌骗型高频交易有明确的刑事制裁依据。《刑法修正案（十一）》是在刑事立法层面对证券操纵犯罪进行的第三次修订。这主要表现为在修正案原条文对操纵证券期货市场行为进行列举的基础上，借鉴新证券法规定，针对市场中出现的新的操纵情形，进一步明确对“虚假申报操纵”“蛊惑交易操纵”“抢帽子操纵”等新型操纵市场行为追究刑事责任。按照《刑法修正案（十一）》第13条①第4项的规定，虚假申报操纵是指不以成交为目的，频繁或者大量申报买入、卖出证券期货合约并撤销申报的操纵行为。也即操纵主体通过不以成交为目的的申报撤单，制造特定时段内的虚假证券供求关系，影响该时段内证券交易价格或者交易量，进而通过反向交易获利，扰乱正常的市场价格形成机制，破坏资本市场秩序。尤其是在信息化、智能化时代，随着证券市场高频交易等高科技手段的运用，幌骗交易操纵这种利用技术实施的虚假申报操纵的社会危害性将会更大。正是考虑到实践中新型操纵行为方式的危害性，《刑法修正案（十一）》明确将虚假申报操纵行为纳入刑法制裁的范围。根据2019年施行的最高人民法院、最

① 《刑法修正案（十一）》第13条规定，将刑法第182条第1款修改为：“有下列情形之一，操纵证券、期货市场，影响证券、期货交易价格或者证券、期货交易量，情节严重的，处五年以下有期徒刑或者拘役，并处或者单处罚金；情节特别严重的，处五年以上十年以下有期徒刑，并处罚金：（一）单独或者合谋，集中资金优势、持股或者持仓优势或者利用信息优势联合或者连续买卖的；（二）与他人串通，以事先约定的时间、价格和方式相互进行证券、期货交易的；（三）在自己实际控制的帐户之间进行证券交易，或者以自己为交易对象，自买自卖期货合约的；（四）不以成交为目的，频繁或者大量申报买入、卖出证券、期货合约并撤销申报的；（五）利用虚假或者不确定的重大信息，诱导投资者进行证券、期货交易的；（六）对证券、证券发行人、期货交易标的公开作出评价、预测或者投资建议，同时进行反向证券交易或者相关期货交易的；（七）以其他方法操纵证券、期货市场的。”

高人民检察院《关于办理操纵证券、期货市场刑事案件适用法律若干问题的解释》和2022年最高人民检察院联合公安部印发修订的《关于公安机关管辖的刑事案件立案追诉标准的规定（二）》的规定，当日累计撤回申报量达到同期该证券总申报量50%以上，且证券撤回申报额在1000万元以上、撤回申报的期货合约占用保证金数额在500万元以上的，构成虚假申报操纵犯罪之“情节严重”入罪标准。计算撤回申报比例时，应分别以证券总申报买入量或者总申报卖出量为基础进行计算，而非以总申报买入及卖出量之和为基础计算。可见，相关立法和司法解释对于幌骗型高频交易有了明确的定罪量刑标准。

四、幌骗型高频交易行为主观意图之刑事推定

对于幌骗型高频交易行为的定罪，依据上述立法的规定，必须符合主观上不以成交为目的。而主观意图的证明则是司法实践中较为疑难的现实问题。中国证监会颁布的《证券市场操纵行为认定指引（试行）》以及证券法中均规定构成虚假申报需要行为人具备“不以成交为目的”之主观故意内容。对于“不以成交为目的”的主观故意之证明，美国商品期货委员会（CFTC）在相关指引中进一步表明，会综合评价市场环境、交易方式等因素来区别合法报撤单和幌骗间的界限。因而在CFTC的监管实践中，更倾向于根据被告报撤单的客观行为进行推论，而非直接举证操纵的主观故意来认定其违法性。如在相关刑事案件中，美国联邦第七巡回法院就认为“提供被告主观意图的直接证据通常是困难的或不可能的，我们允许通过间接证据来证明犯罪意图。”[①] 并且根据间接证据的推断，从交易行为的数据分析、高频软件的使用策略、订单的存续时间、大额订单与小额订单的实际成交量来推定，行为人在下单之时就具备了在实际成交之前取消交易的意图。[②] 事实上，在美国另外一起案件中，CFTC举证萨拉沃及其公司的算法交易程序在某个价格影响日撤销了99%以上的报单，而同类交易的撤单率低于49%，进而证明其具有在成交前撤单的主观意图，构成幌骗的违法行为。[③]

笔者认为，美国这种运用“间接证据”来认定被告主观意图的做法值得我国在查处高频交易时予以借鉴，即以间接证据为支撑，合理适用刑事推定原则，从其客观行为推定主观故意。[④] 特别是在虚假申报类型的高频交易案件中，直接证明行为人具有操纵或者撤单的故意十分困难，此时基于司法经济和司法效率的考量，可以运用间接证据进行刑事推定。在高频交易中，程序自动发送交易指令，交易员不需要也不可能在下单前先发送邮件（或其他形式等文字说明）表示自己准备在成交前

---

① United States v. Morris, 576 F.3d 661 (2009).

② United States v. Michael Coscia, 177 F. Supp.3d 1087 (2016).

③ 鲍晓晔：《幌骗的“罪”与“罚”——美国行政监管与司法实践的借鉴》，载《证券市场导报》2017年第10期。

④ 王新：《操纵证券市场犯罪之主观故意的认定》，载《中国刑事法杂志》2016年第6期。

报单或撤单。因此，只能根据被告报撤单的客观行为，推定是否存在成交前撤单的主观意图。在运用间接证据进行推定时，借鉴美国的相关司法经验，笔者认为以下几个因素应当是重要的考量因素：（1）高频交易的模式。幌骗型高频交易行为通过高频软件以极快的速度来识别普通投资者所追求的交易策略，并以大额订单作为误导，引诱普通投资者以较低优惠价格进行反方向的小额订单交易，进而从中获取差价利润。因而与合法交易不同的是，它是人为地影响证券或者期货的市场价格，而不是利用自然的市场事件，比如正常的价格套利策略。故而这种幌骗型高频交易行为一般是通过证券或者期货市场的正反方向设置大额订单和小额订单，并以撤销大额订单和成交小额订单来实现其目的。在美国的柯西亚案中，法院在认定其具有成交前“取消意图”之主观目的时，其中一个很重要的证据就是行为人通过高频软件进行正反方向的订单，通过订单之间的差价获利。[①]（2）交易行为的数据分析。如上所述，幌骗型高频交易行为模式主要体现在正反方向的大小订单上，故而在司法实践中，可以通过审查高频交易报单和撤单的记录以推定行为人是否具备成交前“撤单”或者“操纵价格”之目的。如果行为人的大额订单的成交率与小额订单的成交率存在显著差别，或者下单量和成交量的比例远远高于一般的高频交易者，此时就可以推定行为人买单或者卖单并不是为了实际交易，而是为了操纵证券价格以使得小额订单能够按照他们预想的价格成交，进而认定具有影响证券或者期货价格之主观目的。中国证监会对外公开的《证券期货市场程序化交易管理办法（征求意见稿）》中实际上已经将成交委托比明显低于正常水平的高频交易行为作为程序化交易禁止性的规定。[②]（3）订单的市场存续时间。行为人频繁申报撤单的时间也能够在很大程度上反映其“不以成交为目的”的主观故意。如果高频交易行为人的大额卖单或者买单在市场上存续时间较长，那么说明行为人的订单是面向所有投资者开放的，因而具有成交的愿望。但是，如果行为人的大量订单，特别是大额订单在市场上存续时间极其短暂，此时结合其他相关因素可以推定行为人并不具备成交之目的。事实上，中国证监会在2009年的卢某军虚假申报操纵案中就使用了平均驻留时间和最短驻留时间等指标来认定行为人具有“不以成交为目的”之主观故意。[③]

五、结语

高频技术本质上属于中性的交易方式，实际上反映了证券期货市场日益复杂的科技手段与金融工具的深度融合，其通过市场的瞬时定价误差开展套利，在一定程度上有助于价格发现、提高市场流动性。但是，以幌骗为代表的高频交易策略或行

---

① United States v. Michael Coscia, 177 F. Supp.3d.1087 (2016).

② 《证券期货市场程序化交易管理办法（征求意见稿）》第18条规定：“程序化交易者参与证券期货交易，不得有下列影响交易价格或交易量的行为：……（三）频繁申报并频繁撤销申报，且成交委托比明显低于正常水平……”

③ 参见中国证监会行政处罚决定书［2009］37号。

为具有释放虚假供求信息、引发市场跟随、谋取非法利益的主观意图，并往往借由程序化高频技术实现其目的。正如美国伊利诺斯北区检察官所言："被告的交易行动干扰和制造了对其有利并且不利于合法交易员和投资者的市场。"① 因而幌骗等行为滥用了高频交易这一中性技术工具。各国监管及立法机构在普遍认同程序化交易是市场发展的客观趋势时特别警惕其被滥用可能产生的隐患，对于高频交易进行明确的规范，对运用高频手段实施的不法行为进行重点打击与严格禁止。尽管我国证券期货市场程序化交易、高频交易的深度和广度不及海外，但根据全球金融发展趋势和伊世顿案带来的警示，我国应当借鉴美国证券期货监管和司法实践的经验，有必要为证券期货市场制定规范幌骗等新型操纵行为的监管立法和实施细则，这有助于坚持依法、从严、全面监管资本市场的重要理念，以使相关的案件在司法上有法可依，净化证券期货市场环境，提升我国资本市场的市场化、法治化、国际化的治理水平。

① United States v. Michael Coscia, 177 F.Supp. 3d 1087 (2016).

无人驾驶汽车交通肇事刑事归责的困境解构与类型化分析

岳艾洁*

一、引言

（一）研究背景——人工智能与无人驾驶汽车的全新时代

人类业已叩开人工智能时代的大门，日新月异的人工智能技术成为推进社会各个行业与领域发展的新型引擎。汽车行业亦抓住人工智能的契机，凭借云计算、大数据、物联网、神经网络、传感器、移动通信等先进技术的联合驱动，将无人驾驶汽车推向市场。无人驾驶汽车终于走下科幻神坛，有望“驶”入寻常百姓家。鉴于巨大的商业利益与广阔的发展前景，进军无人驾驶汽车领域的不仅有福特、宝马、奔驰、沃尔沃等传统车企，以谷歌、百度、优步、苹果为代表的互联网科技巨头以及众多新兴企业也都乘势而上，在无人驾驶汽车领域积极排兵布阵。无人驾驶汽车不仅在企业之间掀起一场激烈的行业竞赛，更被许多国家列为未来发展的重要战略方向，还引起一阵为无人驾驶汽车“让路”的立法修法热潮，促使无人驾驶汽车驶入发展快车道。放眼我国，不论是国务院早在 2015 年印发的《中国制造 2025》，还是国家发改委、工信部等 11 个部委在 2020 年 2 月联合印发的《智能汽车创新发展战略》等文件，都将智能汽车的发展上升为国家发展战略的高度，并高屋建瓴地勾勒出我国智能汽车的发展路线图。百度作为国内无人驾驶汽车领域的领跑者，更是乐观预测无人驾驶汽车将在 3 年实现商用，5 年实现量产，① 并将 2022 年冬奥会作为开展无人驾驶汽车示范应用的目标。我国消费市场也对无人驾驶汽车表现出极大兴趣，不仅无人驾驶汽车接受程度居全球最高，② 还有望成为全球最大的无人驾驶汽车市场。③ 可见，我国无人驾驶汽车的商业化应用与大规模普及指日可待。

---

* 岳艾洁，北京师范大学刑事法律科学研究院刑法学博士研究生。

① 刘谷恬、王劲：《无人驾驶汽车三年可实现商用，五年可实现量产》，https://www.yicai.com/news/5054008.html，2016 年 8 月 1 日访问。

② 孙琳：《中国消费者对电动汽车和自动驾驶的接受程度全球最高》，http://finance.takungpao.com/q/2017/0512/3449836.html，2017 年 5 月 12 日访问。

③ 罗林：《无人驾驶行业发展前景广阔，2018 年市场规模达 48.2 亿美元》，https://d.qianzhan.com/xnews/detail/541/180619-873f3298.html，2018 年 6 月 19 日访问。

（二）问题的提出——无人驾驶汽车交通肇事的归责困境

全世界每年大约发生217万起交通事故，约有124万人死于交通事故，70%都是人为造成的，包括酒后驾驶、超速驾驶、疲劳驾驶等原因。[①] 由于无人驾驶汽车压缩了人类参与驾驶的空间，进而缩小了人类驾驶出错的可能，交通事故发生率与伤亡率得以大大降低，故无人驾驶汽车的安全性相较于传统汽车具有绝对优势。然而事实证明，"即使是最好的科学技术也无法确保每一个人的安全"[②]。据报道，全球已发生至少12起无人驾驶汽车交通事故。[③] 人们在理性审视无人驾驶技术安全性的同时也对无人驾驶汽车交通事故衍生的法律责任问题倍感困惑：既然是"无人"驾驶，那么应由谁来担责，又该如何担责？截至目前，我国尚未形成规范无人驾驶汽车的法律实践，[④] 对无人驾驶汽车交通事故责任问题的讨论则更多地在理论层面展开。

一旦无人驾驶汽车导致财产受损或者人身伤亡，势必会触发包括民事损害赔偿责任以及刑事责任在内的责任认定问题。时下，法学界已有不少学者从民事归责的路径入手，对无人驾驶汽车交通事故所涉及的侵权责任、产品责任、保险责任等民事责任分配问题展开积极讨论；但对于无人驾驶汽车交通肇事的刑事归责问题，法学界的讨论仍显不足。然而，2018年3月美国亚利桑那州优步自动驾驶汽车致命事故的发生，为无人驾驶汽车交通肇事的刑事归责提出了真实情境与紧迫的社会需求。根据我国刑法规定与司法解释，该案的相关主体有可能面临交通肇事罪的起诉。[⑤] 同时，我国《智能网联汽车道路测试管理规范（试行）》也明确规定，当测试事故发生时，仍然保留追究当事人刑事责任的可能。[⑥] 这意味着无人驾驶汽车重大交通事故业已进入我国刑法视野，相关主体将可能因此承担刑事责任。需要厘清的是，为无人驾驶汽车交通肇事"埋单"的究竟是使用者、所有者，还是无人驾驶汽车背后的生产者、销售者，抑或是无人驾驶汽车本身？由于实务缺乏经验，学界缺乏共

---

① 杨澜：《人工智能真的来了》，江苏凤凰文艺出版社2017年版，第169页。

② 高铭暄、马克昌：《刑法学》，北京大学出版社、高等教育出版社2014年版，第103页。

③ 容承：《起底全球12起自动驾驶车祸：激进的技术和脆弱的人类》，https://www.ithome.com/html/auto/351926.htm，2018年3月21日访问。

④ 目前，我国在国家层面出台了《智能网联汽车道路测试管理规范（试行）》，北京、上海、重庆、深圳、天津等20余个省市亦陆续发布了地方性质的自动驾驶汽车道路测试管理规范以吸引国内外企业的广泛聚集。但是，我国尚未对外公布或形成自动驾驶汽车相关法律法规。

⑤ 依据最高人民法院《关于审理交通肇事刑事案件具体应用法律若干问题的解释》（法释〔2000〕33号）第2条规定："交通肇事具有下列情形之一的，处三年以下有期徒刑或者拘役：（一）死亡一人或者重伤三人以上，负事故全部或者主要责任的……"若交通肇事后果的主要责任归于自动驾驶汽车，自动驾驶汽车的相关主体则存在构成交通肇事罪的可能性。

⑥ 我国《智能网联汽车道路测试管理规范（试行）》第25条规定："在测试期间发生交通事故，应当按照道路交通安全法律法规认定当事人的责任，并依照有关法律法规及司法解释确定损害赔偿责任。构成犯罪的，依法追究刑事责任。"

识，这一刑事归责难题的认识与解决仍处于较为混沌的状态。为协力应对无人驾驶汽车带来的刑事归责挑战，本文以无人驾驶汽车交通肇事为研究视角，阐述与分析该情境下的刑事归责困境，并展开探讨相关主体的刑事责任认定与承担问题，尝试提出可供参考的刑事归责对策，以期为无人驾驶汽车交通肇事案件处理的理论与实践抛砖引玉。

二、无人驾驶汽车交通肇事的刑事归责困境

（一）无人驾驶汽车的界定——高度自动驾驶的智能汽车

无人驾驶汽车常常与多种相似表述并行互通。英文文献大多使用“autonomous”“self-driving”“driverless”“automated”等形容词修饰“car”或“vehicle”以指代具有自动驾驶功能的汽车；中文文献中则同时存在“智能汽车”“智能网联汽车”“自动驾驶汽车”等表述。学界对以上用语亦未作出严格区分，或者考虑到现有用词的多样性而在文章中同等采用以上表述。其中，智能网联汽车的概念最为明确且被学界广泛使用。① 若基于以上“别称”的理解，界定无人驾驶汽车采用与之相同的概念并无不妥。然而，如果从学术研究角度审视这一定义很难说是严谨的。相较于先前的征求意见稿，最新颁布的《智能汽车创新发展战略》对智能汽车的定义则取消了“无人驾驶汽车”的表述，② 这可以视为官方对无人驾驶汽车与智能汽车等概念同等使用的一种否定回应。严格来说，无人驾驶汽车与智能网联汽车并不是别称关系，而是种属关系，即“无人驾驶汽车是智能网联汽车的高度自动驾驶形态”。③

无人驾驶汽车的特性体现在其高度自动化水平上。当前，国际上划分汽车自动化水平的通用标准是 SAE International④ 于 2018 年 6 月最新修订的“驾驶自动化等

① “本规范所称智能网联汽车是指搭载先进的车载传感器、控制器、执行器等装置，并融合现代通信与网络技术，实现车与×（人、车、路、云端等）智能信息交换、共享，具备复杂环境感知、智能决策、协同控制等功能，可实现安全、高效、舒适、节能行驶，并最终可实现替代人来操作的新一代汽车。”参见国家工业和信息化部、公安部、交通运输部于 2018 年 4 月联合印发的《智能网联汽车道路测试管理规范（试行）》第六章第 28 条规定。

② 智能汽车是指通过搭载先进传感器等装置，运用人工智能等新技术，具有自动驾驶功能，逐步成为智能移动空间和应用终端的新一代汽车。智能汽车通常又称为智能网联汽车、自动驾驶汽车等。

③ 宋翠：《“无人驾驶”将来临，济南开展智能网联汽车道路测试》，http://sd.people.com.cn/n2/2018/0725/c166192-31858364.html，2018 年 7 月 25 日访问。

④ 国际自动机工程师学会（美国汽车工程师学会）是当今汽车以及航空行业的顶级标准制定组织。

级”标准。① 如下表所示，该标准分类并定义了汽车从无自动化（Level 0）到全自动化（Level 5）的六个驾驶等级。SAE-China② 亦按照自动化水平将智能汽车划分了五级，即驾驶辅助（DA）、部分自动驾驶（PA）、有条件自动驾驶（CA）、高度自动驾驶（HA）与完全自动驾驶（FA）。除了未纳入 Level 0（无自动驾驶）以外，SAE-China 的分级标准实质与 SAE International 并无差异。

驾驶自动化等级的分类与定义

驾驶自动化等级	名 称	概念界定	驾驶操作	环境监控	驾驶支援	系统作用域
驾驶人监控驾驶环境						
Level 0	无自动驾驶（NA）	仅提供警告以及瞬时辅助，由驾驶人全权驾驶车辆	人类驾驶员	人类驾驶员	人类驾驶员	无
Level 1	驾驶辅助（DA）	能够对制动、加减速或转向提供驾驶辅助，期望驾驶人完成所有其他驾驶操作	人类驾驶员与系统	人类驾驶员	人类驾驶员	特定
Level 2	部分自动驾驶（PA）	能够对制动、加减速和转向提供驾驶辅助，期望驾驶人完成所有其他驾驶操作	系统	人类驾驶员	人类驾驶员	特定
自动驾驶系统监控驾驶环境						
Level 3	有条件自动驾驶（CA）	能够完成所有驾驶操作，但系统请求干预时，驾驶人必须随时接管驾驶	系统	系统	人类驾驶员	特定
Level 4	高度自动驾驶（HA）	能够完成所有驾驶操作，即使驾驶人没有接管驾驶（在限定道路和环境条件下）	系统	系统	系统	特定
Level 5	完全自动驾驶（FA）	能够完成所有驾驶操作（在任何条件下）	系统	系统	系统	全部

智能汽车自动驾驶的程度不同，在发生交通肇事时，各相关主体的行为对肇事

① 即 SAE J3016™《标准道路机动车驾驶自动化系统分类与定义》。SAE International：Taxonomy and Definitions for Terms Related to On-Road Motor Vehicle Automated Driving Systems，https://www.sae.org/standards/content/j3016_201806/，2018 年 6 月 15 日访问。

② 中国汽车工程学会是由中国汽车科技工作者自愿组成的全国性、学术性法人团体。

结果的原因力也不同。[①] 不难看出，Level 0-Level 5 汽车自动化水平逐级提升，并在Level 3 划出一道分水岭。Level 0-Level 2 自动化水平汽车仅提供驾驶辅助功能，驾驶人亦必须处于驾驶状态，时刻监控驾驶环境并主动作出制动、加减速、转向等驾驶操作以确保安全。因此，该等级范围的智能汽车在功能上与传统汽车差异不大，在责任认定上基本不会涉及驾驶人以外其他主体的刑事责任。如果说 Level 0-Level 2 的自动化水平是“量变”，那么 Level 3-Level 5 的自动化水平则是“质变”。一旦汽车达到了 Level 3 以上的自动化水平，驾驶人的角色便由恪尽职守的“司机”转变为仅是坐在驾驶座上的“乘客”，无须时刻警惕周遭驾驶环境，更不用始终手握方向盘或脚踩踏板。Level 3 自动化水平汽车已是智能汽车的高级形态，但其控制权在特定情况下必须由驾驶人接管，其安全行驶依然有赖于驾驶人参与，因而仍未具备独立运作的“无人驾驶”能力。相比较之下，Level 4、Level 5 自动化水平汽车的突出特征是“不需要驾驶人接管”，甚至无须安装踏板、转向装置，这意味着该等级的汽车已经能够完全独立于驾驶人控制并完成所有驾驶任务，彻底实现“无人驾驶”目标。本文讨论的“无人驾驶汽车”便是指 Level 4、Level 5 这两级具有高度自动驾驶功能的智能汽车。

Level 3 自动化水平汽车的成功研制使得人机共驾模式下智能汽车刑事归责问题的解决显得更加必要且迫切。人机共驾模式中如何分配驾驶人与自动驾驶系统之间的注意义务成为学界越发关注的研究热点。诚然，人机共驾是智能汽车发展的必经之路，刑法应当对此给予充分关注与回应；但不能忽略的是，无人驾驶汽车作为智能汽车发展的终极目标，如何走出与其伴生的交通肇事刑事归责困境才是真正长期并广泛影响社会治理的重要议题。[②] 然而，对于迟早到来的无人驾驶汽车，学界并未积极探索与深耕，仍有许多问题尚待解决。由于没有驾驶人或者驾驶人无须驾驶操作，无人驾驶汽车交通肇事刑事归责的研究要点在于“自动驾驶系统或其背后的设计者、生产者、销售者和使用者应否承担刑事责任的问题”[③]。也正是因为无人驾驶汽车所涉主体的复杂性，如何在诸多相关主体中正确认定与合理划分刑事责任成为刑法理论与实务亟待克服的困境。

---

① 周铭川：《论自动驾驶汽车交通肇事的刑事责任》，载《上海交通大学学报》（哲学社会科学版）2019 年第 1 期。

② 关于智能汽车的研发与应用，产业界存在两种发展路线，一种是“渐进演化”路线，即从辅助驾驶阶段逐级过渡到无人驾驶阶段，为大部分传统汽车制造商所采用；另一种是“一步到位”路线，即从一开始就致力于打造无人驾驶汽车，谷歌与百度研发的无人驾驶汽车即采用此种路线。可见，无论是何种发展路线，无人驾驶汽车均为智能汽车发展的终极目标。因此，对无人驾驶汽车的刑事归责问题进行前瞻性探讨具有重要的现实意义，并非不切实际的杞人忧天之论。

③ 周铭川：《论自动驾驶汽车交通肇事的刑事责任》，载《上海交通大学学报》（哲学社会科学版）2019 年第 1 期。

（二）刑事归责困境的内因——无人驾驶汽车的高度自主性

无人驾驶汽车的问世在消解人类社会诸多困境的同时亦塑造了新的困境。在无人驾驶汽车的语境下，现行刑事责任体系由于“驾驶与被驾驶”的传统人车关系被彻底颠覆，而难以被同等适用于无人驾驶汽车交通肇事的情形中。而致使人车关系变革的根本原因在于无人驾驶汽车区别于传统汽车的内在特性——“无人驾驶汽车除了具有汽车本身的机械属性外，还具备高级自动化的人工智能属性”①。挖掘与剖析无人驾驶汽车这一特性是重新认识人车关系，破解无人驾驶汽车交通肇事刑事归责困境的重要前提与科学依据。

作为现代汽车工业结合自动控制、体系结构、人工智能、视觉计算等高新技术的综合产物，无人驾驶汽车除具备传统汽车的机械车身外，还具备更为先进与复杂的操作系统，拥有环境感知、任务决策、路径规划、运动控制等多种驾驶功能。环境感知，即获取车辆自身以及外界环境信息的功能，主要通过传感器实现环境信息和车内信息的收集与处理，以实时感知车辆行驶的动态变化；任务决策与路径规划，即以环境感知与驾驶需求为依据，为无人驾驶汽车确定适合的控制策略，并下达行驶任务从而规划车辆行驶轨迹的功能；运动控制则是指通过对车辆的油门、刹车、方向盘和变速杆的命令以控制车辆按照规划路径行驶的功能。易言之，无人驾驶汽车的环境感知功能能够充当驾驶人的“耳目”以监测驾驶环境，任务决策与路径规划功能能够充当驾驶人的“大脑”以规划与决策驾驶路线，运动控制功能则能够充当驾驶人的“手足”以控制车辆行驶。以上驾驶功能的实现不单依靠程序的预先设定，还仰赖无人驾驶汽车后天的自我学习，② 使得无人驾驶汽车能够像人类一样积累驾驶经验，不断提升行车安全。

无人驾驶汽车的高度自主性不仅分解了驾驶人的角色功能，还分散了驾驶人的法律责任，使得刑法在规范意义上难以认定交通肇事责任主体。无人驾驶汽车的机械属性以及智能属性决定了无人驾驶汽车的生产者不仅有汽车制造商，还包括无人驾驶系统开发商。同时，无人驾驶系统功能的整体实现又有赖于软件平台、云端服务的多方支持，因而提供智能芯片、高精地图、通讯网络等技术与服务的公司亦实质参与了无人驾驶汽车的生产。因此，一旦无人驾驶汽车发生重大交通事故，除使用者以外，无人驾驶汽车背后的众多生产者亦会成为潜在的刑事责任主体。再者，在机械与智能的相互作用与深度融合下，难以判断无人驾驶汽车交通肇事的真正原因，在众多相关主体中划定责任界限，确定责任归属变得更加棘手。

---

① 钟菁：《人工智能时代：无人驾驶汽车应用的刑事风险与责任》，载刘宪权编：《人工智能：刑法的时代挑战》，上海人民出版社 2018 年版，第 78 页。

② 无人驾驶汽车后天的自我学习通过深度学习技术实现，其原理是运用大量的数据“训练”无人驾驶汽车的大脑（深度神经网络），使其能够模拟人脑的工作机制，在学习与理解外界信息的过程中建立相应的行为模型，进而调整与适应复杂的驾驶环境与驾驶需求。

（三）刑事归责困境的症结——交通肇事罪的适用失灵

导致无人驾驶汽车发生重大交通事故的交通肇事行为可能存在故意或者过失两种罪过形态。在故意犯罪的情形下，即使无人驾驶汽车具备高度自主性，其本质依然是被行为人利用以实现犯罪目的的“工具”，结合行为性质并按照现行刑法规定的相关故意犯罪来认定行为人的刑事责任即可。而真正的刑事归责困境在于过失犯罪的场合。与无人驾驶汽车联系最紧密的过失犯罪莫过于交通肇事罪，但矛盾最为集中与突出的刑事归责困境也在于交通肇事罪。无人驾驶汽车的内在特性与现行交通肇事罪的构成要求相互矛盾，造成无人驾驶汽车交通肇事的刑事责任认定缺乏定罪量刑的依据。在无人驾驶汽车的场景下，交通肇事罪适用失灵的原因体现为以下四个方面：

其一，犯罪主体的错位。一旦置身于无人驾驶汽车，所有驾驶操作均由车辆独立完成，无须人类介入，驾驶人的身份便无从认定。即使具备合法的驾驶资格，无人驾驶汽车的使用者也不能因此被认定为驾驶人，因为其角色业已从“司机”转变为“乘客”。在实质驾驶者并非传统驾驶人的情况下，若要求无人驾驶汽车的使用者为车辆而非自己的驾驶行为而承担刑事责任，显然违背了“无行为则无犯罪”以及“罪责自负”的刑法基本原则。若追究行为者的责任，要求无人驾驶汽车“自负其责”，不仅于法无据，更会动摇刑法乃至整个法律体系的归责基础。如果坚持我国现行刑法的犯罪论体系，不承认“机器人”的犯罪主体地位，那么交通肇事的责任亦可能转移至无人驾驶汽车背后的汽车制造商、汽车销售商、无人驾驶技术供应商、导航服务提供商等主体，但是均超越了本罪限定的自然人犯罪主体。可见，交通肇事罪规定的犯罪主体与无人驾驶汽车的潜在责任主体之间存在明显错位。

其二，主观过失的移位。交通肇事罪的主观方面表现为过失，过失的核心在于对法益侵害结果具有预见可能性。[①] 在无人驾驶模式下，使用者出于对无人驾驶技术的合理信赖，会默认车辆作出的驾驶行为是合法且适当的，因而无法预见交通肇事结果的发生，难以被认定为存在过失。然而，为了保障无人驾驶汽车的安全性与可靠性，参与无人驾驶汽车研发、生产、销售的相关主体必须履行相应的注意义务，未履行或未正确履行注意义务者应当被认定具有过失。由此，交通肇事行为的过失从汽车驾驶人转移至无人驾驶汽车背后的相关主体，乃至无人驾驶汽车本身，明显超出了交通肇事罪的规制范围。

其三，前置规范的缺位。存在违反交通运输管理法规的行为是构成交通肇事罪的必要条件。就道路运输而言，交通运输管理法规主要指道路交通安全法及其实施条例。由于现行道路交通安全法完全是基于传统的人车驾驶关系而设立的，即驾驶主体仅被限定为“人”，“违章行为”亦因此被赋予属人性。面对无人驾驶汽车的违章行为，仅以人类行为作为调整对象的道路交通安全法显得捉襟见肘。鉴于现行道

---

① 参见张明楷：《刑法学（下）》，法律出版社 2016 年版，第 287 页。

路交通安全法缺乏针对无人驾驶模式的专门规定，以违反道路交通安全法为前置性要素的交通肇事罪无法对无人驾驶汽车进行有效调整。

其四，因果关系的失位。交通肇事罪除要求存在违章行为外，还要求违章行为与交通肇事后果之间具有刑法上“引起与被引起”的因果关系。正如上文所述，在无人驾驶的语境下，由于作为“原因”的违章行为无法归因于驾驶人，而在法律意义上被视为不存在。那么即便发生了重大交通事故，因果关系亦会由于缺少原因要素而当然无法成立。

（四）刑事归责困境的流弊——创新与防卫的双重缺口

在无人驾驶技术的作用下，驾驶人角色逐渐消解，反之无人驾驶汽车以及其幕后相关主体的影响日益强化。这一现实基础的转变致使无人驾驶汽车的特性与现行交通肇事罪在犯罪主体、主观方面、客观方面的要求相互抵牾，无人驾驶汽车交通肇事刑事责任的认定因此陷入无据可依的困境。刑事归责的模糊不清不仅削弱了刑法本身的可预测性，更将相关主体置于不确定的刑事责任风险中。由于刑事制裁的严厉性与不可逆转性，不论是无人驾驶汽车的推动者还是受众，都会对刑法如何规制无人驾驶汽车这一新事物表现得更加敏感。因此，刑事归责困境催生的焦虑不会仅局限在刑法学界，还会扩散蔓延至整个社会，长此以往滋生诸多流弊，使刑法在面对技术创新与社会防卫时暴露缺口。

一方面，刑事归责问题的摇摆不定可能会持续消耗无人驾驶技术的创新动力。对无人驾驶汽车的研发者、制造者而言，不确定的刑事责任风险如同悬在头顶上的达摩克利斯之剑。从业者很可能因畏惧承担刑事责任而裹足不前或积极性萎靡，未从业的高新技术人才也可能基于规避刑事责任风险的考虑而不愿投身无人驾驶汽车领域，致使无人驾驶技术发展缓慢、进度滞后，容易导致我国错失抢占无人驾驶汽车领域制高点的契机。同时，在责任主体不明的情况下，公众亦会深化对无人驾驶汽车安全性的不信任感，遑论冒着承担刑事责任的风险而购买使用无人驾驶汽车，进而延缓甚至阻碍无人驾驶汽车的产业化进程。

另一方面，刑事归责问题的悬而未决不利于预防与控制无人驾驶技术伴生的社会风险。作为刑法的基本机能，社会防卫机能要求刑法承担起预防并惩治犯罪的“职责”。无人驾驶汽车作为一种技术创新型产品，仍具有不确定的技术风险，又因其运行脱离了驾驶人的监管与控制，一旦失控将会对公民的人身、财产安全乃至社会公共安全造成严重威胁。然而，刑事归责的不确定性使得刑法的一般预防与特殊预防功能难以作用于无人驾驶汽车从研发到使用全流程的风险防控。质言之，如果刑事归责问题未能首先得以解决，实现防控风险、稳定社会的刑法目的便是无本之木、无源之水。

综上所述，为促进无人驾驶技术的创新以及社会风险的防控，刑法作为社会治理的关键环节应当积极作出回应。只有刑事归责得以明确，才能使无人驾驶汽车的相关主体能够预测其行为的性质和后果，切实履行自身的注意义务，提高无人驾驶汽车的生产与使用安全，在保障社会安定的前提下，助力我国无人驾驶汽车驶入正轨与快车道。

三、无人驾驶汽车的刑法定位

正如上文所述，无人驾驶汽车的特性在于其高度自主性，其能够依靠“先天”的内置程序规则以及“后天”的深度学习能力，独立完成环境感知、任务决策、路径规划、运动控制等所有驾驶任务。这使得无人驾驶汽车看似区别于纯粹被人利用的驾驶工具，而更像是一个独立个体，一个比人类还要可靠的“驾驶人”。那么，这是否意味着无人驾驶汽车也能够像传统的“驾驶人”一样，对其导致的重大交通事故而独立承担刑事责任呢？或者说无人驾驶汽车是否具有刑事责任主体地位？针对这一问题，学界目前存在肯定说与否定说两种态度，并渐成分庭抗礼之势。

肯定说认为，无人驾驶汽车作为强人工智能产品，虽然不具有生命，但是其拥有的深度学习能力不仅使其产生了自我意识与自主意志，[①] 还赋予了其独立于人类的辨别能力与认知能力，甚至其辨别能力与认知能力已经超越人类。[②] 并且，人工智能机器人获得独立的辨认和控制能力的过程与最终获得完全刑事责任能力的自然人获得认知的过程相似，都经历了一个从无到有、由浅入深的学习成长过程。[③] 考虑到机器学习具有片面性和专业性的特点，故有学者客观承认只能在有限范围内讨论人工智能产品人格的有无。[④] 还有学者指出，既然法人这一非人类主体已经为刑法纳入规制，将人工智能产品拟制为刑事责任主体亦无不可。

否定说则认为，机器人虽然具有自我学习与自我决策的能力，但仍不具备自我意识与自我反思能力，亦不具有自我意志，缺乏认知不法的能力，不具备刑法要求的罪责。[⑤] 具体而言，无人驾驶汽车能够在特定程序内作出选择判断，但仍以实现研发者或使用者意志为目的。[⑥] 同时，由于自我意志的缺乏，如果将无人驾驶汽车作为行为主体而承担刑事责任，有违刑法的特殊预防功能。[⑦]也有学者从维护现行法律秩序的维度反对承认无人驾驶汽车人格，因为把物体视为人，不但与现有的法律

---

① 汤君：《无人驾驶汽车刑事风险的刑法应对》，载刘宪权编：《人工智能：刑法的时代挑战》，上海人民出版社 2018 年版，第 67 页。

② 龙敏：《智能汽车的刑事风险与刑法应对》，载刘宪权编：《人工智能：刑法的时代挑战》，上海人民出版社 2018 年版，第 57 页。

③ 钟菁：《人工智能时代：无人驾驶汽车应用的刑事风险与责任》，载刘宪权编：《人工智能：刑法的时代挑战》，上海人民出版社 2018 年版，第 79 页。

④ 程龙：《自动驾驶车辆交通肇事的刑法规制》，载《学术交流》2018 年第 4 期。

⑤ 江溯：《自动驾驶汽车对法律的挑战》，载《中国法律评论》2018 年第 2 期。

⑥ 杨杰、张玲：《无人驾驶汽车的法律障碍和立法思考》，载《电子政务》2018 年第 8 期。

⑦ Vgl. Günther Jakobs, Strafrecht allgemeiner teil. Walter de Gruyter, 1991, S. 22.

规定相悖，还会给整个法律体系带来不可估量的伤害和混乱。[①] 还有学者更是旗帜鲜明地反对将机器人纳入刑事归责的视野内，认为即使其他部门法律承认智能机器人的法律主体资格，刑事法律也不应确认智能机器人的主体资格，否则就是对刑事法治底线的逾越。[②]

本文对于无人驾驶汽车的刑事责任主体资格持否定态度，并将从无人驾驶汽车的行为能力、责任能力、受刑能力三方面分别阐述理由。

（一）无人驾驶汽车的行为能力

"无行为则无犯罪"的法谚揭示了行为对于犯罪成立的决定性意义。无人驾驶汽车不能被刑事归责的首要原因在于其不具备实施"行为"的能力。无人驾驶汽车在自主行驶的状态下撞向人行道上的行人并导致重大伤亡后果，"撞"在物理活动意义上被推测为归属于无人驾驶汽车的独立行为，但是并不当然构成刑法意义上的"行为"。因果行为论强调意思是行为的原因，主张行为是基于意思的身体动静；目的行为论将行为的本质归于目的导向性，即只有行为被目的所支配时该行为才具有刑法意义；社会行为论则在行为概念中引入了社会评价要素，强调行为的"社会意义"，但仍然坚持行为"属人性"与"有意性"的基本立场。[③] 不难看出，无论是因果行为论、目的行为论还是社会行为论，皆是将自由意志（意思）作为行为的要素。然而，无人驾驶汽车所谓的深度学习能力在本质上只是重复性学习，而非类人的理性认识，更不能与自由意志画等号。根据无人驾驶汽车的工作机制，其只能"遵循"预设的程序指令而实施无意识的机械动作，即使通过深度学习超越编程范围运行也非系其自由意志所支配的行为。简言之，无人驾驶汽车的行为因不符合有意性的刑法行为论要求而不能成立刑法意义上的行为，更遑论负担刑事责任、承受刑事处罚的能力。

（二）无人驾驶汽车的责任能力

无人驾驶汽车亦不具备刑事责任主体所必需的刑事责任能力。"刑事责任能力体现为行为主体辨认和控制自己行为符合规范要求的能力，包括行为人认识不法与否的认识能力，以及在此基础上控制自己行为的控制能力"。[④] 据此，具备刑事责任能力的行为主体应当同时具备辨别能力与控制能力。一方面，辨认能力要求行为人应当有能力认知自己的行为在刑法意义上的性质、作用与后果，进而判断其行为是

---

① 杨剑锋：《结果无价值型过失论在汽车自动驾驶时代的展开——以交通肇事罪为切入点》，载《法大研究生》2017 年第 1 期。

② 庄永廉、黄京平、高艳东等：《人工智能与刑事法治的未来》，载《人民检察》2018 年第 1 期。

③ "根据社会行为论，行为是指人类意志所支配或可支配的具有社会重要性的人类举止"。参见林书楷：《刑法总则》，五南图书出版公司 2010 年版，第 65 页。

④ 刘艳红：《刑法学（上）》，北京大学出版社 2015 年版，第 132 页。

否为刑法所禁止、所惩罚。这种能够对行为不法性作出判断的辨认能力与自我反思、自我评价能力紧密相联。“没有能力在伦理参照系中对自身以及自己的决定作出评价的人，也即不具备‘分辨善与恶的良知’的人，不能成为法律意义上的人，也不能成为承受责任与罪责的对象。”① 虽然无人驾驶汽车完全能够通过机器学习将刑法规定纳入内部规则体系，并在程序上设立相应的行为模型以规避刑事犯罪；但是其对是非善恶不具备辨别能力，无法基于“良知”理解刑法中的价值判断与伦理评价，更无法在此基础上识别自身行为的刑法意义。因此，无人驾驶汽车对于刑法的遵守或者违背并非源于在具体情境下对行为违法与否的自主评价，而只是在一般意义上对预置规则的机械执行。然而，更为现实的问题是，将符合刑法的伦理价值决定转化为无人驾驶汽车可执行的程序规则仍有待技术发展的回应，并且面对复杂多变的现实情境，这一做法能否使无人驾驶汽车准确、灵活地识别自身行为的刑法意义也需要时间的反复检验。另一方面，控制能力要求行为人在具备认知不法能力的基础上还应当能够决定与支配自身的行为以适应刑法要求。无人驾驶汽车可以独立于驾驶人作出驾驶决策并控制车辆安全行驶，但究其根本，其行为只是纯粹物理意义上的程序反应，而非出于无人驾驶汽车自由意志的决定或支配，故其控制能力从根本上无从认定。况且辨认能力是控制能力赖以存在的前提，在无人驾驶汽车本就欠缺辨别能力的情况下，其控制能力更是无所依附。

此外，将智能机器人比照法人拟制为刑事责任主体的说法似是而非，因为法人与无人驾驶汽车等智能机器人之间存在着不可逾越的鸿沟。虽然二者皆为非生命体，但法人终究是由有组织的自然人所构成，法人的整体意志可追溯至自然人的个人意志，法人因此具有刑事可归责性。相比之下，无人驾驶汽车实现的仍是程序设计者而非自身的意志，因而缺乏刑事归责的实质前提。

（三）无人驾驶汽车的受刑能力

即使承认无人驾驶汽车的刑事责任能力，其受刑能力亦难以自圆其说。② 有学者认为，可以对人工智能产品处以删除数据、修改程序、永久销毁的刑罚方式。③ 然而，无论对无人驾驶汽车适用何种刑罚均无法实现刑罚的功能与目的。第一，无人驾驶汽车没有刑罚感知能力，无法实现刑罚的特殊预防功能。无人驾驶汽车作为机械实体存在，其不仅没有生物学意义上的生命体征，也不存在类人的延续自身存在、追求他物的欲望与需求。据此，不管是对无人驾驶汽车采取指向生命、权利、自由、财产的传统刑罚，还是上述针对人工智能产品的新型刑罚，无人驾驶汽车都不会因自身欲望被剥夺或限制而感到痛苦、心生懊悔，甚至根本不能意会自己被刑

---

① ［瑞士］萨比娜·格雷斯、［德］托马斯·魏根特：《智能代理与刑法》，赵阳译，载陈泽宪编：《刑事法前沿（第十卷）》，社会科学文献出版社 2018 年版，第 224-227 页。

② 这里所指的受刑能力与刑罚适应能力具有相同的含义，均指能够被科处刑罚的资格。

③ 刘宪权、林雨佳：《人工智能时代技术风险的刑法应对》，载《华东政法大学学报》2018 年第 5 期。

法所谴责与惩罚。纵使无人驾驶汽车的再犯能力能够通过消灭“肉体”的方式被客观消除，但在刑罚意义不能为无人驾驶汽车所理解的情形下，很难承认作用于无人驾驶汽车的刑罚能够实现惩戒或者教育改造的目的，致使刑罚沦为数据抹除或者物理销毁的工具。第二，无人驾驶汽车没有畏惧心理或规范意识，无法实现刑罚的一般预防功能。在无人驾驶汽车不能认识其行为社会意义的情况下，其既不会出于畏惧刑罚而自动放弃犯罪行为的实施，亦不会因为忠诚于法律而主动避免法益侵害的发生。并且，对个别无人驾驶汽车施以处罚也无法让其他“同类”吸取教训，从而促使其他无人驾驶汽车尽可能避免交通肇事后果，也就无法实现刑罚在一般意义上预防无人驾驶汽车犯罪的威慑或感化功能。第三，“刑法是为处罚人而设立的规范”,[①] 若赋予无人驾驶汽车刑事责任能力，规范人类行为的刑法目的将落空。一旦无人驾驶汽车取得了刑事责任主体地位，那么无人驾驶汽车背后的生产者、销售者、所有者、使用者也相当于获得了脱罪的特权，致使无人驾驶汽车成为人类犯罪的“替罪羊”。

一言以蔽之，无人驾驶汽车难以在刑法上定位为刑事责任主体。实际上，认定无人驾驶汽车或者其他人工智能产品的刑事责任主体地位不仅是一个法律定位问题，更是一个事实定位问题，即人与人工智能基本关系的定位。鉴于人类与人工智能的法律关系以二者的基本关系为现实依据，在回答人工智能法律角色的问题之前，人们必须首先抉择人工智能的发展定位。对于这一根本问题，“人类只有一种理性的选择：将人工智能事实上定位为服务人类的技术，在法律上定位为人类法律的客体”[②]，如此才会防止人类走向自掘坟墓的悲惨命运。固此，人类应当始终保持清醒并坚守“人是机器的尺度”[③] 的基本立场：一切人工智能产品仅具有相对的独立性，并且应当永远受制于人类、隶属于人类。可见，否认无人驾驶汽车的刑事责任主体地位不单是基于刑法教义学分析得出的结论，亦是基于未来人类命运的把握而必须作出的不二价值抉择。

四、无人驾驶汽车交通肇事的刑事归责路径

如何厘定责任主体是破解无人驾驶汽车交通肇事刑事归责困境的先决问题。无人驾驶汽车交通肇事的刑事归责与传统汽车相互区别，核心原因在于能够对车辆驾驶施以实质影响的主体不同以往。无人驾驶汽车的高度自主性使得其能够脱离传统驾驶人的操控，但同时亦必须依靠复杂的软件、硬件以及综合控制系统的相互配合以实现自动安全驾驶。基于所涉技术的多样性，无人驾驶汽车的分工较传统汽车也

---

① ［日］西原春夫：《刑法的根基与哲学》，顾肖荣译，三联书店 1991 年版，第 33 页。

② 陈忠林：《人工智能的事实定位与法律应对》，载微信公众号“数字法学”，2018 年 12 月 18 日。

③ 张劲松：《人是机器的尺度——论人工智能与人类主体性》，载《自然辩证法研究》2017 年第 1 期。

更为复杂与精细。除汽车制造商外，参与无人驾驶汽车生产的还有无人驾驶系统开发商、通信导航平台运营商等主体。投入流通后，无人驾驶汽车亦可能受到销售者、使用者与所有者的实质影响。如果按照上文所列的诸多主体逐个分析责任归属，则行文说理难免过于繁杂冗长。因此，本文以人车互动关系为依据，在将潜在责任主体划分为无人驾驶汽车的生产者、销售者、使用者、所有者的基础上，对无人驾驶汽车交通肇事刑事责任问题展开类型化分析。

（一）无人驾驶汽车使用者、所有者的刑事归责

无人驾驶汽车交通肇事发生在使用过程中，对无人驾驶汽车具有支配作用的使用者与所有者的行为可能是导致交通肇事后果的原因，因此使用者与所有者具有刑事归责可能性。如上文所述，若使用者与所有者对交通肇事是故意而为之，那么完全可以直接按照刑法分则规定的故意犯罪认定二者的刑事责任，在此不做赘述。值得讨论的是，在过失情形下应当如何认定使用者与所有者的刑事责任。

1. 使用者基于安全使用义务的过失责任

关于使用者责任，争议焦点在于：既然无人驾驶汽车能够“反客为主”地独立运行，那么是否意味着无人驾驶汽车的使用者不再需要为任何驾驶行为或结果担责？若需要，又在何种条件下考虑对使用者进行处罚？对这一问题的探讨应以分析无人驾驶汽车使用者是否存在过失情形为出发点。注意义务的违反是过失认定的核心。关于传统驾驶人的注意义务，有学者根据我国刑法、道路交通安全法以及司法解释的相关规定，将其概括为三类，即对驾驶人自身的注意义务、对车辆状况的注意义务、驾驶过程中的注意义务。① 可以否定的是，无人驾驶汽车的使用者不存在传统驾驶人基于驾驶人自身的注意义务，原因在于该类注意义务所指向的驾驶人角色已经在无人驾驶汽车的语境下完全消解。针对驾驶过程中的注意义务，有学者从预见可能性角度指出，使用者无法预知无人驾驶汽车本身的科技缺陷将会造成怎样的后果，因此不存在疏忽大意或过于自信的过失情形。② 诚然，对于缺乏预见可能性的科技缺陷不能对使用者苛求注意义务，但是仍不能因此忽略使用者在无人驾驶过程中仍负有遵循操作规程的安全使用义务。譬如，使用者不得在无人驾驶汽车运行过程中恶意干扰无人驾驶系统，或者超出限定场合与条件使用 Level 4 自动化水平的无人驾驶汽车。此外，无人驾驶汽车的使用者亦负有基于车辆状况的注意义务。在无人驾驶汽车上路前，使用者应当进行常规的车辆安全检查，如对机械故障与零部件的排查，对无人驾驶系统的维护，以及对数据软件的更新。一旦无人驾驶汽车交通肇事能够归因于使用者对以上注意义务的违反，那么刑法依然可以根据交通肇事罪的规定追究使用者的过失责任。

---

① 黄波：《自动驾驶汽车交通肇事的刑法应对》，载《天府新论》2018 年第 4 期。

② 钟菁：《人工智能时代：无人驾驶汽车应用的刑事风险与责任》，载刘宪权编：《人工智能：刑法的时代挑战》，上海人民出版社 2018 年版，第 78 页。

还有学者出于把控人工智能产品社会危害性的考虑，提出对人工智能产品的使用者确立严格责任的观点。[①] 立足于无人驾驶汽车的场合，本文对该观点不敢苟同。虽然严格责任[②]的确立有利于督促无人驾驶汽车使用者切实履行安全使用的注意义务，或许亦能因此减少无人驾驶汽车发生交通事故的概率。然而，如此一来，无人驾驶汽车的使用非但没有减轻人们的驾驶压力，反而徒增责任负担，这显然与无人驾驶汽车“解放驾驶人”的初衷是背道而驰的。由此，本文认为这一提议不可采。

2. 所有者基于安全管理义务的过失责任

针对所有者或管理者责任，有学者指出，所有者并非无人驾驶汽车的生产者或实际支配者，因此问责所有者有失公平。[③] 也有学者持对立观点，认为在交通运输法规有所规定的前提下，无人驾驶汽车的所有者应当较之传统汽车负有更为严格的注意义务。[④] 本文认为，上述两种观点均过于极端。第一种径直否定了所有者过失责任的观点，明显忽视了所有者基于车辆安全管理的注意义务。根据我国道路交通安全法的规定，车辆所有者不得对车辆擅自进行拼装改造，同时应当对达到强制报废标准的车辆强制报废。[⑤] 未遵循以上注意义务可能导致无人驾驶汽车出现异常状况并引发交通肇事后果。因此，对车辆的安全管理义务亦应当适用于无人驾驶汽车的所有者，赋予所有者可归责性。此外，如果所有者指示、强令使用者违规使用无人驾驶汽车，所有者仍可能构成交通肇事罪。在承认无人驾驶汽车所有者存在担责可能的前提下，第二种观点强调无人驾驶汽车所有者应当履行较传统汽车更为严格的注意义务。暂且不论注意义务标准的提高是否必然能够带来无人驾驶汽车行驶安全性的提高，至少这一想法是难以践行的。“无人驾驶汽车的技术水平只会比传统汽车更为先进，相关驾驶人员更难理解并履行相关注意义务”[⑥]，尤其是当无人驾驶汽车进入量产阶段，无人驾驶汽车的所有者更多是对技术不知所以的普罗大众，若要求其对无人驾驶汽车这一全新技术产品履行相较于使用传统汽车时更多的注意义务，有悖于“法律不强人所难”的要义。因此，除非所有者违反操作规程，不履行基本的安全管理义务，所有者一般不应对无人驾驶汽车的交通肇事承担主要的过失责任。

---

① 刘宪权：《人工智能时代的刑事风险与刑法应对》，载《法商研究》2018 年第 1 期。

② 虽然本文不赞成严格责任在无人驾驶汽车交通肇事刑事归责情形下的适用，但鉴于许多文章对严格责任的理解存在偏差，在此有必要匡正严格责任的确切含义。严格责任并非不问主观罪责的绝对责任，而是实体法意义上的推定过错和诉讼法意义上的举证责任倒置。

③ 王德政：《人工智能时代的刑法关切：自动驾驶汽车造成的犯罪及其认定》，载《重庆大学学报》（社会科学版）2020 年第 3 期。

④ 刘蓝璟、刘卫华：《自动驾驶模式下交通肇事罪的认定》，载《法制与经济》2018 年第 2 期。

⑤ 道路交通安全法第 14 条、第 16 条、第 100 条、第 103 条规定。

⑥ 汤君：《无人驾驶汽车刑事风险的刑法应对》，载刘宪权编：《人工智能：刑法的时代挑战》，上海人民出版社 2018 年版，第 68 页。

（二）无人驾驶汽车生产者、销售者的刑事归责

假设机器人的制造商和程序员被要求制造它们时遵循一定的规则，那么机器人被卷入的最有可能的情况是因为不正确的制造或者编程而起诉制造商或程序员，或起诉辅助犯罪的机器人的所有人或经营者。[①]由于无人驾驶汽车具有高度自主性，使用者与所有者对车辆施加的影响十分有限，因此致使无人驾驶汽车发生重大交通事故的主要原因仍在于无人驾驶汽车的内在缺陷。对此，将无人驾驶汽车推向市场的生产者与销售者应当对无人驾驶汽车的安全性与可靠性负有更高的注意义务，并承担相应的刑事责任。

1. 刑事归责的基础——安全生产义务与安全保障义务

无人驾驶汽车的运行完全依靠车辆的自主驾驶，生产环节如同基因一般决定着无人驾驶汽车的“先天”安全性。无人驾驶汽车与传统汽车一样本身具有潜在的危险性，因此生产者应当确保无人驾驶汽车在投入市场前的质量是安全可靠的。根据产品质量法第 26 条规定，[②] 无人驾驶汽车的生产者负有针对产品质量的安全生产义务与责任。同时，根据产品质量法第 46 条规定，[③] 若不符合上述规定的产品质量要求，则无人驾驶汽车应当被视为存在产品缺陷。产品缺陷被大致划分为三类，即设计缺陷、制造缺陷与警示缺陷。按照产品缺陷的类型，可以将无人驾驶汽车生产者的安全生产义务具化为三方面：其一，在无人驾驶汽车的设计方面，由于产品设计是产品制造的重要依据，研发、设计主体应当首先保证无人驾驶汽车的外型、结构、硬件的设计，特别是自主驾驶所仰赖的无人驾驶系统与软件的设计不存在安全隐患；其二，在无人驾驶汽车的制造方面，鉴于产品制造是集众多环节于一体的复杂活动，无人驾驶汽车的制造主体应当在生产、加工、整合等各阶段尽到注意义务，经过充分测试与检验确保无人驾驶汽车质量可靠、功能健全后才投入市场；其三，在无人驾驶汽车的警示方面，由于操作要求的充分提示是促使无人驾驶汽车安全使用的重要条件，无人驾驶汽车的生产者应当面向市场主动并及时告知车辆使用的注意事项，防止信息不对称导致无人驾驶汽车的不当使用。

无人驾驶汽车的“后天”安全性则取决于安全保障义务的履行。投入流通后，无人驾驶汽车看似脱离了生产者的实际控制，但事实上仍受到生产者的实质影响。一方面，无人驾驶汽车独立运行所依托的程序与平台将持续由生产者维护与运营；另一方面，无人驾驶汽车具备的深度学习能力亦要求生产者不断更新数据资料以供

---

① See August Raymond S. *Turning the computer into a criminal*. 10 Barrister 12 (1983).

② 产品质量法第 26 条规定：“生产者应当对其生产的产品质量负责。产品质量应当符合下列要求：（一）不存在危及人身、财产安全的不合理的危险，有保障人体健康和人身、财产安全的国家标准、行业标准的，应当符合该标准。”

③ 产品质量法第 46 条规定：“本法所称缺陷，是指产品存在危及人身、他人财产安全的不合理的危险；产品有保障人体健康和人身、财产安全的国家标准、行业标准的，是指不符合该标准。”

无人驾驶汽车后天学习与建立模型。此外，由于技术发展局限以及算法黑箱[①]，生产者难以完全规避无人驾驶汽车的技术风险，因此仍然有必要对已经投入市场的无人驾驶汽车进行跟踪观察，一旦发现任何以上产品缺陷或者安全隐患，应当立即停止该无人驾驶汽车的销售，并协同销售者采取警示、召回等补救措施，避免无人驾驶汽车事故损害的产生与扩大。[②] 除跟踪观察产品缺陷之外，生产者还须告知与督促用户适时更新升级置入无人驾驶汽车中的软件、算法、地图等智能程序，及时修复程序漏洞与完善无人驾驶系统。

作为产品流转过程中的重要主体，销售者对投入流通后的无人驾驶汽车负有产品质量上的注意义务，但其在性质上与生产者的安全保障义务有所区别。产品质量法第 33 条要求销售者对所售产品履行检查验收义务，即无人驾驶汽车的销售者有义务避免存在缺陷的无人驾驶汽车进入市场。然而，与生产者消除产品缺陷的实质义务不同，销售者所负有的安全保障义务本质上是一种形式义务，即销售者仅对无人驾驶汽车的质量进行程序性质的检查。据此，如果销售者确实检查与核对了与无人驾驶汽车相关的审批文件以及合格证明，即可合理推定无人驾驶汽车不存在产品缺陷。再者，“销售者不能像生产者那样全程监督、控制产品生产的流程”[③]，同时又“受到经济成本、商业（国家）秘密等现实因素限制”[④]，因此销售者不具备实质检查无人驾驶汽车缺陷的能力。既然对销售者科以较高的注意义务缺乏现实合理性，那么归于产品缺陷的无人驾驶汽车交通肇事的主要责任仍在生产者。

以上注意义务为国家、行业标准规范化的前提下，若无人驾驶汽车生产者、销售者未能履行或未正确履行以上注意义务，并造成严重的法益侵害，则可能承担刑事责任。然而，任何技术的成熟都不可能一蹴而就，无人驾驶技术安全系数的提高亦必然经历一个渐进的过程。基于此，若导致无人驾驶汽车事故的缺陷超越了时下人类科学技术的认知水平，那么生产者与销售者在尽到合理注意义务的情形下，因不具备对产品缺陷的注意能力而不应当承担罪责。产品质量法第 41 条规定，对于产

---

① 即算法的运算过程具有不可解释性。无人驾驶汽车深度学习采用的是一种“端到端”（end to end）的学习模型，在这种模型中，人们只能知道输入的数据以及输出的结果，但是无法阐释数据输入到结果输出过程中的具体运行逻辑。

② 根据“危险源监督义务”，先行行为制造了法益侵害的危险，因此行为人负有监督并防止该危险源转化为现实侵害的义务，否则应当承担不真正不作为犯的责任。据此，无人驾驶汽车的生产与销售亦是一种制造新危险源的“先行行为”，那么二者亦应当对流通后的无人驾驶汽车进行跟踪观察，并对具有缺陷的无人驾驶汽车可能产生的实际损害负有警示、召回等结果避免义务。

③ 李剑：《论销售者的产品缺陷责任——兼议〈产品质量法〉第 42 条与第 43 条的关系》，载《当代法学》2011 年第 5 期。

④ 卢有学、窦泽正：《论刑法如何对自动驾驶进行规制——以交通肇事罪为视角》，载《学术交流》2018 年第 4 期。

品投入流通时科学技术水平尚不能发现的缺陷，生产者不承担赔偿责任。[①]“可以遵循这样的逻辑，既然对于产品投入流通时的科学技术水平无法发现缺陷的缺陷产品尚不能追究其生产者的民事责任，那么更无从追究其生产者的刑事责任。”[②] 由此，追究无人驾驶汽车生产者、销售者基于产品缺陷的刑事责任，除了违背法律规定的注意义务以外，还应当结合无人驾驶汽车投入流通时的科学技术水平以综合判断生产者与销售者是否具备产品缺陷的注意能力。

2. 具体罪名的认定——以罪过形式为依据

一旦无人驾驶汽车发生重大交通事故，并且生产者、销售者负主要责任的，对二者定何罪是讨论其承担何种刑事责任的先决问题。关于罪名的认定，学界主要存在两种意见，一种是成立交通肇事罪，另一种则是成立生产、销售不符合安全标准的产品罪。对此，本文认为不能一概而论，而应当依据生产者、销售者的故意与过失两种罪过形式予以分类讨论。[③]

（1）基于故意：生产、销售不符合安全标准的产品罪构成之肯定。

若生产者出于故意心理违反安全生产义务与安全保障义务，如为牟取经济利益，明知生产的无人驾驶汽车不符合国家、行业标准，存在安全隐患，仍然继续生产并投入市场，致使无人驾驶汽车发生重大交通事故，对该行为应当如何认定？根据所侵害的法益，该行为应归类为我国刑法分则第三章“破坏社会主义市场经济秩序罪”中的产品犯罪。由于无人驾驶汽车不在刑法规定的特殊产品范围内，因此认定无人驾驶汽车生产者的刑事责任应当以包括生产、销售不符合安全标准的产品罪，以及生产、销售伪劣产品罪在内的一般产品犯罪为依据。虽然该行为均符合两罪所要求的主观故意，但考虑到无人驾驶汽车已经造成了人身伤亡的严重后果，侵犯了公民的健康权与生命权，并比较两罪在犯罪客体、犯罪对象、犯罪后果上的区别，以生产不符合安全标准的产品罪进行定罪更加妥当。此外，如果销售者明知无人驾驶汽车存在缺陷而销售的，亦可以构成销售不符合安全标准的产品罪。

将上述情形的无人驾驶汽车的生产、销售行为认定为生产、销售不符合安全标准的产品罪是在应然层面的判断，然而在实然层面得出相同结论存在一定障碍。障碍在于在无人驾驶技术应用的初级阶段，我国针对无人驾驶汽车或者人工智能产品生产的相关标准体系仍未构建或构建不健全，那么安全生产与安全保障的注意义务因未规范化、标准化而无法有效规制无人驾驶汽车生产者、销售者的行为，生产不符合安全标准的产品罪因此无法成立。为避免陷入这一窘境，我国应当审时度势，尽快制定相关的国家、行业标准，将应然层面的注意义务转化为实然层面的法律依

① 产品质量法第41条规定：“生产者能够证明有下列情形之一的，不承担赔偿责任：（一）未将产品投入流通的；（二）产品投入流通时，引起损害的缺陷尚不存在的；（三）将产品投入流通时的科学技术水平尚不能发现缺陷的存在的。”

② 刘宪权：《人工智能时代的刑事风险与刑法应对》，载《法商研究》2018年第1期。

③ 此处的“故意”指的是针对产品缺陷的故意（多为间接故意），而非对交通肇事结果的故意。

据，既是出于社会利益保障的需要，也是为了实现规范无人驾驶汽车发展的目标。

（2）基于过失：交通肇事罪构成之否定。

如果导致交通肇事后果的无人驾驶汽车缺陷源于生产者、销售者的过失，则是否以及如何认定生产者、销售者的过失责任？对于销售者而言，正如上文所述，其对无人驾驶汽车的质量仅承担形式上的检查义务，亦不具备实质检查的能力与条件，因此如果在过失情形下将无人驾驶汽车造成的严重后果归咎于仅参与产品流转的销售者并追究其刑事责任，则“罚不称罪”，也不能达到端本正源的效果。问题的根源在于对无人驾驶汽车质量拥有实际控制能力的生产者在产品生产与产品跟踪过程中对注意义务的懈怠履行。对此，不少学者对追究无人驾驶汽车生产者的过失责任没有异议，但对于认定何种罪名仍莫衷一是。虽然前文已经谈及了法人在交通肇事罪中的主体不适格问题，但仍有学者认为，可以通过增加法人为交通肇事罪犯罪主体的方式，依据交通肇事罪对无人驾驶汽车生产者定罪量刑。[①] 该观点将生产者的过失行为纳入交通肇事罪规制主要基于两个理由：其一，无人驾驶汽车的生产者虽然并未直接参与驾驶，但其能够对车辆的安全运行施加实质影响，应当被视为交通运输活动的参与者；其二，造成交通肇事结果的根本原因在于无人驾驶汽车生产者基于产品缺陷的过失。

本文认为无人驾驶汽车的生产者不能成立交通肇事罪。“交通肇事罪属于危害公共安全罪，行为必须发生在交通运输中，才会违反交通运输管理法规。”[②] 固然，生产者对无人驾驶汽车安全性的影响是根本的、实在的，并且这种影响也会在无人驾驶汽车流通后、使用中一直持续。但这一事实无法改变生产者所从事的活动属性为产品生产活动而非交通运输活动，也不能因此混淆生产者应当承担的注意义务系产品生产领域的注意义务而非交通运输领域的注意义务。因此，生产者所担负的安全生产义务与安全保障义务当然会为产品质量管理法规所规定而非交通运输管理法规，生产者的过失行为自然也就无法被归入交通肇事罪“违章”行为的范畴。此外，在主观过失层面，交通肇事罪的过失针对的是交通肇事后果，但无人驾驶汽车生产者的过失则指向的是产品缺陷后果，即生产者因为疏忽大意未预见或者过于自信而未避免的产品缺陷后果，而交通肇事无非是无人驾驶汽车产品缺陷可能导致的附带后果。质言之，生产者过失生产无人驾驶汽车的行为即使最终造成了交通肇事的严重后果，也因客观方面与主观方面的非契合性而不能构成交通肇事罪。

---

① 持类似观点的文章有很多，仅选取部分文章作为代表。参见蔡婷婷：《人工智能环境下刑法的完善及适用——以智能机器人和无人驾驶汽车为切入点》，载《犯罪研究》2018 年第 2 期；方跃平、汪全胜：《无人驾驶时代交通肇事罪的立法完善》，载《齐鲁学刊》2018 年第 6 期；邵雅靖：《自动驾驶的交通肇事责任规制初探——以“人机交互”模式为视角》，载《江西警察学院学报》2019 年第 1 期；黄波：《自动驾驶汽车交通肇事的刑法应对》，载《天府新论》2018 年第 4 期；卢有学、窦泽正：《论刑法如何对自动驾驶进行规制——以交通肇事罪为视角》，载《学术交流》2018 年第 4 期。

② 张明楷：《刑法学（下）》，法律出版社 2016 年版，第 719 页。

对交通肇事罪构成的否定并不意味着对生产者过失责任的否定。无人驾驶汽车的生产过失给公共安全带来的危险自不待言，对生产者科以产品刑事责任亦是刑法社会防卫的合理需要。[①] 然而，正如有学者指出“对于过失生产、销售不合格产品的，现行刑法中并无相应的罪名，也不应当按过失以危险方法危害公共安全罪论处”[②]，我国刑法并未规定过失的产品刑事责任。由于无人驾驶汽车发生的重大交通事故仍在公共交通管理范围内，因此也不应对无人驾驶汽车生产者以重大责任事故罪论处。可见，刑法现有罪名难以认定无人驾驶汽车生产者的过失责任。对此，考虑到无人驾驶汽车交通肇事毕竟是人工智能产品刑事风险的表现形式之一，因此可以立足于规制人工智能产品风险的宏观视野，在刑法分则第二章增设重大人工智能产品事故罪，从过失犯罪的维度将无人驾驶汽车的生产者等责任主体纳入刑法规制。如此另辟蹊径地通过事故类罪名来追究过失产品刑事责任不失为破解无人驾驶汽车生产者刑事归责困境的一个可行路径。

3. 刑事责任的承担——责任主体与刑罚方式

“任何法律责任的实现以责任主体的存在和确定为前提”[③]，一旦无人驾驶汽车的生产者与销售者构成了产品犯罪，如何在相关主体之间合理分担刑事责任又是刑法亟待解决的难题。具体而言，销售者一般指零售商、经销商、批发商，由于其构成主体比较单一，责任划分相对比较容易。至于生产者的责任分担问题，因为参与无人驾驶汽车生产的主体众多，上述将其统称为“生产者”是基于类型化分析的需要，在厘定具体责任主体时则有必要展开探讨。无人驾驶汽车的“生产者”既包括如智能程序编写者的自然人，又包括汽车制造商、无人驾驶系统开发商、通信导航平台运营商等单位。那么，这些生产参与主体是否均应当被归为应当承担产品刑事责任的生产者？有学者认为，智能程序编写者以及其他自然人主体应当被排除在责任主体之外，因为“智能程序编写者缺乏对交通肇事后果的预见可能性”[④]，再者“自然人为法人成果而担责也有失公平”[⑤]。更有甚者认为，无人驾驶系统开发商亦不应当被视为刑事责任主体，主要原因在于系统开发商因为与汽车制造商之间民事服务关系的存在而其研发后果责任也应转由汽车制造商承担。[⑥]

---

① “对于过失生产、销售缺陷产品致人死伤的行为，由于我国刑法没有专节、专条规定过失的产品刑事责任，司法实践上对于此类案件完全作为民事侵权案件处理。”参见吕英杰：《风险社会中的产品刑事责任》，载《西北政法学院学报》（《法律科学》）2011 年第 6 期。

② 周铭川：《论自动驾驶汽车交通肇事的刑事责任》，载《上海交通大学学报》（哲学社会科学版）2019 年第 1 期。

③ 公丕祥：《法理学》，复旦大学出版社 2002 年版，第 473 页。

④ 卢有学、窦泽正：《论刑法如何对自动驾驶进行规制——以交通肇事罪为视角》，载《学术交流》2018 年第 4 期。

⑤ 方跃平、汪全胜：《无人驾驶时代交通肇事罪的立法完善》，载《齐鲁学刊》2018 年第 6 期。

⑥ 王德政：《人工智能时代的刑法关切：自动驾驶汽车造成的犯罪及其认定》，载《重庆大学学报》（社会科学版）2020 年第 3 期。

本文认同第一种观点，无人驾驶汽车本身就是多方合作的综合产物，单独对智能程序编写者以及其他自然人科以刑事责任明显不合理，而且还会极大挫伤无人驾驶技术研发的积极性，压制无人驾驶汽车及其他人工智能产品的发展。对于后一种观点，本文认为其仍值得商榷。暂且不论一方的刑事责任能否因民事关系的存在而转嫁给另一方承担，但彻底否定无人驾驶系统开发商对其研制产品的责任主体地位，对于保障无人驾驶汽车的良性发展是极为不利的。无人驾驶系统开发商有条件也有义务保证其开发的无人驾驶系统或者软件在现有人工智能技术水平下具备可靠性，倘若为了技术竞速等目的而盲目放弃将其纳入刑法规制，只通过以金钱赔偿为主的民事手段调整其研发行为，很难保证不会有系统开发商在无人驾驶汽车巨大商业利益的诱惑下，基于成本效益分析而罔顾研发质量。如果是这样，无人驾驶汽车的安全性在根源上就无法得到强有力的保障。因此，承认对无人驾驶系统开发商刑事责任追究的可能性仍是有必要的。

刑事责任的承担最终要落实到具体的刑事处罚上，合理的刑罚方式是实现预防与惩罚犯罪宗旨的有效手段。若无人驾驶汽车的生产者与销售者构成故意的产品犯罪，即生产、销售不符合安全标准的产品罪，则根据刑法第 146 条、第 150 条的规定处罚即可。由于我国刑法也并未规定过失产品犯罪，所以无人驾驶汽车生产者因过失导致交通肇事后果的行为在现行刑法框架下无法以单位犯罪论处，遑论刑事责任以及刑事处罚的问题。基于这样的现实状况，关于处罚方式问题的探讨需要以上述提及的增设重大人工智能产品事故罪作为假定前提。本文认为，人工智能产品范畴下的无人驾驶汽车的产品过失犯罪属于单位过失犯罪，并应当采用双罚制追究生产者的刑事责任。原因有二：首先，单位过失犯罪与无人驾驶汽车的产品运作模式相契合。驱使无人驾驶汽车能够一路从研发环节落地于制造环节并最终跻身于流通环节的，并非个别自然人之力，而以单位决策机关或者单位主管人员的意志为代表的单位才是产品质量的把关者和产品运营的掌控者。其次，双罚制与单位过失犯罪的主观构造相吻合。单位犯罪的主观构造具有二重性，即“单位犯罪的主观构造不仅有单位犯罪意志的属性，也有自然人犯罪意志的属性”①，而“单位犯罪过失最终表现为单位的意志，具有整体性”②。在无人驾驶汽车的产品过失犯罪的情境下，单位犯罪过失既可能表现为可被转嫁至生产者单位的决策机关，主管人员对设计、制造无人驾驶汽车方面的决策失误，也可能包括生产者单位对单位内部成员相关业务活动的监督过失。既然无人驾驶汽车的产品缺陷是生产者单位整体意志的结果，那么仅由单位主要责任人员承担刑罚的单罚制不仅违背责任主义的要求，并且对单位整体的威慑与惩戒作用也非常有限，而双罚制却可以克服这样的局限性。在刑种的选择上，对无人驾驶汽车的生产者单位处以罚金刑，对其责任人员可对照生产不符合

① 杨毓显：《中国单位犯罪研究》，云南大学出版社 2005 年版，第 63 页。

② 鲍燕舞：《从主客观方面试论单位过失犯罪的单位责任与自然人责任》，载《理论探索》2005 年第 2 期。

安全标准的产品罪的规定设置更轻缓的刑罚，并充分结合事故后果、犯罪情节等案件具体情况确定妥当的刑罚力度。除了对生产者单位以及主要责任人员施加刑罚以外，是否有必要针对生产者单位采取一定的非刑罚处罚措施以作为刑罚的替代或者必要补充亦值得深入研究。

五、刑事归责困境背后的价值博弈与衡平

无人驾驶汽车交通肇事的刑事归责困境看似为刑法划分相关主体之间刑事责任的困境，实则为刑法平衡技术创新价值与社会防卫价值关系的困境。“随着民众对食品、药品、汽车等与日常生活密切相关的商（产）品与日俱增的安全需要，刑法是控制风险、安抚民众不安情绪较为有力的预防与威慑手段。”① 无人驾驶汽车由于技术的复杂性与不确定性，又显现出风险高、控制难的特点。因此，基于维护社会安定的功能定位，刑法应当将无人驾驶汽车纳入刑法规制，积极回应无人驾驶汽车可能给公共安全带来的不确定风险。但是，刑法威慑在赢来安全的同时，亦可能致使无人驾驶技术的研发与应用陷入低迷，使社会憾失享受无人驾驶汽车便利与优势的机会。因此，立法者将面对一个艰巨的挑战，即为满足公众的安全需求而制定一系列新的法律规定，但同时也清醒地意识到无人驾驶技术带来的潜在利益。②这一窘境在刑法视野下则表现为技术创新与社会防卫两种价值之间的相互博弈。

为避免刑法对两种价值的顾此失彼，最佳解决思路应该是在两者的博弈关系中把握恰当的平衡点，使刑法既能够有效控制无人驾驶汽车的社会风险，又不会成为无人驾驶汽车发展的阻碍。基于此，无人驾驶汽车交通肇事的刑事归责可以并行不悖地遵循以下两条基本思路：其一，在保障社会安定的基本思路上，刑法应当坚决打击滥用或者非法利用无人驾驶汽车的犯罪行为，同时对无人驾驶汽车在生产、销售环节的故意犯罪予以严厉惩治；审慎认定无人驾驶汽车的刑事责任主体，坚守以人类为刑事归责主体的底线；对重大交通事故中具有过失的无人驾驶汽车的所有者、使用者根据交通肇事罪定罪量刑，对违背法定注意义务的生产者单位在增设事故类罪名的基础上追究其产品过失责任。其二，在保障技术创新的基本思路上，为“恰当地规制刑法干涉的界限与强度，防止国家滥用刑罚权，避免对公民自由的过度压制”③，刑法应当恪守技术中立原则，不苛责无人驾驶技术本身的安全性，规划科学合理的刑事政策指导刑事立法与刑事司法；根据无人驾驶汽车相关的国家、行业标准厘定相关主体的注意义务，同时综合考量无人驾驶技术时下的发展水平，在刑事

---

① 高铭暄、王红：《互联网+人工智能全新时代的刑事风险与犯罪类型化分析》，载《暨南学报》（哲学社会科学版）2018 年第 9 期。

② See Douma F, Palodichuk S A. *Criminal Liability Issues Created by Autonomous Vehicles*. 52 Santa Clara Law Review 1157 (2012).

③ 梁根林：《责任主义原则及其例外——立足于客观处罚条件的考察》，载《清华法学》2009 年第 2 期。

司法中妥当区分“应当避免的产品缺陷”与“不可避免的技术风险”，仅对前者造成的重大法益侵害归责于相关主体，而对后者可以以客观归责理论为理论依托视其为“被允许的危险”并以意外事件论处，从而限定无人驾驶汽车生产者的责任范围；鉴于刑事制裁可能对生产者单位的发展造成不可挽回的巨大损失，刑法应当保持其固有的谦抑性，不过于积极介入无人驾驶汽车致损案件的法律规制，而首先让位于民法、行政法充分调整。

无人驾驶汽车交通肇事的刑事归责困境更体现了刑法在协调安定性与适应性矛盾下的困境。诚然，法律固有保守与滞后的品性，但考虑到人工智能技术进展之飞速，为协调技术与法律的发展步调，法律的研究与思考应当具有开放和前瞻的品格。古语有云：“思则有备，有备则无患。”本文提出的刑事归责方案并非盖棺之论，关于无人驾驶汽车交通肇事刑事归责问题的探讨也仍然处于“争议大于共识”的起步阶段，为了使刑法能够在不远的未来及时适应社会环境的变化，学界需要对该刑事归责问题予以正视并积极提出因应之策。值得强调的是，虽然无人驾驶汽车带来的是关于人工智能产品刑事责任的新课题，但仍应最大限度地优先从刑法教义学的角度切入研究，运用现行刑法规则与传统刑法理论解释无人驾驶汽车交通肇事的刑事归责问题。其后才是对个中确实无法通过解释刑法条文适应社会需求的问题考虑启动刑事立法研究，从而对现行刑法框架进行必要且有效的修缮。倘若一味追求观点创新，既漠视刑法的安定性，又因脱离刑法学理论而难以取得学术积淀。所以，刑法对无人驾驶汽车的研究也不宜过于超前，仍需在理性认知当下技术发展水平的基础上扎稳脚跟、踏实前进。

六、结语

面对无人驾驶汽车交通肇事的发生，现行交通肇事罪由于不能适应无人驾驶汽车的高度自主性而显得力有未逮，刑事归责困境应时而生。然而，交通肇事罪并未因此丧失所有的适用空间，其仍然可以对负有安全使用义务、安全管理义务的无人驾驶汽车使用者、所有者形成规制，必要时追究二者的过失责任。刑事归责困境的“病灶”在于交通肇事罪无法追究无人驾驶汽车生产者、销售者对于交通肇事结果的刑事责任。鉴于产品的生产、销售行为不属于交通运输活动，即便增添单位为交通肇事罪的主体，无人驾驶汽车的生产者或销售者也不可能构成交通肇事罪。在现行刑法框架内，生产者与销售者则可能构成生产、销售不符合安全标准的产品罪。但是，我国刑法并未规定过失的产品刑事责任，因此当前无法认定交通肇事情形下无人驾驶汽车生产者的过失责任。无人驾驶汽车相关主体的刑事归责方式或许有待商榷，但是在探讨无人驾驶汽车刑事归责的问题上，刑法不能也不应承认无人驾驶汽车的刑事责任主体地位，而始终将交通肇事的刑事责任归于人类主体而非机器。当务之急是我国应当尽快建立与健全无人驾驶汽车相关的研发、生产技术标准与规范，一方面为无人驾驶汽车的长足发展保驾护航；另一方面也为包括刑法在内的法律体系提供权利、义务与责任设置的科学依据，使人们在享受无人驾驶汽车福利的同时将伴随的社会风险维持在可控范围内。

附 录

人工智能与刑事司法的最新发展

——人工智能与刑事司法学术研讨会会议综述

梁 田*

2020年11月20日，由国际刑法学协会中国分会主办、小包公智能法律平台协办的人工智能与刑事司法学术研讨会在北京师范大学隆重召开。参会代表有来自最高人民法院、最高人民检察院、司法部、国际刑法学协会中国分会、中国法学会案例法学研究会等政法部门和研究会的领导专家，有来自中国社会科学院、华东政法大学、北京大学、中国人民大学、北京师范大学、吉林大学、中南财经政法大学、东南大学、四川大学、浙江大学、西南政法大学、武汉大学、中国政法大学、南京师范大学、上海政法学院、华南师范大学、安徽大学等高校的专家学者，有来自《法治日报》《人民法院报》《河南警察学院学报》等报社与杂志社的编辑编审，共计100余人以线下或线上形式出席了本次学术研讨会。本次探讨会共分为“人工智能的刑事责任问题”“人工智能时代的刑法应对”和“人工智能的主体地位及人工智能犯罪”三个单元，每个单元分别设主持人、发言人和点评人。

研讨会开幕式由北京师范大学刑事法律科学研究院副院长、国际刑法学协会副主席暨中国分会秘书长王秀梅教授主持，最高人民法院副院长、中国法学会副会长姜伟和最高人民法院原副部级专职委员、中国法学会案例法学研究会会长胡云腾分别致辞。

国际刑法学协会副主席暨中国分会秘书长王秀梅教授在开幕式上致欢迎词，对各位参会代表的到来表示热烈的欢迎和诚挚的感谢。王秀梅教授表示本次会议的召开也得到了高铭暄教授和陈光中教授两位老先生的大力支持，并表示本次研讨会主要邀请了国内对人工智能与刑事司法方面有专门研究的专家学者参加，共同就人工智能时代引发的人工智能与刑事司法的融合，刑事责任和人工智能带来的司法体制改革等问题进行深入研讨，也希望今天的会议能够进一步利用人工智能的便利和发展来促进我国法治建设的进程。

最高人民法院副院长、中国法学会副会长姜伟在研讨会开幕式发表重要讲话，他首先代表最高人民法院和中国法学会对本次学术研讨会的举办表示了热烈祝贺，并向与会的各位嘉宾致以诚挚问候。然后，他肯定了本次研讨会的重要意义：新一

---

* 梁田，北京师范大学法学院（刑事法律科学研究院）博士研究生。

代人工智能的蓬勃兴起不仅为中国经济发展提供了新引擎，也为中国法治建设提供了新动能，最高人民法院党组和周强院长高度重视人工智能在司法工作中的应用，人工智能对司法的影响重要而深远，如通过人工智能手段统一证据标准，可以帮助司法人员克服认识的局限性和主观随意性，刑事司法证明更加符合统一的责任化标准。在新冠疫情防控期间，我国刑事司法充分运用人工智能技术保障刑事手段，有效惩治犯罪，保障疫情防控和复工复产。国际刑法学协会中国分会能够聚焦当下社会关注的热点问题，举办人工智能与刑事司法学术研讨会，对人工智能背景下刑事司法领域若干重要问题进行研讨是非常有必要的，既有理论价值，也有现实意义。最后，姜副院长提出，希望这次人工智能与刑事司法学术研讨会的理论成果能够引起实务部门的重视，形成理论研究与司法实务的良性互动。

最高人民法院原副部级专职委员、中国法学会案例法学研究会会长胡云腾在致辞中发表了对人工智能与刑事司法的几点看法：第一，目前一些高科技犯罪已经高度智能化，对经济发展、科技进步和社会稳定造成了不利影响，加强司法人工智能的研究和应用是客观需要。第二，加强人工智能的研究和应用是落实国家和最高人民法院关于司法人工智能建设的决策和部署。国务院印发的《新一代人工智能发展规划》明确提出，要建设集司法公开和动态监控于一体的智慧法庭数据平台，实现法院审判体系和审判能力智能化。最高人民法院也早就将司法体制改革和智慧法院建设作为推进审判体系和审判能力现代化的车之两轮，鸟之两翼。第三，在21世纪初，基层法院就开始了使用人工智能助力审判的探索，与公司合作开展电脑量刑的研究。直至现在，我国司法人工智能的研究和应用已经走在世界前列，法院、学术界和一些企业在司法人工智能的研究和探索上积累了丰富的经验，我们应当对其进行总结学习。第四，要把握准司法人工智能研究和应用的正确方向，确立人工智能作为工具只会助力审判体系和审判能力的现代化而不会取代法官的理念，同时也应当大力开发案例资源的研究，运用人工智能充分利用现有的案例资源，进而推进案例法治和案例法学研究。

一、人工智能的刑事责任问题

研讨会第一单元的主题是“人工智能的刑事责任问题”，由司法部国际合作局张晓鸣副局长和国际刑法学协会中国分会副主席、中国社会科学院法学所教授陈泽宪主持，国际刑法学协会中国分会常务理事、华东政法大学刘宪权教授，西北政法大学付玉明教授，北京大学法学院江溯副教授，《河南警察学院学报》主编王利宾教授，东南大学法学院冀洋讲师和北京师范大学刑事法律科学研究院博士生梁田分别作了题为“人工智能时代刑事责任的演变”“自动驾驶汽车事故的刑事归责及教义展开”“人工智能作为刑事责任的主体：一个法哲学的思考”“弱人工智能的刑事责任问题研究”“人工智能时代的刑事责任体系不必重构”和“涉弱人工智能犯罪刑事责任的认定与实现”的报告。

刘宪权教授从四年前AlphaGo出现就开始研究人工智能的刑事责任问题，对这个领域有着深刻的见解，在发言中，刘教授从人工智能时代的意义、三分法和对刑事责任的影响三个方面讲述了人工智能时代刑事责任的演变。首先，刘教授指出人工智能时代是人类社会继蒸汽机时代、发电机时代、计算机和网络时代后的第四次工业革命，给人类生活和包括刑事责任在内的法律制度带来了深刻的影响。其次，刘教授将人工智能时代划分为普通智能机器人时代、弱人工智能机器人时代和强人工智能机器人时代，普通人工智能机器人只具有部分人脑的生理功能，弱人工智能机器人已经具备了部分深度学习的能力，在某些领域的能力已经超越了人类，而强人工智能机器人的行为可以超越编程。刘教授认为随着人工智能机器人技术的发展，机器的因素逐渐减弱，人的因素逐步增加，机器人的意识和意志得到了独立的发展，强人工智能机器人时代完全可能会到来。最后，刘教授通过证券期货交易中的人工智能、自动驾驶等例子论证了在人工智能时代，人工智能在发展中逐渐拥有替代人类大脑的作用，大脑是辨认控制能力的生理基础，自然而然会对刑事责任制度有所影响。在人工智能时代的每个阶段，刑事责任都可能会受到影响。即使是在普通智能机器人时代，人类把人工智能作为工具，也会影响案件的刑事责任。例如，利用ATM机的机械故障来获取钱财，行为人构成盗窃罪；如果利用ATM机所具有的“识别”功能的认识错误获取财物，就应该对行为人的行为按诈骗类犯罪认定。刘教授强调，在强人工智能时代是否会到来的问题上，作为法学研究者应当宁可信其有，不可信其无，未雨绸缪，早做准备。

付玉明教授认为，法学研究要面向未来，面向实践，而目前人工智能最大的应用是自动驾驶领域，因此就自动驾驶汽车事故的刑事归责及教义展开进行了介绍。首先，付教授指出我国在无人驾驶领域有着领先于世界的实践，社会治理制度也应当为化解技术风险提供支持。基于无人驾驶技术的人工智能特性，其与普通自然人驾驶汽车的操作原理大有不同，如何正确处理无人驾驶引发的事故责任是当前必须回应的问题。其次，付教授介绍了自动驾驶技术的程序原理。自动驾驶技术实际上就是系统自主执行部分或者是全部驾驶操纵，能够在驾驶人不完全参与驾驶的情况下进入安全的行驶状态，当下仍然是人机结合的状态。根据人机协调的不同，日本和美国对自动驾驶系统级别有着不同的模式认定。再次，付教授提出在处理自动驾驶汽车事故时，要坚持用信赖原则化解刑事归责和尽可能减少刑法适用、以民事责任分摊技术风险的处遇原则。民事责任的分摊涉及用户责任、生产者责任、销售者责任等，其中为保护产业发展，应当适度限制用户责任，让能够收获巨大利益的生产者承担充分的责任，这样还可以更有效地预防损害发生，同时可以建立赔偿基金进一步分摊化解风险。最后，付教授认为自动驾驶的刑事责任可以分为非法利用自动驾驶汽车进行故意犯罪者的刑事责任、驾驶人存在主观罪过的刑事责任、“肇事逃逸者”的刑事责任、自动驾驶系统导致事故的刑事责任以及驾驶人与自动驾驶系统过失竞合的责任认定五个部分。其中在自动驾驶系统引起事故时，应该根据驾驶人人机参与程度不同进行责任考量的区分，应该允许驾驶人部分信赖自动驾驶系统，如果过度信赖，驾驶人应该承担过失责任。

江溯副教授认为，当前人工智能是不具备主体地位的人类的工具，但是未来可能出现的强人工智能的刑事责任的主体地位可以得到承认。第一，在讨论法律主体地位时，不能仅从本体论的角度加以构建，这明显是有失偏颇的。在讨论是否承认人工智能的法律主体地位时，更多要从社会角度加以观察，此时完全有可能承认人工智能的刑事责任主体地位。第二，在承认人工智能的刑事责任主体地位的前提下，能否认为人工智能所实施的动作是刑法上的行为，是刑法教义学要解决的问题。如果根据自然行为论、社会行为论等针对自然人所发展出来的行为理论来看，承认人工智能举动的刑法意义存在困难。但是从司法实践的角度来看，只要是一个人的举止不构成本能的反射活动和应激活动，通常都会被认为是司法中对自然人的行为判断实际上也没有完全遵照这些行为理论，这样来说承认人工智能的举止是具有刑法意义的行为就不存在障碍。第三，就罪责而言，目前罪责理论有了新的发展，比如德国的机能的罪责理论、规范的可交谈性等，如果从这个角度来理解罪责，理论上可以承认人工智能具有罪责。第四，如果采用新的刑罚观，人工智能具有受罚能力。而且从一般预防的角度来看，惩罚人工智能的犯罪行为有利于强化人类对于规范的认同。江溯副教授强调在人工智能时代，我们要改变人类中心主义的思考方式，而代之以人机共处的思维。

王利宾教授的发言主要聚焦在弱人工智能的刑事责任问题上。首先，无论是基于传统的刑法理论，还是在哲学中人的主体性上，弱人工智能都不能成为刑事责任的主体。假如把人工智能作为犯罪主体而不是犯罪对象，刑法理论会面临非常尴尬的挑战，而且也不符合法律经济学的效率目标。其次，弱人工智能时代的归责要满足三个条件。其一，行为导致的风险是社会风险而非单纯的技术风险，同时社会风险也并非都要纳入刑法进行调整。其二，必须有现实损害的发生，换言之，人工智能必须引起现实的损害或者危险，而且必须能够归结到具体的自然人或者单位，同时犯罪客体必须能被刑法所涵括。其三，归责必须有社会意义，须能在人与人之间形成的社会中产生积极的预防、改造效果。最后，就弱人工智能时代犯罪主体刑事责任的承担而言，王教授认为犯罪类型判断还是要坚持故意犯罪和过失犯罪这两大类型的划分；在罪名体系上建议增设针对人工智能本身的罪名和利用人工智能、以人工智能为犯罪工具的罪名，以及在刑法分则第九章渎职罪中的滥用职权罪、玩忽职守罪中明确规定人工智能监管渎职的犯罪行为，以加强国家机关中监管人员的责任意识。在结语中，王教授强调了三点：一是理论研究要多结合具体实践；二是刑法理念要超前，要紧密关注社会和科学给刑法带来的挑战和机遇，但刑法制度要相对保守；三是在强人工智能时代，可能会出现许多新问题，然而如果能够靠传统刑法制度解决的还是要靠传统的刑法制度解决，如果能够用其他法规制的还是要尽可能用其他法进行规制。

冀洋讲师认为，人工智能时代的刑事责任体系不必重构：第一，人类与强人工智能的主客体关系发生变化的同时也意味着很多新问题的产生，在没有解决这些问题的同时直接承认人工智能的刑事责任主体地位，未免操之过急。即使未来强人工智能与人类一样具有了自主意志，但与人最大的不同就是不具备人的自然肉身，这是非常重要的区别。如果要将人工智能作为主体看待，人类是否能够允许这种强人工智能存在，研发者在买卖、拆解、销毁强人工智能的时候是否要取得其同意……只有在这些问题解决之后我们才能讨论人工智能刑事责任主体的问题。第二，人工智能是否具有承担责任的能力，这其实是人工智能是否享有对应权利的问题。比如损害赔偿责任的问题，人工智能是否拥有财产权，财产权是承认损害赔偿责任的基础，没有财产的人工智能如何赔偿损害，到头来这些责任可能还是要转嫁到人类身上，和讨论产品责任没有本质区别。学界常把人工智能和单位进行对比来讨论其罪责承担，但是单位犯罪中单位背后的意志仍然是自然人的意志，这和强人工智能不借助自然人产生自己的意志是不同的，我们讨论要去规制人类之外的新物种，这种类比存在可商榷之处。第三，强人工智能如何承担刑事责任面临着五大悖论："技术失控—技术可控"之间的悖论；"特殊预防无效—特殊预防有效"之间的悖论；"刑罚设计—非刑罚性"之间的悖论；"AI 主体性—AI 工具性"之间的悖论和"消减风险（追求责任体系严密化）—加剧风险（转移人类责任）"之间的悖论。在人工智能技术与刑法学的互动中有必要认清修辞、告别想象。

博士生梁田认为，即使在弱人工智能时代，人工智能的存在和发展也有一定的伦理风险和安全风险，人类需要制定人工智能伦理的一般性指导原则，其中要包括刑事责任问责制度：首先，基于以下三点规则要素的缺失，弱人工智能不能成为刑事责任的主体：其一，刑事责任能力是刑事责任主体的核心要件，如果嵌入法律规范的模块，弱人工智能具有认识自己的行为刑法意义的可能，英国具有道德性行为的护理机器人的研发可以为此提供借鉴。但是，弱人工智能归根到底还是人类创造的客体，不具有控制能力，所有的行为模式都是人类预设给它们的选择。其二，弱人工智能没有罪过形式的符合可能性。即使刑事责任的体系和理论有了重构的需要和可能，也不能脱离主客观相一致原则，弱人工智能没有构建自我思维的生理或科学基础。其三，人工智能无法产生情绪，其程序和数据又具有可转移、可恢复的特点，无论是传统的自由刑、财产刑，还是新提出的数据刑，人工智能都不具有刑罚适应性。其次，在涉弱人工智能犯罪案件中，应当区分不同情形，分别由弱人工智能的设计者、生产者、使用者等主体承担相应的刑事责任。各个犯罪主体可以根据弱人工智能的危害行为、相应的罪过形式或者是主观态度的不同和成立犯罪的不同情形承担不同的刑事责任。最后，在刑事责任的实现阶段，对于涉弱人工智能犯罪，应该注重财产刑和资格刑的运用，同时注重非刑罚处罚方法和定罪免处方式的适用。

在六位发言人报告完成后，张晓鸣副局长结合上述报告，提出虽然目前人工智能的发展仍处于初期，但是对于人工智能刑事司法问题的研究兼具超前性和实践性，对于中国未来人工智能刑事司法的构建具有重要意义。随着人工智能技术的应用和普及，追究刑事责任时必然会涉及刑事调查的问题，那么就离不开跨国跨境的合作，虽然目前还没有关于人工智能跨国收集证据的国际公约，但未来早晚会有的。另外，关于电子证据的国际合作，美国和欧洲都通过了相关法律，但我国目前在这方面仍有一定的前进空间。应当由联合国推动国际公约的出台，在全球范围内打通电子证据交换和司法互助的渠道，其中应当包括对涉人工智能办案需要的回应。

接着，中南财经政法大学刑事司法学院副院长童德华教授、北京师范大学法学院副院长阴建峰教授和中国政法大学刑事司法学院副院长王志远教授分别对本单元六位发言人的发言进行了精彩点评。

童德华教授从“人工智能发展的时代焦虑和未来选择”切入，认为在几位发言人的报告中，刘宪权教授、江溯副教授和付玉明教授展现了未来的技术图景和法律景象，冀洋讲师相对保守，王利宾教授、博士生梁田的报告都涉及弱人工智能的刑事责任问题，这也是今天发生争议的主要场域，有助于提高我们以更现实的方式去解决身边的问题的能力。童教授还指出，冀洋讲师“人工智能的刑事责任体系不必重构”这一观点的结论基本合理，但刑事责任其实多少会有一些改变，付玉明教授的报告就是对此很好的回应。随后，童教授提出了一点疑问，即到底应当采取现代范式还是未来范式来开展当前的理论研究，这决定着我们会采取何种研究路径。他认为，赞成人工智能能成为刑事责任主体的观点，更多是根据技术发展的未来趋势，并结合了一些科学憧憬，而否定的学者更多沿袭的是 19 世纪以来西方人文社会科学的基础。他认为，在科学的支撑下，生活的确定性因素比不确定性因素更大一些，不必夸大不确定性的因素，我们目前要采取更为谨慎的方式验证人工智能的利与弊。面对未知，从理想主义的角度可以探索制度建构，但是从现实主义的态度看，还是应该采用遵循自然的方式来对待问题，推进理解和思考，或许这样有利于我们摆脱过度的焦虑。

阴建峰教授在点评中指出，刘宪权教授在学界首先提出了人工智能主体，今天他在发言中对这一观点进行了重申；江溯副教授从本体、社会、行为、刑罚几个角度进行了报告，支持了刘宪权老师的观点；冀洋讲师对强人工智能从不同角度做了论证，观点有所分歧；王利宾教授、付玉明教授和梁田博士生的分析更多侧重于弱人工智能刑事责任主体问题，在某种程度上回避了强人工智能到底能不能成为犯罪主体的问题。随后，阴教授指出各位发言人对于弱人工智能的论证已经较为充分，他围绕强人工智能的刑事责任提出三个需要明确的问题：第一，我们到底在什么样的频道对话，基于未来视角还是现实视角。可以看出，对于人工智能主体的批评意见更多地立足于既有的刑法理论和框架。刑法理论始终是随着社会和犯罪现象的变化及时更新的，不是一成不变的，用传统的理论架构来分析、否定明天的现象，对于肯定论而言是不公平的，也不利于刑法理论体系的完善和更新。第二，立足于未来视角，需要进一步明确强人工智能的定义中除了独立的意志能力外是否需要考虑人类能否掌控的标准。如果人类可以掌控，即使是强人工智能，其带来的风险也是可以应对的。如果可能出现人类无法操控的超人工智能，从人类中心主义的角度来讲，应当将这种风险遏制在萌芽状态，不能允许超越人类、脱离人类掌控的超人工智能出现。第三，应当为人工智能的研究设立禁区。如果出现拥有人类思维并且能力远超人类的人工智能，人类无论制定何种法律都已然没有意义。因此，法律应该为技术设定底线，禁止研究那些可能危及全人类、危及后代或者改变自然秩序的人工智能。总体来说，阴建峰教授认为无须赋予人工智能主体地位，对其更应该做的是在技术上嵌入伦理和法律因素，通过技术措施保障人类对人工智能的控制以防范风险。

在王志远教授看来，六位发言人的报告主要涉及三个问题：一是人工智能尤其是强人工智能能否成为刑事责任的主体；二是人工智能时代刑事责任的承担应该如何调整，尤其是在自动驾驶交通肇事的情况下；三是在现有的法条逻辑之下，涉及人工智能犯罪中刑事责任的调整时，规范如何解释适用的问题。王教授就这三个问题发表了自己的看法：首先，强人工智能不能成为刑事责任主体。王教授认为几位发言人从时代发展、社会变化、刑法教义学和人类中心主义等角度对人工智能主体性的讨论很有意义，但是忽视了刑罚适用中报应功能的重要性。在社会一般主体无法接受人工智能体是人的情况下，将刑事责任施加于人工智能体，报应得不到满足，还可能会造成责任的逃避。如果社会一般主体能够接受，那么可以不加调整地适用现在的刑法制度。在此之前，需要关注的是人工智能体想成为人而引发的社会冲突。其次，即使是在弱人工智能时代，刑事责任的调整问题依然存在，如在交通肇事中就存在乘车人和生产者是否承担责任、承担刑事责任还是民事责任、承担什么范围的责任、如果承担责任是否会对人工智能产业发展造成阻碍等问题，这些都需要学界的进一步关注。最后，在刑事责任配置发生变化的情况下存在刑法条文适用过程的变化问题。仍以全自动驾驶的交通肇事为例，乘车人是否需要承担救助义务，如果构成犯罪应当认定为哪种犯罪，都需要加以研究。

最后，陈泽宪教授对本单元的报告和点评进行了总结，他认为当对人工智能与刑事司法进行研究时，如果是在人类能够掌控人工智能体的情况下探讨，要重点讨论对研发者、制造者、使用者、控制者等人和机构的控制；如果讨论的是人类无法掌握人工智能体时对其进行的规制，刑法理论也将发生巨大变化。前一阶段的现实性更强，后一阶段的具体研究，还需要看社会和时代的发展。

二、人工智能时代的刑法应对

研讨会第二单元的主题是“人工智能时代的刑法应对”，由国际刑法学协会中国分会常务理事、中国人民大学法学院教授黄京平和国际刑法学协会中国分会常务理事、吉林大学法学院教授张旭主持，西南政法大学石经海教授、华南师范大学法学院王燕玲副教授、南京师范大学法学院副院长姜涛教授、华东政法大学刑事法学院李振林副教授、安徽大学法学院李婕副教授和北京师范大学刑事法律科学研究院博士生唐玲六位发言人分别进行了题为“数学视野下的人工智能刑法规制视角思考”“从刑罚措施看人工智能主体的刑法定位”“刑法如何合理应对人工智能带来的风险挑战”“人工智能时代的刑事立法图景”“论人工智能时代大数据收集行为的刑法规制”“人工智能在防范刑事错案中的应用与制度设计”的报告。

石经海教授以数学视野为主线，论述了人工智能刑法规制的争议焦点、人工智能本质的数学考察和人工智能刑罚规制的视角展望三个问题：首先，石教授梳理了人工智能刑法中一些争议较大的问题并提出了自己的观点，同时他指出这些争议和数学有很大关系。就是否要对人工智能进行刑法规制而言，从积极刑法观的角度来看是很有必要的；就人工智能能否作为犯罪的适格主体而言，主要的争议点在于自由意志的有无；如果将人工智能视为刑事责任主体，对于制裁方式的研究也是有必要的，既需要考虑前置法的完善，又不能混淆人工智能与人的特点。其次，石教授介绍了自己对于人工智能本质的数学考察的一些思考，通过这些思考他认为无论是弱人工智能还是强人工智能，都只是数学上的技术：第一，人工智能不具有社会属性，难以成为独立于自然人、法人的社会主体；第二，人工智能的行为大致只具有感知环境、执行动作和影响环境三个功能，总体上只是数学逻辑的体现；第三，根据数学原理，无论人工智能怎么发展，缺乏意识的系统永远都是机器，其“独立意识”是一种“误读”。最后，理论上关于人工智能的犯罪刑事责任实际上都是软件程序或数据技术，人工智能相关法律规制的对象应该是设计者、销售者、使用者等人。在这个前提下，刑事责任的制裁方式既包括现行刑法中既有关于自然人和法人的刑罚与非刑罚处罚方法，又包括创设新的刑事制裁方法。

王燕玲副教授基于从事大数据、人工智能和法学研究的经验，以刑罚措施为切入点论述了人工智能主体的刑法定位。王副教授指出自己曾经发文提出删除数据等方式是应对人工智能犯罪时较好的刑罚应对方式，但研究经验的积累使得她产生了新的看法：首先，刑罚应当具有惩罚性、针对性和法定性。然而即使不讨论惩罚性，一方面，删除数据、修改程序、永久销毁等措施根本不具有对智能主体的针对性，也可以适用于很多电子产品；另一方面，这些措施尽管可能是法定措施，但其仍然应该理解为是一种基于产监管而采取的管理措施，并不需要通过司法程序来赋予正当性。因此，这些措施更应该理解为机器维修而不是刑罚方式，非智能时代的措施能否适用于将来智能时代的可能性还需深入探讨。其次，删除数据的刑罚措施会反噬主体资格。即使认可这些措施可以作为人工智能主体的刑罚方式，其可行性也有待进一步考证。一是智能主体在能够成为刑事责任主体时，在心力、算力和机械力各个方面都已经远超人类，难以束手就擒甘愿被删除数据。二是智能主体可能具有恢复被删除数据的能力，“刑罚”效果得不到保障。因此，对于人工智能主体，持肯定说的学者提倡的删除数据、修改程序、永久销毁这些措施恰恰是智能主体不具有刑事责任主体资格的前提时才具有可行性，否则，人类的一切措施都是自我约束的保全之策。再次，王副教授指出法学不是法预测学，更不是法命理学。法学研究应该建立在事实和规范之上，应该具有逻辑自洽性，天生犯罪人说也是以头骨为依据的。可以认为，在各部门法中就自然人而言，整体上刑法对行为主体资格的认定最为严格。同时，刑法学研究重心应当是解释、回应以及致力于解决当下最关切、最迫切需要解决的社会问题，目前学界对于强弱人工智能界限的各种观点都是猜测，可行性处于人类不得而知的状态。最后，王副教授认为智能主体不具有人类智慧。刑法具有社会属性，电子人的观点在刑法中的应用存在难度。但是在人工智能的垂直领域比如法律、大数据和人工智能深度应用中，人工智能本身难以做到规范性和创造性的理解，最多只能达到基于数据和规则本身的实现，并且不断地在深度学习中进行应用，但是本身并没有价值判断、规范性判断和创造性判断。在这种情况下，难以界定日后人工智能时代的发展。因此刑法研究更需要的是与人工智能应用技术的不断结合，解决实践中存在的重点难点问题。

受到王副教授发言的启发，主持人黄京平教授指出刑法学界在讨论人工智能相关的法律问题时跳过了一些必须讨论的前提和阶段，换言之，仍旧在既有的刑法学中已然习惯的自循环里研究问题。但是我们首先要解决哲学层面的问题，即当超强人工智能出现时，制定法律规则的人类对其的定位，是将其视为人类，还是将其永远置于被人类支配的状态。

姜涛教授从人工智能的本质、人工智能发展的背景和风险、人工智能刑法左右为难立场的根源以及人工智能时代风险的应对几个方面进行报告。他首先指出人工智能作为法学热点，其本质特征始终是一个数学问题、技术问题，一直处于以数据为支撑的状态，对其引发的风险应积极应对。随着大数据方面核心技术发展趋于成熟，能够加快数据运算速度的超级计算机的诞生，以及人工神经网络研究的深度学习算法搭建了能够模拟人类处理信息的过程的多层神经网络框架，人工智能得到了发展，在这个过程中人类面临着五类风险：第一类是人工智能本身存在的风险。如果强人工智能时代来临，可能出现诸如杀手机器人，或者人工智能本身从客体变为主体的状况，这其中蕴含着风险。这种看似科幻式的讨论其实很有意义，参见计算机近 20 年的发展，技术的发展是飞速的，而且俄罗斯已经在开发杀手机器人方面实现了技术的应用。第二类是人工智能技术研发所带来的风险。在人工智能开发过程中，由于技术不完备、信息不对称、对技术本身的认知存在一定的缺陷等因素，可能导致技术开发过程中或技术研发出来之后进行运用的过程中产生风险。第三类是使用者在对人工智能的使用中存在一定风险，2018 年优步自动驾驶汽车致人死亡事件即证明了这一点。第四类是和人工智能交往过程中存在的风险。比如人工智能能否成为犯罪对象，在和人工智能谈恋爱时是否存在被虐待、杀害的风险问题。第五类是错误信息加速传播的风险。在新冠疫情期间，一位南京市民造谣南京市封城，人工智能的发展使得这类错误信息有着加速传播的风险，需要引起重视。姜教授认为在面对上述风险时，人类需要未雨绸缪，刑法需要参与进来。当前刑法在规制人工智能时表现出左右为难的立场，原因在于风险和危险的差异。刑法在面对法律侵害危险时具有可罚性基础，但风险仅仅是一种可能的损害，这是一种知识有限性造成的不可预测的危险。基于此，姜教授认为，强人工智能未必会到来，同时认为即使到来，如果会出现某些问题，也可能是基于知识的有限性。面对这种情况，刑法处于需要科技发展的福利和警惕技术滥用的风险的矛盾中。随后，他提出可以从立法和教义学等方面来应对人工智能的风险。从立法调整的角度来说，建议增设违令罪和滥用科技罪，前者是微罪，具体到人工智能方面指的是超越系统管理进行人工智能开发的行为；后者规制的是违反国家规定和伦理进行科学开发与实验，情节严重的行为，比如杀手机器人开发、特种基因编辑、违法病毒实验等。从解释论的角度来说，一是如果人工智能对人类造成现实的危害，而使用者拒不销毁，对其可以按照危害公共安全罪进行处理；二是如果企业在生产人工智能的过程中存在监管失灵的情况，可以按照非法经营罪进行处理；三是人工智能时代用户数据的泄露和刑法中的侵害公民个人信息罪密切相关。

李振林副教授从立法的目的和原则、立法基本构想和立法具体构筑问题三个层面介绍了人工智能时代的刑事立法图景。首先，现行刑法难以解决人工智能发展过程中所遭遇或可能遭遇的新问题，面对复杂且不断凸显的人工智能犯罪问题，需要启动刑事立法。基于此，人工智能时代的刑法立法有以下三重目的：一是人工智能作为科技界的重要产物，是社会变革的重器，刑法应保障人工智能健康有序的发展；二是防控人工智能可能产生的风险；三是应对人工智能对刑法适用的冲击，人工智能作为新事物，必然会冲击原有的公众认知，甚至拓宽或者完全改变原有的社会概念，会造成基于原先公众认知所建立的法律法规包括刑法出现适用困难，对此刑事立法应该予以回应。基于上述三个目的，人工智能刑事立法应当遵循功利主义和人类利益优位的原则、发展优位与风险管控的原则、技术协调和法律协调的原则。其次，人工智能刑事立法的基本构想可以分为法益类型的探索和相关责任主体注意义务的明确两个方面。就前者而言，人工智能的法益类型可归纳为三种，一是新工业时代到弱人工智能时代前期的旧法益类型，虽然有新的表现形式，但法益本身未发生质变；二是弱人工智能时代中后期到强人工智能时代的扩张型法益，此时智能机器人的刑事责任主体地位可以通过立法予以确认；三是与以往所有法益类型都不同的增加型法益，指的是人工智能研发、设计、应用活动中具有的独立保护价值，刑法中应设立专章对破坏人工智能研发设计活动的行为予以规制。就后者而言，人工智能研发者、使用者对可能存在的风险具有一定的注意义务，因违反注意义务所导致的重大事故可归责于人工智能研发者、使用者。如果强人工智能时代到来，设计者和使用者的责任会被极大压缩，因为人工智能具备自主意识而可以自定规则。最后，李副教授提了七点人工智能刑事立法具体构筑的建议。一是修改侵害计算机信息系统类犯罪，将犯罪对象从计算机信息系统扩大至计算机信息系统和人工智能系统；二是修改交通肇事罪；三是修改危险驾驶罪；四是增设人工智能重大严重事故罪；五是增设扰乱人工智能活动罪；六是增设非法提供人工智能技术罪；七是增设非法利用人工智能罪，可以参考非法利用信息网络罪进行设立。

李婕副教授在发言中指出目前各个人工系统程序在设计时有一个算法分发的过程，这种大数据收集行为可能侵犯很多类型的法益。一是公司企业管理秩序，涉及违规披露、不披露重要信息罪和隐匿、故意销毁会计凭证、会计账簿、财务会计报告罪；二是金融管理秩序，如利用未公开的信息交易罪和编造并传播证券、期货交易虚假信息罪；三是知识产权保护秩序，因为目前著作和商业秘密都可能以电子数据形式储存于计算机系统；四是市场管理秩序，包括提供虚假证明文件罪和出具证明文件重大失实罪；五是公民的人身、民主权利；六是公共管理秩序；七是国防利益和军事利益，包括公共制度的廉洁性。随后，李副教授对刑法中电子数据的保护路径进行了分析。其中涉及两个重要问题：一是电子数据的属性定位问题，电子数据可能具有财产属性、人格属性和秩序属性。二是刑法在规制数据收集行为方面存在没有明确规定保护个人数据和尚未充分关注数据的公共属性两点不足。最后，李副教授探索了大数据收集行为的刑法规制的三条路径。一是个人信息保护路径，在此要注意个人信息与个人数据之差异，个人信息应当属个人数据的子集。二是集体法益即国家法益和社会法益的保护路径，此处应当从大数据收集行为的职业相当性、刑事违法性和集体法益侵害性几个角度进行考察，值得注意的是虽然职业行为领域具有独立的规范结构，但具体职业领域内拥有正当性和必要性的行为必须与法律保持一致，才能最终被确定为具有社会相当性。三是财产保护路径，比如比特币被盗的案件，新型虚拟货币被盗的定性问题是财产犯罪还是计算机数据犯罪有待进一步研究。

博士生唐玲就人工智能在防范刑事错案中的应用与制度设计问题发表了演讲。其认为导致刑事错案的重要原因是案件事实不清，准确认定案件事实才是防范刑事错案的核心和落脚点，人工智能的应用有助于规避刑事错案的发生。首先，刑事错案的难题在于证据收集不规范导致的刑事错案的源头防范机制弱化，证据审查不规范造成的非法证据难以排除和证据判断不规范引致的证据裁判规则难以遵循，而人工智能可以通过数据编码阶段、建立文本数据链接阶段和标准化司法产品的输出阶段介入刑事错案，有效推动上述三个难题的解决。其次，当前人工智能技术通过在证据标准和规则指引模块、单一证据的校验和审查模块以及证据链和全案证据审查判断模块三个模块的应用，在刑事错案防范领域其实已经发挥了相当重要的功能。再次，需要对防范刑事错案智化功能进行审视。就积极效应而言，人工智能一方面可以助力证据裁判规则的落实，筑牢防范刑事错案的程序防线；另一方面有助于疑罪从无原则的贯彻，通过规范应用，排除合理怀疑，预防刑事错案的发生。就存在的风险而言，一是人工智能当前的系统只是处于一个简单的对类案证据种类和形式的统一阶段，缺乏将证据要件事实推论链条与人工智能的深度融合；二是智能算法运行数据偏差，致使证据裁判结果存在失证的问题；三是智能算法论证程序隐秘，致使结果存在失真的问题。最后，我们应当用理性的眼光看待并规范人工智能在刑事司法领域的应用。从实体规范来讲，要明确刑事错案智能化决策模型的辅助功能，承认智能技术难以模拟人类的非逻辑思维。另外应限定刑事错案智能化决策模型的应用范围，对于犯罪嫌疑人翻供的案件中证据链条的相互印证必须由办案人员进行人工过滤、筛选以及重新组合证据然后进行逻辑判断。从程序规范而言，设立决策模型的程序是完善最佳路径选择，论证程序的具体设计包括启动方式、算法解释路径、算法评估与验证以及救济程序四大程序。综上，人工智能与刑事司法程序的深度融合可以有效介入裁判过程以达到防范刑事错案的效果，有助于我国在新一轮的科技革命视野下形成错案防治的制度优势，从而开拓我国刑事法治的崭新阶段。

六位发言人报告完毕后，国际刑法学协会中国分会理事、四川大学法学院魏东教授和北京师范大学刑事法律科学研究院刘晓虎研究员发表了精彩点评。

魏东教授认为，六位发言人的讲话主要讨论了两个问题，一是人工智能的主体性与归责问题；二是人工智能时代的风险防范和立法完善问题。就第一个问题而言，石经海教授否定人工智能成为犯罪主体或归责主体，并讨论了其他主体间的责任分配和制裁方式，王燕玲副教授从刑罚措施谈主体定位，姜涛教授主要从人工智能时代的风险和挑战的角度及逆行切入，这些观点都具有创新性。就第二个问题而言，姜涛教授的观点充分而系统，尤其是对于风险的五类划分法非常具有启发性，启发性在于在对人工智能刑法进行研究时应当强化内循环的研究，否则刑法理解很可能停留于表面，另外姜涛教授提到了包括参照澳门地区立法的立法应对和建议，对于人工智能领域犯罪的刑法规制具有启发性。总体而言，人工智能犯罪的研究有待深化，要避免对主体归责的泛泛而谈。李振林副教授在谈人工智能刑事立法的图景与原则时，既有宏观的思考，也有微观的构想和构筑，很有意义。而李婕副教授提出的大数据行为和刑罚控制也属于人工智能风险防控的问题，研究细致深入，具有启发性。最后，魏东教授提出了对于人工智能刑法需要加强研究的两点思考，一是人工智能机器人和人的界限，这是一个重要的哲学问题，同时也是伦理问题，如在人脑中植入人工智能还能否算作人类；二是人工智能技术滥用的社会化、广泛化和常态化问题。

刘晓虎研究员依次对六位专家学者的发言进行了如下点评：石经海教授就数学视野下人工智能的刑法规制进行了思考，从数学角度提出了所谓“独立意志”，观点新颖，具有创见性。王燕玲副教授从刑罚措施近乎科幻科学的角度以非常优美的法律文学语言表达了人工智能产品不具有刑法主体资格的观点。对此刘晓虎研究员表示，作为智能软件的创始人还可以考虑从其他的范式来论证，如承认智能软件产品的独立人格和主体，恰恰是解脱了软件开发者的责任。姜涛教授通过例证法论证刑法学需要融入预测，在某种程度上似乎是对人工智能主体资格的认同，并且从风险预判、风险类型、刑罚对人工智能的规范规制、罪名增设等角度进行了一系列充分的分析论证，具有启发性。李振林副教授基于功利和人类优位等原则构建了人工智能时代的刑事立法图景，但是就刘晓虎研究员在最高人民法院的工作经验看，不能仅出于实践需要就大量增设罪名，其可行性还需要从另外的角度来检验和论证。刘晓虎研究员认同李婕副教授对于大数据的司法应用的观点，但是认为在具体刑法主体资格方面可以进一步研究。博士生唐玲对于人工智能防范刑事错案的应用制度研究类似于一篇实务调研报告，具有很强的针对性，其中具体观点在技术规范上和可操作性上也许可以加强论证。然后，刘晓虎研究员发表了自己对于人工智能刑法的一些看法。目前对于人工智能独立意志和责任主体的观点依然是基于传统视角，然而随着技术的进步和创新，刑事责任的概念可能会进一步开放和扩展，那么目前的很多观点会得到相应的修正。对于刑事责任的论证，关键要从是否具有接受刑罚和非刑罚处罚的能力的角度进行，因为刑罚的本质是必须产生痛苦，必须产生以恶治恶的积极效果。但是，对于痛苦感知不必停留在传统意义上，可以参照单位犯罪。另外，对人工智能判处刑罚时，除了可以销毁、剥夺主要功能、删除证据外，还可以判定限制或禁止从业。对于刑罚的执行也要创新思路，比如罚金刑，可以通过让人工智能产品在劳动场所强制劳动或强制服务，从而在一定期限内赚取罚金。英国之前有对物处罚的情形，我国是可以借鉴的。总之，对于刑事责任的追究，要本着历史唯物主义的观点和适度开放的态度。

最后，主持人张旭教授总结了本单元的讨论，认为智能犯罪刑法应对的核心问题在于明确刑法应对智能犯罪时面临的实质性挑战到底是什么这一前提，厘清是要在传统刑法的框架内进行研究，还是需要进行刑法体系的新调整，这是研究人工智能刑法应对过程中需要深入思考的因素。

三、人工智能的主体地位及人工智能犯罪

研讨会第三单元的主题是“人工智能的主体地位及人工智能犯罪”，由浙江大学法学院叶良芳教授和最高人民检察院一厅二级调研员、中国人民大学法学院李占州研究员主持，武汉大学法学院皮勇教授、中国政法大学于冲副教授、中国政法大学国家法律援助研究院孙道萃副教授、北京师范大学刑事法律科学研究院王志祥教授和华东政法大学张勇教授分别进行了题为“自动驾驶汽车交通事故中的危害行为性质”“异化、挑战与回应：人工智能犯罪的刑法评价”“刑事司法智能化的若干发展与思考”“论人工智能时代刑事风险的刑法应对”和“智能机器人主体性的刑法审视”的发言。

皮勇教授发表了对于自动驾驶汽车交通事故中的危害行为性质的看法。一方面，皮勇教授对当前自动驾驶汽车交通事故犯罪方面的理论争议进行了介绍。有观点持人工智能犯罪主体说，认为自动驾驶汽车可以成立交通肇事罪；有观点认为全部人员都应以交通肇事罪定罪；还有观点持区别定罪说，认为准自动驾驶汽车的测试驾驶员在开放道路上发生交通事故的，驾驶员可以构成交通肇事罪，制造商、销售商可以构成生产、销售不符合安全标准的产品罪。皮勇教授认为后两种观点是需要重点研究的。另一方面，有必要区分不同种类、不同功能状态下的自动驾驶汽车造成的交通事故。情形一是人类驾驶员接管 L3 级别、L4 级别自动驾驶汽车控制权造成的交通事故；情形二是 L3 级别的自动驾驶汽车在完全自主控制状态下发生交通事故；情形三是 L3 级别的自动驾驶汽车发出警示需要驾驶员接管时发生事故。对于这几种情形的分析，需要根据模式的区别来展开，可以在完全自主模式和监管模式两种模式下分别考察。

于冲副教授聚焦于人工智能犯罪的异化、挑战和回应进行了发言。首先，人工智能犯罪中出现了一些问题。一是在人工智能出现以后，行为和传统的自然人发生了分离，人工智能的本体化越来越明显，挑战了刑法理论体系中行为论的行为概念；二是随着超人工智能的出现，罪过和自然人发生了分离；三是人工智能造成危害后，行为和结果之间因果关系的证明更加模糊化；四是刑事责任的异化问题，因为人工智能所实施的行为引发的后果具有不可控性，而不可控的后果的责任承担无论从罪过论、责任论、因果关系论或本体论哪个理论角度来分析都是较大的挑战。其次，

对于上述问题的解决，目前学界有主体化、否定主体化和阶段性评价三个思路，这三者的核心问题都是刑事责任能力的归属问题。此时需要明确责任能力专属于自然人这一前提。换言之，在研究人工智能的刑法问题时，也需出于人类中心主义明确刑法是评价自然人的这一前提。另外，不能颠倒刑罚适应性和刑事责任主体的顺序，不能说有接受刑罚的能力就是刑事责任主体。人工智能的核心是数据和算法，对人工智能的评价不能脱离这两个核心概念。从技术层面而言，强人工智能的算法不可控、不可知、不可解释，因此不受人的控制。基于此应该赋予人工智能主体化定位，但这更多的是技术不可知下的妥协。反言之，如果不赋予人工智能主体地位，便涉及要去追究谁的责任的问题，在行为和罪过与自然人分离的情况下，如果过多追究人工智能研发者的责任，会对人工智能行业的创新造成过大的压力和挑战。最后，对于人工智能问题，应当引入互联网治理思维，而不是单一通过刑法手段解决，可以考虑以“刑事合规”的理念来解决。对于人工智能犯罪，应从刑法的事后惩治转向事前的积极一般预防，让研发者和制造商在设计和生产时提前进行合规性防范。在合规计划中，可以设定义务，从数据的挖掘、数据的爬取到算法的生成和运行，各个阶段都有不同主体参与，各主体在各个阶段都有相应的明确义务可以在事故发生后进行调查。除了责任认定外，合规计划也要涉及责任的认定。

孙道萃副教授从产品供给、知识变革和未来方向三个视角，以及产品和理论的关系对刑事司法智能化的发展进行了具有前瞻性的回答。就本次研讨会的意义而言，习近平总书记在中共中央全面推进依法治国会议上提出现代信息网络技术、人工智能技术和大数据等新兴技术在应用过程中引发了很多法治风险，有法律空白需要填补，因此研究人工智能与刑事司法的问题恰逢其时。首先，刑事司法智能化中对于产品供给的需求是一个基础而关键的问题。在技术变革时代，法治追求安定性、稳定性的传统体系出现了新情况，更加追求与时俱进，在这种语境下人工智能和司法产生了结合。司法改革本身的导向对人工智能产品有着较强的需求，司法的信息化建设、智能化建设需要产品供给的支持，否则有伪命题之嫌。然而，虽然司法部门鼓励积极地推进人工辅助量刑系统的研发，但事实上我们对于产品需求的预测不够重视，没有真正地去研究司法智能化到底在实践中需要什么样的产品，存在产品供给不充分、不完备、不先进的问题。目前我国司法人工智能产品的研究主要有两种类型，一是大而全的全流程产品，但以现有的技术很难实现；二是针对精准化量刑的小型专业产品，但也难以完成量刑的精细化区分。总之，对刑事司法智能化的研究必须要有产品发展的支撑，而产品的研发和应用需要理论支持，但是现有理论似乎不能充分有效地支持产品研发的需求。其次，为了应对人工智能的风险和刑事司法智能化的趋势，需要推动知识变革，更新现有的刑法体系和刑法理论。人工智能时代的到来对传统法律制度特别是刑法制度有着较大的影响，但我们仍旧是以人类中心主义来看待人工智能的法律问题，这是对于现代信息技术对人和社会影响的忽视。随着智能产品的升级，刑法理论也应当更新，知识变革不可避免。目前知识本身对于技术更新的反应过慢，学者们需要拥有破旧立新的勇气，集体促进刑法理论渐进有序地发生变革。最后，就刑事司法智能化未来的发展方向而言，在线诉讼代表了一种发展前景。未来所有的会见、阅卷、诉讼流程的发展会更加智能化，需要高端产品的出现，比如通过算法解释法律，应当推动产品往前发展。

王志祥教授主要就人工智能时代的刑事风险与刑法应对进行了发言。王志祥教授指出在讨论人工智能问题时，需要明确一个基本前提，即使是到了强甚至是超人工智能时代，人工智能也是人类发明的事业，要受人类控制，要坚决反对并遏制人类受到人工智能控制的观念和可能。在这个前提下，王志祥教授认为人工智能技术带来了具有更大的社会危害性和更显著的时代特征的刑事风险，因为利用人工智能技术可以实施具有更大社会危害性的犯罪行为，还会产生新的犯罪形式。接着，强弱人工智能都不能成为犯罪主体。弱人工智能不具备辨认能力和控制能力，不具有刑罚适应能力，不能成为犯罪主体，这一点是学理层面的共识；而强人工智能虽然学界有较大的争议，但是基于以下原因，应当否定其主体性。其一，将强人工智能作为犯罪主体的观点忽略了自然人与智能机器人的本质区别，是形而上学的观点；其二，缺乏对于强人工智能作为犯罪主体的刑罚措施，惩罚性是刑罚的前提，即使是采用销毁这种“新刑罚”，人工智能也无法感受到痛苦；其三，将强人工智能作为犯罪主体的观点违反适用刑法人人平等的基本原则。最后，否认人工智能的主体地位不代表刑法不应对人工智能作出反应。一方面，可以考虑增设破坏人工智能管理秩序罪，既符合人工智能时代的相关犯罪特征，也能够填补法律空白，与民法、行政法紧密衔接，形成打击滥用人工智能技术的法律体系；另一方面，应当对人工智能的监管人员分配一定的监管义务，在没有充分履行时要承担相应的刑事责任。

张勇教授就智能机器人在法律上的地位讨论了其犯罪的刑事责任能力。张勇教授认为，在刑事法领域智能机器人主体性问题的认定是非常重要而复杂的，会产生如果机器人的活动是在自然人的控制外实施的话，能否处罚机器人，以及能否进一步追究智能机器人研发者、生产者、销售者的责任等问题。第一，智能机器人的主体性问题取决于自然人是否具有与自然人相同或相似的属性和法律地位。具有自主性、高智能的智能机器人在一定程度上具备了成为主体的基本条件。第二，就智能机器人的法律人格和主体地位而言，智能机器人的工具属性决定了法律地位，参照单位犯罪的理论，智能机器人具备有限的法律责任。而且应当分情况进行讨论，在机器人与自然人之间，机器人只能属于权利义务所指向的对象，不能超越自然人而具有法律主体地位；在智能机器人领域，机器人和机器人之间的法律关系是平衡的，机器人既可以成为义务主体，也可以成为权利主体。第三，即使目前民法还未有明确规定，刑法亦可确认机器人的法律地位，即可将其视为犯罪的被害者。而就人工智能的相关主体而言，如果研发者和使用者违反了相应义务如监督责任，可能承担一般过失的责任。当然，如果智能机器人的研发者、使用者无法预见，可能也不需要承担责任，而是按照意外事件来处理，或者说由智能机器人独立承担刑事责任。

作为对发言人的回应，主持人李占州研究员指出在制作刑事案件的证据标准的数据模型时，可以参考按照法定程序收集证据、按照法定的证据种类收集证据和按照犯罪构成要件收集证据这些标准，当然这些标准目前仍停留在概念层面，如何将其从理论上进行充实和完善还需研究。

接着，上海政法学院刑事司法学院院长彭文华教授和北京师范大学刑事法律科学研究院副院长周振杰教授对五位发言人的报告进行了精彩而细致的点评。

彭文华教授指出，除了张勇教授持二元的主体资格论，其他老师都否定了强人工智能的主体地位，而强人工智能的公开命题在于其智能达到了人类标准，和弱人工智能是完全不同的概念，彭教授主张强人工智能可以成为犯罪主体。于冲副教授认为责任属于自然人，然而奴隶作为自然人在很长的时间内不具有法律上的人格，而世界各国有将动物作为主体的案例，所以人类中心主义并非客观存在的事物，而是人类习惯性思维的产物。实际上主体的核心自由意志也不是客观存在，而是拟制概念。随着对人工智能认识的深入，彭教授认为未来的人工智能在各个方面可能和自然人区别不大。然后，彭教授表示了对皮勇教授“在自动驾驶汽车事故处理中，不同主体在不同状态下的责任有所区别”这一观点的支持，并且呼吁我国尽快完善自动驾驶相关法律规定。关于于冲副教授提出的用刑事合规实现人工智能的事先预防的设想，彭教授提出人工智能在发展到一定程度后可以脱离程序员和制造商的控制，对此进行刑事合规的实际操作很有难度。然后，彭教授指出机器人律师的研究曾经很受欢迎，但只能解决可以应用规范的形式问题，涉及价值问题就难以做到公正公平了，因此孙道萃副教授“人工智能不能完全代替人”和“智能产品量刑公正性需要用技术实现”等观点非常中肯。王志祥教授认为人工智能时代有两大特点，对此彭教授坚持强人工智能可以成为犯罪主体的观点，并且认为强人工智能的监管问题需要重点研究。最后，彭教授表示张勇教授提出的人工智能二元化主体理论非常新颖且具有创造性，但其根据需要强化，如人工智能二元的犯罪主体会不会对现有的犯罪主体资格论造成冲击。

周振杰教授围绕“是否要对人工智能进行法律监管”“如果刑法介入应以谁为对象”和“人工智能应否成为犯罪主体”三个问题对五位发言人进行了点评。就第一个问题而言，无论是否支持法律对人工智能的监管，正如皮勇教授发言提出的，自动驾驶汽车已经慢慢成为现实，人工智能成为生活的一部分。人工智能在改善司法实践的同时也带来了一定的危害，因此法律监管是有必要的。关于人工智能应否成为刑法监管对象的问题，于冲副教授从责任理论的角度进行了讨论，王志祥教授从刑法有效性谈到了法律理论，比如说处罚实施危害行为的人工智能时采取的修改程序、进行销毁等措施缺乏有效性等反对理由，反过来张勇教授从强人工智能角度出发谈到了赋予法律人格和犯罪主体的可行性和必要性。就第二个问题中刑事责任的分配而言，周振杰教授认为如何利用刑事合规来预防人工智能的危害行为很有必要进行探讨。在立法完善层面，可以考虑把人工智能直接增设为刑法的行为主体。关于第三个问题，周振杰教授赞成孙道萃副教授应该为未来的变革做好准备的观点和刘晓虎研究员应当以积极开放的态度面对人工智能时代的观点。然而，周教授提出基于刑法的保证法性质我们同时也应当保持一定的谨慎。在民法和行政法没有作出规定的情况下，可以考虑非刑法处罚措施的适用。

在会议的总结阶段，王秀梅教授对与会的各位主持人、发言人、点评人及其他参会人员、会务人员表示了感谢。正如各位专家学者所言，人工智能时代已经到来，无论持有何种态度，人类都无法阻止它的到来，刑法学者应当抱着开放的态度去研究它。人工智能的研究方兴未艾，在刑事法领域的探讨将会有更深入的研究，最终对完善刑事司法改革起到巨大作用。本次学术研讨会采取线下与线上相结合的新颖方式，对三个单元的问题进行了充分而深刻的探讨，对推动人工智能和刑事司法的完善与研究具有重要的积极意义。